FiNALE
Prüfungstraining

Nordrhein-Westfalen
Zentralabitur 2013
Mathematik

Mit Original-Prüfungsaufgaben

Heinz Klaus Strick
Klaus Gerber

westermann

Liebe Abiturientin, lieber Abiturient,

das Zentralabitur 2012 hat zum Zeitpunkt der Drucklegung dieses Buches noch nicht stattgefunden. Sobald die Prüfungsaufgaben zur Veröffentlichung freigegeben sind, können sie zusammen mit ausführlichen Lösungen kostenlos im Internet unter www.finaleonline.de heruntergeladen werden. Dazu müssen Sie folgendes Codewort eingeben:

MA3YN28

Autoren: Heinz Klaus Strick und Klaus Gerber
sowie Jutta Peters und Sandra Schmitz

Bildquellenverzeichnis: 122 Deichbau, Roger Tidmann/CORBIS; 131 Kugelspeicher, imago/Schöning; 149 Weinkaraffe, Klaus Gerber; 153 Marienkirche Dortmund, wikimedia.commons; 157 Bienenwabe, Hans Reinhard/zefa/CORBIS; 157 Granat Kristall, Mark Schneider/Getty Images; 196 Globus-Grafik 3945 Picture-Alliance GmbH.

© 2012 Bildungshaus Schulbuchverlage
Westermann Schroedel Diesterweg Schöningh Winklers GmbH, Braunschweig
www.westermann.de

Das Werk und seine Teile sind urheberrechtlich geschützt. Jede Nutzung in anderen als den gesetzlich zugelassenen Fällen bedarf der vorherigen schriftlichen Einwilligung des Verlages. Hinweis zu § 52a UrhG: Weder das Werk noch seine Teile dürfen ohne eine solche Einwilligung gescannt und in ein Netzwerk eingestellt werden. Dies gilt auch für Intranets von Schulen und sonstigen Bildungseinrichtungen.
Auf verschiedenen Seiten dieses Buches befinden sich Verweise (Links) auf Internet-Adressen.
Haftungshinweis: Trotz sorgfältiger inhaltlicher Kontrolle wird die Haftung für die Inhalte der externen Seiten ausgeschlossen. Für den Inhalt dieser externen Seiten sind ausschließlich deren Betreiber verantwortlich. Sollten Sie bei dem angegebenen Inhalt des Anbieters dieser Seite auf kostenpflichtige, illegale oder anstößige Inhalte treffen, so bedauern wir dies ausdrücklich und bitten Sie, uns umgehend per E-Mail davon in Kenntnis zu setzen, damit beim Nachdruck der Verweis gelöscht wird.

Druck A [1] / Jahr 2012
Alle Drucke der Serie A sind im Unterricht parallel verwendbar.

Redaktion: Dr. Ulrich Kilian
Herstellung und Umschlaggestaltung: Sandra Grünberg
Zeichnungen: Michael Wojczak
Satz: CMS – Cross Media Solutions GmbH, Würzburg
Druck und Bindung: westermann druck GmbH, Braunschweig

ISBN 978-3-14-**171315**-2

Inhaltsverzeichnis

Arbeiten mit *Finale* 5

Kompetenzübersicht 7

Basiswissen 13

Analysis 14

- A Differenzialrechnung 14
- B Ganz-rationale Funktionen 20
- C Integralrechnung 33
- D Quotienten von Funktionen 42
- E Exponential- und Logarithmusfunktionen 45

Analytische Geometrie und Matrizen 52

- F Vektorrechnung 52
- G Geraden und Ebenen im Raum 55
- H Winkel und Abstände, Volumina im Raum 72
- I Alternative 1: Abbildungsmatrizen 80
- J Alternative 2: Übergangsmatrizen 86

Stochastik 93

- K Wahrscheinlichkeitsrechnung 93
- L Wahrscheinlichkeitsverteilungen 101
- M Alternative 1: Hypothesentests 113
- N Alternative 2: Schätzen von Parametern 117

Aufgaben zum Trainieren 121

Analysis 122

- Aufgabe 1 ganz-rationale Funktion, Funktionenschar 122
- Aufgabe 2 ganz-rationale Funktion, Exponentialfunktion 125
- Aufgabe 3 ganz-rationale Funktion, Exponentialfunktion 128
- Aufgabe 4 ganz-rationale Funktion, Rotationsvolumen 131
- Aufgabe 5 Exponentialfunktion, Funktionenschar 134
- Aufgabe 6 Exponentialfunktion, Funktionenschar 137
- Aufgabe 7 Exponentialfunktion, logistisches Wachstum, Funktionenschar 142

Aufgabe 8 logistisches Wachstum, ganz-rationale Funktion 145
Aufgabe 9 ganz-rationale Funktion, Rotationsvolumen, Funktionenschar 149

Analytische Geometrie und Matrizen 153

Aufgabe 10 Ebenen- und Geradengleichung, Winkel, Volumen 153
Aufgabe 11 Winkel, Lagebeziehung, Fläche/Volumen, Abbildungsmatrix 157
Aufgabe 12 Winkel, Fläche, Abstand, Abbildungsmatrix 162
Aufgabe 13 Ebenengleichung, Winkel, Abstand, Abbildungsmatrix 164
Aufgabe 14 Übergangsmatrix, stationäre Verteilung 167
Aufgabe 15 Übergangsmatrix, stationäre Verteilung, langfristige Entwicklung 171
Aufgabe 16 Übergangsmatrix, Berechnung von zukünftigen und vergangenen
            Zuständen, stationäre Verteilung 174

Stochastik 178

Aufgabe 17 bedingte Wahrscheinlichkeit, Binomialverteilung, Sigma-Regeln,
            Mindestumfang, Hypothesentest, Konfidenzintervall 178
Aufgabe 18 bedingte Wahrscheinlichkeit, Binomialverteilung, Mindestumfang,
            Hypothesentest 182
Aufgabe 19 Erwartungswert, bedingte Wahrscheinlichkeit, Pfadregeln,
            Binomialverteilung, Mindestumfang, Sigma-Regeln, Vertrauensintervall 185
Aufgabe 20 Binomialverteilung, Mindestumfang, Erwartungswert, Hypothesentest,
            Konfidenzintervall 190
Aufgabe 21 Binomialverteilung, Sigma-Regeln, Konfidenzintervall, Hypothesentest,
            Auslastungsmodell 193
Aufgabe 22 bedingte Wahrscheinlichkeit, Binomialverteilung, Sigma-Regeln,
            Hypothesentest 196

Original-Prüfungsaufgaben 199

Aufgabe 1 Analysis 200
Aufgabe 2 Analysis 204
Aufgabe 3 Analytische Geometrie 209
Aufgabe 4 Matrizen 213
Aufgabe 5 Stochastik 218

Original-Prüfungsklausuren 2012: www.finaleonline.de

Arbeiten mit FiNALE

Liebe Schülerin, lieber Schüler,

dieses Buch entstand aufgrund der Erfahrungen aus den bisher in Nordrhein-Westfalen durchgeführten Zentralabiturprüfungen unter besonderer Beachtung der Vorgaben für das Fach Mathematik.

Zur gezielten Vorbereitung auf das Abitur 2013 bietet **FiNALE**:

- vielfältige Aufgabenbeispiele mit ausformulierten Beispiellösungen, die alle Schwerpunkte im Grund- und Leistungskurs berücksichtigen;
- umfangreiche und gut strukturierte Angebote zur systematischen Wiederholung und zeitökonomischen Vertiefung des erforderlichen Basiswissens;
- Original-Prüfungsaufgaben von 2011 mit ausformulierten Lösungen unter Berücksichtigung der unterschiedlichen Varianten in Grund- und Leistungskurs. Das Zentralabitur 2012 hat zum Zeitpunkt der Drucklegung dieses Buches noch nicht stattgefunden. Sobald die Prüfungsaufgaben zur Veröffentlichung freigegeben sind, können sie zusammen mit ausführlichen Lösungen kostenlos im Internet unter **www.finaleonline.de** heruntergeladen werden. Dazu müssen Sie folgendes Codewort eingeben: **MA3YN28**.

FiNALE ist so konzipiert, dass bei der Arbeit mit dem Buch eine *individuelle* Vorbereitung möglich ist. Sie können sich schnell einen Überblick über Ihre persönlichen Stärken und Schwächen in den Themenbereichen Analysis, Analytische Geometrie oder Stochastik verschaffen und damit die Intensität der Arbeit nach eigenen Bedürfnissen genau dosieren.

Das detaillierte Inhaltsverzeichnis, das übersichtlich zusammengestellte Verzeichnis der für die Abiturprüfung notwendigen Kompetenzen, die alle Kompetenzen abdeckenden Trainingsaufgaben mit den entsprechenden Querverweisen zur Kompetenzübersicht erleichtern dabei die Orientierung in **FiNALE**.

Die angebotenen Trainingsaufgaben sind im Wesentlichen so konzipiert, dass sie sich ohne Einsatz eines GTR oder CAS-Systems bearbeiten lassen. Falls der Einsatz eines GTR oder CAS-Systems nötig ist, ist dies in den Aufgabenstellungen gekennzeichnet. Diese Teilaufgaben können auch zur gezielten Übung des Einsatzes der Werkzeuge GTR und CAS genutzt werden, falls sie im Unterricht verwendet wurden.

Der systematische Aufbau und die komprimierte Form fördern eine zeitökonomische und effektive Abiturvorbereitung. **FiNALE** empfiehlt sich von daher als sinnvolle Begleitung und Ergänzung des Fachunterrichts.

Wir wünschen Ihnen viel Erfolg!

Tipps zum Umgang mit FiNALE

Für die Vorbereitung auf die zentrale Abiturprüfung im Fach Mathematik schlagen wir folgende Arbeitsweisen vor:

Möglichkeit 1:
Um einen Überblick über die verschiedenen Themenbereiche zu erhalten, sollten Sie zunächst die Kompetenzübersicht sowie die Ausführungen in Form des Basiswissens lesen und sich anhand der Beispiele verdeutlichen, welche Anforderungen mit den Kompetenzen zu erfüllen sind. Dabei können Sie gleichermaßen feststellen, welche Prüfungsinhalte Sie bereits gut beherrschen und was Ihnen noch Schwierigkeiten bereitet. Wir empfehlen Ihnen hier, sich zu notieren, welche Themen Sie noch intensiver wiederholen sollten, um damit die Vorbereitung auf die Abiturprüfung zu strukturieren. Wenn Sie hier systematisch vorgehen und sich über Ihre Stärken und Schwächen im Klaren sind, wird die Vorbereitung effizient und zielorientiert sein.

Nach der Entscheidung, in welchem Themenbereich für Sie in der persönlichen Vorbereitung auf das Zentralabitur der größte Handlungsbedarf besteht, können Sie die entsprechenden Kapitel im Basiswissen nochmals intensiv durcharbeiten. Hier werden auch die im Basiswissen von **FiNALE** enthaltenen einfachen Aufgabenbeispiele als Muster hilfreich sein.

Nachdem Sie die Grundlagen wiederholt haben, bieten Ihnen die zugehörigen Trainingsaufgaben mit ihren ausführlichen Lösungen (auch mit Lösungsalternativen) ein umfangreiches Übungsfeld. Sie können für Ihre Vorbereitung besonders geeignete Aufgaben anhand der bei den Aufgabenstellungen notierten Kompetenzen schnell erkennen.

Versuchen Sie zunächst, die Aufgaben selbstständig zu bearbeiten, d.h. erst dann die angebotenen Lösungen einzusehen, wenn es nicht mehr anders geht. Wenn Ihnen die Bearbeitung ohne Blick in den Lösungsteil gelungen ist, sollten Sie dennoch Ihre eigenen Lösungen kontrollieren und mit den abgedruckten Lösungen und weiteren Lösungsvarianten vergleichen.

Treten auch nach der Durchsicht der angebotenen Lösungen Verständnisprobleme auf, dann hilft Ihnen das intensive Durcharbeiten der zugehörigen Stichwörter des Basiswissens sicherlich weiter. – Überhaupt lässt sich das *Basiswissen* wie ein Nachschlagewerk benutzen.

An den Original-Prüfungsaufgaben können Sie dann erproben, wie weit Sie mit Ihrer Vorbereitung bereits gekommen sind.

Möglichkeit 2:
Selbstverständlich können Sie **FiNALE** auch in anderer Reihenfolge nutzen: Wenn Sie unmittelbar mit den Trainingsaufgaben beginnen, werden Sie automatisch durch die Querverweise zu den zugehörigen Kompetenzen und dem entsprechenden Basiswissen hingeführt. Treten Schwierigkeiten bei der Lösung der Aufgaben auf, so können Sie Ihre Lücken genau erkennen und die entsprechenden Inhalte wiederholen. Allerdings erhalten Sie bei der oben beschriebenen Vorgehensweise schneller einen Überblick über Ihre Stärken und Schwächen.

Bei diesen Vorschlägen zur Arbeitsweise mit **FiNALE** handelt es sich natürlich nur um Anregungen, die Sie nach eigenen Vorstellungen variieren können.

Kompetenzübersicht

ANALYSIS

Ich kann …

A	Differenzialrechnung	–/+
A1	… die Ableitungsfunktionen zu ganz-rationalen Funktionen, Potenzfunktionen und Wurzelfunktionen bestimmen.	
A2	… Funktionen mit der Kettenregel und der Produktregel ableiten (für LK: Quotientenregel).	
A3	… die Tangentensteigung sowie die Gleichung einer Tangente und einer Normale an den Graphen einer Funktion in einem Punkt bestimmen.	
A4	… mittlere und momentane Änderungsraten in Anwendungssituationen (z. B. Geschwindigkeiten bei Bewegungsvorgängen) angeben und berechnen.	
A5	… Extremwertaufgaben mit Nebenbedingungen innermathematisch und in Sachzusammenhängen lösen.	

B	Ganz-rationale Funktionen	–/+
B1	… ganz-rationale Funktionen mit vorgegebenen Eigenschaften bestimmen (auch in Sachzusammenhängen, z.B. bei Trassierungen).	
B2	… eine sinnvolle Wahl des Koordinatensystems begründen und den Verlauf eines Graphen im Sachzusammenhang der Aufgabenstellung interpretieren.	
B3	… Graphen auf Symmetrie untersuchen.	
B4	… Schnittpunkte des Graphen mit der ersten Achse, Schnittpunkte zweier Graphen und Berührpunkte von Graphen berechnen sowie diese im Sachzusammenhang interpretieren.	
B5	… Schnittwinkel eines Graphen mit der ersten Achse und Schnittwinkel zwischen zwei Graphen ganz-rationaler Funktionen berechnen.	
B6	… Graphen auf Monotonie und auf lokale und absolute Extrempunkte untersuchen und diese im Sachzusammenhang interpretieren.	
B7	… Graphen auf ihr Krümmungsverhalten und auf Wende- und Sattelpunkte untersuchen und diese im Sachzusammenhang interpretieren. Die Wendestelle als Stelle mit extremaler Änderungsrate identifizieren.	
B8	… Funktionenscharen (falls erforderlich mithilfe von Fallunterscheidungen) auf besondere Punkte (Schnittpunkte, Extrem- und Wendepunkte) untersuchen sowie gemeinsame Punkte der Kurvenschar ermitteln. (Für LK:) Ortslinien von Funktionenscharen bestimmen und die Ergebnisse im im Sachzusammenhang interpretieren.	

C	Integralrechnung	–/+
C1	… Stammfunktionen zu den gängigen Funktionen bestimmen und den Hauptsatz der Differenzial- und Integralrechnung zur Berechnung bestimmter Integrale anwenden.	
C2	… Flächeninhalte zwischen einem Funktionsgraphen und der ersten Achse und Flächeninhalte zwischen mehreren Funktionsgraphen berechnen.	

C3	… (LK) Mittelwerte von kontinuierlich veränderten Größen mit der Integralrechnung berechnen.	
C4	… in Anwendungen Gesamtänderungen (z. B. Füllmengen, Wegstrecken) aus gegebenen Änderungsraten (z. B. Zuflussgeschwindigkeiten, Bewegungsgeschwindigkeiten) näherungsweise durch die Angabe von Unter- und Obersummen berechnen.	
C5	… in Anwendungen Gesamtänderungen (z. B. Füllmengen, Wegstrecken) aus gegebenen Änderungsraten (z. B. Zuflussgeschwindigkeiten, Bewegungsgeschwindigkeiten) exakt mit bestimmten Integralen berechnen.	
C6	… (LK) Inhalte ins Unendliche reichender Flächen mit uneigentlichen Integralen und den dabei erforderlichen Grenzwertbetrachtungen ermitteln.	
C7	… das Volumen von Rotationskörpern berechnen und die erforderlichen Berandungsfunktionen für reale rotationssymmetrische Körper modellieren.	
C8	… (LK) Stammfunktionen mit dem Verfahren der partiellen Integration bzw. der Substitutionsmethode bestimmen und bestimmte Integrale berechnen.	
D	**Quotienten von Funktionen**	–/+
D1	… den Definitionsbereich bei Quotienten bestimmen und feststellen, ob Definitionslücken ggf. hebbar sind, und ggf. die Gleichung der zugehörigen senkrechten Asymptote angeben.	
D2	… Asymptoten bei Quotientenfunktionen bestimmen.	
D3	… eine Funktionsuntersuchung bei einer Quotientenfunktion durchführen.	
E	**Exponential- und Logarithmusfunktionen**	–/+
E1	… Exponentialfunktionen aus gegebenen Bedingungen bestimmen.	
E2	… Exponentialfunktionen mit den bekannten Ableitungsregeln (Produkt- und Kettenregel) ableiten und mit den bekannten Integrationsverfahren integrieren.	
E3	… eine Funktionsuntersuchung von Exponentialfunktionen mit Bestimmung von Symmetrieeigenschaften, Schnittpunkten mit den Koordinatenachsen und Extrem- und Wendepunkten durchführen und die Ergebnisse in Sachzusammenhängen interpretieren, zusätzlich auch Untersuchung des Verhaltens im Unendlichen.	
E4	… in Anwendungen ein passendes Modell für das exponentielle, beschränkte oder logistische Wachstum aufstellen, seine Tragfähigkeit untersuchen und Schlussfolgerungen im Sachzusammenhang interpretieren sowie Verdopplungs- und Halbwertszeiten berechnen.	
E5	… Funktionenscharen auf besondere Punkte (Schnittpunkte, Extrem- und Wendepunkte) untersuchen, gemeinsame Punkte der Kurvenschar ermitteln. (Nur LK:) Ortslinien von Funktionenscharen bestimmen und die Ergebnisse im Sachzusammenhang interpretieren.	

Analytische Geometrie und Matrizen

Ich kann …

F	Vektorrechnung	−/+
F1	… Verschiebungen durch Vektoren sowie Punkte im Raum durch Ortsvektoren und Vektorketten beschreiben und damit realitätsnahe Situationen mathematisch modellieren.	
F2	… das Skalarprodukt zweier Vektoren berechnen und damit entscheiden, ob die Vektoren zueinander orthogonal sind.	
F3	… Längen von Strecken im Raum und den Betrag von Vektoren berechnen.	
F4	… (LK) die Definition für die lineare (Un-)Abhängigkeit von Vektoren angeben und Vektoren auf lineare (Un-)Abhängigkeit untersuchen.	
G	**Geraden und Ebenen im Raum**	**−/+**
G1	… Parameterdarstellungen für Geraden aus zwei gegebenen Punkten ermitteln sowie überprüfen, ob ein Punkt auf einer gegebenen Gerade liegt (Punktprobe) und die Ergebnisse im Sachzusammenhang interpretieren.	
G2	… Geraden auf ihre gegenseitige Lage untersuchen und möglicherweise vorhandene Schnittpunkte bestimmen.	
G3	… Parameterdarstellungen für Ebenen aus drei gegebenen Punkten ermitteln sowie überprüfen, ob ein Punkt auf einer gegebenen Ebene liegt (Punktprobe) und die Ergebnisse im Sachzusammenhang interpretieren.	
G4	… Koordinatengleichungen für Ebenen ermitteln und damit Ebenen anhand ihrer Spurgeraden im Koordinatensystem darstellen.	
G5	… Schnittprobleme zwischen Geraden und Ebenen in Sachzusammenhängen (z. B. bei Schattenwürfen) untersuchen.	
G6	… Ebenen auf ihre gegenseitige Lage untersuchen und möglicherweise vorhandene Schnittgeraden bestimmen.	
G7	… die Koordinaten eines an einer Ebene gespiegelten Punktes bestimmen.	
G8	… (LK) die Hessesche Normalenform einer Ebenengleichung aufstellen.	
G9	… (LK) Geraden- und Ebenenscharen innermathematisch und in Sachzusammenhängen untersuchen.	
G10	… lineare Gleichungssysteme systematisch lösen sowie die Gleichungen und die Lösungsmenge geometrisch interpretieren.	
H	**Winkel und Abstände, Volumina im Raum**	**−/+**
H1	… Winkel zwischen zwei Vektoren, Schnittwinkel zwischen zwei Geraden, zwischen zwei Ebenen sowie zwischen einer Gerade und einer Ebene berechnen.	
H2	… den Flächeninhalt eines Dreiecks und das Volumen eines Tetraeders nach elementaren Methoden bestimmen.	
H3	… (LK) den Abstand eines Punktes von einer Ebene berechnen.	
H4	… (LK) den Abstand eines Punktes von einer Geraden berechnen.	

H5	... (LK) den Abstand zweier windschiefer Geraden berechnen.	
H6	... (LK) das Vektorprodukt zweier Vektoren berechnen und seine Bedeutung angeben sowie mithilfe des Vektorprodukts Normalenvektoren bestimmen und das Vektorprodukt zur Berechnung von Dreiecksflächen und von Spatvolumina verwenden.	
I	**Alternative 1: Abbildungsmatrizen**	−/+
I1	... die Matrixdarstellung für affine Abbildungen von Punkten bei Verschiebungen, Streckungen, Drehungen und Spiegelungen angeben.	
I2	... Abbildungsmatrizen für Parallelprojektionen anhand der Bilder der Einheitsvektoren ermitteln.	
I3	... Fixpunkte, Fixgeraden sowie Fixpunktgeraden und Fixpunktebenen von Abbildungen bestimmen und diese im Sachzusammenhang deuten.	
I4	... die Hintereinanderausführung von Abbildungen durch eine Matrizenmultiplikation beschreiben.	
I5	... (LK) inverse Matrizen ermitteln sowie die Umkehrung von affinen Abbildungen mit inversen Matrizen untersuchen.	
I6	... (LK) die Bedeutung der Eigenvektoren von Matrizen angeben sowie Eigenwerte und Eigenvektoren von Matrizen berechnen.	
J	**Alternative 2: Übergangsmatrizen**	−/+
J1	... Produktions-, Entwicklungs- und Zufallsprozesse durch Übergangsdiagramme und Matrizen beschreiben und Zustandsvektoren interpretieren.	
J2	... Zustände von Prozessen nach wiederholter Durchführung mithilfe der Matrizenmultiplikation berechnen und deuten, insbesondere bei zyklischen Prozessen.	
J3	... (LK) den Fixvektor einer stationären Verteilung bestimmen und seine Bedeutung im Sachzusammenhang interpretieren.	
J4	... den Zustandsvektor eines zurückliegenden Zustands berechnen (GK), ggf. mithilfe der Inversen der Übergangsmatrix (LK).	
J5	... Koeffizienten in Übergangsmatrizen mit vorgegebenen Eigenschaften im Sachzusammenhang bestimmen.	

Stochastik

Ich kann ...

K	Wahrscheinlichkeitsrechnung	−/+
K1	... mehrstufige Entscheidungsvorgänge mithilfe von Baumdiagrammen veranschaulichen und die Anzahl der Möglichkeiten mithilfe der Grundregel der Kombinatorik bestimmen.	
K2	... mehrstufige Zufallsversuche mit Baumdiagrammen beschreiben und Wahrscheinlichkeiten mit den Pfadregeln berechnen (Pfadadditions- / Pfadmultiplikationsregel) sowie die Komplementärregel anwenden.	

K3	… Daten aus Vierfeldertafeln als Wahrscheinlichkeiten von zweistufigen Zufallsversuchen interpretieren sowie Vierfeldertafeln zur Umkehrung von Baumdiagrammen nutzen.	
K4	… bedingte Wahrscheinlichkeiten mithilfe des Satzes von BAYES bestimmen.	
K5	… (GK) anhand von Vierfeldertafeln die Unabhängigkeit von Merkmalen nachweisen sowie (LK) den Begriff der Unabhängigkeit von Ereignissen erläutern.	
L	**Wahrscheinlichkeitsverteilungen**	**−/+**
L1	… die Häufigkeitsverteilung eines Merkmals bestimmen sowie Mittelwert und Stichprobenstreuung berechnen.	
L2	… die Wahrscheinlichkeitsverteilung einer Zufallsgröße bestimmen sowie den Erwartungswert und die Standardabweichung der Zufallsgröße berechnen.	
L3	… geeignete Zufallsversuche mithilfe des Binomialmodells beschreiben und Wahrscheinlichkeiten mithilfe der BERNOULLI-Formel berechnen und erläutern, unter welchen Bedingungen auch Ziehvorgänge ohne Zurücklegen näherungsweise als BERNOULLI-Versuche interpretiert werden können.	
L4	… das Auslastungsmodell und das Kugel-Fächer-Modell bei der Berechnung von Wahrscheinlichkeiten anwenden.	
L5	… berechnen, wie oft ein BERNOULLI-Versuch mindestens durchgeführt werden muss, um mit einer gegebenen Mindestwahrscheinlichkeit mindestens einen Erfolg zu erzielen.	
L6	… den Erwartungswert und die Standardabweichung von Binomialverteilungen berechnen und mithilfe der Sigma-Regeln Umgebungen um den Erwartungswert bei vorgegebener Wahrscheinlichkeit der Umgebung bestimmen.	
L7	… berechnen, wie oft ein BERNOULLI-Versuch mindestens durchgeführt werden muss, um mit einer vorgegebenen Sicherheitswahrscheinlichkeit mindestens k Erfolge zu erzielen.	
L8	… (LK) Wahrscheinlichkeiten für binomialverteilte Zufallsgrößen näherungsweise mit den Formeln von MOIVRE und LAPLACE berechnen.	
L9	… Wahrscheinlichkeitsberechnungen bei normalverteilten Zufallsgrößen durchführen.	
M	**Alternative 1: Hypothesentest**	**−/+**
M1	… das prinzipielle Vorgehen bei einem zweiseitigen Hypothesentest erläutern sowie zu einem vorgegebenem Niveau eine Entscheidungsregel aufstellen (und damit Annahme- und Verwerfungsbereich bestimmen).	
M2	… die Bedeutung der Fehler 1. Art und 2. Art für einen Hypothesentest angeben sowie die Wahrscheinlichkeiten für diese Fehler berechnen.	
M3	… (LK) die Operationscharakteristik eines Hypothesentests ermitteln und interpretieren.	
M4	… das prinzipielle Vorgehen bei einem einseitigen Hypothesentest erläutern sowie die beiden möglichen Standpunkte beschreiben und zugehörigen Entscheidungsregeln bestimmen.	

N	Alternative 2: Schätzen von Parametern	−/+
N1	… für den Schluss von der Gesamtheit auf die Stichprobe die zu erwartenden absoluten bzw. relativen Häufigkeiten abschätzen und damit die Signifikanz von Aussagen bewerten.	
N2	… für den Schluss von der Stichprobe auf die Gesamtheit Konfidenzintervalle bestimmen.	
N3	… die Bestimmung eines genügend großen Umfangs einer Stichprobe vornehmen.	

Basiswissen

A1 Ableitungsfunktionen zu ganz-rationalen Funktionen, Potenzfunktionen und Wurzelfunktionen bestimmen.

Für das Ableiten gelten folgende Regeln:

(1) **Potenzregel für reelle Exponenten:**
Ist $f(x) = x^n$, $n \in \mathbb{R}$, dann gilt: $f'(x) = n \cdot x^{n-1}$

Dies gilt nicht nur für natürliche Exponenten, sondern ebenso für negative und gebrochene Exponenten.

(2) **Summen- und Faktorregel (Linearität):**
$f(x) = k_1 \cdot f_1(x) + k_2 \cdot f_2(x) \Rightarrow f'(x) = k_1 \cdot f_1'(x) + k_2 \cdot f_2'(x)$

In Worten: Ein konstanter Faktor bleibt beim Ableiten erhalten. Die Ableitung einer Summe ist gleich der Summe der Ableitungen der Summanden.

Beispiele

(1) **Potenzregel**

$f(x) = x^5 \Rightarrow f'(x) = 5 \cdot x^4$

$f(x) = \frac{1}{x} = x^{-1} \Rightarrow f'(x) = (-1) \cdot x^{-2} = -\frac{1}{x^2}$

$f(x) = \frac{1}{x^3} = x^{-3} \Rightarrow f'(x) = (-3) \cdot x^{-4} = -\frac{3}{x^4}$

$f(x) = \sqrt{x} = x^{\frac{1}{2}} \Rightarrow f'(x) = \frac{1}{2} \cdot x^{-\frac{1}{2}} = \frac{1}{2\sqrt{x}}$

$f(x) = \frac{1}{\sqrt[3]{x}} = x^{-\frac{1}{3}} \Rightarrow f'(x) = -\frac{1}{3} \cdot x^{-\frac{4}{3}} = -\frac{1}{3 \cdot \sqrt[3]{x^4}}$

(2) **Summen- und Faktorregel**

$f(x) = 5 \cdot x^3 + 4 \cdot x^2 \Rightarrow f'(x) = 15 \cdot x^2 + 8 \cdot x$

 A2 Funktionen mit der Produktregel und der Kettenregel ableiten (für LK: Quotientenregel).

(1) **Produktregel**
$f(x) = u(x) \cdot v(x) \Rightarrow f'(x) = u'(x) \cdot v(x) + u(x) \cdot v'(x)$

(2) Für geschachtelte Funktionsterme gilt eine besondere Ableitungsregel, die **Kettenregel:**

$f(x) = g(h(x)) \Rightarrow f'(x) = g'(h(x)) \cdot h'(x)$

Die äußere Funktion g wird abgeleitet und die innere Funktion h wie eine Variable behandelt. Dieser Term wird mit der Ableitung der inneren Funktion multipliziert.

Differenzialrechnung

(3) Für Funktionen, deren Funktionsterm als Bruch geschrieben werden kann, gilt die sogenannte **Quotientenregel**:

$$f(x) = \frac{u(x)}{v(x)} \Rightarrow f'(x) = \frac{u'(x) \cdot v(x) - u(x) \cdot v'(x)}{v^2(x)}$$

Statt der Quotientenregel kann man auch Produkt- und Reziprokenregel anwenden:

$$f(x) = \frac{u(x)}{v(x)} = u(x) \cdot (v(x))^{-1} \Rightarrow f'(x) = u'(x) \cdot (v(x))^{-1} + u(x) \cdot (-1) \cdot (v(x))^{-2} \cdot v'(x)$$

$$= \frac{u'(x)}{v(x)} - \frac{u(x) \cdot v'(x)}{v^2(x)}$$

Beispiel 1 *Produktregel*

$f(x) = x^3 \cdot (x^2 - 7x + 4) \Rightarrow f'(x) = 3x^2 \cdot (x^2 - 7x + 4) + x^3 \cdot (2x - 7)$

Beispiele 2 *Kettenregel*

(1) $f(x) = (4x - 5)^3$
Äußere Funktion: $g(x) = x^3$ und $g'(x) = 3x^2$; innere Funktion $h(x) = 4x - 5$ und $h'(x) = 4$ also: $f'(x) = 3 \cdot (4x - 5)^2 \cdot 4 = 12 \cdot (4x - 5)^2$
Das Beispiel deutet auf eine besondere Regel hin, die für beliebige reelle Exponenten gilt, vgl. (2).

(2) $f(x) = (u(x))^n \Rightarrow f'(x) = n \cdot (u(x))^{n-1} \cdot u'(x)$ (Potenzregel für Funktionen)

a) $f(x) = \sqrt{u(x)} = (u(x))^{\frac{1}{2}} \Rightarrow f'(x) = \frac{1}{2} \cdot (u(x))^{-\frac{1}{2}} \cdot u'(x) = \frac{u'(x)}{2 \cdot \sqrt{u(x)}}$

$f(x) = \sqrt{x^3 - 1} \Rightarrow f'(x) = \frac{1}{2} \cdot \frac{3x^2}{\sqrt{x^3 - 1}}$

b) $f(x) = \frac{1}{u(x)} = (u(x))^{-1} \Rightarrow f'(x) = (-1) \cdot (u(x))^{-2} \cdot u'(x) = -\frac{u'(x)}{u^2(x)}$ (Reziprokenregel)

$f(x) = \frac{1}{x^2 + 1} \Rightarrow f'(x) = -\frac{2x}{(x^2 + 1)^2}$

Beispiele 3 *Quotientenregel*

(1) $f(x) = \frac{x^2 + 2}{3x + 1}$;
Zählerfunktion: $u(x) = x^2 + 2$; $u'(x) = 2x$; Nennerfunktion: $v(x) = 3x + 1$; $v'(x) = 3$
also $f'(x) = \frac{2x \cdot (3x + 1) - (x^2 + 2) \cdot 3}{(3x + 1)^2} = \frac{3x^2 + 2x - 6}{(3x + 1)^2}$

(2) $f(x) = \frac{x^2 + 3}{(4x - 5)^3} = (x^2 + 3) \cdot (4x - 5)^{-3} \Rightarrow$

$f'(x) = (2x) \cdot (4x - 5)^{-3} + (x^2 + 3) \cdot (-3) \cdot (4x - 5)^{-4} \cdot 4 = \frac{2x}{(4x - 5)^3} - \frac{12 \cdot (x^2 + 3)}{(4x - 5)^4}$

$= \frac{2x \cdot (4x - 5) - 12 \cdot (x^2 + 3)}{(4x - 5)^4}$

Nach der o. a. Quotientenregel wäre die Ableitung wie folgt gebildet worden:
$f(x) = \frac{x^2 + 3}{(4x - 5)^3} \Rightarrow$

$f'(x) = \frac{2x \cdot (4x - 5)^3 - 3 \cdot (4x - 5)^2 \cdot 4 \cdot (x^2 + 3)}{(4x - 5)^6}$

$f'(x) = (4x - 5)^2 \cdot \frac{2x \cdot (4x - 5) - 3 \cdot 4 \cdot (x^2 + 3)}{(4x - 5)^6} = \frac{2x \cdot (4x - 5) - 12 \cdot (x^2 + 3)}{(4x - 5)^4}$

Die Tangentensteigung sowie die Gleichung einer Tangente und einer Normale an den Graphen einer Funktion bestimmen.

Eine **Tangente** ist eine Gerade durch den Punkt eines Graphen, deren Steigung mit der des Graphen in diesem Punkt (dem Berührpunkt) übereinstimmt.

Die Gleichung der Geraden g, von der man die Steigung m und einen Punkt (a|b) kennt, bestimmt man mithilfe der Punkt-Steigungsform: $g(x) = m \cdot (x - a) + b$

Die Gleichung einer Tangente t an eine differenzierbare Funktion f im Punkt (a|f(a)) wird mithilfe der Ableitung f′(a) bestimmt:

$t(x) = f'(a) \cdot (x - a) + f(a)$

Diese Formel gilt natürlich auch für die Tangente im Wendepunkt (sogenannte Wendetangente).

Die **Normale** im Punkt P ist eine Gerade, die den Graphen der Funktion f im Punkt $P(x_0|f(x_0))$ orthogonal schneidet. Dabei ist die Steigung der negative Kehrwert der 1. Ableitung an dieser Stelle, also $m = \frac{-1}{f'(x_0)}$.

Beispiel

Bestimmung der Wendetangente von $f(x) = \frac{1}{3}x^3 - x^2$

$f'(x) = x^2 - 2x$ (notwendige und hinreichende Bedingungen führen zum Wendepunkt bei x = 1). Da $f(1) = -\frac{2}{3}$ und $f'(1) = -1$, ist die Tangentengleichung nach der o.a. Form:

$t(x) = -1 \cdot (x - 1) - \frac{2}{3} = -x + \frac{1}{3}$

Die Steigung der Normalen im Wendepunkt ist dann: $m = \frac{-1}{-1} = 1$

Mithilfe der Punkt-Steigungs-Form erhalten wir daher: $n(x) = 1 \cdot (x - 1) - \frac{2}{3} = x - \frac{5}{3}$

  Mittlere und momentane Änderungsraten angeben und berechnen.

Zeichnet man durch zwei Punkte A(a|f(a)) und B(b|f(b)) des Graphen einer Funktion f eine Gerade (also eine Sekante zum Graphen von f), so ist die Steigung dieser Geraden **die mittlere Änderungsrate der Funktion f im Intervall** [a; b], also:

$\frac{f(b) - f(a)}{b - a}$

Die Ableitung einer Funktion an einer Stelle x_0 ist **die momentane Änderungsrate** in x_0 und der Grenzwert des Differenzquotienten für $x \to x_0$:

$f'(x_0) = \lim_{x \to x_0} \frac{f(x) - f(x_0)}{x - x_0}$

Beispiel 1 *Mittlere Änderungsrate*

$f(x) = x^3 - x^2 - 4x + 4;\ f(2) = 0;\ f(3) = 10$

Die mittlere Änderungsrate der Funktion im Intervall [2; 3]: $\frac{f(3) - f(2)}{3 - 2} = \frac{10 - 0}{3 - 2} = 10$

Beispiele 2 *Momentane Änderungsrate*

(1) Die momentane Änderungsrate der Funktion f mit $f(x) = x^2$ an der Stelle x_0 berechnet sich wie folgt:
Der Differenzenquotient an einer Stelle x_0 (für $x \neq x_0$) ist
$$\frac{f(x) - f(x_0)}{x - x_0} = \frac{x^2 - x_0^2}{x - x_0} = \frac{(x - x_0) \cdot (x + x_0)}{x - x_0} = x + x_0$$
Daher ist die momentane Änderungsrate von f an der Stelle x_0 gleich
$$f'(x_0) = \lim_{x \to x_0}(x + x_0) = 2x_0$$

(2) In besonderen Anwendungssituationen gilt folgender Zusammenhang zwischen einer Größe und der momentanen Änderungsrate:

Größe	momentane Änderungsrate
Weg	Geschwindigkeit
Geschwindigkeit	Beschleunigung
Durchflussmenge eines Stoffes	momentane Durchflussänderung
Bestand	Wachstumsgeschwindigkeit

  Extremwertaufgaben mit Nebenbedingungen innermathematisch und in Sachzusammenhängen lösen.

Folgende Schritte sind zu beachten:

- <u>Alle</u> wichtigen Größen sind zu benennen. Für die Größe, für die ein Extremum (Maximum oder Minimum) zu bestimmen ist (sogenannte Extremalgröße), muss eine Gleichung aufgestellt werden. Die durch die Gleichung bestimmte Zielfunktion enthält i. A. noch mehrere Variablen.

- Eine Nebenbedingung wird aufgestellt; diese gibt an, wie die auftretenden Variablen voneinander abhängen. Diese Nebenbedingung wird so in den Funktionsterm der Zielfunktion eingesetzt, dass im Funktionsterm nur noch die eine Variable vorkommt, deren Extremum gesucht wird.

- Von dieser Zielfunktion werden die lokalen Extremstellen und die zugehörigen Funktionswerte bestimmt.

- Ist der Definitionsbereich eingeschränkt, müssen auch die Funktionswerte an den Rändern berechnet und mit den Funktionswerten der lokalen Extremstellen verglichen werden.

- Wenn so der Extremwert für die betrachtete Extremalgröße gefunden ist, müssen noch alle im ersten Ansatz aufgetretenen Größen berechnet werden.

Beispiel 1

$P(x_P | y_P)$ sei ein beliebiger Punkt des Graphen der Funktion f mit $f(x) = -\frac{1}{2}x^2 + 2$, der oberhalb der x-Achse liegt.

Die Parallele zur y-Achse durch den Punkt P, die x-Achse und die Gerade, die durch $A(-2|0)$ und P verläuft, bestimmen ein Dreieck. Für welche Lage des Punktes P ist der Flächeninhalt des Dreiecks maximal?

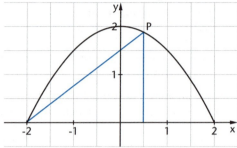

Gesucht ist der maximale Flächeninhalt, deshalb wird ein Funktionsterm zur Berechnung des Flächeninhalts aufgestellt:

$A(x_P, y_P) = \frac{1}{2} \cdot (x_P - (-2)) \cdot y_P = \frac{1}{2} \cdot (x_P + 2) \cdot y_P$

Die Nebenbedingung „P ist Punkt des Graphen" liefert $y_P = -\frac{1}{2}x_P^2 + 2$

Diese Bedingung für y_P wird in den Term der Zielfunktion eingesetzt:

$A(x_P) = \frac{1}{2} \cdot (x_P + 2) \cdot (-\frac{1}{2}x_P^2 + 2) = -\frac{1}{4}x_P^3 - \frac{1}{2}x_P^2 + x_P + 2$

Von dieser Funktion wird das lokale Extremum bestimmt:

$A'(x_P) = -\frac{3}{4}x_P^2 - x_P + 1$; $A'(x_P) = 0 \Leftrightarrow x_P = \frac{2}{3} \vee x_P = -2$

Für $x_P = -2$ liegt der Punkt P auf der x-Achse.

$A''(x_P) = -\frac{3}{2}x_P - 1$; $A''\left(\frac{2}{3}\right) = -2 < 0$

An der Stelle $x_P = \frac{2}{3}$ hat die Zielfunktion ein lokales Maximum. An den Rändern der Definitionsmenge (= Nullstellen der Funktion f) ist der Flächeninhalt des Dreiecks gleich null. Daher ist das Dreieck mit dem größten Flächeninhalt gegeben, wenn $x_P = \frac{2}{3}$ und $y_P = f\left(\frac{2}{3}\right) = \frac{16}{9}$

Der maximale Flächeninhalt ist: $A\left(\frac{2}{3}\right) = \frac{64}{27}$ FE. $\approx 2{,}37$ FE.

Beispiel 2

Aus einem DIN-A 4-Blatt soll eine offene Schachtel mit möglichst großem Volumen gebastelt werden. (Die Klebefalze können vernachlässigt werden.)

Bezeichnen wir die Länge der offenen Schachtel mit a, die Breite mit b und die Höhe mit h, dann ergibt sich das Volumen gemäß der Formel:
$V(a, b, h) = a \cdot b \cdot h$

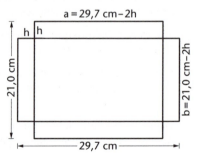

Die Schachtel entsteht durch das Aufklappen von rechteckigen Streifen der Höhe h. Aus dem Sachzusammenhang ergibt sich, dass diese Höhe h größer sein muss als null, aber kleiner als die halbe Breite des DIN-A 4-Blattes, d. h. 0 cm < h < 10,5 cm.

Durch die Länge des DIN-A 4-Blattes (29,7 cm) wird auch die Länge der Schachtel begrenzt; daher gilt die erste Nebenbedingung: a = 29,7 − 2h

Durch die Breite des DIN-A 4-Blattes (21,0 cm) wird auch die Breite der Schachtel begrenzt; daher gilt die zweite Nebenbedingung: b = 21,0 − 2h

Differenzialrechnung

Wenn wir diese beiden Bedingungen in den o. a. Term V(a, b, h) einsetzen, erhalten wir die Zielfunktion

$V(h) = (29{,}7 - 2h) \cdot (21{,}0 - 2h) \cdot h = 4h^3 - 101{,}4h^2 + 623{,}7h$, wobei $0 < h < 10{,}5$ (s. o.)

Um das Maximum dieser Funktion zu bestimmen, bilden wir die 1. Ableitung:

$V'(h) = 12h^2 - 202{,}8h + 623{,}7$

Die quadratische Gleichung $V'(h) = 0$ hat zwei Lösungen:

$h_1 \approx 4{,}04$ und $h_2 \approx 12{,}86$

Die zweite Lösung entfällt im Sachzusammenhang, stellt sich aber auch als Tiefpunkt heraus, wenn man die hinreichenden Kriterien untersucht oder den Graphen insgesamt betrachtet.

Das maximal erreichbare Volumen der offenen Schachtel beträgt

$V(h_{max}) = V(4{,}04) \approx 1128{,}5 \text{ cm}^3$

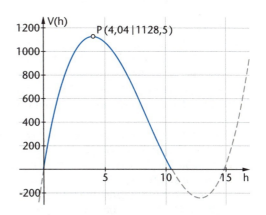

Beispiel 3

An einer wertvollen Glasscheibe ist ein Stück abgebrochen, das mithilfe einer quadratischen Funktion f mit
$f(x) = 45 - 0{,}05 \cdot x^2$
modelliert werden kann. Aus dem Rest kann aber noch ein rechteckiges Flächenstück abgeschnitten werden. Wie muss geschnitten werden, damit dessen Fläche maximal ist?

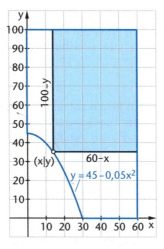
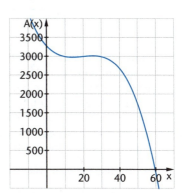

Der Flächeninhalt A des Rechtecks ergibt sich aus
$A(x, y) = (60 - x) \cdot (100 - y)$ und nach Einsetzen der Funktionsgleichung $y = 45 - 0{,}05 x^2$:
$A(x) = (60 - x) \cdot (55 + 0{,}05 x^2) = 3300 - 55x + 3x^2 - 0{,}05 x^3$
$A'(x) = 55 + 6x - 0{,}15 x^2$; $A''(x) = 6 - 0{,}3x$

Notwendige Bedingung:
$A'(x) = 0 \Leftrightarrow x^2 - 40x = -\frac{1100}{3} \Leftrightarrow (x - 20)^2 = \frac{100}{3} \Leftrightarrow x \approx 14{,}23 \vee x \approx 25{,}77$

Hinreichende Bedingung:
$A''(14{,}23) > 0$ (lokales Minimum), $A''(25{,}77) < 0$ (lokales Maximum)

Es gilt: $A(25{,}77) \approx 3019$. Die Funktion hat jedoch am Rand einen noch größeren Funktionswert (ein absolutes Maximum): $A(0) = 3300$, d. h. das größte Flächenstück erhält man, wenn man nur den unbeschädigten (oberen) Teil der Glasplatte abtrennt.

B1 Ganz-rationale Funktionen mit vorgegebenen Eigenschaften bestimmen (auch in Sachzusammenhängen, z. B. bei Trassierungen).

Zur Bestimmung einer ganz-rationalen Funktion f vom Grad n sind (n + 1) Bedingungen an die gesuchte Funktion erforderlich. Diese können in einer Grafik dargestellt, in einem Text verdeutlicht oder auch schon in Form von Gleichungen formuliert sein.

Vorgehensweise:
1. Setzen Sie an mit einem Funktionsterm, der variable Koeffizienten a, b, c, … enthält. Der Grad der Funktion muss dabei um eins niedriger gewählt werden als die Anzahl der bekannten Bedingungen.
   Falls 5 Bedingungen bekannt sind, lautet der Ansatz: $f(x) = ax^4 + bx^3 + cx^2 + dx + e$
2. Stellen Sie die gegebenen Bedingungen als Gleichungen mit den Termen $f(x)$, $f'(x)$, $f''(x)$, … dar.
3. Notieren Sie daraus ein Gleichungssystem mit n + 1 Gleichungen zur Bestimmung der n + 1 unbekannten Koeffizienten a, b, c, … .
4. Lösen Sie das Gleichungssystem und setzen Sie die gefundene Lösung in den Funktionsterm $f(x)$ ein.
5. Prüfen Sie das Ergebnis auch an eventuell vorliegenden hinreichenden Bedingungen z. B. für Hoch-, Tief- oder Wendepunkte.

Falls bekannt ist, dass der Graph der gesuchten Funktion achsensymmetrisch zur zweiten Achse [punktsymmetrisch zum Ursprung] ist, enthält der Funktionsterm nur Summanden mit geraden [ungeraden] Potenzen von x. Dies sollte bereits beim Ansatz berücksichtigt werden, da sich dadurch das Gleichungssystem deutlich vereinfacht.

Beispiel 1

Die Punkte A(0|3), B(2|5) und C(6|–3) liegen auf einer quadratischen Parabel.
Zur Bestimmung des Funktionsterms der zugehörigen quadratischen Funktion dient der Ansatz $f(x) = ax^2 + bx + c$ mit a, b, c ∈ ℝ. Aus den Bedingungen $f(0) = 3$, $f(2) = 5$ und $f(6) = -3$ folgt das Gleichungssystem:

$$\begin{vmatrix} c = 3 \\ 4a + 2b + c = 5 \\ 36a + 6b + c = -3 \end{vmatrix} \Leftrightarrow \begin{vmatrix} c = 3 \\ 4a + 2b = 2 \\ 36a + 6b = -6 \end{vmatrix} \Leftrightarrow \begin{vmatrix} c = 3 \\ 2a + b = 1 \\ 6a + b = -1 \end{vmatrix} \Leftrightarrow \begin{vmatrix} c = 3 \\ 2a + b = 1 \\ 4a = -2 \end{vmatrix} \Leftrightarrow \begin{vmatrix} c = 3 \\ -1 + b = 1 \\ a = -\tfrac{1}{2} \end{vmatrix} \Leftrightarrow \begin{vmatrix} c = 3 \\ b = 2 \\ a = -\tfrac{1}{2} \end{vmatrix}$$

Also lautet das Ergebnis $f(x) = -\tfrac{1}{2}x^2 + 2x + 3$.

Wurde der Funktionsterm wie hier so bestimmt, dass der Graph durch gegebene Punkte verlaufen soll, so bezeichnet man den Term auch als Stützstellenpolynom.

Beispiel 2

Der Graph einer ganz-rationalen Funktion 4. Grades soll symmetrisch zur zweiten Achse sein und diese im Punkt A(0|–2) schneiden. Weiterhin soll H(2|4) ein Hochpunkt sein.
Da sich aus diesen Vorgaben drei Bedingungen ergeben und aufgrund der Symmetrie wird $f(x) = ax^4 + bx^2 + c$ als Ansatz gewählt.
Aus den Bedingungen $f(0) = -2 \land f(2) = 4 \land f'(2) = 0$ ergibt sich mit $f'(x) = 4ax^3 + 2bx$ das Gleichungssystem:

$$\begin{vmatrix} c = -2 \\ 16a + 4b + c = 4 \\ 32a + 4b = 0 \end{vmatrix} \Leftrightarrow \begin{vmatrix} c = -2 \\ 16a + 4b = 6 \\ 32a + 4b = 0 \end{vmatrix} \Leftrightarrow \begin{vmatrix} c = -2 \\ 16a + 4b = 6 \\ 16a = -6 \end{vmatrix} \Leftrightarrow \begin{vmatrix} c = -2 \\ -6 + 4b = 6 \\ a = -\tfrac{3}{8} \end{vmatrix} \Leftrightarrow \begin{vmatrix} c = -2 \\ b = 3 \\ a = -\tfrac{3}{8} \end{vmatrix}$$

Also lautet das Ergebnis $f(x) = -\frac{3}{8}x^4 + 3x^2 - 2$.

Da mit $f''(x) = -\frac{9}{2}x^2 + 6$ außerdem auch $f''(2) = -12 < 0$, ist H tatsächlich ein Hochpunkt.

Beispiel 3

Die beiden dargestellten Straßenabschnitte sollen so miteinander verbunden werden, dass sich an den Anschlussstellen keine Knicke ergeben.
Zunächst wird ein geeignetes Koordinatensystem festgelegt. Dabei entspricht 1 Längeneinheit 100 m in der Natur. Da sich aus den Vorgaben vier Bedingungen ergeben, kann eine ganz-rationale Funktion dritten Grades als Ansatz gewählt werden:
$f(x) = ax^3 + bx^2 + cx + d$

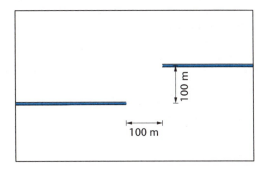

Die Bedingungen $f(0) = 0 \wedge f(1) = 1 \wedge f'(0) = 0 \wedge f'(1) = 0$ führen mit
$f'(x) = 3ax^2 + 2bx + c$ zum Gleichungssystem:

$$\begin{vmatrix} d = 0 \\ a+b+c+d = 1 \\ c = 0 \\ 3a+2b+c = 0 \end{vmatrix} \Leftrightarrow \begin{vmatrix} d = 0 \\ a+b = 1 \\ c = 0 \\ 3a+2b = 0 \end{vmatrix} \Leftrightarrow \begin{vmatrix} d = 0 \\ a+b = 1 \\ c = 0 \\ a = -2 \end{vmatrix} \Leftrightarrow \begin{vmatrix} d = 0 \\ b = 3 \\ c = 0 \\ a = -2 \end{vmatrix}$$

Lösung: $a = -2 \wedge b = 3 \wedge c = d = 0$

Also kann der neue Straßenabschnitt für
$0 \leq x \leq 1$ mit $f(x) = -2x^3 + 3x^2$
beschrieben werden.

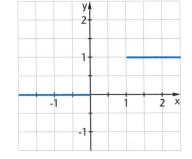

B2 Eine sinnvolle Wahl des Koordinatensystems begründen und den Verlauf eines Graphen im Sachzusammenhang der Aufgabenstellung interpretieren.

Bei der Entwicklung eines mathematischen Modells für einen anschaulichen Zusammenhang kann die Festlegung eines Koordinatensystems erforderlich sein, so dass anschließend der Zusammenhang mit geeigneten Funktionen beschrieben werden kann. Dabei müssen drei Entscheidungen getroffen werden:
1. Lage des Ursprungs $O(0|0)$ des Koordinatensystems
2. Richtung der Achsen
3. Skalierung der Achsen

Wer die Wahl hat, hat die Qual, denn hier gibt es oft verschiedene, mehr oder weniger sinnvolle Lösungen. Die Entscheidungen sollten immer so getroffen werden, dass die funktionale Beschreibung anschließend möglichst einfach wird. Dazu können die folgenden Empfehlungen hilfreich sein:
- Lege den Ursprung des Koordinatensystems in einen wichtigen Punkt und die Achsen entlang oder parallel zu auftretenden Linien.
- Nutze den Ursprung, wenn möglich, als Symmetriezentrum oder die zweite Achse als Symmetrieachse.
- Skaliere die Achsen mit kleinen ganzen Zahlen (z. B. 1, 2, 3, ... für 100 kg, 200 kg, 300 kg, ...).

In einem so festgelegten Koordinatensystem kann dann die mathematische Beschreibung des zu untersuchenden Zusammenhangs erfolgen. Für die Beurteilung der Tragfähigkeit eines solchen mathematischen Modells oder um Schlussfolgerungen für den betrachteten Zusammenhang zu ziehen, kann der Graph einer aufgestellten Funktion im zuvor festgelegten Koordinatensystem dienen.
Dazu können Vergleiche zwischen Realität und Modell oder Konsequenzen anhand
- einzelner Punkte,
- besonderer Punkte, wie Extrem-, Wende- oder Sattelpunkte,
- des Monotonie- oder Krümmungsverhaltens,
- des Fernverhaltens für $x \to +\infty$ oder für $x \to -\infty$,
- von Flächeninhalten z. B. zwischen dem Graphen und den Achsen

betrachtet werden.

Beispiel

Ein Kanuclub möchte für ein neues Clubhaus mit Anlegestelle ein Grundstück an der Wupper erwerben. Der bisherige Eigentümer, ein Landwirt, bietet das Grundstück über einen Makler zu einem Preis von 12 € pro m² an. Die Vermessung ergab eine Breite von 460 m. Von der Mitte der geraden Gebietsgrenze beträgt die rechtwinklig gemessene Distanz zum Wasser 50 m.

Zur Ermittlung einer Funktion, die den Uferverlauf beschreibt, ist zunächst die Wahl eines geeigneten Koordinatensystems erforderlich. Da keine Symmetrie zu erkennen ist, wird der Ursprung hier an die linke Grenze, und die erste Achse entlang der unteren, gerade verlaufenden Grenze des Grundstücks gelegt. Für die Skalierung der Achsen kann man 1 LE für 100 m in der Natur wählen.

Der Verlauf des Graphen einer aus den Vorgaben ermittelten ganz-rationalen Funktion stimmt qualitativ gut mit dem in der Karte dargestellten Verlauf des Ufers überein. Mithilfe der Integralrechnung kann daher nun der Flächeninhalt des Grundstücks berechnet werden.

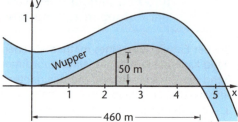

Graphen auf Symmetrie untersuchen.

- *Achsensymmetrie zur zweiten Achse:*
  Der Graph der Funktion f ist achsensymmetrisch zur zweiten Achse, wenn für alle x aus dem Definitionsbereich von f gilt:

  $f(-x) = f(x)$

  Für ganz-rationale Funktionen f gilt zusätzlich:
  Der Graph von f ist genau dann achsensymmetrisch zur zweiten Achse, wenn der Funktionsterm f(x) nur Potenzen von x mit geraden Exponenten enthält.

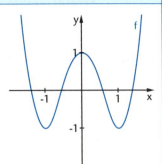

- *Punktsymmetrie zum Ursprung:*
  Der Graph der Funktion f ist punktsymmetrisch zum Ursprung, wenn für alle x aus dem Definitionsbereich von f gilt:

  $f(-x) = -f(x)$

  Für ganz-rationale Funktionen f gilt zusätzlich:
  Der Graph von f ist genau dann punktsymmetrisch zum Ursprung, wenn der Funktionsterm f(x) nur Potenzen von x mit ungeraden Exponenten enthält.

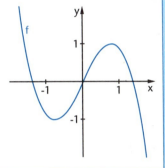

Beispiele

Der Graph der Funktion f mit
$f(x) = x^4 - 2x^2 + 1$ ist achsensymmetrisch zur zweiten Achse, da im Funktionsterm nur gerade Exponenten auftreten.
Dabei kann der letzte Summand 1 gedeutet werden als $1 \cdot x^0$ (0 ist eine gerade Zahl!).

Der Graph der Funktion g mit
$g(x) = x^3 - 2x$ ist punktsymmetrisch zum Ursprung, da im Funktionsterm nur ungerade Exponenten auftreten.

Der Graph der Funktion h mit
$h(x) = x^2 - 2x - 1$ ist weder achsensymmetrisch zur zweiten Achse noch punktsymmetrisch zum Ursprung, da im Funktionsterm sowohl gerade als auch ungerade Exponenten auftreten.

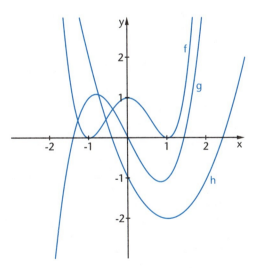

B4 Schnittpunkte des Graphen mit der ersten Achse, Schnittpunkte zweier Graphen und Berührpunkte von Graphen berechnen sowie diese im Sachzusammenhang interpretieren.

- *Schnittpunkte mit der ersten Achse:*
  Zur Bestimmung der Schnittpunkte des Graphen der Funktion f mit der ersten Achse wird der Funktionsterm f(x) gleich null gesetzt und die sich ergebende Gleichung $f(x) = 0$ nach x aufgelöst.
  Als Lösungen der Gleichung erhält man die Nullstellen x_{N_1}, x_{N_2}, x_{N_3}, ... der Funktion.
  Die Schnittpunkte des Graphen mit der ersten Achse sind $(x_{N_1}|0)$, $(x_{N_2}|0)$, $(x_{N_3}|0)$, ...

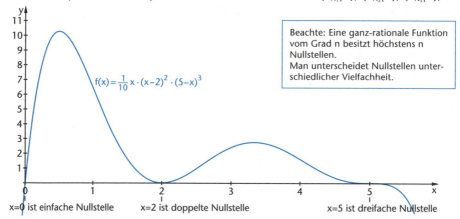

Beachte: Eine ganz-rationale Funktion vom Grad n besitzt höchstens n Nullstellen.
Man unterscheidet Nullstellen unterschiedlicher Vielfachheit.

x=0 ist einfache Nullstelle   x=2 ist doppelte Nullstelle   x=5 ist dreifache Nullstelle

Falls die Nullstellen nicht algebraisch mit einem CAS-Rechner oder numerisch mit einem GTR-Rechner bestimmt werden sollen, kann eines der folgenden Verfahren bei der Lösung hilfreich sein:
– Klammere, falls möglich, x (oder sogar x^2, x^3, ...) im gesamten Funktionsterm aus.
– Löse eine quadratische Gleichung mit dem Verfahren der quadratischen Ergänzung, mit der p-/q-Formel oder mit dem Satz von Vieta.
– Zerlege den Funktionsterm einer Funktion dritten oder höheren Grades nach Raten einer Nullstelle mit dem Verfahren der Polynomdivision in Faktoren.

- *Schnittpunkte zweier Graphen:*
  Sind zwei Funktionen f und g gegeben, dann bestimmt man die Schnittpunkte der Graphen durch Lösen der Gleichung $f(x) = g(x)$.
  Wenn man die Gleichung umformt, sodass auf der linken Seite ein Term steht, und auf der rechten Seite null, dann wird das Problem „Schnittstellen zweier Graphen berechnen" zum Problem „Nullstellen bestimmen", vgl. Lösungsverfahren in Punkt 1. Anschließend darf man nicht vergessen, die y-Koordinaten der Schnittpunkte zu bestimmen, wenn dieses verlangt ist. Dazu setzt man die erhaltenen Schnittstellen (x-Koordinaten) entweder in die Funktionsgleichung von f oder in die von g ein, oder man macht beides zur Kontrolle, denn es muss in beiden Fällen das gleiche Ergebnis herauskommen.

- *Berührpunkte zweier Graphen:*
  Wenn sich die Graphen der Funktionen f und g in einem gemeinsamen Punkt $(x_B|f(x_B))$ nur berühren, dann haben die beiden Graphen nicht nur einen Punkt $(x_B|f(x_B))$ gemeinsam, sondern auch die Tangenten stimmen in diesem gemeinsamen Punkt überein. Es gilt daher $f(x_B) = g(x_B)$ und $f'(x_B) = g'(x_B)$.

Ganz-rationale Funktionen

Beispiel 1 *Schnittpunkte mit der ersten Achse*
- Um die Schnittpunkte des Graphen von f mit $f(x) = -x^3 + 4x^2$ und der ersten Koordinatenachse zu ermitteln, hilft das Ausklammern von $-x^2$:
$f(x) = 0 \Leftrightarrow -x^3 + 4x^2 = 0 \Leftrightarrow -x^2 \cdot (x - 4) = 0 \Leftrightarrow x = 0 \vee x = 4$
Dabei ist $x = 0$ eine doppelte und $x = 4$ eine einfache Nullstelle.
Die Schnittpunkte mit der ersten Achse lauten: $(0|0)$ und $(4|0)$.

- Um die Schnittpunkte des Graphen von g mit $g(x) = x^3 - 4x^2 - 4x + 16$ und der ersten Koordinatenachse zu ermitteln, versucht man, die erste Nullstelle zu erraten: $x = 2$.
Danach ergibt sich durch Polynomdivision:
$(x^3 - 4x^2 - 4x + 16) : (x - 2) = x^2 - 2x - 8$
Man erhält alle Nullstellen nach Lösen der quadratischen Gleichung:
$x^2 - 2x - 8 = 0 \Leftrightarrow x = -2 \vee x = 4$
Also: $g(x) = 0 \Leftrightarrow x^3 - 4x^2 - 4x + 16 = 0 \Leftrightarrow (x - 2) \cdot (x^2 - 2x - 8) = 0$
$\Leftrightarrow x = 2 \vee x^2 - 2x - 8 = 0 \Leftrightarrow x = 2 \vee x = -2 \vee x = 4$
Alle Nullstellen sind einfache Nullstellen.
Die Schnittpunkte mit der ersten Achse lauten: $(-2|0)$, $(2|0)$ und $(4|0)$

Beispiel 2 *Schnittpunkte zweier Graphen*
Bestimmen der Schnittpunkte der Graphen von f mit $f(x) = -x^3 + 4x^2$ und g mit $g(x) = x^3 - 4x^2 - 4x + 16$:
Die Vereinfachung von $f(x) = g(x)$ führt zur Gleichung $2x^3 - 8x^2 - 4x + 16 = 0$.
Diese hat die Lösung $x = 4$ (wie man durch Probieren/Einsetzen herausfindet oder ggf. auch aus der Untersuchung der Nullstellen der Funktionen f und g weiß).
Anwendung des Verfahrens der Polynomdivision ergibt:
$(2x^3 - 8x^2 - 4x + 16) : (x - 4) = 2(x^2 - 2)$
Also: $f(x) = g(x) \Leftrightarrow -x^3 + 4x^2 = x^3 - 4x^2 - 4x + 16 \Leftrightarrow 2x^3 - 8x^2 - 4x + 16 = 0$
$\Leftrightarrow 2(x - 4)(x^2 - 2) = 0 \Leftrightarrow x = 4 \vee x = -\sqrt{2} \vee x = \sqrt{2}$
Mit $f(-\sqrt{2}) \approx 10{,}83$, $f(\sqrt{2}) \approx 5{,}17$ und $f(4) = 0$ erhält man die Schnittpunkte der Graphen von f und g: $(-\sqrt{2}|10{,}83)$, $(\sqrt{2}|5{,}17)$ und $(4|0)$

Beispiel 3 *Berührpunkt zweier Graphen*
Als Schnittpunkte der Graphen f mit $f(x) = -x^3 + 4x^2$ und h mit $h(x) = x^2 + 4$ erhält man die Punkte $(2|8)$ und $(-1|5)$.
Da außerdem $f'(2) = h'(2) = 4$, ist der Punkt $(2|8)$ ein Berührpunkt der beiden Graphen.

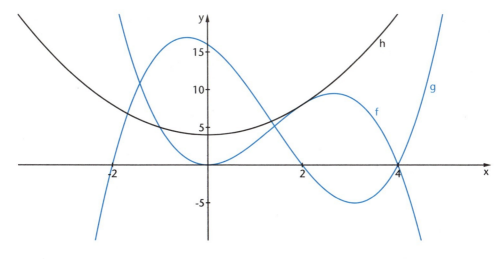

B5 Schnittwinkel eines Graphen mit der ersten Achse und Schnittwinkel zwischen zwei Graphen ganz-rationaler Funktionen berechnen.

Als Schnittwinkel α zwischen dem Graphen der Funktion f und der ersten Achse wird der von der Tangente an den Graphen von f in einer Nullstelle x_0 und der ersten Achse eingeschlossene Winkel angegeben.

Aus $\tan(\alpha) = \frac{m}{1} = f'(x_0)$ folgt sofort $\alpha = \arctan(f'(x_0))$.

Hier ist noch zu beachten, dass der so berechnete Winkel für den Fall $f'(x_0) < 0$ negativ wird.
Daher gilt allgemein: $\alpha = |\arctan(f'(x_0))|$

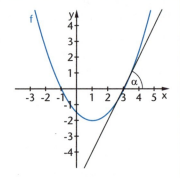

Als Schnittwinkel zwischen den Graphen der Funktionen f und g wird der kleinere der von den beiden Tangenten an die Graphen in einem Schnittpunkt eingeschlossene Winkel angegeben.

$\beta = |\arctan(f'(x_0)) - \arctan(g'(x_0))|$

Falls der so berechnete Winkel größer ist als 90°, wird der Nebenwinkel $\beta' = 180° - \beta$ als Schnittwinkel angegeben (siehe Grafik).

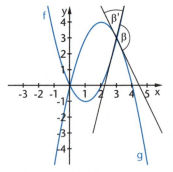

Beispiel

Die Parabel zu $f(x) = \frac{1}{2}x^2 - x - \frac{3}{2}$ schneidet die erste Achse an der Stelle $x_0 = 3$ (siehe obere Abbildung).
Mit $f'(x) = x - 1$ wird der Schnittwinkel zwischen der Parabel und der ersten Achse an dieser Stelle berechnet zu $\alpha = |\arctan(f'(3))| = |\arctan(2)| \approx 63{,}4°$.

Die Parabeln zu $f(x) = x^2 - 2x$ und $g(x) = -x^2 + 4x$ schneiden sich an der Stelle $x_0 = 3$ (siehe untere Abbildung).
Mit $f'(x) = 2x - 2$ und $g'(x) = -2x + 4$ folgt:
$\beta = |\arctan(f'(3)) - \arctan(g'(3))| = |\arctan(4) - \arctan(-2)| \approx 139{,}4°$
Der Schnittwinkel zwischen den Parabeln an dieser Stelle ist folglich
$\beta' \approx 180° - 139{,}4° = 40{,}6°$.

Ganz-rationale Funktionen | 27

 B6 Graphen auf Monotonie und auf lokale und absolute Extrempunkte untersuchen und diese im Sachzusammenhang interpretieren.

Wir betrachten eine auf dem Intervall I differenzierbare Funktion f.
- *Monotonie:*
  Der Graph von f ist auf dem Intervall I ...
  ... monoton steigend genau dann, wenn $f'(x) \geq 0$ für alle $x \in I$.
  ... monoton fallend   genau dann, wenn $f'(x) \leq 0$ für alle $x \in I$.

Falls $f'(x) > 0$ [$f'(x) < 0$] für alle $x \in I$ gilt, dann ist f auf I sogar streng monoton steigend [fallend].
Die Umkehrung dieser Aussage ist nicht richtig. Beispiel: Der Graph von $f(x) = x^3$ ist streng monton steigend auf $\mathbb{R}$, aber es gilt: $f'(0) = 0$.

- *Lokale Extrempunkte:*
  Notwendige Bedingung:
  Wenn f an der inneren Stelle x_0 einen Extremwert hat, so gilt $f'(x_0) = 0$.

  > Die Bedingung $f'(x) = 0$ bedeutet anschaulich, dass die Tangente an der Extremstelle parallel zur ersten Achse verläuft.

  Hinreichende Bedingung (mit der zweiten Ableitung):
  Falls $f'(x_0) = 0$ und $f''(x_0) > 0$ [$f''(x_0) < 0$],
  so befindet sich an der Stelle x_0 ein lokales Minimum [Maximum].

  Hinreichende Bedingung (Vorzeichenwechselkriterium):
  Falls $f'(x_0) = 0$ und f' an der Stelle x_0 einen $-/+$VZW [$+/-$VZW] hat,
  so befindet sich an der Stelle x_0 ein lokales Minimum [Maximum].

- *Absolute Extrempunkte:*
  Vergleicht man alle lokalen Minima [Maxima] und die Funktionswerte an den Rändern des Intervalls I, so ist der kleinste [größte] Wert daraus das absolute Minimum [Maximum].

Bei der Untersuchung von Extremstellen in einem Sachzusammenhang, der mit einer mathematischen Funktion beschrieben wird, können diese im Kontext gedeutet werden.

Beispiel 1 *Bestimmung von Extrempunkten*

Gegeben ist die Funktion f mit

$f(x) = \frac{1}{9}(2x^3 - 15x^2 + 24x + 25)$

auf dem Intervall [0;6]. Die Ableitungen sind:

$f'(x) = \frac{1}{9}(6x^2 - 30x + 24) = \frac{2}{3}(x^2 - 5x + 4) = \frac{2}{3}(x-1)(x-4)$

und

$f''(x) = \frac{2}{3}(2x - 5)$

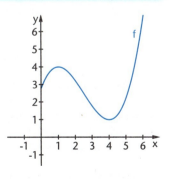

Untersuchung auf Monotonie mit einer Vorzeichentabelle für f':
Zuerst werden die Nullstellen der ersten Ableitung bestimmt:
$f'(x) = 0 \Leftrightarrow x^2 - 5x + 4 = 0 \Leftrightarrow (x-1)(x-4) = 0 \Leftrightarrow x = 1 \vee x = 4$
Mit einer Vorzeichentabelle kann das Vorzeichen der ersten Ableitung auf den Teilintervallen zwischen und neben deren Nullstellen bestimmt werden. Dazu bestimmt man jeweils das Vorzeichen aller Linearfaktoren von f' auf den Teilintervallen und erhält daraus leicht das Vorzeichen von f'.
Hier sind also die Linearfaktoren $(x - 1)$ und $(x - 4)$ zu untersuchen:

	$x < 1$	$x = 1$	$1 < x < 4$	$x = 4$	$x > 4$
$(x-1)$	−	0	+		+
$(x-4)$	−		−	0	+
f'	+	0	−	0	+
		+/−VZW		−/+VZW	

Also ist f streng monoton wachsend für $x < 1$ und für $x > 4$ und streng monoton fallend für $1 < x < 4$.
Mit dem Vorzeichenwechselkriterium folgt bereits aus dieser Tabelle, dass an der Stelle $x = 1$ ein lokales Maximum und an der Stelle $x = 4$ ein lokales Minimum vorliegt.

Untersuchung auf lokale Extrempunkte mit der zweiten Ableitung:
Notwendige Bedingung: $f'(x) = 0 \Leftrightarrow x^2 - 5x + 4 = 0 \Leftrightarrow (x-1)(x-4) = 0 \Leftrightarrow x = 1 \vee x = 4$
Hinreichende Bedingung: Da $f'(1) = 0 \wedge f''(1) = -2 < 0$, liegt an der Stelle $x = 1$
                        ein lokales Maximum vor.
                        Da $f'(4) = 0 \wedge f''(4) = 2 > 0$, liegt an der Stelle $x = 4$
                        ein lokales Minimum vor.
Mit $f(1) = 4$ und $f(4) = 1$ erhält man den lokalen Hochpunkt $H(1|4)$ und den lokalen Tiefpunkt $T(4|1)$.

Untersuchung auf absolute Extrempunkte:
Der Vergleich der lokalen Extrema mit den Funktionswerten $f(0) = 2\frac{7}{9}$ und $f(6) = 6\frac{7}{9}$ an den Rändern des Intervalls ergibt den absoluten Hochpunkt $\left(6|6\frac{7}{9}\right)$ und den absoluten Tiefpunkt $(4|1)$.

Beispiel 2 *Untersuchung von Extrema in einem Sachzusammenhang*
Eine Silvesterrakete wird zum Zeitpunkt $t = 0$ senkrecht nach oben geschossen. Sie schlägt nach 6 s wieder auf dem Boden auf. Ihre Höhe (in m) beträgt nach t Sekunden $h(t) = 30t - 5t^2$. Wie hoch wird die Rakete fliegen?

Gesucht ist also das absolute Maximum der Funktion h auf dem Intervall $[0;6]$:
Ableitungen: $h'(t) = 30 - 10t$ und $h''(t) = -10$
Notwendige Bedingung: $h'(t) = 0 \Leftrightarrow 30 - 10t = 0 \Leftrightarrow t = 3$
Hinreichende Bedingung: Da $h'(3) = 0 \wedge h''(3) = -10 < 0$, liegt an der Stelle $t = 3$
                        ein lokales Maximum vor.
Da der Graph von h eine nach unten geöffnete Parabel ist oder durch Vergleich von $h(3) = 45$ mit den Funktionswerten $h(0) = 0$ und $h(6) = 0$ an den Rändern des Intervalls folgt, dass an der Stelle $t = 3$ ein absolutes Maximum vorliegt.

Also fliegt die Rakete 45 m hoch.

Ganz-rationale Funktionen

  Graphen auf ihr Krümmungsverhalten und auf Wende- und Sattelpunkte untersuchen und diese im Sachzusammenhang interpretieren. Die Wendestelle als Stelle mit extremaler Änderungsrate identifizieren.

Wir betrachten eine auf dem Intervall I mehrfach differenzierbare Funktion f.

Der Graph von f heißt auf I linksgekrümmt [rechtsgekrümmt] genau dann, wenn f' auf I streng monoton steigend [fallend] ist.

- *Kriterium für das Krümmungsverhalten:*
  Wenn $f''(x) > 0$ [$f''(x) < 0$] für alle $x \in I$ gilt, dann ist der Graph von f auf I linksgekrümmt [rechtsgekrümmt].
  Die Umkehrung des Satzes ist nicht richtig. Beispiel: Der Graph von $f(x) = x^4$ ist auf $\mathbb{R}$ linksgekrümmt, aber $f''(0) = 0$.

- *Wendepunkte:*
  Notwendige Bedingung:
  Wenn x_0 eine Wendestelle von f ist, so gilt $f''(x_0) = 0$.

  > Wendestellen sind also Extremstellen der ersten Ableitung.

  Hinreichende Bedingung (mit der dritten Ableitung):
  Falls $f''(x_0) = 0$ und $f'''(x_0) > 0$ [$f'''(x_0) < 0$], so befindet sich an der Stelle x_0 eine R/L-Wendestelle [L/R-Wendestelle].

  Hinreichende Bedingung (Vorzeichenwechselkriterium):
  Falls $f''(x_0) = 0$ und f'' an der Stelle x_0 einen $-/+$ VZW [$+/-$ VZW] hat, so befindet sich an der Stelle x_0 eine R/L-Wendestelle [L/R-Wendestelle].

- *Sattelpunkte:*
  Sattelpunkte sind Wendepunkte mit einer zur ersten Achse parallelen Tangente.
  Daher gilt die <u>hinreichende Bedingung:</u>
  Falls $f'(x_0) = 0$ und $f''(x_0) = 0$ und $f'''(x_0) \neq 0$, so befindet sich an der Stelle x_0 ein Sattelpunkt.

Bei der Untersuchung von Wendestellen in einem Sachzusammenhang, der mit einer mathematischen Funktion beschrieben wird, können diese als Stellen mit maximaler oder minimaler Änderungsrate im Kontext gedeutet werden.

Beispiel 1 *Bestimmung des Krümmungsverhaltens und von Wendepunkten*

Gegeben ist die Funktion f mit $f(x) = \frac{1}{4}x^4 - x^3 + 4x$

Die Ableitungen sind:
$f'(x) = x^3 - 3x^2 + 4$
$f''(x) = 3x^2 - 6x = 3x(x-2)$
$f'''(x) = 6x - 6 = 6(x-1)$

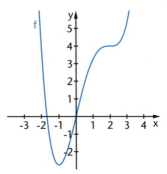

Untersuchung des Krümmungsverhaltens mit einer Vorzeichentabelle für f'':
Zuerst werden die Nullstellen der zweiten Ableitung bestimmt:
$f''(x) = 0 \Leftrightarrow 3x^2 - 6x = 0 \Leftrightarrow 3x(x-2) = 0 \Leftrightarrow x = 0 \vee x = 2$

Mit einer Vorzeichentabelle kann das Vorzeichen der zweiten Ableitung auf den Teilintervallen zwischen und neben deren Nullstellen bestimmt werden. Dazu bestimmt man jeweils das Vorzeichen aller Linearfaktoren von f'' auf den Teilintervallen und erhält daraus leicht das Vorzeichen von f''. Hier sind also die Linearfaktoren (x) und (x − 2) zu untersuchen:

	$x < 0$	$x = 0$	$0 < x < 2$	$x = 2$	$x > 2$
(x)	−	0	+		+
(x − 2)	−		−	0	+
f''	+	0	−	0	+
		+/−VZW		−/+VZW	

Also ist der Graph von f für $x < 0$ sowie für $x > 2$ linksgekrümmt und für $0 < x < 2$ rechtsgekrümmt.
Mit dem Vorzeichenwechselkriterium folgt bereits aus dieser Tabelle, dass $x = 0$ und $x = 2$ Wendestellen sind.

Untersuchung auf Wendepunkte mit der dritten Ableitung:
Notwendige Bedingung: $f''(x) = 0 \Leftrightarrow 3x^2 − 6x = 0 \Leftrightarrow 3x(x − 2) = 0 \Leftrightarrow x = 0 \vee x = 2$
Hinreichende Bedingung: Da $f''(0) = 0 \wedge f'''(0) = −6 < 0$, ist $x = 0$ eine L/R-Wendestelle.
Da $f''(2) = 0 \wedge f'''(2) = 6 > 0$, ist $x = 2$ eine R/L-Wendestelle, da zusätzlich $f'(2) = 0$, liegt hier sogar ein Sattelpunkt vor.
Mit $f(0) = 0$ und $f(2) = 4$ erhält man den Wendepunkt $W(0|0)$ und den Sattelpunkt $S(2|4)$.

Beispiel 2 *Untersuchung auf Wendestellen in einem Sachzusammenhang*
Der Temperaturverlauf an einem Frühlingstag kann näherungsweise beschrieben werden durch die Funktion f mit $f(t) = 0{,}00067\,t^4 − 0{,}038\,t^3 + 0{,}6\,t^2 − 1{,}7\,t + 15{,}8$. Dabei wird die Zeit t in Stunden und die Temperatur $f(t)$ in °C angegeben.
Zu welchem Zeitpunkt ist der Temperaturanstieg am größten gewesen?

Hier ist nach einer Extremstelle der ersten Ableitung, also nach einer Wendestelle gefragt. Zusätzlich muss die erste Ableitung dort positiv sein, da ein Temperaturanstieg vorliegen soll.

Ableitungen:
$f'(t) = 0{,}00268\,t^3 − 0{,}114\,t^2 + 1{,}2\,t − 1{,}7$
$f''(t) = 0{,}00804\,t^2 − 0{,}228\,t + 1{,}2$
$f'''(t) = 0{,}01608\,t − 0{,}228$

Notwendige Bedingung: $f''(t) = 0 \Leftrightarrow 0{,}00804\,t^2 − 0{,}228\,t + 1{,}2 = 0 \Leftrightarrow$
$t^2 − 28{,}358\,t + 149{,}254 = 0 \Leftrightarrow$
$t \approx 14{,}179 \pm \sqrt{51{,}79} \Leftrightarrow$
$t_1 \approx 7{,}0 \vee t_2 \approx 21{,}4$

Hinreichende Bedingung: Da $f''(t_1) = 0 \wedge f'''(t_1) = −0{,}116 < 0$ ist $t_1 \approx 7{,}0$ eine Wendestelle.
Da $f''(t_2) = 0 \wedge f'''(t_2) = 0{,}116 > 0$ ist $t_2 \approx 21{,}4$ eine Wendestelle.

Weiterhin ist $f'(t_1) \approx 2{,}03$ und $f'(t_2) \approx −1{,}96$.

Der Temperaturanstieg war also um 7 Uhr mit etwa $2{,}03\,\frac{°C}{h}$ am größten.

Ganz-rationale Funktionen | 31

 B8 Funktionenscharen (falls erforderlich, mithilfe von Fallunterscheidungen) auf besondere Punkte (Schnittpunkte, Extrem- und Wendepunkte) untersuchen sowie gemeinsame Punkte der Kurvenschar ermitteln.
(Nur LK:) Ortslinien von Funktionenscharen bestimmen und die Ergebnisse im Sachzusammenhang interpretieren.

Eine Funktionenschar f_k ergibt sich, wenn der Funktionsterm einen Parameter k enthält, für den man verschiedene Zahlen einsetzen kann. Man erhält dann nicht nur einen, sondern abhängig von der Einsetzung für den Parameter, verschiedene Graphen. Bei der Untersuchung der Funktionenschar wird der Parameter k so behandelt, als stehe er für eine zwar beliebige dann aber als konstant angenommene Zahl.
Zur **Untersuchung einer Funktionenschar auf besondere Punkte** wird analog zu den in B4, B6 und B7 beschriebenen Verfahren vorgegangen. Allerdings können die Ableitungen, die Bedingungen und die Koordinaten der Punkte von dem Parameter k abhängig sein. Weiterhin können auch die Eigenschaften besonderer Punkte z. B. vom Vorzeichen des Parameters abhängen. Dann wird eine Fallunterscheidung erforderlich sein.
Zur **Bestimmung aller gemeinsamen Punkte** der Funktionenschar verwendet man den Ansatz $f_k(x) = f_{k'}(x)$ mit der Voraussetzung $k \neq k'$. Alle Lösungen dieser Gleichung sind die ersten Koordinaten der gemeinsamen Punkte.
Ortslinien: Der Graph, auf dem die Extrempunkte [Wendepunkte] aller Funktionen einer Funktionenschar liegen, heißt **Ortslinie** der Extrempunkte [Wendepunkte]. Um die Gleichung einer Ortslinie der Extrempunkte [Wendepunkte] zu ermitteln, bestimmt man zunächst die vom Parameter k abhängigen Koordinaten $E(x_e(k)|y_e(k))$ der Punkte. Dann löst man die Gleichung $x = x_e(k)$ nach k auf und setzt das Ergebnis für k in die Gleichung $y = y_e(k)$ ein.

Beispiel 1 *Untersuchung einer Funktionenschar*

Gegeben ist die Funktionenschar f_k durch

$f_k(x) = -2x^3 + kx$ mit $k \in \mathbb{R}$.

Die Ableitungen sind: $f_k'(x) = -6x^2 + k$, $f_k''(x) = -12x$ und $f_k'''(x) = -12$.
Die Graphen der Schar sind punktsymmetrisch zum Ursprung, da der Funktionsterm nur ungerade Exponenten von x enthält.

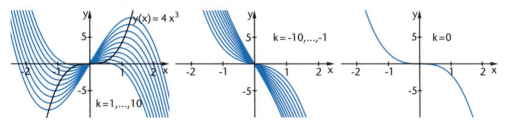

Schnittpunkte mit der ersten Achse:
$f_k(x) = 0 \Leftrightarrow -2x^3 + kx = 0 \Leftrightarrow x(-2x^2 + k) = 0 \Leftrightarrow x = 0 \vee x^2 = \frac{k}{2}$
Falls $k > 0$ hat die Gleichung drei Lösungen: $x = 0 \vee x = -\frac{\sqrt{2k}}{2} \vee x = \frac{\sqrt{2k}}{2}$
Die Schnittpunkte sind dann $(0|0)$, $\left(-\frac{\sqrt{2k}}{2}\middle|0\right)$ und $\left(\frac{\sqrt{2k}}{2}\middle|0\right)$.
Falls $k \leq 0$, ist nur $(0|0)$ Schnittpunkt mit der ersten Achse.

Extrempunkte:
Notwendige Bedingung: $f'_k(x) = 0 \Leftrightarrow -6x^2 + k = 0 \Leftrightarrow x^2 = \frac{k}{6}$
Falls $k > 0$, hat die Gleichung zwei Lösungen: $x = -\frac{\sqrt{6k}}{6} \vee x = \frac{\sqrt{6k}}{6}$
In diesem Fall ergibt die hinreichende Bedingung: $f'_k\left(-\frac{\sqrt{6k}}{6}\right) = 0 \wedge f''_k\left(-\frac{\sqrt{6k}}{6}\right) = 2\sqrt{6k} > 0$
Mit $f_k\left(-\frac{\sqrt{6k}}{6}\right) = -\frac{\sqrt{6k^3}}{9}$ ist daher $T\left(-\frac{\sqrt{6k}}{6}\middle|-\frac{\sqrt{6k^3}}{9}\right)$ ein lokaler Tiefpunkt für $k > 0$.
Aufgrund der Punktsymmetrie zum Ursprung ist $H\left(\frac{\sqrt{6k}}{6}\middle|\frac{\sqrt{6k^3}}{9}\right)$ für $k > 0$ ein lokaler Hochpunkt.
Falls $k = 0$, hat die Gleichung $f'_k(x) = 0$, nur die Lösung $x = 0$. Da auch $f''_k(0) = 0$ ist, ist mit der hinreichenden Bedingung hier noch keine Aussage möglich.
Falls $k < 0$, hat die Gleichung $f'_k(x) = 0$, keine Lösung. In diesem Fall liegen also keine Extrempunkte vor.

Wendepunkte:
Notwendige Bedingung: $f''_k(x) = 0 \Leftrightarrow -12x = 0 \Leftrightarrow x = 0$
Hinreichende Bedingung: $f''_k(0) = 0 \wedge f'''_k(0) = -12 \neq 0$
Also ist $W(0|0)$ ein Wendepunkt für alle k. Falls $k = 0$, ist dies sogar ein Sattelpunkt.

Gemeinsame Punkte aller Graphen der Funktionenschar:
Aus dem Ansatz $f_k(x) = f_{k'}(x)$ mit $k \neq k'$ folgt
$-2x^3 + kx = -2x^3 + k'x \Leftrightarrow kx = k'x \Leftrightarrow (k - k')x = 0$.
Da nach Voraussetzung $k \neq k'$ ist, bedeutet dies, dass $x = 0$.
Daher ist der Punkt $(0|0)$ der einzige gemeinsame Punkt.

Ortslinie der Extrempunkte:
$x = \frac{\sqrt{6k}}{6} \Rightarrow x^2 = \frac{k}{6} \Rightarrow k = 6x^2 \rightarrow y = \frac{\sqrt{6k^3}}{9}$
Durch Einsetzen von k in die letzte Gleichung erhält man die Gleichung der Ortslinie der Hochpunkte:
$y(x) = \frac{\sqrt{6(6x^2)^3}}{9} = 4x^3$ für $x > 0$
Durch analoges Vorgehen erhält man für $x < 0$ dieselbe Gleichung für die Ortslinie der Tiefpunkte.

Beispiel 2 *Ortslinienbestimmung*

Gesucht ist die Gleichung der Kurve, auf der alle Tiefpunkte der Kurvenschar f_t mit $f_t(x) = x^2 + tx - t$ liegen.
Man findet die Tiefpunkte $T_t\left(-\frac{t}{2}\middle|-\frac{1}{4}t^2 - t\right)$
Aus $x = -\frac{t}{2}$ erhält man $t = -2x$ und setzt diesen Wert in $y = -\frac{1}{4}t^2 - t$ ein:
$y = -\frac{1}{4}(-2x)^2 - (-2x)$
Die gesuchte Ortslinie besitzt die Gleichung $y = -x^2 + 2x$.

Kurvenscharen auf gemeinsame Punkte der Schar untersuchen:
Zeigen Sie, dass alle Kurven zu f_t mit $f_t(x) = x^2 + tx - t$ durch den Punkt $S(1|1)$ gehen.
Der Ansatz lautet: $f_{t_1}(x) = f_{t_2}(x)$, also
$x^2 + t_1 x - t_1 = x^2 + t_2 x - t_2 \Leftrightarrow t_1 x - t_2 x = t_1 - t_2 \Leftrightarrow x = \frac{t_1 - t_2}{t_1 - t_2} \Leftrightarrow x = 1$
Es ist $f_t(1) = 1$. Also gehen alle Kurven durch den Punkt $S(1|1)$.

Stammfunktionen zu den gängigen Funktionen bestimmen und den Hauptsatz der Differenzial- und Integralrechnung (HDI) zur Berechnung bestimmter Integrale anwenden.

Jede differenzierbare Funktion F mit $F'(x) = f(x)$ für alle $x \in \mathbb{D}_f$ heißt **Stammfunktion** von f.
Beispiel: $F(x) = x^3 - 2x^2 + 1$ ist eine Stammfunktion von $f(x) = 3x^2 - 4x$.
Der Nachweis hierfür erfolgt, indem man die angegebene Stammfunktion ableitet.
Das Bilden von Stammfunktionen ist nicht eindeutig, da die Konstante beim Ableiten wegfällt (vgl. Beispiel). In der folgenden Tabelle kann daher zu jeder angegebenen Stammfunktion auch eine beliebige Konstante addiert werden.

$f(x)$	c	x^n für $n \neq -1$	$\frac{1}{x}$ $\mathbb{D}_f = \mathbb{R} \setminus \{0\}$	$\sqrt{x}$ $\mathbb{D}_f = \mathbb{R}^+$	$\sin(x)$	$\cos(x)$	e^x	$\frac{1}{\sqrt{1-x^2}}$	$\frac{1}{1+x^2}$
$F(x) = \int f(x)\,dx$	cx	$\frac{1}{n+1}x^{n+1}$	$\ln(|x|)$	$\frac{2}{3}x^{\frac{3}{2}}$	$-\cos(x)$	$\sin(x)$	e^x	$\arcsin(x)$	$\arctan(x)$

Integralfunktion:
Gegeben sei eine Funktion f in einem Intervall J und $a \in J$. Dann heißt die Funktion I_a mit

$$I_a(x) = \int_a^x f(t)\,dt$$

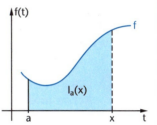

Integralfunktion von f mit unterer Grenze a. Die Funktion f wird hier auch als *Integrandenfunktion* bezeichnet.

Hauptsatz der Differenzial- und Integralrechnung:
Wenn die Integrandenfunktion f stetig auf dem Intervall J ist, dann ist die Integralfunktion I_a sogar differenzierbar, und es gilt: $I_a'(x) = f(x)$
In Worten: Die Ableitung der Integralfunktion ergibt die Integrandenfunktion.

Man kann also zu jeder stetigen Funktion f eine Stammfunktion angeben – ggf. in der Form als Integralfunktion.

Folgerung aus dem Hauptsatz:
Ist die Funktion f auf einem Intervall J stetig und F eine beliebige Stammfunktion von f, so gilt für alle $a, b \in J$:

$$\int_a^b f(x)\,dx = F(b) - F(a)$$

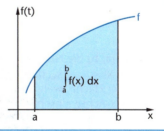

Beispiel *Nachweis einer Stammfunktion*

Zum Nachweis, dass $F(x) = (x-1) \cdot e^x$ eine Stammfunktion für $f(x) = x \cdot e^x$ ist, wird die Ableitung von F gemäß Produktregel gebildet:
$F'(x) = 1 \cdot e^x + (x-1) \cdot e^x = e^x + x \cdot e^x - e^x = x \cdot e^x$

Beispiele *Bestimmung von Stammfunktionen*

- Zu $f(x) = 5x^4 - 8x^3 + 3x^2 - 6x + 3$ erhält man eine Stammfunktion mit $F(x) = x^5 - 2x^4 + x^3 - 3x^2 + 3x$. Dabei wird der Exponent von x um eins erhöht und der entsprechende Summand mit dem Kehrwert des neuen Exponenten multipliziert.
- Zu $f(x) = 4 \cdot e^{2x+1}$ erhält man eine Stammfunktion mit $F(x) = 4 \cdot \frac{1}{2} \cdot e^{2x+1} = 2 \cdot e^{2x+1}$. Da beim Ableiten von F mit der inneren Ableitung multipliziert wird, muss hier im Funktionsterm der Stammfunktion der Faktor $\frac{1}{2}$ ergänzt werden.

Beispiele *Berechnung bestimmter Integrale*

Zur Berechnung bestimmter Integrale muss zunächst eine Stammfunktion zur Integrandenfunktion bestimmt werden. In diese wird dann zuerst die obere Integrationsgrenze und dann die untere Integrationsgrenze eingesetzt. Der Wert des bestimmten Integrals ist dann die Differenz der beiden Einsetzungen.

(1) $\int_{1}^{2}(3x^2 - 1)\,dx = \left[x^3 - x\right]_{1}^{2} = (2^3 - 2) - (1^3 - 1) = 6$

(2) $\int_{-1}^{3}(2x - 1)^2\,dx = \left[\frac{1}{6}(2x - 1)^3\right]_{-1}^{3} = 25\frac{1}{3}$

(3) $\int_{0}^{1}(2 - e^{-x})\,dx = \left[2x + e^{-x}\right]_{0}^{1} = (2 + e^{-1}) - (0 + e^{0}) = 1 + \frac{1}{e}$

Hinweis: Die Stammfunktionen zu Beispiel (2) und (3) wurden durch Ausprobieren gefunden: Dabei überlegt man, wie der Funktionsterm entstanden sein könnte, wenn man die betreffende Ableitungsregel (hier: die Kettenregel) anwendet. In wird das systematische Verfahren erläutert.

C2 Flächeninhalte zwischen einem Funktionsgraphen und der ersten Achse und Flächeninhalte zwischen mehreren Funktionsgraphen berechnen.

Ist f in [a;b] stetig und $f(x) \neq 0$ für alle $x \in\,]a; b[$, dann gilt für den Inhalt der Fläche zwischen dem Graphen von f und der x-Achse über dem Intervall [a; b]:

$A = \left|\int_{a}^{b} f(x)\,dx\right|$

Hat f in [a; b] die Nullstellen $x_1, x_2, \ldots, x_k$ mit $x_1 < x_2 < \ldots < x_k$, dann gilt für den Inhalt der Fläche, welche der Graph von f mit der x-Achse einschließt:

$A = \left|\int_{x_1}^{x_2} f(x)\,dx\right| + \left|\int_{x_2}^{x_3} f(x)\,dx\right| + \ldots + \left|\int_{x_{k-1}}^{x_k} f(x)\,dx\right|$

Haben die in [a;b] stetigen Funktionen f und g die Schnittstellen $x_1, x_2, \ldots, x_k$ mit $x_1 < x_2 < \ldots < x_k$, dann gilt für den Inhalt der von den Graphen eingeschlossenen Fläche:

$A = \left|\int_{x_1}^{x_2}(f(x) - g(x))\,dx\right| + \left|\int_{x_2}^{x_3}(f(x) - g(x))\,dx\right|$
$\quad + \ldots + \left|\int_{x_{k-1}}^{x_k}(f(x) - g(x))\,dx\right|$

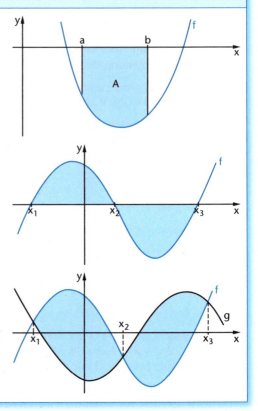

Beispiel *Berechnung des Flächeninhalts in einer Anwendung*
Das abgebildete Grundstück steht zum Verkauf. Es wird an einer Seite durch einen Fluss begrenzt. Zur Ermittlung des Verkaufspreises soll der Flächeninhalt des Grundstücks bestimmt werden.

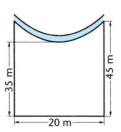

In dem gemäß nebenstehender Abbildung gewählten Koordinatensystem kann das südliche Ufer des Flusses durch eine quadratische Funktion f mit $f(x) = ax^2 + 35$ beschrieben werden. Dabei ist die Konstante a durch die Bedingung $f(10) = 45$ zu $a = 0{,}1$ festgelegt.
Für den Flächeninhalt des Grundstücks in m² folgt:

$$A = 2 \cdot \int_0^{10}(0{,}1x^2 + 35)\,dx = 2 \cdot \left[\tfrac{1}{30}x^3 + 35x\right]_0^{10} = 766\tfrac{2}{3}$$

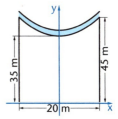

Beispiel *Berechnung des Flächeninhalts eines Flächenstücks, das von einem Graphen und der ersten Achse eingeschlossen ist*

Wie groß ist die Maßzahl des Flächenstücks, das vom Graphen von f mit $f(x) = (x-1) \cdot (x-3) \cdot (x-6)$ und der ersten Achse eingeschlossen wird?
Da der Funktionsterm von f in faktorisierter Form gegeben ist, können die Nullstellen sofort abgelesen werden:
$x_{01} = 1, \quad x_{02} = 3, \quad x_{03} = 6$

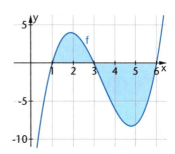

Um den gesuchten Flächeninhalt zu bestimmen, sind hier zwei Integrale zu berechnen. Da Maßzahlen für Flächeninhalte stets positiv sind, müssen die Beträge der berechneten Integrale addiert werden.

$$A = \left|\int_1^3 (x^3 - 10x^2 + 27x - 18)\,dx\right| + \left|\int_3^6 (x^3 - 10x^2 + 27x - 18)\,dx\right| = \left|5\tfrac{1}{3}\right| + \left|-15\tfrac{3}{4}\right| = 21\tfrac{1}{12}$$

Beispiel *Berechnung des Flächeninhalts eines Flächenstücks, das von zwei Graphen eingeschlossen ist*

Wie groß ist die Maßzahl des Flächenstücks, das von den Graphen von f und g mit $f(x) = -x^2 + 2x + 2$ und $g(x) = x^2 - 2$ eingeschlossen wird?
Man berechnet die Schnittstellen der Graphen durch Lösen der Gleichung $f(x) = g(x)$: $\quad x_{S1} = -1, \quad x_{S2} = 2$
Für den Flächeninhalt erhält man:

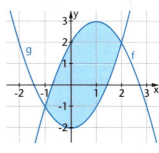

$$A = \left|\int_{-1}^{2}((-x^2 + 2x + 2) - (x^2 - 2))\,dx\right| = \left|\int_{-1}^{2}(-2x^2 + 2x + 4)\,dx\right|$$
$$= \left|\left[-\tfrac{2}{3}x^3 + x^2 + 4x\right]_{-1}^{2}\right| = |9| = 9$$

C3 (LK) Mittelwerte von kontinuierlich veränderten Größen mit der Integralrechnung berechnen.

Unter dem Mittelwert $\bar{f}$ der Funktionswerte einer stetigen Funktion f über dem Intervall [a;b] versteht man die reelle Zahl

$$\bar{f} = \frac{1}{b-a} \cdot \int_a^b f(x)\,dx$$

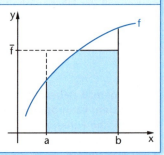

Beispiel

Die Geschwindigkeit eines ICE nimmt bei der Ausfahrt aus einem Bahnhof in den ersten 6 Minuten gemäß der Funktion v mit $v(t) = -0{,}0005 \cdot t^2 + 0{,}4 \cdot t$ zu. Dabei wird die Zeit t in Sekunden und die Geschwindigkeit v in Meter pro Sekunde angegeben.
Wie groß ist die mittlere Geschwindigkeit des Zuges in den ersten 6 Minuten der Fahrt?

$$\bar{v} = \frac{1}{360-0} \cdot \int_0^{360} (-0{,}0005 \cdot t^2 + 0{,}4 \cdot t)\,dt = \frac{1}{360} \cdot \left[-\frac{1}{6000} t^3 + \frac{1}{5} t^2 \right]_0^{360} = \frac{1}{360} \cdot 18144 = 50{,}4$$

Die mittlere Geschwindigkeit des Zuges beträgt $50{,}4 \frac{m}{s}$ $\left(\approx 181{,}44 \frac{km}{h} \right)$.

 C4 Gesamtänderungen aus gegebenen Änderungsraten näherungsweise mit Unter- und Obersummen berechnen.

Falls für einen Vorgang momentane Änderungsraten zu verschiedenen Zeitpunkten bekannt sind (z. B. Zuflussgeschwindigkeit, Bewegungsgeschwindigkeit, ...), so ist es möglich, einen Näherungswert für die Gesamtänderung (z. B. Füllmenge, zurückgelegte Wegstrecke, ...) zu berechnen.

Zeitpunkt	t_0	t_1	t_2	t_3	...
Änderungsrate	v_0	v_1	v_2	v_3	...

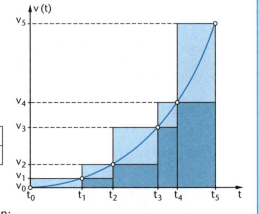

Unter der Annahme zunehmender Änderungsraten können eine Untersumme U und eine Obersumme O berechnet werden:
$U = v_0 \cdot (t_1 - t_0) + v_1 \cdot (t_2 - t_1) + v_2 \cdot (t_3 - t_2) + \ldots$
$O = v_1 \cdot (t_1 - t_0) + v_2 \cdot (t_2 - t_1) + v_3 \cdot (t_3 - t_2) + \ldots$
Einen Näherungswert für die Gesamtänderung erhält man durch die Berechnung des Mittelwertes $\frac{U+O}{2}$.

Falls die Änderungsraten nicht ansteigend sind, so muss die Berechnung von Ober- und Untersummen entsprechend verändert werden.

Beispiel

In einen leeren Tank fließt eine Flüssigkeit. Die zunehmende Zuflussgeschwindigkeit wird zu verschiedenen Zeitpunkten gemessen. Wie groß ist die Füllmenge im Tank nach 20 Sekunden näherungsweise?

Zeit in Sekunden	0	5	10	20
Zuflussgeschwindigkeit in Liter pro Sekunde	0	3	4,5	6

$U = 0 \cdot (5 - 0) + 3 \cdot (10 - 5) + 4,5 \cdot (20 - 10) = 60$
$O = 3 \cdot (5 - 0) + 4,5 \cdot (10 - 5) + 6 \cdot (20 - 10) = 97,5$

Mittelwert: $\frac{U + O}{2} = 78,75$

Nach 20 Sekunden sind also etwa 78,75 Liter im Tank.

  Gesamtänderungen aus gegebenen Änderungsraten exakt mit bestimmten Integralen berechnen.

Ist eine stetige Funktion v für die momentane Änderungsrate (z. B. Zuflussgeschwindigkeit, Bewegungsgeschwindigkeit,...) einer Größe in Abhängigkeit von der Zeit t gegeben, so wird die Gesamtänderung (z. B. Füllmenge, zurückgelegte Wegstrecke, ...) im Zeitintervall $[t_a; t_e]$

mit dem Integral $\int_{t_a}^{t_e} v(t)\,dt$ berechnet.

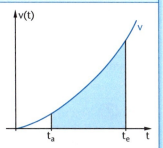

Zu einer gegebenen Messreihe für die momentane Änderungsrate in verschiedenen Zeitpunkten kann oft eine Funktion v durch eine sinnvolle Regression ermittelt werden.

Beispiel *Gegeben ist die Bewegungsgeschwindigkeit*

Die Geschwindigkeit v eines aus der Ruhe von einem Turm fallenden Steins ist gegeben durch $v(t) = 9,81 \cdot t$. Dabei wird die Zeit t in Sekunden und die Geschwindigkeit v in Meter pro Sekunde angegeben.

- Beobachtet man, dass der Stein nach einer Falldauer von 3,2 Sekunden auf dem Boden aufschlägt, kann man die Höhe des Turms berechnen, indem man die als momentane Änderungsrate gegebene Geschwindigkeit v(t) über dem Zeitintervall [0; 3,2] integriert:

  $h = \int_0^{3,2} 9,81 \cdot t\,dt = \left[\frac{9,81}{2}t^2\right]_0^{3,2} \approx 50,23$ Der Turm hat eine Höhe von etwa 50,23 m.

- Ist andererseits die Fallhöhe mit h = 100 m gegeben, so kann man auch die entsprechende Falldauer berechnen. Diesmal ist der Wert des Integrals bekannt. Zu bestimmen ist die obere Integrationsgrenze t_e.

  $\int_0^{t_e} 9,81 \cdot t\,dt = 100 \Leftrightarrow \left[\frac{9,81}{2}t^2\right]_0^{t_e} = 100 \Leftrightarrow \frac{9,81}{2}t_e^2 = 100 \Leftrightarrow t_e = \sqrt{\frac{200}{9,81}} \approx 4,5 \lor t_e \approx -4,5$

  Hinweis: Die negative Lösung der quadratischen Gleichung entfällt hier im Sachzusammenhang.

  Der Stein trifft nach etwa 4,5 Sekunden auf dem Boden auf.

Beispiel *Gegeben ist die Zulaufgeschwindigkeit*

Ein zunächst leeres Getreidesilo wird mit Weizen gefüllt. Die Zulaufgeschwindigkeit ist in den ersten 15 Minuten konstant und beträgt 45 Zentner/min. Dann nimmt sie entsprechend dem Graphen ab, bis nach insgesamt 30 Minuten der Zufluss stoppt.

Die Funktion f mit $f(x) = -\frac{1}{5}x^2 + 6x$ beschreibt den Zulauf in der Zeit zwischen der 15. und der 30. Minute, denn der Scheitelpunkt der Parabel liegt im Punkt S(15|45) und eine Nullstelle bei x = 30.

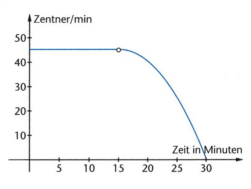

Um die gesamte Füllmenge des Silos zu bestimmen, bestimmt man den Flächeninhalt des Flächenstücks zwischen Graph und Zeitachse im Intervall [0; 30]:
Im Zeitintervall [0; 15] ist dies ein Rechteck; für das Zeitintervall [15; 30] muss die Integralrechnung angewendet werden:

$$15 \cdot 45 + \int_{15}^{30}\left(-\frac{1}{5}x^2 + 6x\right)dx = 675 + \left[-\frac{1}{15}x^3 + 3x^2\right]_{15}^{30} = 675 + 450 = 1125$$

Insgesamt wurden 1125 Zentner Weizen in das Silo gefüllt.

C6 **(LK) Inhalte ins Unendliche reichender Flächen mit uneigentlichen Integralen und den dabei erforderlichen Grenzwertbetrachtungen ermitteln.**

- **Integration über unbeschränkte Intervalle:**
  Falls die Funktion f auf dem Intervall [a; +∞[stetig ist und der Grenzwert $\lim_{b \to +\infty} \int_a^b f(x)\,dx$ existiert, so heißt dieser Grenzwert das **Uneigentliche Integral** von f über dem Intervall [a; +∞[.

  Man notiert dann auch $\int_a^{+\infty} f(x)\,dx$.

  (Entsprechend wird $\int_{-\infty}^b f(x)\,dx$ definiert.)

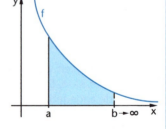

- **Integration über unbeschränkte Funktionen:**
  Falls die Funktion f auf dem Intervall]a; b] stetig ist und der Grenzwert $\lim_{z \to a} \int_z^b f(x)\,dx$ existiert, so heißt dieser Grenzwert das Uneigentliche Integral von f über dem Intervall]a; b].

  Man notiert dann auch $\int_a^b f(x)\,dx$.

  (Entsprechend wird über dem Intervall [a; b[$\lim_{z \to b} \int_a^z f(x)\,dx$ definiert.)

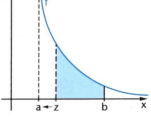

Integralrechnung

Beispiele *Uneigentliche Integrale*

- Der Graph der Funktion f mit $f(x) = \frac{4}{x^2}$ schließt über dem Intervall $[1; +\infty[$ eine Fläche mit dem Flächeninhalt 4 FE ein:

  Es gilt: $\int_1^b \frac{4}{x^2} dx = \left[-\frac{4}{x}\right]_1^b = 4 - \frac{4}{b}$

  Damit existiert der Grenzwert: $\lim\limits_{b \to +\infty} \int_1^b \frac{4}{x^2} dx = \lim\limits_{b \to +\infty} \left(4 - \frac{4}{b}\right) = 4$

- Dagegen ist die Maßzahl der Fläche zwischen x-Achse und Graph der Funktion f mit $f(x) = \frac{1}{(x-2)^2}$ über dem Intervall $]2; 4]$ nicht endlich:

  Es gilt: $\int_a^4 \frac{1}{(x-2)^2} dx = \left[-\frac{1}{(x-2)}\right]_a^4 = \frac{1}{a-2} - \frac{1}{2}$

  Da der erste Summand für $a \to 2$ über alle Grenzen wächst, existiert das Uneigentliche Integral nicht.

- Der Graph der Funktion f mit $f(x) = x \cdot e^{-x}$ schließt mit der positiven x-Achse einen endlichen Flächeninhalt ein:

  $\int_0^a x \cdot e^{-x} dx = [-(x+1) \cdot e^{-x}]_0^a$
  $= (-(a+1) \cdot e^{-a}) - (-(0+1) \cdot e^{-0})$
  $= (-(a+1) \cdot e^{-a}) + 1$

  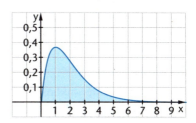

  Da die Werte mit der Funktion $e(x) = e^{-x}$ für $x \to \infty$ schneller gegen null gehen als die Werte einer beliebigen ganzrationalen Funktion p(x) wachsen, gilt allgemein: $\lim\limits_{x \to \infty} p(x) \cdot e^{-x} = 0$.

  Also folgt $\int_0^{\infty} x \cdot e^{-x} dx = 1$.

Das Volumen von Rotationskörpern berechnen und die erforderlichen Berandungsfunktionen für reale rotationssymmetrische Körper modellieren.

Rotiert der Graph einer stetigen Berandungsfunktion f mit nicht negativen Funktionswerten über dem Intervall [a;b] um die erste Achse, so entsteht ein Rotationskörper mit dem Volumen $V = \pi \cdot \int_a^b (f(x))^2 \, dx$.

Beispiel

Das abgebildete Fass (Dicke vernachlässigbar) hat eine Höhe von 22 cm. Der Radius beträgt am oberen und unteren Rand 8,1 cm, an der bauchigsten Stelle 8,8 cm. Zur Berechnung des Fassinhaltes legen wir das Fass auf die Seite. Das Koordinatensystem wird so gewählt, dass die erste Achse die Symmetrieachse des Fasses bildet, und dass der Graph der Berandungsfunktion symmetrisch zur zweiten Achse verläuft.

Aus dem Ansatz $f(x) = ax^2 + b$ mit $f(0) = 8{,}8$ und $f(11) = 8{,}1$ folgt $b = 8{,}8$ und $a \cdot 11^2 + 8{,}8 = 8{,}1$.

Die Koeffizienten werden berechnet zu $a = -\frac{7}{1210}$ und $b = \frac{44}{5}$.

Für die Berandungsfunktion gilt damit $f(x) = -\frac{7}{1210}x^2 + \frac{44}{5}$.

Das Volumen des Fasses kann nun unter Ausnutzung der Symmetrie berechnet werden:

$V = 2\pi \cdot \int_0^{11} \left(-\frac{7}{1210}x^2 + \frac{44}{5}\right)^2 dx \approx 5075$

Also beträgt das Volumen des Fasses 5075 ml ≈ 5 l.

Beispiel *Ins Unendliche reichender Rotationskörper*

Gegeben ist die Funktion f durch $f(x) = \frac{x-1}{x^2}$; $x \neq 0$.
Die Fläche zwischen dem Graphen der Funktion f und der ersten Achse über dem Intervall [1; ∞[rotiert um die x-Achse (vgl. Basiswissen 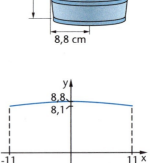).
Hat der entstehende, ins Unendliche reichende Rotationskörper einen endlichen Rauminhalt?
Es gilt:

$V_b = \pi \int_1^b \frac{(x-1)^2}{x^4} dx = \pi \int_1^b \left(\frac{x^2}{x^4} - 2 \cdot \frac{x}{x^4} + \frac{1}{x^4}\right) dx$

$= \pi \int_1^b \left(\frac{1}{x^2} - \frac{2}{x^3} + \frac{1}{x^4}\right) dx = \pi \left[-\frac{1}{x} + \frac{1}{x^2} - \frac{1}{3x^3}\right]_1^b$

$= \pi \left(\left(-\frac{1}{b} + \frac{1}{b^2} - \frac{1}{3b^3}\right) - \left(-\frac{1}{3}\right)\right)$

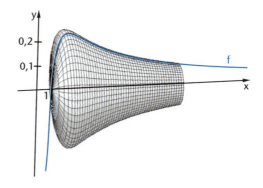

Da der Grenzwert

$\lim_{b \to +\infty} V_b = \pi \cdot \lim_{b \to +\infty} \left(\left(-\frac{1}{b} + \frac{1}{b^2} - \frac{1}{3b^3}\right) - \left(-\frac{1}{3}\right)\right) = \frac{\pi}{3}$

existiert, hat der Rotationskörper das Volumen $\frac{\pi}{3}$.

Stammfunktionen mit dem Verfahren der partiellen Integration bzw. der Substitutionsmethode bestimmen und bestimmte Integrale berechnen.

- **Partielle Integration:**
Aus der Produktregel der Differenzialrechnung folgt:
$$\int_a^b u(x) \cdot v'(x)\,dx = \left[u(x) \cdot v(x)\right]_a^b - \int_a^b u'(x) \cdot v(x)\,dx$$

Bei der Anwendung der Methode der Partiellen Integration müssen $u(x)$ und $v'(x)$ so gewählt werden, dass das auf der rechten Seite der Gleichung stehende Integral leichter berechnet werden kann.

- **Substitution:**
Aus der Kettenregel der Differenzialrechnung folgt:
$$\int_a^b f(g(x)) \cdot g'(x)\,dx = \int_{g(a)}^{g(b)} f(z)\,dz$$

Um die Substitutionsmethode anwenden zu können, muss im zu berechnenden Integral eine verkettete Funktion und die Ableitung der inneren Funktion als Faktor auftreten.

Beispiele *Partielle Integration*

$$\int_0^1 (x-1) \cdot e^x\,dx = ?$$

Mit $u(x) = x - 1$ und $v'(x) = e^x$ erhält man: $u'(x) = 1$ und $v(x) = e^x$, also:

$$\int_0^1 (x-1) \cdot e^x\,dx = \left[(x-1) \cdot e^x\right]_0^1 - \int_0^1 1 \cdot e^x\,dx = \left[(x-1) \cdot e^x\right]_0^1 - \left[e^x\right]_0^1 = 1 - (e-1) = 2 - e$$

$$\int_0^\infty x^2 \cdot e^{-x}\,dx = ?$$

Mit $u(x) = x^2$ und $v'(x) = e^{-x}$ erhält man: $u'(x) = 2x$ und $v(x) = -e^{-x}$, also:

$$\int_0^\infty x^2 \cdot e^{-x}\,dx = \left[x^2 \cdot (-e^{-x})\right]_0^\infty - \left(-\int_0^\infty 2x \cdot e^{-x}\,dx\right) = (0-0) + 2 \cdot \int_0^\infty x \cdot e^{-x}\,dx$$

Erneuter Ansatz für eine partielle Integration: Aus $u(x) = x$ und $v'(x) = e^{-x}$ folgt $u'(x) = 1$ und $v(x) = -e^{-x}$, also:

$$\int_0^\infty x \cdot e^{-x}\,dx = \left[x \cdot (-e^{-x})\right]_0^\infty - \left(-\int_0^\infty 1 \cdot e^{-x}\,dx\right) = (0-0) + \int_0^\infty e^{-x}\,dx = \left[-e^{-x}\right]_0^\infty = 0 - (-1) = 1$$

also insgesamt: $\int_0^\infty x^2 \cdot e^{-x}\,dx = 2 \cdot \int_0^\infty x \cdot e^{-x}\,dx = 2 \cdot 1 = 2$

Beispiel *Substitution*

$$\int_0^2 2x \cdot e^{-x^2}\,dx = ?$$

Mit $g(x) = -x^2$ folgt $g'(x) = -2x$ sowie $g(0) = 0$ und $g(2) = -4$, also:

$$\int_0^2 2x \cdot e^{-x^2}\,dx = -\int_0^2 (-2x) \cdot e^{-x^2}\,dx = \int_0^{-4} -e^z\,dz = 1 - \frac{1}{e^4}$$

D1 Den Definitionsbereich bei Quotienten von Funktionen bestimmen und feststellen, ob Definitionslücken ggf. hebbar sind, und ggf. die Gleichung der zugehörigen senkrechten Asymptote angeben.

Hat eine Funktion Stellen, an denen sie nicht definiert ist, so heißen diese Stellen **Definitionslücken**. Bei Funktionen der Form $f(x) = \frac{z(x)}{n(x)}$, also Quotienten aus einer Zählerfunktion $z(x)$ und einer Nennerfunktion $n(x)$, sind die Definitionslücken die Stellen, an denen die Nennerfunktion $n(x)$ gleich null wird. Hier gibt es folgende Möglichkeiten:

$z(x_0)$	$n(x_0)$	$f(x_0)$ (mit Bemerkungen)
$\neq 0$	$\neq 0$	$f(x_0) = \frac{z(x_0)}{n(x_0)}$ normaler Punkt
$\neq 0$	$= 0$	Polstelle
$= 0$	$\neq 0$	Nullstelle
$= 0$	$= 0$	überprüfen, ob die Definitionslücke bei x_0 behebbar ist; dies ist der Fall, wenn der $\lim\limits_{x \to x_0} f(x)$ existiert.

Beispiele

Funktion	Definitionslücken
$f(x) = \frac{1}{(x+2)^2}$	für $x \to -2$, $x < 2$ und $x > 2$ gilt $f(x) \to +\infty$ f hat an der Stelle $x = -2$ eine Polstelle ohne Vorzeichenwechsel.
$f(x) = \frac{e^x}{x+1}$	für $x \to -1$, $x < -1$ gilt: $f(x) \to -\infty$, für $x \to -1$, $x > -1$ gilt $f(x) \to +\infty$ Der Graph von f hat an der Stelle $x = -1$ eine Polstelle mit Vorzeichenwechsel.
$f(x) = \frac{x-1}{x^2-1}$	Die Funktion lässt sich in der Form darstellen: $f(x) = \frac{x-1}{(x+1)(x-1)} = \frac{1}{x+1}$ und $\lim\limits_{x \to 1} f(x) = \frac{1}{2}$ f hat an der Stelle $x = 1$ eine (be-)hebbare Definitionslücke.
$f_t(x) = \frac{t + \ln(x)}{x}$	für $x \to 0$, $x > 0$ gilt $f_t(x) \to -\infty$ f hat an der Stelle $x = 0$ eine „einseitige" Polstelle, da die Funktion nur für $x > 0$ definiert ist.

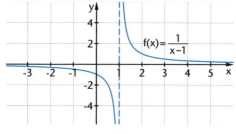

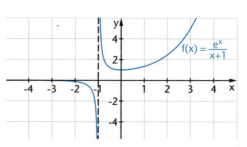

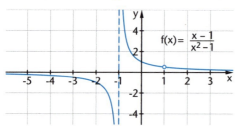

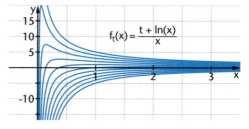

Asymptoten bei Quotientenfunktionen bestimmen.

Durch die Nullstellen der Nennerfunktion wird die maximale Definitionsmenge definiert. Ist die Nullstelle des Nennerfunktion nicht zugleich Nullstelle der Zählerfunktion, liegt an dieser Definitionslücke x_0 eine Polstelle vor (vgl. D1).
Der Graph wird an den Polstellen durch die parallel zur y-Achse verlaufenden Polgeraden in einzelne Teilgraphen unterteilt. Die Polgeraden werden auch als **senkrechte Asymptoten** bezeichnet. Um zu untersuchen, ob $f(x) \to -\infty$ oder $f(x) \to \infty$ für $x \to x_0$, nähert man sich der Polstelle von rechts und von links.

Waagerechte und schiefe Asymptoten

Das Verhalten von $f(x)$ für $x \to \infty$ bzw. für $x \to -\infty$ wird durch das Verhalten von Zähler- und Nennerfunktion bestimmt. Falls eine Funktion a existiert, für die gilt:
$\lim_{x \to -\infty}[f(x) - a(x)] = 0$ oder $\lim_{x \to +\infty}[f(x) - a(x)] = 0$, dann wird der Graph von a als Asymptote des Graphen von f bezeichnet. Anschaulich bedeutet die Grenzwerteigenschaft, dass sich der Graph der Funktion f dem Graphen der Funktion a für $x \to -\infty$ oder $x \to +\infty$ beliebig annähert.
Man unterscheidet speziell noch **waagerechte Asymptoten**, die gleich der x-Achse sind oder zu ihr parallel verlaufen, und **schiefe Asymptoten**. Schiefe Asymptoten sind Geraden mit einer Steigung $m \neq 0$.
Im Prinzip kann aber jede Funktion (also auch ganzrationale Funktionen höherer Ordnung oder Exponentialfunktionen) Asymptotenfunktion für eine andere Funktion sein.

Hinweis: Man verwendet die Bezeichnung Asymptotenfunktion auch bei Funktionen, die nicht unmittelbar als Quotientenfunktion erkannt werden, z. B. $f(x) = e^{-x} = \frac{1}{e^x}$; hier ist die x-Achse Asymptote für den Graphen für $x \to \infty$.

Beispiel 1 *Senkrechte Asymptote*

$f(x) = \frac{x-1}{x+2}$

Definitionslücke bei $x = -2$
Für $x \to -2$ und $x < -2$ (Annäherung von links)
strebt $f(x) \to \infty$
und für $x \to -2$ und $x > -2$ (Annäherung von rechts)
strebt $f(x) \to -\infty$.
Die Gerade $x = -2$ ist senkrechte Asymptote des Graphen.

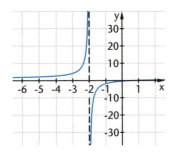

Beispiel 2 *Waagerechte Asymptoten*

$f(x) = \frac{x+1}{x^2+2}$

Für $x \to \pm\infty$ strebt $f(x) \to 0$. Die x-Achse ist waagerechte Asymptote ($a(x) = 0$).

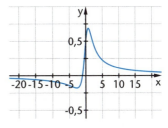

Beispiel 3 Schiefe Asymptote

$f(x) = \frac{2x^2 - 3x}{x - 2}$

Nach Umformung erhält man $f(x) = 2x + 1 + \frac{2}{x - 2}$.

Der Graph besitzt eine schiefe Asymptote mit der Gleichung $a(x) = 2x + 1$ sowie eine senkrechte Asymptote mit $x = 2$.

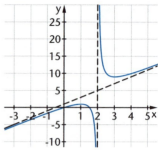

Beispiel 4 Schiefe Asymptote

Der Graph von $a(x) = e^x$ ist Asymptote zum Graphen von $f(x) = \frac{x^2 \cdot e^x + 1}{x^2}$.

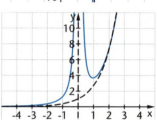

D3 Funktionsuntersuchung bei einer Quotientenfunktion durchführen.

Bei der Funktionsuntersuchung von Quotientenfunktionen müssen einige Besonderheiten beachtet werden, die wir im Folgenden ansprechen (hier also keine vollständige Untersuchung der Eigenschaften):

Definitionslücken: Nullstellen der Nennerfunktion

Polstellen: Untersuchung des Verhaltens links und rechts von Definitionslücken

Asymptote: Untersuchung des Graphen für $x \to -\infty$ bzw. $x \to +\infty$

Nullstellen: Nullstellen der Zählerfunktion (überprüfen, ob diese zur Definitionsmenge gehören, und falls nicht, ob die Definitionslücke hebbar ist)

Ableitungen: Anwendung der Quotientenregel – oft ist es aber einfacher, wenn man die Nennerfunktion mit dem Exponenten –1 versieht und dann die Produkt- und Kettenregel anwendet – vgl. Beispiel unten und Beispiele in A2

Extrem- und Wendestellen: Kriterien wie bei anderen Funktionstypen

---

Beispiel

$f(x) = \frac{e^x + 1}{x^2} = (e^x + 1) \cdot x^{-2}$

$D_f = \mathbb{R} \setminus \{0\}$. An der Stelle $x = 0$ liegt eine Polstelle ohne Vorzeichenwechsel vor.

$f'(x) = (e^x + 1) \cdot (-2) \cdot x^{-3} + e^x \cdot x^{-2}$
$= (-2e^x - 2 + xe^x) \cdot x^{-3}$
$= ((x - 2) \cdot e^x - 2) \cdot x^{-3}$

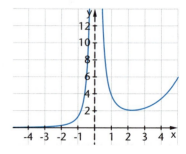

Hinweis: Die Nullstelle der Ableitungsfunktion kann nur numerisch bestimmt werden: $x \approx 2{,}22$. Dort liegt ein lokales Minimum vor.

Exponential- und Logarithmusfunktionen

  Exponentialfunktionen aus gegebenen Bedingungen bestimmen.

„Einfache" Exponentialfunktionen, mit deren Hilfe beispielsweise Wachstumsprozesse modelliert werden können, sind vom Typ $f(x) = a \cdot e^{bx}$.
Funktionen dieses Typs sind durch die Angabe von zwei Eigenschaften, z. B. von zwei Punkten, eindeutig bestimmt.

Beispiele

(1) Gesucht ist eine Exponentialfunktion f vom Typ $f(x) = a \cdot e^{bx}$, deren Graph durch die Punkte (0|3) und (5|2) verläuft.
Aus den Koordinaten der Punkte ergeben sich die Bedingungen
(I) $3 = a \cdot e^0 = a \cdot 1 = a$ und (II) $2 = a \cdot e^{5b}$
Einsetzen von $a = 3$ aus (I) in (II) ergibt: $2 = 3 \cdot e^{5b}$
also $\frac{2}{3} = e^{5b} \Leftrightarrow 5b = \ln\left(\frac{2}{3}\right) \Leftrightarrow b = \frac{1}{5} \cdot \ln\left(\frac{2}{3}\right) \approx -0{,}081$
Die Funktion f mit $f(x) = 3 \cdot e^{-0{,}081\,x}$ erfüllt also die geforderten Bedingungen.

(2) Gesucht ist eine Exponentialfunktion f vom Typ $f(x) = a \cdot e^{bx}$, deren Graph im Punkt (2|1) die Steigung 3 hat.
Wegen $f(x) = a \cdot e^{bx}$ und $f'(x) = a \cdot b \cdot e^{bx}$ ergeben sich die Bedingungen:
(I) $1 = a \cdot e^{2b}$ und (II) $3 = a \cdot b \cdot e^{2b}$
Einsetzen von (I) in (II) ergibt: $3 = a \cdot b \cdot e^{2b} = b \cdot (a \cdot e^{2b}) = b \cdot 1 = b$
also aus (I): $1 = a \cdot e^6 \Leftrightarrow a = e^{-6}$
Die Funktion f mit $f(x) = e^{-6} \cdot e^{3x} = e^{3x-6} = 0{,}002479 \cdot e^{3x}$ erfüllt also die geforderten Bedingungen.

Entsprechend benötigt man für die Bestimmung von Funktionen, mit deren Hilfe beschränkte Wachstumsprozesse modelliert werden können, also Funktionen f vom Typ $f(x) = c - a \cdot e^{bx}$, die Vorgabe von drei Eigenschaften, um die Koeffizienten a, b, c zu berechnen.

  Exponentialfunktionen und Logarithmusfunktionen (LK) mit den bekannten Ableitungs- bzw. Integrationsregeln ableiten und integrieren.

Grundlegende Ableitungsregeln zur Exponentialfunktion:
$f(x) = e^x \qquad f'(x) = e^x$
$f(x) = e^{g(x)} \qquad f'(x) = g'(x) \cdot e^{g(x)} \qquad$ (Kettenregel)
$f(x) = g(x) \cdot e^x \qquad f'(x) = g'(x) \cdot e^x + g(x) \cdot e^x \qquad$ (Produktregel)

Grundlegende Regeln zur Integration:
$\int e^x \, dx = e^x + c \qquad \int e^{ax+b} \, dx = \frac{1}{a} \cdot e^{ax+b} + c \qquad \int x \cdot e^{ax^2} \, dx = \frac{1}{2a} \cdot e^{ax^2} + c$

Grundlegende Ableitungsregeln zur Logarithmusfunktion:
$f(x) = \ln(x) \qquad\qquad f'(x) = \frac{1}{x}$

$f(x) = \ln(g(x)) \qquad\qquad f'(x) = \frac{g'(x)}{g(x)} \qquad$ (Kettenregel)

$f(x) = g(x) \cdot \ln(x) \qquad\qquad f'(x) = g'(x) \cdot \ln(x) + g(x) \cdot \frac{1}{x} \qquad$ (Produktregel)

Grundlegende Regel zur Integration der Logarithmusfunktion:
$\int \ln(x)\,dx = x \cdot \ln(x) - x + c = x \cdot (\ln(x) - 1) + c$

Beispiele 1

Funktion	Ableitungsfunktion
$f(x) = 5 \cdot e^{2x}$	$f'(x) = 10 \cdot e^{2x}$
$f(x) = a \cdot e^{bx}$	$f'(x) = a \cdot b \cdot e^{bx}$
$f(x) = e^{3x+2}$	$f'(x) = 3 \cdot e^{3x+2}$
$f(x) = e^{x^3+4x^2-5x+6}$	$f'(x) = (3x^2 + 8x - 5) \cdot e^{x^3+4x^2-5x+6}$
$f(x) = 3 \cdot \ln(x^2 + 1)$	$f'(x) = 3 \cdot \frac{1}{x^2+1} \cdot 2x = \frac{6x}{x^2+1}$

Beispiele 2

$\int_1^2 (e^{2x+3} + x^2)\,dx = \int_1^2 e^{2x+3}\,dx + \int_1^2 x^2\,dx = \left[\frac{1}{2}e^{2x+3}\right]_1^2 + \left[\frac{1}{3}x^3\right]_1^2$

$\qquad\qquad = \frac{1}{2}e^7 - \frac{1}{2}e^5 + \frac{8}{3} - \frac{1}{3} = 476{,}4$

$\int (e^{2x} + e^{-2x})\,dx = \int e^{2x}\,dx + \int e^{-2x}\,dx = \frac{1}{2}e^{2x} - \frac{1}{2}e^{-2x} + c$

$\int \ln(2x+1)\,dx = \frac{1}{2} \cdot (2x+1) \cdot \ln(2x+1) - x$

Bei der Integration von Exponential- und Logarithmusfunktionen wird oft das Integrationsverfahren der partiellen Integration benutzt (vgl. Basiswissen C8).

Weitere Beispiele zur Produktintegration (LK):

(1) $\int_a^b e^x \cos x\,dx = \left[e^x \cdot \sin x\right]_a^b - \int_a^b e^x \sin x\,dx$

   Ansatz: $u(x) = e^x$; $v'(x) = \cos x$, also $u'(x) = e^x$; $v(x) = \sin x$
   daher: $u(x) \cdot v(x) = e^x \cdot \sin x$; $u'(x) \cdot v(x) = e^x \cdot \sin x$

   Die Methode der partiellen Integration muss ein zweites Mal angewandt werden:
   Ansatz: $u(x) = e^x$; $v'(x) = \sin x$, also $u'(x) = e^x$; $v(x) = -\cos x$
   daher: $u(x) \cdot v(x) = -e^x \cdot \cos x$; $u'(x) \cdot v(x) = -e^x \cdot \cos x$

   $\int_a^b e^x \cdot \sin x\,dx = \left[-e^x \cdot \cos x\right]_a^b + \int_a^b e^x \cdot \cos x\,dx$

   Oben eingesetzt: $\int_a^b e^x \cdot \cos x\,dx = \left[e^x \cdot \sin x\right]_a^b + \left[e^x \cdot \cos x\right]_a^b - \int_a^b e^x \cdot \cos x\,dx$, also:

   $2 \cdot \int_a^b e^x \cdot \cos x\,dx = \left[e^x \cdot \sin x\right]_a^b + \left[e^x \cdot \cos x\right]_a^b$

   $\int_a^b e^x \cdot \cos x\,dx = \frac{1}{2}\left[e^x(\sin x + \cos x)\right]_a^b$

(2) $\int_a^b \ln(x)\,dx = \int_a^b 1 \cdot \ln(x)\,dx = \left[x \cdot \ln(x)\right]_a^b - \int_a^b 1\,dx = \left[x \cdot \ln(x) - x\right]_a^b$

   Ansatz: $u(x) = \ln(x)$, $v'(x) = 1$, also $u'(x) = \frac{1}{x}$; $v(x) = x$
   daher: $u(x) \cdot v(x) = x \cdot \ln(x)$; $u'(x) \cdot v(x) = \frac{1}{x} \cdot x = 1$

Exponential- und Logarithmusfunktionen

 Funktionsuntersuchung von Exponentialfunktionen.

Bei Exponentialfunktionen werden gleiche Eigenschaften untersucht wie bei ganz-rationalen Funktionen (vgl. Basiswissen **B**). Weitere wichtige Eigenschaften:

Verhalten für $x \to \pm\infty$
$e^x \to +\infty$ für $x \to \infty$ und $e^x \to 0$ für $x \to -\infty$ (d.h. die negative x-Achse ist Asymptote des Graphen)
$x^n \cdot e^x \to +\infty$ für $x \to \infty$ für ($n \geq 1$)
$x^n \cdot e^x \to 0$ für $x \to -\infty$

Wird zu einer Exponentialfunktion ein ganz-rationaler Term multipliziert, so sind die Nullstellen des ganz-rationalen Terms die Nullstellen der Gesamtfunktion.
Man beachte: $\lim\limits_{x \to -\infty}(x^n \cdot e^x) = 0$ und $\lim\limits_{x \to \infty}\left(\frac{x^n}{e^x}\right) = 0$

Beispiel 1

Besteht der Term einer Funktion aus der Summe von e^x und einem ganzrationalen Term, so wird das Verhalten der Funktion für $x \to -\infty$ durch den Verlauf des Graphen der ganz-rationalen Funktion bestimmt.

Beispiel 2

$f_k(x) = \frac{1}{k} e^{-\frac{1}{2}x^2 + kx} \quad k \in \mathbb{R}; k \neq 0$

Ableitungen:

$f_k'(x) = \frac{1}{k}(-x + k) e^{-\frac{1}{2}x^2 + kx}$

$f_k''(x) = \frac{1}{k}(-1) e^{-\frac{1}{2}x^2 + kx} + \frac{1}{k}(-x + k) \cdot (-x + k) \cdot e^{-\frac{1}{2}x^2 + kx}$

$ = \frac{1}{k}[(x - k)^2 - 1] \cdot e^{-\frac{1}{2}x^2 + kx}$

Symmetrie:
Es ist keine Symmetrie erkennbar.

Nullstellen:
Es gibt keine Nullstellen, weil die e-Funktion nur positive Werte annimmt.

Extrempunkte:
notwendige Bedingung: $f'(x) = 0$ führt zu $\frac{1}{k}(-x + k) e^{-\frac{1}{2}x^2 + kx} = 0$

$\Leftrightarrow -x + k = 0$, da $e^{-\frac{1}{2}x^2 + kx}$ stets größer null $\Leftrightarrow x = k$

hinreichende Bedingung: $f'(x_e) = 0 \wedge f''(x_e) \neq 0$

Da für positives k gilt $f'(k) = 0 \wedge f''(k) = \frac{1}{k}[(k - k)^2 - 1] \cdot e^{-\frac{1}{2}k^2 + k \cdot k} < 0$, liegt bei $x = k$ ein Maximum vor. Entsprechend liegt für negatives k bei $x = k$ ein Minimum vor.

Wendestellen:
notwendige Bedingung: $f''(x) = 0$ führt zu $\frac{1}{k}[(x-k)^2 - 1] \cdot e^{-\frac{1}{2}x^2 + kx} = 0$
$\Leftrightarrow [(x-k)^2 - 1] = 0$ (analog zu oben $e^{-\frac{1}{2}x^2 + kx}$ stets größer null)
$\Leftrightarrow (x-k)^2 = 1$
$\Leftrightarrow x - k = 1 \vee x - k = -1$
$\Leftrightarrow x = k + 1$ bzw. $x = k - 1$

k > 0

x	x < k − 1	x = k − 1	k − 1 < x < k + 1	x = k + 1	k + 1 < x
VZ von $f_k''(x)$	+	0	−	0	+
Graph von f_k	links-gekrümmt	Wendepunkt	rechtsgekrümmt	Wendepunkt	linksgekrümmt

k < 0

x	x < k − 1	x = k − 1	k − 1 < x < k + 1	x = k + 1	k + 1 < x
VZ von $f_k''(x)$	−	0	+	0	−
Graph von f_k	rechts-gekrümmt	Wendepunkt	linksgekrümmt	Wendepunkt	rechts-gekrümmt

Also hat der Graph Wendestellen bei $x = k - 1$ und $x = k + 1$.

  In Anwendungen ein passendes Modell für das exponentielle, beschränkte (LK) oder logistische (LK) Wachstum aufstellen, seine Tragfähigkeit untersuchen und Schlussfolgerungen im Sachzusammenhang interpretieren sowie Verdopplungs- und Halbwertszeiten berechnen.

Wachstums- und Abnahmeprozesse lassen sich durch Exponentialfunktionen beschreiben.

Beim **exponentiellen Wachstum** ändert sich der Bestand in gleichen Zeitintervallen immer mit demselben Faktor, d. h. die Änderungsrate ist stets derselbe Anteil des vorhandenen Bestandes.

$B(t) = B(0) \cdot e^{k \cdot t}$ ($B(0)$ ist der Bestand zur Zeit $t = 0$)

Bei einem (positiven) exponentiellen Wachstum heißt die Zeitdauer, in der sich der Bestand verdoppelt, **Verdopplungszeit**.
Bei einem exponentiellen Zerfall heißt die Zeitdauer, in der sich der Bestand halbiert, **Halbwertszeit**.
Der Ansatz zur Berechnung lautet bei der

Verdopplungszeit   *Halbwertszeit*

$B(t) = 2 \cdot B(0)$ $B(t) = \frac{1}{2} \cdot B(0)$

In der Realität wird es immer eine Grenze für das Wachstum geben, diese wird als Sättigungsgrenze S bezeichnet.
Von einem **beschränkten Wachstum** spricht man, wenn die Änderungsrate stets derselbe Anteil von der Differenz von der Sättigungsgrenze S und dem augenblicklichen Bestand B(t) ist

$B(t) = S \pm [B(0) - S] \cdot e^{-k \cdot t}$

Beim beschränkten Wachstum ist die Parallele zur x-Achse mit y = S (Sättigungsgrenze) eine Asymptote für die Wachstumsfunktion.

Ein Wachstum heißt **logistisches Wachstum**, wenn die Änderungsrate stets derselbe Anteil von dem Produkt aus B(t) und der Differenz S − B(t) ist. Man kann den augenblicklichen Bestand wie folgt beschreiben

$B(t) = \dfrac{B(0) \cdot S}{B(0) + [S - B(0)] \cdot e^{-S \cdot k \cdot t}}$

In Formelsammlungen findet man auch die Darstellung

$B(t) = \dfrac{S}{1 + \left[\dfrac{S}{B(0)} - 1\right] \cdot e^{-S \cdot k \cdot t}} = \dfrac{c}{1 + a \cdot e^{-b \cdot t}}$ wobei also $a = \dfrac{S}{B(0)} - 1$ und $c = S$

Beispiele

(1) Der Luftdruck nimmt mit größer werdendem Abstand zur Erdoberfläche ab, und zwar um 12 % je 1000 m. Zur Zeit ist der Luftdruck auf Meereshöhe 1018 mbar. Welcher Luftdruck herrscht in 6000 m Höhe?

$B(6) = B(0) \cdot 0{,}88^6 = 1018 \cdot 0{,}88^6 \approx 473$ mbar.
Man kann dies auch so notieren: $B(6) = B(0) \cdot e^{6 \cdot \ln(0{,}88)} = 1018 \cdot 0{,}4644 \approx 473$ mbar.

(2) Ein Anfangsbestand B(0) von Bakterien erhöht sich täglich um 10 %. Den Funktionsterm erhält man aus folgenden Bedingungen:
Bakterienbestand nach dem 1. Tag: $B(1) = B(0) \cdot 1{,}1$
nach dem 2. Tag: $B(2) = B(0) \cdot 1{,}1^2$
nach dem n-ten Tag: $B(n) = B(0) \cdot 1{,}1^n$
also: $B(t) = B(0) \cdot 1{,}1^t$ und wegen $k = \ln(1{,}1) \approx 0{,}095$ kann man dies auch wie folgt notieren:
$B(t) = B(0) \cdot e^{\ln(1{,}1) \cdot t} = B(0) \cdot e^{0{,}095 t}$

(3) Zu Beginn des Jahres 2000 hatte Indien etwa 1 Milliarde Einwohner. Es wird angenommen, dass das jährliche Bevölkerungswachstum 1,4 % beträgt. In welchem Zeitraum verdoppelt sich die Bevölkerungszahl (sofern die Wachstumsrate gleich bleibt)?

Der Wachstumsprozess kann modelliert werden mithilfe von
$B(t) = 1{,}014^t = e^{\ln(1{,}014) \cdot t} = e^{0{,}0139 \cdot t}$,
wobei t die Zeit in Jahren ab dem Jahr 2000 angibt.
Verdopplungszeit aus $B(t) = 1 \cdot e^{\ln(1{,}014) \cdot t} = 2 \cdot B(0)$
Man erhält für die Verdopplungszeit: $t = \dfrac{\ln(2)}{\ln(1{,}014)} \approx 49{,}9$ Jahre, d. h. nach etwa 50 Jahren wird sich die indische Bevölkerung verdoppelt haben (sofern die Wachstumrate unverändert bleibt).

(4) Wann ist ein Auto mit 30 000 € Neuwert bei einem jährlichen Wertverlust von 20 % nur noch die Hälfte wert?

Der Abnahmeprozess wird modelliert mithilfe von
$B(t) = 30\,000 \cdot 0{,}8^t = 30\,000 \cdot e^{\ln(0{,}8) \cdot t} = 30\,000 \cdot e^{-0{,}223 \cdot t}$
(wobei t die Zeit in Jahren nach dem Neukauf angibt)
Ansatz: $B(t) = \frac{1}{2} \cdot B(0) \Leftrightarrow 15\,000 = 30\,000 \cdot e^{\ln(0{,}8) \cdot t} \Leftrightarrow \frac{1}{2} = e^{\ln(0{,}8) \cdot t} \Leftrightarrow t = \frac{\ln\left(\frac{1}{2}\right)}{\ln(0{,}8)} = 3{,}1$
Nach etwas mehr als 3 Jahren besitzt das Fahrzeug nur noch den halben Wert.

(5) In einer Minute kühlt sich eine warme Flüssigkeit um etwa 20 % der Differenz zur Raumtemperatur ab. Die aktuelle Raumtemperatur beträgt 20°.
Nach welcher Zeit ist ein 90 °C heißer Kaffee auf 50 °C abgekühlt?

Es ist $T(t) = 20 + [90 - 20] \cdot 0{,}8^t$, also wegen $\ln(0{,}8) \approx -0{,}223$
$T(t) = 20 + 70 \cdot e^{-0{,}223\,t}$
Aus $50 = 20 + 70 \cdot e^{-0{,}223\,t}$ folgt: $\frac{3}{7} = e^{-0{,}223\,t}$
$\ln\left(\frac{3}{7}\right) = -0{,}223\,t$ und $t = 3{,}8$ (nach ca. 3,8 min ist der Kaffee auf 50 °C abgekühlt)

(6) Ein Apfelbaum einer bestimmten Sorte bringt bis zu 100 kg Obst. Nach dem Pflanzen eines solchen Baumes beträgt die erste Ernte 10 kg (t = 0), nach dem ersten Jahr (t = 1) 20 kg.

Die Gleichung des Wachstums wird durch folgende Bedingungen festgelegt:
$B(0) = 10$; $B(1) = 20$; $S = 100$
$$B(1) = 20 = \frac{10 \cdot 100}{10 + (100 - 10) \cdot e^{-100 \cdot k \cdot 1}}$$

Der Wert von B(1) liefert einen Schätzwert für den Parameter k. Diesen Schätzwert erhalten wir durch Auflösen nach der Variablen k.
$20 = \frac{1000}{10 + 90 \cdot e^{-100k}} \Rightarrow 200 + 1800\,e^{-100k} = 1000 \Rightarrow e^{-100k} = \frac{4}{9} \Rightarrow k \approx 0{,}008$

$$B(t) = \frac{1000}{10 + 90 \cdot e^{-0{,}8\,t}}$$

>   **Funktionenscharen auf besondere Punkte (Schnittpunkte, Extrem- und Wendepunkte) untersuchen sowie gemeinsame Punkte der Kurvenschar ermitteln.**
> **(Nur LK:) Ortslinien von Funktionenscharen bestimmen und die Ergebnisse im Sachzusammenhang interpretieren.**

Erläuterungen zu den Begriffen und zum Vorgehen entnehme man Baustein **B8**.

Beispiel einer Kurvenschar mit Exponentialfunktionen:

(1) Hat die Kurvenschar mit $f_k(x) = (e^x - k)^2$ gemeinsame Punkte?
Dazu untersuchen wir: Für welche $x \in \mathbb{R}$ gilt: $f_k(x) = f_{k'}(x)$ sofern $k \neq k'$?
$(e^x - k)^2 = (e^x - k')^2 \Leftrightarrow e^{2x} - 2k\,e^x + k^2 = e^{2x} - 2k'\,e^x + k'^2 \Leftrightarrow 2 \cdot (k - k') \cdot e^x = k^2 - k'^2$
$\Leftrightarrow e^x = \frac{1}{2} \cdot (k + k') \Leftrightarrow x = \ln\left(\frac{1}{2} \cdot (k + k')\right)$

Da der gemeinsame Punkt des Graphen von f_k und von $f_{k'}$ von den Werten von k und k' abhängt, gibt es keinen gemeinsamen Punkt, der gleichzeitig zu allen Graphen der Schar gehört.

(2) Ortskurve der Wendepunkte
$f'_k(x) = 2 \cdot (e^x - k) \cdot e^x = 2e^{2x} - 2ke^x$ (nach Kettenregel)
$f''_k(x) = 4e^{2x} - 2ke^x = 2e^x \cdot [2e^x - k]$
Da $e^x > 0$ für alle $x \in \mathbb{R}$ gilt: $f''_k(x) = 0 \Leftrightarrow 2e^x = k$
Diese Gleichung hat nur für positive Werte von k eine Lösung, nämlich: $x = \ln\left(\frac{k}{2}\right)$

Überprüfung der hinreichenden Bedingung für das Vorliegen eines Wendepunkts:
Es ist:
$f'''_k(x) = 8e^{2x} - 2ke^x = 2e^x \cdot [4e^x - k]$
und $f'''_k\left(\ln\left(\frac{k}{2}\right)\right) = k \cdot [2k - k] = k^2 > 0$

Die Wendepunkte haben die y-Koordinate: $y_w = f_k\left(\ln\left(\frac{k}{2}\right)\right) = \frac{k^2}{4}$
Wir lösen $x_w = \ln\left(\frac{k}{2}\right)$ nach k auf: $k = 2 \cdot e^{x_w}$
Einsetzen in
$y_w = \frac{k^2}{4}$: $y_w = \frac{1}{4} \cdot (2 \cdot e^{x_w})^2 = (e^{x_w})^2 = e^{2x_w}$
Die Wendepunkte liegen auf einer Kurve mit der Gleichung $y = e^{2x}$

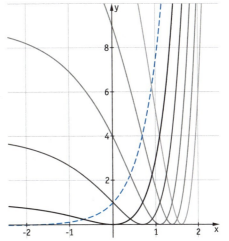

Kurvenschar für k = 1, 2, ..., 5 mit Ortslinie der Wendepunkte

Beispiel einer Kurvenschar zu einer Logarithmusfunktion:

Wir betrachten die Schar mit $f_k(x) = x + \ln(x^2 + k)$ für $k \in \mathbb{N}$
Die Funktion ist für alle $x \in \mathbb{R}$ definiert, da $x^2 + k > 0$ für $x \in \mathbb{R}$.
Es gilt: $f'_k(x) = 1 + \frac{2x}{x^2 + k}$ und weiter $f''_k(x) = \frac{2 \cdot (x^2 + k) - 2x \cdot 2x}{(x^2 + k)^2} = \frac{2 \cdot (k - x^2)}{(x^2 + k)^2}$
Die Kurven haben Wendepunkte an den Stellen $x_w = -\sqrt{k}$ und $x_w = \sqrt{k}$ (das hinreichende Kriterium kann man überprüfen, indem man die Zahlen $x = -k$, $x = 0$ und $x = k$ einsetzt und damit nachweist, dass die 2. Ableitung einen Vorzeichenwechsel hat).
Die y-Koordinaten der Wendepunkte sind
$f_k(\sqrt{k}) = \sqrt{k} + \ln(2k)$ bzw. $f_k(-\sqrt{k}) = -\sqrt{k} + \ln(2k)$

Aus $k = x_w^2$ erhalten wir durch Einsetzen in
$y_w = x_w + \ln(2x_w^2)$
Die Wendepunkte liegen auf einer Kurve mit der Gleichung $y = x + \ln(2x^2)$ – die Kurve besteht aus zwei Teilgraphen, da die zugehörige Funktion an der Stelle $x = 0$ nicht definiert ist (Polstelle), vgl. Abbildung.

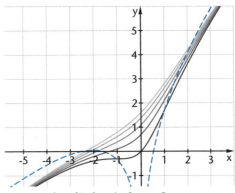

Kurvenschar für k = 1, 2, ..., 5 mit Ortslinie der Wendepunkte

F1 Verschiebungen durch Vektoren sowie Punkte im Raum durch Ortsvektoren und Vektorketten beschreiben und damit realitätsnahe Situationen mathematisch modellieren

Vektoren im Raum sind geordnete Zahlentripel, die in Spaltenform notiert werden.
Der Vektor $\vec{u} = \begin{pmatrix} u_1 \\ u_2 \\ u_3 \end{pmatrix}$ kann interpretiert werden als der **Ortsvektor** des Punktes $U(u_1|u_2|u_3)$, als **Pfeil** vom Ursprung $O(0|0|0)$ zum Punkt $U(u_1|u_2|u_3)$ oder auch als eine **Verschiebung** parallel zu diesem Pfeil.
Bei der Addition zweier Vektoren werden zugehörige Pfeile aneinandergesetzt. Es gilt die sogenannte **Dreiecksregel**: $\overrightarrow{XY} + \overrightarrow{YZ} = \overrightarrow{XZ}$ (**Vektorkette** von X über Y nach Z).
Bei der Subtraktion wird der Gegenvektor addiert: Der **Verbindungsvektor** $\overrightarrow{PQ}$ lässt sich schreiben als Differenzvektor der beiden Ortsvektoren:
$$\overrightarrow{PQ} = \overrightarrow{PO} + \overrightarrow{OQ} = \overrightarrow{OQ} + (-\overrightarrow{OP}) = \overrightarrow{OQ} - \overrightarrow{OP} = \vec{q} - \vec{p}$$

Der **Nullvektor** $\vec{o} = \begin{pmatrix} 0 \\ 0 \\ 0 \end{pmatrix}$ lässt sich eine geschlossene Vektorkette auffassen:
$$\vec{o} = \overrightarrow{OA} + \overrightarrow{AB} + \overrightarrow{BC} + \ldots + \overrightarrow{ZO}$$

Beispiel
Der Verbindungsvektor der Punkte $P(2|-3|5)$ und $Q(4|1|-2)$ ist: $\overrightarrow{PQ} = \begin{pmatrix} 4 \\ 1 \\ -2 \end{pmatrix} - \begin{pmatrix} 2 \\ -3 \\ 5 \end{pmatrix} = \begin{pmatrix} 2 \\ 4 \\ -7 \end{pmatrix}$

  Das Skalarprodukt zweier Vektoren berechnen und damit entscheiden, ob die Vektoren zueinander orthogonal sind.

Das Skalarprodukt zweier Vektoren $\vec{u} = \begin{pmatrix} u_1 \\ u_2 \\ u_3 \end{pmatrix}$ und $\vec{v} = \begin{pmatrix} v_1 \\ v_2 \\ v_3 \end{pmatrix}$ ist definiert als die Summe der Produkte der Komponenten der beiden Vektoren, also durch
$$\vec{u} * \vec{v} = \begin{pmatrix} u_1 \\ u_2 \\ u_3 \end{pmatrix} * \begin{pmatrix} v_1 \\ v_2 \\ v_3 \end{pmatrix} = u_1 \cdot v_1 + u_2 \cdot v_2 + u_3 \cdot v_3$$

Die beiden Vektoren spannen einen Winkel φ auf.
Für diesen gilt: $\vec{u} * \vec{v} = |\vec{u}| \cdot |\vec{v}| \cdot \cos(\varphi)$
In Worten: Das Skalarprodukt zweier Vektoren ist gleich dem Produkt aus der Länge des einen Vektors mit der Länge der orthogonalen Projektion des anderen Vektors auf diesen Vektor.

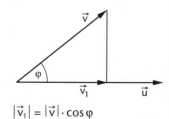

$|\vec{v_1}| = |\vec{v}| \cdot \cos\varphi$

Daher gilt: Das Skalarprodukt zweier gleichgerichteter Vektoren ist gleich dem Produkt der Längen der Vektoren, das Skalarprodukt zweier entgegengerichteter Vektoren gleich dem negativen Produkt ihrer Längen. Und:
Das Skalarprodukt zweier Vektoren ist genau dann gleich null, wenn diese zueinander orthogonal sind.

Beispiel
Jeder Vektor der Form $\vec{n} = \begin{pmatrix} 2a \\ b \\ -a \end{pmatrix}$ ist orthogonal zu $\vec{u} = \begin{pmatrix} 1 \\ 0 \\ 2 \end{pmatrix}$, denn $2a + 0 \cdot b - 2a = 0$.

Vektorrechnung | 53

 F3 Längen von Strecken im Raum und den Betrag von Vektoren berechnen

Der **Betrag eines Vektors** $\vec{u} = \begin{pmatrix} u_1 \\ u_2 \\ u_3 \end{pmatrix}$ (oder auch Länge des zugehörigen Pfeils) berechnet sich nach dem Satz des PYTHAGORAS mithilfe von $|\vec{u}| = \sqrt{\vec{u} * \vec{u}} = \sqrt{u_1^2 + u_2^2 + u_3^2}$.

Einen Vektor mit dem Betrag 1 nennt man **Einheitsvektor**.
Zu einem Vektor $\vec{v}$ erhält man den zugehörigen Einheitsvektor $\vec{v_0}$, indem man den Vektor mit dem Faktor $\frac{1}{|\vec{v}|}$ multipliziert: $\vec{v_0} = \frac{1}{|\vec{v}|} \cdot \vec{v}$

Die **Länge einer Strecke** PQ im Raum ist gleich dem Betrag des zugehörigen Verbindungsvektors der Endpunkte der Strecke:

$$= \sqrt{\vec{PQ} * \vec{PQ}} = \sqrt{\begin{pmatrix} q_1 - p_1 \\ q_2 - p_2 \\ q_3 - p_3 \end{pmatrix} * \begin{pmatrix} q_1 - p_1 \\ q_2 - p_2 \\ q_3 - p_3 \end{pmatrix}} = \sqrt{(q_1 - p_1)^2 + (q_2 - p_2)^2 + (q_3 - p_3)^2}$$

Beispiele
(1) Der Betrag des Vektors $\vec{u} = \begin{pmatrix} -2 \\ 0 \\ 3 \end{pmatrix}$ ist $|\vec{u}| = \sqrt{(-2)^2 + 0^2 + 3^2} = \sqrt{4 + 0 + 9} = \sqrt{13}$

Der zum Vektor $\vec{u} = \begin{pmatrix} -2 \\ 0 \\ 3 \end{pmatrix}$ gehörende Einheitsvektor ist $u_0 = \frac{1}{\sqrt{13}} \cdot \begin{pmatrix} -2 \\ 0 \\ 3 \end{pmatrix}$

Die Länge der Strecke PQ mit P(1|3|−1) und Q(5|−2|0) ist
$\vec{PQ} = \sqrt{(5-1)^2 + (-2-3)^2 + (0-(-1))^2} = \sqrt{16 + 25 + 1} = \sqrt{42}$

(2) Das Tetraeder ABCD mit A(0|−6|0), B(6√3|0|0), C(0|6|0) und D(2√3|0|4√6) ist ein reguläres Tetraeder, da alle Seiten gleich lang sind:
$|AB|^2 = 6^2 + 3 \cdot 6^2 = 144$; $|AC|^2 = 12^2 = 144$; $|AD|^2 = 3 \cdot 2^2 + 6^2 + 6 \cdot 4^2 = 144$;
$|BC|^2 = 6^2 + 3 \cdot 6^2 = 144$; $|BD|^2 = 3 \cdot 4^2 + 6 \cdot 4^2 = 144$; $|CD|^2 = 3 \cdot 2^2 + 6^2 + 6 \cdot 4^2 = 144$

  (LK) Die Definition für die lineare (Un-)Abhängigkeit von Vektoren angeben und Vektoren auf lineare (Un-)Abhängigkeit untersuchen.

Eine Summe von Vielfachen von Vektoren wird als **Linearkombination** der Vektoren bezeichnet. Vektoren heißen **voneinander linear abhängig**, wenn sich wenigstens einer der Vektoren als eine Linearkombination der übrigen darstellen lässt; sie heißen **voneinander linear unabhängig**, wenn keiner der Vektoren als Linearkombination der anderen dargestellt werden kann.
Spezialfälle: Zwei Vektoren $\vec{u} \neq \vec{o}$ und $\vec{v} \neq \vec{o}$ werden auch als **kollinear** bezeichnet, wenn der Vektor $\vec{u}$ als ein Vielfaches des Vektors $\vec{v}$ dargestellt werden kann, d. h., wenn es ein $r \in \mathbb{R}\setminus\{0\}$ gibt, so dass gilt: $\vec{u} = r \cdot \vec{v}$. Drei Vektoren $\vec{u} \neq \vec{o}$, $\vec{v} \neq \vec{o}$ und $\vec{w} \neq \vec{o}$ heißen **komplanar**, wenn Vektor $\vec{u}$ als ein Linearkombination der Vektoren $\vec{v}$ und $\vec{w}$ dargestellt werden kann, d. h., wenn es ein Zahlenpaar $(r, s) \in \mathbb{R} \times \mathbb{R}\setminus\{(0|0)\}$ gibt, so dass gilt: $\vec{u} = r \cdot \vec{v} + s \cdot \vec{w}$.

Beispiele

(1) Spannen drei Vektoren $\vec{u}, \vec{v}, \vec{w}$ einen Spat auf, dann sind sie voneinander linear unabhängig.

$\vec{u} = \begin{pmatrix} 1 \\ 2 \\ 0 \end{pmatrix}, \vec{v} = \begin{pmatrix} 0 \\ 1 \\ 1 \end{pmatrix}, \vec{w} = \begin{pmatrix} 1 \\ 0 \\ 2 \end{pmatrix}$

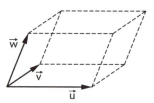

(2) Jeder dreidimensionale Vektor lässt sich eindeutig als Linearkombination von irgendwelchen drei voneinander linear unabhängigen Vektoren darstellen; diese bilden eine Basis des 3-dimensionalen Raums.

Die zugehörige Linearkombination für die Darstellung eines Vektors $\vec{x} = \begin{pmatrix} 5 \\ 3 \\ 5 \end{pmatrix}$ mithilfe der drei (Basis-) Vektoren $\vec{u}, \vec{v}, \vec{w}$ erhält man durch Lösen des folgenden Gleichungssystems:

$\begin{vmatrix} 1r + 0s + 1t = 5 \\ 2r + 1s + 0t = 3 \\ 0r + 1s + 2t = 5 \end{vmatrix} \Leftrightarrow \begin{vmatrix} 1r + 0s + 1t = 5 \\ 0r + 1s - 2t = -7 \\ 0r + 1s + 2t = 5 \end{vmatrix} \Leftrightarrow \begin{vmatrix} 1r + 0s + 1t = 5 \\ 0r + 1s - 2t = -7 \\ 0r + 0s + 4t = 12 \end{vmatrix} \Leftrightarrow \begin{vmatrix} r = 2 \\ s = -1 \\ t = 3 \end{vmatrix}$

Multipliziere die 1. Zeile mit (–2) und addiere sie zur 2. Zeile.	Multipliziere die 2. Zeile mit (–1) und addiere sie zur 3. Zeile.	Löse das Gleichungssystem von unten nach oben: Bestimme erst den Wert von t aus der 3. Gleichung, setze dann den Wert von t in die 2. Gleichung und dann in die 1. Gleichung ein.

Probe: $2 \cdot \vec{u} + (-1) \cdot \vec{v} + 3 \cdot \vec{w} = \begin{pmatrix} 2 - 0 + 3 \\ 4 - 1 + 0 \\ 0 - 1 + 6 \end{pmatrix} = \begin{pmatrix} 5 \\ 3 \\ 5 \end{pmatrix}$

Man kann auch sagen: Bzgl. der Basis $\vec{u}, \vec{v}, \vec{w}$ hat der Punkt (5|3|5) die Koordinaten (2|–1|3).

(3) Liegt ein Punkt P in einer Ebene $\mathbb{E}$, die durch eine Parameterdarstellung gegeben ist, dann erfüllen seine Koordinaten die Ebenengleichung:

$\mathbb{E}: \vec{x} = \vec{a} + r \cdot \vec{u} + s \cdot \vec{v} = \begin{pmatrix} 1 \\ 2 \\ -1 \end{pmatrix} + r \cdot \begin{pmatrix} 1 \\ 2 \\ 0 \end{pmatrix} + s \cdot \begin{pmatrix} 0 \\ 1 \\ 1 \end{pmatrix}$ und P(3|5|–2). Dies bedeutet:

Der Verbindungsvektor des Punktes der Ebene mit dem Aufhängepunkt der Ebene $\vec{p} - \vec{a} = r \cdot \vec{u} + s \cdot \vec{v}$ ist als Linearkombination der Richtungsvektoren darstellbar.
Die sogenannten affinen Koordinaten des Punktes P bzgl. des Ursprungs A und der Richtungsvektoren $\vec{u}, \vec{v}$ sind $(r|s) = (2|–1)$, denn es gilt:

$\vec{p} = \begin{pmatrix} 3 \\ 5 \\ -2 \end{pmatrix} = \begin{pmatrix} 1 \\ 2 \\ -1 \end{pmatrix} + 2 \cdot \begin{pmatrix} 1 \\ 2 \\ 0 \end{pmatrix} + (-1) \cdot \begin{pmatrix} 0 \\ 1 \\ 1 \end{pmatrix}$

Geraden und Ebenen im Raum | 55

  Parameterdarstellungen für Geraden aus zwei gegebenen Punkten ermitteln sowie überprüfen, ob ein Punkt auf einer gegebenen Gerade liegt (Punktprobe) und die Ergebnisse im Sachzusammenhang interpretieren.

Auch im Raum ist eine Gerade g durch zwei Punkte A, B festgelegt. Zu einem Punkt X der Geraden gelangt man so: Vom Ursprung O geht man zu einem der beiden Punkte der Geraden, dann trägt man ein Vielfaches des Verbindungsvektors $\overrightarrow{AB}$ (sogen. *Richtungsvektor* der Geraden) ab.

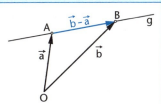

Als Richtungsvektor kann auch irgendein Vielfaches von $\overrightarrow{AB}$, z. B. mit möglichst kleinen ganzzahligen Komponenten verwendet werden.

g: $\vec{x} = \overrightarrow{OX} = \overrightarrow{OA} + r \cdot \overrightarrow{AB} = \vec{a} + r \cdot (\vec{b} - \vec{a})$ oder g: $\vec{x} = \overrightarrow{OX} = \overrightarrow{OB} + s \cdot \overrightarrow{BA} = \vec{b} + s \cdot (\vec{a} - \vec{b})$

Punktprobe: Ein Punkt P liegt genau dann auf einer Geraden g, wenn seine Koordinaten die Parameterdarstellung der Geraden erfüllen, d. h. wenn ein r ∈ ℝ (bzw. s ∈ ℝ) existiert derart, dass alle drei Gleichungen des zugehörigen linearen Gleichungssystems, erfüllt werden.

Beispiel
Gegeben sind die Punkte A(2|3|−1) und B(4|−2|2). Punkte der Geraden g durch A, B können dargestellt werden mithilfe der Parameterdarstellung:

g: $\vec{x} = \overrightarrow{OX} = \begin{pmatrix} 2 \\ 3 \\ -1 \end{pmatrix} + r \cdot \begin{pmatrix} 4-2 \\ -2-3 \\ 2-(-1) \end{pmatrix} = \begin{pmatrix} 2 \\ 3 \\ -1 \end{pmatrix} + r \cdot \begin{pmatrix} 2 \\ -5 \\ 3 \end{pmatrix} = \begin{pmatrix} 2+2r \\ 3-5r \\ -1+3r \end{pmatrix}$ oder g: $\vec{x} = \overrightarrow{OX} = \begin{pmatrix} 4 \\ -2 \\ 2 \end{pmatrix} + s \cdot \begin{pmatrix} -2 \\ 5 \\ -3 \end{pmatrix}$

Der Punkt P(0|8|−4) liegt auf der Geraden g, weil das lineare Gleichungssystem mit drei Gleichungen und einer Variablen (eindeutig) lösbar ist:

$\begin{vmatrix} 2+2r = 0 \\ 3-5r = 8 \\ -1+3r = -4 \end{vmatrix} \Leftrightarrow \begin{vmatrix} 2r = -2 \\ -5r = 5 \\ 3r = -3 \end{vmatrix} \Leftrightarrow \begin{vmatrix} r = -1 \\ r = -1 \\ r = -1 \end{vmatrix}$

Der Punkt Q(4|−2|5) liegt nicht auf der Geraden g, weil das lineare Gleichungssystem keine Lösung besitzt:

$\begin{vmatrix} 2+2r = 4 \\ 3-5r = -2 \\ -1+3r = 5 \end{vmatrix} \Leftrightarrow \begin{vmatrix} 2r = 2 \\ -5r = -5 \\ 3r = 6 \end{vmatrix} \Leftrightarrow \begin{vmatrix} r = 1 \\ r = 1 \\ r = 2 \end{vmatrix}$

  Geraden auf ihre gegenseitige Lage untersuchen und möglicherweise vorhandene Schnittpunkte bestimmen.

Zwei Geraden g und h im Raum, die durch eine Parameterdarstellung gegeben sind g: $\vec{x} = \vec{a} + r \cdot \vec{u}$ und h: $\vec{x} = \vec{b} + s \cdot \vec{v}$, sind entweder (1) identisch, (2) liegen zueinander echt parallel, (3) verlaufen zueinander windschief oder (4) haben genau einen Punkt gemeinsam (schneiden sich in genau einem Punkt).
(1) Die beiden Geraden sind identisch, wenn die gegebenen Parameterdarstellungen dieselbe Gerade auf verschiedene Weise darstellen. Dies erkennt man daran, dass die beiden Richtungsvektoren zueinander parallel sind (Vielfache voneinander) und der Aufhängepunkt der einen Geraden auch auf der anderen Geraden liegt.

(2) Die beiden Geraden sind zueinander echt parallel, wenn die beiden Richtungsvektoren zueinander parallel sind (Vielfache voneinander), jedoch der Aufhängepunkt der einen Geraden nicht auf der anderen Geraden liegt.
(3) Die beiden Geraden sind zueinander windschief, wenn die Richtungsvektoren nicht zueinander parallel sind (nicht Vielfache voneinander) und auch der Aufhängepunkt der einen Geraden nicht auf der anderen Geraden liegt.
(4) Die beiden Geraden schneiden sich in genau einem Punkt, wenn sich dieser Punkt mithilfe der Parameterdarstellungen der beiden Geraden darstellbar ist.

Vorgehensweise zur Überprüfung der gegenseitigen Lage von Geraden

- Mit einem Blick kann man erkennen, ob die Richtungsvektoren $\vec{u}$, $\vec{v}$ der beiden Geraden Vielfache voneinander sind:
Wenn dies der Fall ist, sind die beiden Geraden entweder identisch oder zueinander parallel.
Wenn dies nicht der Fall ist, sind sie zueinander windschief oder haben genau einen Punkt gemeinsam.

- In einem zweiten Schritt überprüft man, ob das Gleichungssystem $\vec{a} + r \cdot \vec{u} = \vec{b} + s \cdot \vec{v}$ mit drei Gleichungen und zwei Variablen r, s eindeutig lösbar ist.
Wenn dies der Fall ist, dann existiert ein gemeinsamer Punkt (ein Schnittpunkt) oder es existieren unendlich viele gemeinsame Punkte (identische Geraden).
Wenn dies nicht der Fall ist, dann sind die Geraden zueinander parallel oder zueinander windschief.

Beispiel

Für die Geraden $g_1: \vec{x} = \begin{pmatrix} 1 \\ -2 \\ 2 \end{pmatrix} + r \cdot \begin{pmatrix} 2 \\ 1 \\ -1 \end{pmatrix}$, $g_2: \vec{x} = \begin{pmatrix} 2 \\ -1 \\ 2 \end{pmatrix} + s \cdot \begin{pmatrix} -4 \\ -2 \\ 2 \end{pmatrix}$, $g_3: \vec{x} = \begin{pmatrix} 1 \\ 3 \\ -3 \end{pmatrix} + t \cdot \begin{pmatrix} -1 \\ 2 \\ -2 \end{pmatrix}$

$g_4: \vec{x} = \begin{pmatrix} 5 \\ 0 \\ 0 \end{pmatrix} + r \cdot \begin{pmatrix} 4 \\ 2 \\ -2 \end{pmatrix}$ gelten folgende Lagebeziehungen:

- Die Geraden $g_1: \vec{x} = \begin{pmatrix} 1 \\ -2 \\ 2 \end{pmatrix} + r \cdot \begin{pmatrix} 2 \\ 1 \\ -1 \end{pmatrix}$ und $g_4: \vec{x} = \begin{pmatrix} 5 \\ 0 \\ 0 \end{pmatrix} + r \cdot \begin{pmatrix} 4 \\ 2 \\ -2 \end{pmatrix}$ sind identisch, denn die Richtungsvektoren sind Vielfache voneinander und die Aufhängepunkte der Geraden lassen sich durch die jeweils andere Parameterdarstellung beschreiben:

$$\begin{pmatrix} 5 \\ 0 \\ 0 \end{pmatrix} = \begin{pmatrix} 1 \\ -2 \\ 2 \end{pmatrix} + 2 \cdot \begin{pmatrix} 2 \\ 1 \\ -1 \end{pmatrix} \text{ bzw. } \begin{pmatrix} 1 \\ -2 \\ 2 \end{pmatrix} = \begin{pmatrix} 5 \\ 0 \\ 0 \end{pmatrix} + (-1) \cdot \begin{pmatrix} 4 \\ 2 \\ -2 \end{pmatrix}$$

- g_1 ist echt parallel zu g_2

denn die beiden Richtungsvektoren sind Vielfache voneinander: $\begin{pmatrix} -4 \\ -2 \\ 2 \end{pmatrix} = (-2) \cdot \begin{pmatrix} 2 \\ 1 \\ -1 \end{pmatrix}$

und der Aufhängepunkt von g_1 liegt nicht auf g_2, d. h. das Gleichungssystem

$\begin{pmatrix} 1 \\ -2 \\ 2 \end{pmatrix} = \begin{pmatrix} 2 \\ -1 \\ 2 \end{pmatrix} + s \cdot \begin{pmatrix} -4 \\ -2 \\ 2 \end{pmatrix}$ hat keine Lösung: $\begin{vmatrix} 1 = 2 - 4s \\ -2 = -1 - 2s \\ 2 = 2 + 2s \end{vmatrix} \Leftrightarrow \begin{vmatrix} -1 = -4s \\ -1 = -2s \\ 0 = s \end{vmatrix} \Leftrightarrow \begin{vmatrix} s = \frac{1}{4} \\ s = \frac{1}{2} \\ s = 0 \end{vmatrix}$

(umgekehrt könnte man auch prüfen, ob der Aufhängepunkt von g_2 auf g_1 liegt).

- g_2 und g_3 sind nicht parallel zueinander und haben keinen gemeinsamen Punkt, sind also windschief zueinander, denn die Richtungsvektoren sind keine Vielfachen voneinander und das lineare Gleichungssystem mit drei Gleichungen und zwei Variablen hat keine Lösung:

$$\begin{pmatrix}2\\-1\\2\end{pmatrix} + s \cdot \begin{pmatrix}-4\\-2\\2\end{pmatrix} = \begin{pmatrix}1\\3\\-3\end{pmatrix} + t \cdot \begin{pmatrix}-1\\2\\-2\end{pmatrix} \Leftrightarrow \begin{vmatrix}2 - 4s = 1 - t\\-1 - 2s = 3 + 2t\\2 + 2s = -3 - 2t\end{vmatrix} \Leftrightarrow \begin{vmatrix}-4s + t = -1\\2s + 2t = -4\\2s + 2t = -5\end{vmatrix}$$

- g_1 und g_3 sind nicht parallel zueinander und haben (genau) einen Schnittpunkt. Das Gleichungssystem mit drei Gleichungen und zwei Variablen ist eindeutig lösbar:

$$\begin{pmatrix}1\\-2\\2\end{pmatrix} + r \cdot \begin{pmatrix}2\\1\\-1\end{pmatrix} = \begin{pmatrix}1\\3\\-3\end{pmatrix} + t \cdot \begin{pmatrix}-1\\2\\-2\end{pmatrix} \Leftrightarrow \begin{vmatrix}1 + 2r = 1 - t\\-2 + r = 3 + 2t\\2 - r = -3 - 2t\end{vmatrix} \Leftrightarrow \begin{vmatrix}2r + t = 0\\r - 2t = 5\\-r + 2t = -5\end{vmatrix} \Leftrightarrow \begin{vmatrix}r = 1\\t = -2\end{vmatrix}$$

Der Schnittpunkt $S(3|-1|1)$ wird bestimmt durch die beiden Parameterdarstellungen:

$$\vec{x} = \begin{pmatrix}1\\-2\\2\end{pmatrix} + 1 \cdot \begin{pmatrix}2\\1\\-1\end{pmatrix} = \begin{pmatrix}3\\-1\\1\end{pmatrix} \text{ und } \vec{x} = \begin{pmatrix}1\\3\\-3\end{pmatrix} + (-2) \cdot \begin{pmatrix}-1\\2\\-2\end{pmatrix} = \begin{pmatrix}3\\-1\\1\end{pmatrix}$$

> **G3** Parameterdarstellungen für Ebenen aus drei gegebenen Punkten ermitteln sowie überprüfen, ob ein Punkt auf einer gegebenen Ebene liegt (Punktprobe) und die Ergebnisse im Sachzusammenhang interpretieren.

Drei Punkte $A(a_1|a_2|a_3)$, $B(b_1|b_2|b_3)$, $C(c_1|c_2|c_3)$, die nicht auf einer Geraden liegen, bestimmen eindeutig eine Ebene $\mathbb{E}$. Ein Punkt X der Ebene kann beispielsweise dadurch dargestellt werden, dass man irgendeinen der drei Punkte als Aufhängepunkt der Ebene wählt und die Verbindungsvektoren zu den beiden anderen Punkten als Richtungsvektoren der Ebene (man sagt: diese spannen die Ebene auf).

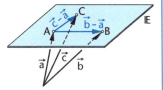

$\mathbb{E}: \vec{x} = \overrightarrow{OA} + r \cdot \overrightarrow{AB} + s \cdot \overrightarrow{AC} = \vec{a} + r \cdot (\vec{b} - \vec{a}) + s \cdot (\vec{c} - \vec{a})$

Punktprobe: Ein Punkt P liegt genau dann in der durch eine Parameterdarstellung gegebenen Ebene $\mathbb{E}$, wenn seine Koordinaten die Parameterdarstellung erfüllen, d.h. wenn zwei Zahlen $r, s \in \mathbb{R}$ existieren, für die das folgende lineare Gleichungssystem mit drei Gleichungen und zwei Variablen erfüllt ist:

$$\begin{pmatrix}p_1\\p_2\\p_3\end{pmatrix} = \begin{pmatrix}a_1\\a_2\\a_3\end{pmatrix} + r \cdot \begin{pmatrix}b_1 - a_1\\b_2 - a_2\\b_3 - a_3\end{pmatrix} + s \cdot \begin{pmatrix}c_1 - a_1\\c_2 - a_2\\c_3 - a_3\end{pmatrix}$$

Beispiel

Aus den Koordinaten der Punkte $A(2|2|4)$, $B(-1|5|2)$, $C(1|-2|-4)$ kann man beispielsweise die folgende Parameterdarstellung gewinnen:

$$\mathbb{E}: \vec{x} = \begin{pmatrix}2\\2\\4\end{pmatrix} + r \cdot \begin{pmatrix}-1 - 2\\5 - 2\\2 - 4\end{pmatrix} + s \cdot \begin{pmatrix}1 - 2\\-2 - 2\\-4 - 4\end{pmatrix} = \begin{pmatrix}2\\2\\4\end{pmatrix} + r \cdot \begin{pmatrix}-3\\3\\-2\end{pmatrix} + s \cdot \begin{pmatrix}-1\\-4\\-8\end{pmatrix}$$

Der Punkt $P(3|1|-2)$ liegt nicht in der Ebene $\mathbb{E}$, da das Gleichungssystem keine Lösung hat:

$$\begin{pmatrix}3\\1\\-2\end{pmatrix} = \begin{pmatrix}2\\2\\4\end{pmatrix} + r \cdot \begin{pmatrix}-3\\3\\-2\end{pmatrix} + s \cdot \begin{pmatrix}-1\\-4\\-8\end{pmatrix} \Leftrightarrow \begin{vmatrix}3r + s = -1\\3r - 4s = -1\\2r + 8s = 6\end{vmatrix} \Leftrightarrow \begin{vmatrix}r = -\tfrac{1}{3}\\s = 0\\r + 4s = 3\end{vmatrix}$$

Hinweis: Aus den ersten beiden Gleichungen wurde die Lösung $r = -\tfrac{1}{3}$ und $s = 0$ gewonnen, die aber nicht die dritte Gleichung erfüllen.

G4 Koordinatengleichungen für Ebenen ermitteln und damit Ebenen anhand ihrer Spurgeraden oder Spurpunkte im Koordinatensystem darstellen

Parameterdarstellungen und Koordinatengleichungen
Eine Ebene im Raum kann beschrieben werden durch eine Parameterdarstellung der Form $\vec{x} = \vec{a} + r \cdot \vec{u} + s \cdot \vec{v}$ oder durch eine Koordinatengleichung $a x_1 + b x_2 + c x_3 = d$.

- Bei den Parameterdarstellungen wird beschrieben, wie man von einem Aufhängepunkt A der Ebene mithilfe einer Linearkombination der beiden Richtungsvektoren $\vec{u}$, $\vec{v}$ der Ebene zu einem Punkt der Ebene kommt.

- An den Koordinatengleichungen kann man unmittelbar ablesen, welche Lage die Ebene im Koordinatensystem hat, d. h. welche Richtung der auf ihr senkrecht stehende Normalenvektor hat, nämlich $\vec{n} = \begin{pmatrix} a \\ b \\ c \end{pmatrix}$, und in welchen Punkten die Ebene ggf. die Koordinatenachsen und die Koordinatenebenen schneidet. Die Koordinatengleichung kann man auch in der Form $\vec{n} * \vec{x} = \vec{n} * \vec{p}$ schreiben, wobei P irgendein Punkt der Ebene ist.

- Punkte der Ebene auf den Koordinatenachsen (Spurpunkte) haben folgende Eigenschaft:
$(p_1|p_2|p_3) \in$ x-Achse $\Leftrightarrow p_2 = 0 \wedge p_3 = 0 \wedge p_1 = \frac{d}{a}$
$(p_1|p_2|p_3) \in$ y-Achse $\Leftrightarrow p_1 = 0 \wedge p_3 = 0 \wedge p_2 = \frac{d}{b}$
$(p_1|p_2|p_3) \in$ z-Achse $\Leftrightarrow p_1 = 0 \wedge p_2 = 0 \wedge p_3 = \frac{d}{c}$

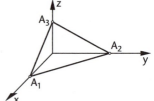

- Geraden in den Koordinatenebenen (Spurgeraden) haben folgende Eigenschaft: Setzt man in einer Koordinatengleichung eine Koordinate gleich null, dann erhält man eine Koordinatengleichung mit zwei Variablen – das ist die Gleichung einer Geraden in der Ebene:
$a x_1 + b x_2 = d$ ist Koordinatengleichung der Spurgerade in der x-y-Ebene
$a x_1 + c x_3 = d$ ist Koordinatengleichung der Spurgerade in der x-z-Ebene
$b x_2 + c x_3 = d$ ist Koordinatengleichung der Spurgerade in der y-z-Ebene
Mithilfe der Spurpunkte (Spurgeraden) kann man Skizzen der Lage einer Ebene im Koordinatensystem anfertigen.

Umwandeln von einer Koordinatengleichung in eine Parameterdarstellung und umgekehrt

Ist eine Ebene durch eine Koordinatengleichung gegeben, dann findet man eine Parameterdarstellung für diese Ebene, indem man irgendeinen Punkt der Ebene wählt (seine Koordinaten müssen die Koordinatengleichung erfüllen) und irgend zwei (nicht zueinander parallele) Vektoren als Richtungsvektoren wählt, die orthogonal zum Normalenvektor der Ebene sind.
Ist eine Ebene durch eine Parameterdarstellung gegeben, dann findet man eine Koordinatengleichung für diese Ebene, indem man einen Normalenvektor für die Ebene sucht, also einen Vektor, der orthogonal zu beiden Richtungsvektoren ist (einen solchen findet man durch Lösen eines entsprechenden Gleichungssystems mit zwei Gleichungen und drei Variablen oder mithilfe des Vektorprodukts, vgl. Basiswissen H5) und hiermit den Koeffizienten d der Koordinatengleichung bestimmt, wobei $d = \vec{a} * \vec{n}$.

Geraden und Ebenen im Raum

Beispiele

(1) Gegeben ist eine Ebene $\mathbb{E}$ durch eine Koordinatengleichung $\mathbb{E}: 3x_1 - 4x_2 + 2x_3 = 1$.
Um eine Parameterdarstellung für die Ebene $\mathbb{E}$ zu bestimmen, sucht man einen Punkt der Ebene sowie zwei Vektoren, die orthogonal zum Normalenvektor $\vec{n} = \begin{pmatrix} 3 \\ -4 \\ 2 \end{pmatrix}$ sind. Die Koordinaten des Punktes $P(1|1|1)$ erfüllen die Koordinatengleichung der Ebene, denn $3 - 4 + 2 = 1$. Zwei orthogonale Vektoren sind beispielsweise $\vec{u} = \begin{pmatrix} 4 \\ 3 \\ 0 \end{pmatrix}$ und $\vec{v} = \begin{pmatrix} 0 \\ 1 \\ 2 \end{pmatrix}$.
Daher ist $\mathbb{E}: \vec{x} = \begin{pmatrix} 1 \\ 1 \\ 1 \end{pmatrix} + r \cdot \begin{pmatrix} 4 \\ 3 \\ 0 \end{pmatrix} + s \cdot \begin{pmatrix} 0 \\ 1 \\ 2 \end{pmatrix}$ eine mögliche Parameterdarstellung der Ebene.

(2) Gegeben ist eine Parameterdarstellung einer Ebene $\mathbb{E}: \vec{x} = \begin{pmatrix} 3 \\ 0 \\ 1 \end{pmatrix} + r \cdot \begin{pmatrix} 1 \\ 2 \\ 1 \end{pmatrix} + s \cdot \begin{pmatrix} -1 \\ 1 \\ 2 \end{pmatrix}$

Um eine Koordinatengleichung der Ebene zu bestimmen, sucht man einen Normalenvektor der Ebene. Dessen Komponenten müssen das folgende Gleichungssystem mit zwei Gleichungen und drei Variablen erfüllen:

$\vec{n} * \begin{pmatrix} 1 \\ 2 \\ 1 \end{pmatrix} = 0 \wedge \vec{n} * \begin{pmatrix} -1 \\ 1 \\ 2 \end{pmatrix} = 0 \Leftrightarrow \begin{vmatrix} n_1 + 2n_2 + n_3 = 0 \\ -n_1 + n_2 + 2n_3 = 0 \end{vmatrix} \Leftrightarrow \begin{vmatrix} n_1 + 2n_2 + n_3 = 0 \\ 3n_2 + 3n_3 = 0 \end{vmatrix}$

$\Leftrightarrow \begin{vmatrix} n_1 + 2n_2 + n_3 = 0 \\ n_2 = -n_3 \end{vmatrix} \Leftrightarrow \begin{vmatrix} n_1 = n_3 \\ n_2 = -n_3 \end{vmatrix}$

Der Vektor $\vec{n} = \begin{pmatrix} 1 \\ -1 \\ 1 \end{pmatrix}$ ist ein solcher Vektor. Wegen $d = \vec{n} * \vec{a} = \begin{pmatrix} 1 \\ -1 \\ 1 \end{pmatrix} * \begin{pmatrix} 3 \\ 0 \\ 1 \end{pmatrix} = 4$

ist $x_1 - x_2 + x_3 = 4$ eine Koordinatengleichung der Ebene.

(3) Für die Skizze der Ebene, die durch die Parameterdarstellung $\vec{x} = \begin{pmatrix} 3 \\ 0 \\ 1 \end{pmatrix} + r \cdot \begin{pmatrix} 1 \\ 2 \\ 1 \end{pmatrix} + s \cdot \begin{pmatrix} -1 \\ 1 \\ 2 \end{pmatrix}$

gegeben ist, bestimmen wir die Spurpunkte aus dem Gleichungssystem $\begin{vmatrix} x_1 = 3 + r - s \\ x_2 = 2r + s \\ x_3 = 1 + r + 2s \end{vmatrix}$

Spurpunkt auf der x-Achse: $\begin{vmatrix} x_1 = 3 + r - s \\ 2r + s = 0 \\ 1 + r + 2s = 0 \end{vmatrix} \Leftrightarrow \begin{vmatrix} x_1 = 3 + r - s \\ s = -2r \\ 1 + r - 4r = 0 \end{vmatrix} \Leftrightarrow \begin{vmatrix} x_1 = 3 + \frac{1}{3} + \frac{2}{3} = 4 \\ s = -\frac{2}{3} \\ r = \frac{1}{3} \end{vmatrix}$

also $A_1(4|0|0)$ und analog: $A_2(0|-4|0)$ und $A_3(0|0|4)$
Alternatives Vorgehen: Man bestimmt erst eine Koordinatengleichung (vgl. (2)) und dann die Spurpunkte.
Die Spurgeraden in den Koordinatenebenen haben die Gleichungen:
in der x-y-Ebene: $x_1 - x_2 = 4$; in der x-z-Ebene: $x_1 + x_3 = 4$; in der y-z-Ebene: $-x_2 + x_3 = 4$

(4) Die Ebene mit der Koordinatengleichung $\mathbb{E}: 2x_1 + 3x_2 = 6$ verläuft parallel zur z-Achse (hat also keinen Punkt mit dieser Achse gemeinsam). Sie hat die Spurpunkte $A_1(3|0|0)$ und $A_2(0|2|0)$.

Schnittprobleme zwischen Geraden und Ebenen in Sachzusammenhängen (z. B. bei Schattenwürfen) untersuchen.

Zur Vereinfachung betrachten wir nur den Fall, dass die Ebene $\mathbb{E}$ durch eine Koordinatengleichung gegeben ist; andernfalls wandelt man die Parameterdarstellung der Ebene in eine Koordinatengleichung um, vgl. Basiswissen G4.
Zwischen einer Geraden g und eine Ebene $\mathbb{E}$ können folgende Lagebeziehungen bestehen:
(1) die Gerade g verläuft parallel zu $\mathbb{E}$ oder
(2) die Gerade g verläuft innerhalb der Ebene $\mathbb{E}$ oder
(3) die Gerade g durchstößt die Ebene $\mathbb{E}$ in genau einem Punkt.

Interpretiert man diese Fragestellung als Lösen eines linearen Gleichungssystems, dann bedeuten die drei Fälle: (1) das LGS hat keine Lösung, (2) das LGS hat unendlich viele Lösungen, (3) das LGS hat genau eine Lösung.

Will man nur die Frage klären, welche Lage vorliegt, und ist an dem konkreten Schnittpunkt im Fall (3) nicht interessiert, kann man zunächst prüfen, ob der Normalenvektor der Ebene orthogonal ist zum Richtungsvektor der Geraden. Wenn dies der Fall ist, kommen nur die Fälle (1) und (2) in Frage. Um zu entscheiden, welcher dieser beiden Fälle vorliegt, prüft man noch, ob der Aufhängepunkt der Geraden die Koordinatengleichung der Ebene erfüllt (Punktprobe).

Beispiele

(1) Gegeben ist die Gerade g: $\vec{x} = \begin{pmatrix} 1 \\ -1 \\ -2 \end{pmatrix} + r \cdot \begin{pmatrix} 4 \\ -1 \\ 5 \end{pmatrix}$ und die Ebene $\mathbb{E}$: $4x_1 + x_2 - 3x_3 = 9$

Da das Skalarprodukt des Normalenvektors der Ebene $\vec{n} = \begin{pmatrix} 4 \\ 1 \\ -3 \end{pmatrix}$ mit dem Richtungsvektor der Geraden $\vec{v} = \begin{pmatrix} 4 \\ -1 \\ 5 \end{pmatrix}$ gleich null ist: $\vec{n} * \vec{v} = \begin{pmatrix} 4 \\ 1 \\ -3 \end{pmatrix} * \begin{pmatrix} 4 \\ -1 \\ 5 \end{pmatrix} = 16 - 1 - 15 = 0$

folgt unmittelbar, dass die Gerade entweder parallel zur Ebene oder innerhalb der Ebene verläuft. Dies wird durch die Punktprobe mit dem Aufhängepunkt der Geraden entschieden: $4 \cdot 1 + (-1) - 3 \cdot (-2) = 9$, d. h. die Gerade verläuft innerhalb der Ebene, hat also unendlich viele gemeinsame Punkte mit der Ebene.
Alternativ hätte man das folgende Gleichungssystem mit (eigentlich) vier Gleichungen und vier Variablen lösen können:

$\begin{vmatrix} 4x_1 + x_2 - 3x_3 = 9 \\ x_1 = 1 + 4r \\ x_2 = -1 - r \\ x_3 = -2 + 5r \end{vmatrix} \Leftrightarrow \begin{vmatrix} 4 \cdot (1 + 4r) + (-1 - r) - 3 \cdot (-2 + 5r) = 9 \\ x_1 = 1 + 4r \\ x_2 = -1 - r \\ x_3 = -2 + 5r \end{vmatrix} \Leftrightarrow \begin{vmatrix} 9 = 9 \\ x_1 = 1 + 4r \\ x_2 = -1 - r \\ x_3 = -2 + 5r \end{vmatrix}$

$\Leftrightarrow \begin{vmatrix} x_1 = 1 + 4r \\ x_2 = -1 - r \\ x_3 = -2 + 5r \end{vmatrix}$

Man setzt die drei unteren Gleichungen in die obere Gleichung ein und erhält eine wahre Aussage, d. h. die gemeinsamen Punkte von Gerade und Ebene sind genau die Punkte der Geraden.

(2) Die Bodenplatte eines Hauses ist in einem lokalen Koordinatensystem bestimmt durch die Eckpunkte A(3|1|0), B(11|−1|0), C(14|11|0), D(6|13|0). Die Seitenwände sind 6 m hoch; der Dachfirst hat die Eckpunkte E(7|0|10) und F(10|12|10) – Angaben in Metern. An welcher Stelle durchstößt der Kamin das Dach, der im Punkt K(10|2|0) auf die Bodenplatte gesetzt ist?

Die beiden Dachflächen werden aufgespannt durch den Firstvektor $\overrightarrow{EF} = \begin{pmatrix} 3 \\ 12 \\ 0 \end{pmatrix}$ und

durch $\overrightarrow{EA_1} = \begin{pmatrix} 3 \\ 1 \\ 6 \end{pmatrix} - \begin{pmatrix} 7 \\ 0 \\ 10 \end{pmatrix} = \begin{pmatrix} -4 \\ 1 \\ -4 \end{pmatrix}$ bzw. $\overrightarrow{EB_1} = \begin{pmatrix} 11 \\ -1 \\ 6 \end{pmatrix} - \begin{pmatrix} 7 \\ 0 \\ 10 \end{pmatrix} = \begin{pmatrix} 4 \\ -1 \\ -4 \end{pmatrix}$.

Ein Normalenvektor der einen Dachfläche ist $\vec{x} = \begin{pmatrix} 16 \\ -4 \\ -17 \end{pmatrix}$,

ein Normalenvektor der anderen Dachfläche ist $\vec{x} = \begin{pmatrix} 16 \\ -4 \\ 17 \end{pmatrix}$.

Eine Koordinatengleichung der beiden Dachflächen ist (E lässt sich als Aufhängepunkt wählen): $\mathbb{E}_1: 16x_1 - 4x_2 - 17x_3 = \begin{pmatrix} 16 \\ -4 \\ -17 \end{pmatrix} * \begin{pmatrix} 7 \\ 0 \\ 10 \end{pmatrix} = -58$

bzw. $\mathbb{E}_2: 16x_1 - 4x_2 + 17x_3 = \begin{pmatrix} 16 \\ -4 \\ 17 \end{pmatrix} * \begin{pmatrix} 7 \\ 0 \\ 10 \end{pmatrix} = 282$.

Der Kamin kann durch die Gerade $\vec{x} = \begin{pmatrix} 10 \\ 2 \\ 0 \end{pmatrix} + r \cdot \begin{pmatrix} 0 \\ 0 \\ 1 \end{pmatrix} = \begin{pmatrix} 10 \\ 2 \\ r \end{pmatrix}$ beschrieben werden.

Nach Lage im Grundriss wird der Kamin aus der „rechten" Dachhälfte heraustreten; man bestimmt also den Schnittpunkt mit der Ebene $\mathbb{E}_2$: $16 \cdot 10 - 4 \cdot 2 + 17 \cdot r = 282$, d. h. $17r = 130$, also $r = 130/17 \approx 7{,}65$.
Der Kamin tritt „im Punkt" K'(10|2|7,65) aus der Dachfläche heraus.

(3) Das Haus aus (2) wirft bei Sonnenschein einen Schatten; zu einem bestimmten Zeitpunkt liegt der Schatten des Firstpunktes E in E'(20|−20|0). Bestimme den Schattenbereich des Hauses.
Sonnenstrahlen verlaufen parallel zum Vektor $\overrightarrow{EE'} = \begin{pmatrix} 20 \\ -20 \\ 0 \end{pmatrix} - \begin{pmatrix} 7 \\ 0 \\ 10 \end{pmatrix} = \begin{pmatrix} 13 \\ -20 \\ -10 \end{pmatrix}$.

Der Sonnenstrahl vom First-Eckpunkt F schneidet in
F'(10 + 13|12 − 20|10 − 10) = (23|−8|0)
Der Sonnenstrahl vom Punkt A_1(3|1|6) erzeugt eine Gerade mit der Parameterdarstellung:

$\vec{x} = \begin{pmatrix} 3 \\ 1 \\ 6 \end{pmatrix} + r \cdot \begin{pmatrix} 13 \\ -20 \\ -10 \end{pmatrix}$

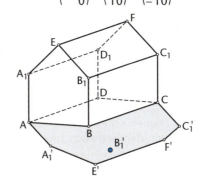

Diese schneidet die x-y-Ebene, wenn $6 + r \cdot (-10) = 0$, also wenn $r = 0{,}6$.
Das Schattenbild von A_1 ist also:
$A_1'(3 + 0{,}6 \cdot 13 | 1 + 0{,}6 \cdot (-20) | 6 + 0{,}6 \cdot (-10)) = (10{,}8 | -11 | 0)$
Analog ergibt sich das Schattenbild von C_1: C_1'(21,8|−1|0) bzw. von B_1: B_1'(18,8|−13|0); letzteres liegt im Schattenbereich des Hauses (in der Zeichnung durch einen kleinen Kreis markiert).

Ebenen auf ihre gegenseitige Lage untersuchen und möglicherweise vorhandene Schnittgeraden bestimmen.

Zwei Ebenen $\mathbb{E}_1$ und $\mathbb{E}_2$ im Raum sind entweder (1) zueinander parallel oder (2) identisch oder (3) haben eine Schnittgerade gemeinsam.
Wenn die Normalenvektoren der beiden Ebenen Vielfache voneinander sind, liegt Fall (1) oder Fall (2) vor; dann wählt man irgendeinen Punkt der einen Ebene aus und prüft, ob dieser in der anderen Ebene liegt. Falls dies der Fall ist, sind die Ebenen identisch, sonst zueinander parallel.
Wenn die beiden Normalenvektoren nicht Vielfache voneinander sind, muss es eine Schnittgerade geben. Deren Parameterdarstellung erhält man aus dem Gleichungssystem, das sich aus den Darstellungen der beiden Ebenen ergibt:

Aufgabentyp 1: Die beiden Ebenen sind durch Koordinatengleichungen gegeben:

$\left| \begin{array}{l} a_1 x_1 + b_1 x_2 + c_1 x_3 = d_1 \\ a_2 x_1 + b_2 x_2 + c_2 x_3 = d_2 \end{array} \right|$ ist ein Gleichungssystem mit zwei Gleichungen und drei

Variablen (x_1, x_2, x_3), das entweder keine Lösung hat (Ebenen parallel) oder nach Umformung zu zwei identischen Gleichungen führt (beide Ebenen sind identisch) oder als Lösungsmenge eine Parameterdarstellung mit einem Parameter hat, also die Darstellung einer Geraden.

Aufgabentyp 2: Die eine Ebene ist durch eine Koordinatengleichung gegeben und die andere durch eine Parameterdarstellung:

$\left| \begin{array}{l} a x_1 + b x_2 + c x_3 = d \\ x_1 = e_1 + r \cdot u_1 + s \cdot v_1 \\ x_2 = e_2 + r \cdot u_2 + s \cdot v_2 \\ x_3 = e_3 + r \cdot u_3 + s \cdot v_3 \end{array} \right|$ ist eigentlich ein Gleichungssystem mit vier Gleichungen und fünf Variablen (x_1, x_2, x_3, r, s).

Wenn man die drei unteren Gleichungen in die obere Gleichung einsetzt, erhält man entweder eine falsche Aussage (Ebenen zueinander parallel) oder eine wahre Aussage (Ebenen identisch) oder eine Beziehung zwischen r und s. Ersetzt man dann in der Parameterdarstellung der einen Ebene beispielsweise den Parameter s durch einen Term, der die Variable r enthält, bleibt eine Parameterdarstellung von Punkten im Raum mit einem Parameter, also die Darstellung einer Geraden – der Schnittgeraden der beiden Ebenen.

Aufgabentyp 3: Beide Ebenen sind durch eine Parameterdarstellung gegeben: Man wandelt eine Parameterdarstellung in die Koordinatenform um (vgl. Basiswissen G4) und geht dann wie beim Aufgabentyp 2 vor.

Beispiele

(1) Die beiden Ebenen sind durch Koordinatengleichungen gegeben; sie sind offensichtlich weder identisch noch zueinander parallel:

$\left| \begin{array}{l} x_1 + x_2 - x_3 = 1 \\ 4 x_1 - x_2 - x_3 = 3 \end{array} \right| \Leftrightarrow \left| \begin{array}{l} x_1 + x_2 - x_3 = 1 \\ 5 x_1 - 2 x_3 = 4 \end{array} \right| \Leftrightarrow \left| \begin{array}{l} -2 x_1 - 2 x_2 + 2 x_3 = -2 \\ 5 x_1 - 2 x_3 = 4 \end{array} \right|$

$\Leftrightarrow \left| \begin{array}{l} 3 x_1 - 2 x_2 = 2 \\ 5 x_1 - 2 x_3 = 4 \end{array} \right| \Leftrightarrow \left| \begin{array}{l} x_2 = 1{,}5 x_1 - 1 \\ x_3 = 2{,}5 x_1 - 2 \end{array} \right|$

Mit $x_1 = r$ ergibt sich die Schnittgerade: $\vec{x} = \begin{pmatrix} x_1 \\ x_2 \\ x_3 \end{pmatrix} = \begin{pmatrix} r \\ 1{,}5\,r - 1 \\ 2{,}5\,r - 2 \end{pmatrix} = \begin{pmatrix} 0 \\ -1 \\ -2 \end{pmatrix} + r \cdot \begin{pmatrix} 1 \\ 1{,}5 \\ 2{,}5 \end{pmatrix}$

(2) Die eine Ebene ist durch eine Koordinatengleichung gegeben und die andere durch eine Parameterdarstellung: $\mathbb{E}_1: x_1 + x_2 + x_3 = 5$ und $\mathbb{E}_2: \vec{x} = \begin{pmatrix} 1 \\ 3 \\ 1 \end{pmatrix} + r \cdot \begin{pmatrix} 2 \\ 1 \\ 0 \end{pmatrix} + s \cdot \begin{pmatrix} 1 \\ -1 \\ 1 \end{pmatrix} = \begin{pmatrix} 1 + 2r + s \\ 3 + r - s \\ 1 + s \end{pmatrix}$.

Der Normalenvektor von $\mathbb{E}_1$ ist nicht orthogonal zu den beiden Richtungsvektoren von

$\mathbb{E}_2$: $\begin{pmatrix} 1 \\ 1 \\ 1 \end{pmatrix} * \begin{pmatrix} 2 \\ 1 \\ 0 \end{pmatrix} = 3 \wedge \begin{pmatrix} 1 \\ 1 \\ 1 \end{pmatrix} * \begin{pmatrix} 1 \\ -1 \\ 1 \end{pmatrix} = 1$

daher muss eine Schnittgerade vorliegen. Einsetzen der drei Koordinatengleichungen für x_1, x_2, x_3 aus der Parameterdarstellung von $\mathbb{E}_2$ in die Koordinatengleichung von $\mathbb{E}_1$ ergibt: $(1 + 2r + s) + (3 + r - s) + (1 + s) = 5 \Leftrightarrow 5 + 3r + s = 5 \Leftrightarrow s = -3r$
und Rückeinsetzen in die Parameterdarstellung von $\mathbb{E}_2$ ergibt eine Parameterdarstellung für die Schnittgerade:

$\vec{x} = \begin{pmatrix} 1 \\ 3 \\ 1 \end{pmatrix} + r \cdot \begin{pmatrix} 2 \\ 1 \\ 0 \end{pmatrix} + (-3r) \cdot \begin{pmatrix} 1 \\ -1 \\ 1 \end{pmatrix} = \begin{pmatrix} 1 + 2r - 3r \\ 3 + r + 3r \\ 1 - 3r \end{pmatrix} = \begin{pmatrix} 1 \\ 3 \\ 1 \end{pmatrix} + r \cdot \begin{pmatrix} -1 \\ 4 \\ -3 \end{pmatrix}$

 G7 Die Koordinaten eines an einer Ebene gespiegelten Punktes bestimmen.

Gegeben sei ein Punkt $P(p_1|p_2|p_3)$ und eine Ebene durch eine Koordinatengleichung $\mathbb{E}: ax_1 + bx_2 + cx_3 = d$.
Eine Lotgerade l vom Punkt P auf die Ebene kann beschrieben werden durch:

l: $\vec{x} = \begin{pmatrix} p_1 \\ p_2 \\ p_3 \end{pmatrix} + r \cdot \begin{pmatrix} a \\ b \\ c \end{pmatrix}$

Um den Fußpunkt F des Lotes zu bestimmen, setzt man die Koordinatengleichungen für x_1, x_2, x_3 aus der Parameterdarstellung der Geraden in die Koordinatengleichung der Ebene ein und löst diese Gleichung nach r auf (vgl. Basiswissen H3):

$a \cdot (p_1 + r \cdot a) + b \cdot (p_2 + r \cdot b) + c \cdot (p_3 + r \cdot c) = d \Leftrightarrow (a \cdot p_1 + b \cdot p_2 + c \cdot p_3) + r \cdot (a^2 + b^2 + c^2) = d$

$\Leftrightarrow r = \dfrac{d - (ap_1 + bp_2 + cp_3)}{a^2 + b^2 + c^2}$

Setzt man diesen so erhaltenen Wert für r in die Parameterdarstellung der Lotgeraden ein, dann erhält man den Fußpunkt F; setzt man stattdessen den doppelten Wert ein, so erhält man einen Punkt P', das Bild des an der Ebene $\mathbb{E}$ gespiegelten Punktes P.

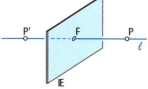

Beispiel

Den Bildpunkt des an der Ebene $\mathbb{E}: x_1 + x_2 - x_3 = 6$ gespiegelten Punktes $P(3|-1|2)$ berechnen wir wie folgt.
Aufstellen der Parameterdarstellung der Lotgeraden:

l: $\vec{x} = \begin{pmatrix} 3 \\ -1 \\ 2 \end{pmatrix} + r \cdot \begin{pmatrix} 1 \\ 1 \\ -1 \end{pmatrix}$.

Um den Fußpunkt F zu erhalten:
Einsetzen in die Koordinatengleichung der Ebene: $(3 + r) + (-1 + r) - (2 - r) = 6$
Auflösen nach r: $3r = 6 \Leftrightarrow r = 2$. Setzt man statt $r = 2$ den Wert $r = 4$ in die Parameterdarstellung der Lotgeraden ein, so erhält man: $P'(7|1|-2)$ als Spiegelpunkt.

G8 Die HESSEsche Normalenform einer Ebenengleichung aufstellen.

Die HESSEsche Normalenform ist eine besondere Form einer Koordinatengleichung der Ebene. Formt man die Gleichung $ax_1 + bx_2 + cx_3 = d$ um zu $ax_1 + bx_2 + cx_3 - d = 0$ und dividiert beide Seiten der Gleichung durch die Länge (den Betrag) des Normalenvektors $\vec{n} = \begin{pmatrix} a \\ b \\ c \end{pmatrix}$, dann erhält man die nach dem Mathematiker L. O. HESSE benannte Form:

$$\frac{ax_1 + bx_2 + cx_3 - d}{\sqrt{a^2 + b^2 + c^2}} = 0$$

Diese Form der Ebenengleichung ist nützlich bei der Bestimmung des Abstands eines Punktes von einer Ebene (vgl. Basiswissen H2).

Beispiel

Aus der Ebenengleichung $3x_1 + 2x_2 - x_3 = 4$ erhält man nach Umformen die HESSEsche Normalenform: $\dfrac{3x_1 + 2x_2 - x_3 - 4}{\sqrt{14}} = 0$

 G9 (LK) Geraden- und Ebenenscharen innermathematisch und in Sachzusammenhängen untersuchen.

Unter einer Geraden- bzw. Ebenenschar versteht man eine Menge verschiedener Geraden bzw. Ebenen, deren Gleichungen sich in mindestens einem Parameter, dem sogenannten Scharparameter, unterscheiden.

Aufgabenstellungen im Zusammenhang mit Scharen bestehen meist darin, die gemeinsamen Eigenschaften der Geraden bzw. Ebenen zu untersuchen.

Die Geraden einer Schar können z. B. alle einen gemeinsamen Punkt besitzen (Geradenbündel) oder in einer gemeinsamen Ebene liegen. Bei einer Parallelenschar haben alle Geraden dieselbe Richtung.

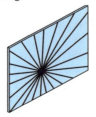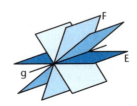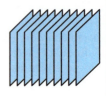

Die Ebenen einer Schar können beispielsweise alle durch einen bestimmten Punkt verlaufen (Ebenenbündel), eine gemeinsame Schnittgerade, auch Trägergerade genannt, haben (Ebenenbüschel), oder parallel zueinander liegen (Parallelenschar).

Beispiele *Geradenscharen*

Gegeben sei die Geradenschar g_a: $\vec{x} = \begin{pmatrix} 0 \\ 2 \\ 0 \end{pmatrix} + r \cdot \begin{pmatrix} -1 \\ 4-a \\ a \end{pmatrix} = \begin{pmatrix} -r \\ 2 + r \cdot (4-a) \\ r \cdot a \end{pmatrix}$ mit $a, r \in \mathbb{R}$;

alle Geraden verlaufen durch den Punkt $S(0|2|0)$.

(1) Gezeigt werden soll, dass alle Geraden g_a der Schar in einer gemeinsamen Ebene liegen.
Man wählt zunächst zwei spezielle Geraden der Schar aus, z. B. für $a = 0$ und $a = 4$, und bestimmt die Ebene, welche von diesen beiden Geraden aufgespannt wird. Die Richtungsvektoren der Geraden g_0: $\vec{x} = \begin{pmatrix} 0 \\ 2 \\ 0 \end{pmatrix} + r \cdot \begin{pmatrix} -1 \\ 4 \\ 0 \end{pmatrix}$ und g_4: $\vec{x} = \begin{pmatrix} 0 \\ 2 \\ 0 \end{pmatrix} + s \cdot \begin{pmatrix} -1 \\ 0 \\ 4 \end{pmatrix}$ spannen die Ebene E: $\vec{x} = \begin{pmatrix} 0 \\ 2 \\ 0 \end{pmatrix} + r \cdot \begin{pmatrix} -1 \\ 4 \\ 0 \end{pmatrix} + s \cdot \begin{pmatrix} -1 \\ 0 \\ 4 \end{pmatrix}$ mit $r, s \in \mathbb{R}$ auf. Da $\vec{n} = \begin{pmatrix} 4 \\ 1 \\ 1 \end{pmatrix}$ Normalenvektor zu den beiden Richtungsvektoren ist, kann diese Ebene auch durch die Koordinatengleichung E: $4x_1 + x_2 + x_3 = 2$ beschrieben werden.
Um zu zeigen, dass alle Schargeraden g_a in dieser Ebene E enthalten sind, muss man die Komponenten der Parameterdarstellung der Geradenschar $x_1 = -r$, $x_2 = 2 + r \cdot (4 - a)$ und $x_3 = r \cdot a$ in die Koordinatengleichung von E einsetzen:
$4 \cdot (-r) + 2 + r \cdot (4 - a) + r \cdot a = 2 \Leftrightarrow 0 = 0$

Dies ist eine allgemeingültige Aussage, d. h. alle Geraden g_a der Schar liegen in der gemeinsamen Ebene E mit E: $4x_1 + x_2 + x_3 = 2$.

(2) Gesucht ist diejenige Gerade g_a aus der Schar, welche durch den Punkt $Q(1|3|-5)$ verläuft.
Die Punktprobe liefert das folgende Gleichungssystem:
$$\begin{vmatrix} -r = 1 \\ 2 + (4-a) \cdot r = 3 \\ a \cdot r = -5 \end{vmatrix} \Leftrightarrow \begin{vmatrix} r = -1 \\ 2 + (4-a) \cdot r = 3 \\ a \cdot r = -5 \end{vmatrix}$$
Aus der 1. Zeile des Gleichungssystems ergibt sich $r = -1$. Setzt man dies in die 3. Zeile des Gleichungssystems ein, so erhält man $a = 5$. Durch Einsetzen überprüft man, ob auch die Gleichung in der 2. Zeile des Gleichungssystems für $r = -1$ und $a = 5$ erfüllt ist. Es ergibt sich eine wahre Aussage, d. h. die Gerade g_5 mit der Parameterdarstellung g_5: $\vec{x} = \begin{pmatrix} 0 \\ 2 \\ 0 \end{pmatrix} + r \cdot \begin{pmatrix} -1 \\ -1 \\ 5 \end{pmatrix}$ mit $r \in \mathbb{R}$ verläuft durch den Punkt $Q(1|3|-5)$.

(3) Gesucht ist diejenige Gerade g_a der Schar, welche die Gerade h: $\vec{x} = \begin{pmatrix} 3 \\ 1 \\ -3 \end{pmatrix} + s \cdot \begin{pmatrix} -2 \\ 3 \\ 1 \end{pmatrix}$ schneidet.
Zu lösen ist das Gleichungssystem: $\begin{vmatrix} -r = 3 - 2 \cdot s \\ 2 + (4-a) \cdot r = 1 + 3 \cdot s \\ a \cdot r = -3 + s \end{vmatrix} \Leftrightarrow \begin{vmatrix} -r + 2s = 3 \\ (4-a) \cdot r - 3 \cdot s = -1 \\ a \cdot r - s = -3 \end{vmatrix}$
Um die Variable s zu eliminieren, multipliziert man beispielsweise die 3. Zeile des Gleichungssystems mit dem Faktor 2 und addiert diese zur 1. Zeile. Man erhält dann aus der 1. Zeile $r = \frac{-3}{2a-1}$, durch Einsetzen in die 3. Zeile ergibt sich $s = \frac{-3a}{2a-1} + 3 = \frac{3a-3}{2a-1}$. Setzt man die Ausdrücke für r und s in die 2. Zeile ein, so erhält man die Gleichung $(4-a) \cdot \frac{-3}{2a-1} - 3 \cdot \frac{3a-3}{2a-1} = -1$. Multiplikation von beiden Seiten mit $(2a-1)$ ergibt $-3 \cdot (4-a) - 3 \cdot (3a-3) = -1 \cdot (2a-1)$. Hieraus folgt $a = -1$, d. h. die Gerade g_{-1} mit der Parameterdarstellung g_{-1}: $\vec{x} = \begin{pmatrix} 0 \\ 2 \\ 0 \end{pmatrix} + r \cdot \begin{pmatrix} -1 \\ 5 \\ -1 \end{pmatrix}$ mit $r \in \mathbb{R}$ schneidet die Gerade h.

Beispiele *Ebenenscharen*

Gegeben sei die Ebenenschar E_a: $x_1 + 2x_2 + \frac{20-a}{2a} x_3 - 20 = 0$, $a \in \mathbb{R}$, $a \neq 0$.

(1) Gezeigt werden soll, dass alle Ebenen E_a der Schar eine Gerade g gemeinsam haben. Zunächst wird die Schnittgerade zweier spezieller Ebenen der Schar bestimmt, z. B. für a = 2 und a = 4. Die Punkte der Schnittgeraden müssen die beiden Koordinatengleichungen erfüllen.

$$\begin{vmatrix} x_1 + 2x_2 + 4{,}5 x_3 = 20 \\ x_1 + 2x_2 + 2x_3 = 20 \end{vmatrix} \Leftrightarrow \begin{vmatrix} x_1 + 2x_2 + 4{,}5 x_3 = 20 \\ x_3 = 0 \end{vmatrix}$$

Setzt man $x_2 = r$, dann ergibt sich die Parameterdarstellung der Schnittgerade:

$$g: \vec{x} = \begin{pmatrix} x_1 \\ x_2 \\ x_3 \end{pmatrix} = \begin{pmatrix} 20 - 2r \\ r \\ 0 \end{pmatrix} = \begin{pmatrix} 20 \\ 0 \\ 0 \end{pmatrix} + r \cdot \begin{pmatrix} -2 \\ 1 \\ 0 \end{pmatrix} \text{ mit } r \in \mathbb{R}$$

Die Punkte dieser Geraden liegen aber in allen Ebenen der Ebenenschar, wie man durch Einsetzen erkennt. Für beliebige a, r $\in \mathbb{R}$ gilt:

$20 - 2r + 2 \cdot r + \frac{20-a}{2a} \cdot 0 - 20 = 0 \Leftrightarrow 0 = 0$ (allgemeingültige Aussage)

Alle Ebenen E_a haben also die Gerade g: $\vec{x} = \begin{pmatrix} 20 \\ 0 \\ 0 \end{pmatrix} + r \cdot \begin{pmatrix} -2 \\ 1 \\ 0 \end{pmatrix}$ mit r $\in \mathbb{R}$ gemeinsam.

(2) Untersucht werden soll die Lage der Schnittpunkte P_a der Scharebene E_a mit der

Geraden h: $\vec{x} = \begin{pmatrix} 6 \\ 2 \\ 0 \end{pmatrix} + t \cdot \begin{pmatrix} 3 \\ 1 \\ 10 \end{pmatrix} = \begin{pmatrix} 6 + 3t \\ 2 + t \\ 10t \end{pmatrix}$ mit t $\in \mathbb{R}$.

Das Einsetzen der Komponenten in die Gleichung der Scharebene E_a liefert

$6 + 3t + 2 \cdot (2 + t) + \frac{20-a}{2a} \cdot 10t - 20 = 0 \Leftrightarrow t = \frac{1}{10} \cdot a$, d. h. die Schnittpunkte

$P_a\left(6 + \frac{3a}{10} \mid 2 + \frac{a}{10} \mid a\right)$ der Scharebene mit der Geraden h liegen auf einer Geraden, die

gegeben ist durch $\vec{x} = \begin{pmatrix} 6 \\ 2 \\ 0 \end{pmatrix} + a \cdot \begin{pmatrix} 0{,}3 \\ 0{,}1 \\ 1 \end{pmatrix}$, a $\in \mathbb{R}$.

(3) Wenn eine Ebenenschar durch eine Parameterdarstellung gegeben ist, dann lassen sich gemeinsame Eigenschaften leicht ablesen:
Tritt der Scharparameter nur in einem der Richtungsvektoren auf, dann liegt ein Ebenenbüschel vor, z. B. hat die Ebenenschar

$E_a: \vec{x} = \begin{pmatrix} 2 \\ 1 \\ -1 \end{pmatrix} + r \cdot \begin{pmatrix} 1 \\ -1 \\ 2 \end{pmatrix} + s \cdot \begin{pmatrix} a \\ 1 \\ 0 \end{pmatrix}$ die Gerade $g: \begin{pmatrix} 2 \\ 1 \\ -1 \end{pmatrix} + r \cdot \begin{pmatrix} 1 \\ -1 \\ 2 \end{pmatrix}$ als gemeinsame Gerade.

Tritt der Scharparameter nur in beiden Richtungsvektoren auf, dann liegt ein Ebenenbündel vor, z. B. hat die Ebenenschar

$E_{a,b}: \vec{x} = \begin{pmatrix} 1 \\ 3 \\ 1 \end{pmatrix} + r \cdot \begin{pmatrix} a \\ 0 \\ -1 \end{pmatrix} + s \cdot \begin{pmatrix} 2 \\ b \\ 1 \end{pmatrix}$ den Punkt P (1 | 3 | 1) gemeinsam.

Im Übrigen ist es stets möglich zu einer durch eine Parameterdarstellung gegebene Ebenenschar eine Koordinatengleichung zu bestimmen (vgl. **G4**)

Geraden und Ebenen im Raum

 G10 Lineare Gleichungssysteme systematisch lösen sowie die Gleichungen und die Lösungsmenge geometrisch interpretieren.

Lineare Gleichungssysteme (LGS) **mit n Variablen** bestehen aus zwei oder mehreren linearen Gleichungen, die gleichzeitig erfüllt sein sollen. Sofern eine Lösung existiert oder unendlich viele Lösungen existieren, lassen sich diese wie Punkte $(x_1, x_2, ..., x_n)$ im n-dimensionalen Raum notieren.

Ein lineares Gleichungssystem kann man durch **elementare Zeilenumformungen** (EZU) vereinfachen. Bei den Umformungen darf man nur dann eine Gleichung weglassen, wenn zwei identische Gleichungen auftreten, oder wenn in einer Zeile eine wahre Aussage (wie beispielsweise 0 = 0) entsteht.

Durch folgende elementare Zeilenumformungen wird die Lösungsmenge eines Gleichungssystems nicht verändert:
– Multiplikation einer Zeile mit einem Faktor (ungleich null)
– Addition des Vielfachen einer Zeile zu einer anderen Zeile
– Vertauschen von Zeilen

Am Übersichtlichsten ist es, wenn man die Gleichungen des Systems in Form einer Tabelle (als **erweiterte Koeffizientenmatrix**) notiert. Ziel der elementaren Zeilenumformungen ist es, im linken Teil der erweiterten Koeffizientenmatrix
– eine **Dreiecksform** (ref = Row Echelon Form) zu erzeugen, so dass man die Lösungen von unten nach oben ablesen bzw. berechnen kann, oder
– eine **Diagonalform** (rref = Reduced Row Echelon Form) herzustellen, aus der sich die Lösungen unmittelbar ergeben.

(1) **Lineare Gleichungssysteme mit *zwei* Variablen** lassen sich geometrisch als Systeme von Geraden in einem 2-dimensionalen Koordinatensystem interpretieren. Bei der gegenseitigen Lage dieser Geraden können verschiedene Fälle auftreten:

(a) Zwei Gleichungen:
– das LGS hat eine eindeutig bestimmte Lösung: Die beiden Geraden schneiden sich in einem Punkt.
– das LGS hat keine Lösung (bei den EZU entsteht in einer Zeile eine falsche Aussage): Die beiden Geraden verlaufen zueinander parallel; es gibt also keine gemeinsamen Punkte.
– das LGS hat unendlich viele Lösungen (bei den EZU entfällt eine Zeile, da zwei identische Zeilen entstehen oder in einer Zeile eine wahre Aussage): Die beiden Geraden sind identisch; es gibt also unendlich viele gemeinsame Punkte.

(b) Drei oder mehr Gleichungen (überbestimmtes Gleichungssystem):
– das LGS hat eine eindeutig bestimmte Lösung (bei den EZU bleiben zwei Gleichungen übrig, aus denen das Lösungspaar abgelesen werden kann): Die Geraden verlaufen alle durch einen Punkt (Geradenbüschel).
– das LGS hat keine Lösung (bei den EZU tritt eine falsche Aussage auf): Die Geraden verlaufen nicht durch einen gemeinsamen Punkt.
– das LGS hat unendlich viele Lösungen (bei den EZU bleibt nur eine Zeile übrig): Die Geraden sind alle identisch.

(2) **Lineare Gleichungssysteme mit *drei* Variablen** lassen sich geometrisch als Systeme von Ebenen in einem 3-dimensionalen Koordinatensystem interpretieren. Bei der gegenseitigen Lage dieser Ebenen können die in G6 und G9 beschriebenen Fälle auftreten.
  (a) Zwei Gleichungen (unterbestimmtes Gleichungssystem): Die beiden Ebenen schneiden sich in einer gemeinsamen Gerade oder sind zueinander parallel oder identisch.
  (b) Drei Gleichungen: Die drei Ebenen schneiden sich in einem Punkt oder haben unendlich viele Punkte gemeinsam, die auf einer Geraden liegen, oder haben unendlich viele Punkte gemeinsam, weil drei identische Ebenen gegeben sind, oder haben keine gemeinsamen Punkte.
  (c) Vier oder mehr Gleichungen (überbestimmtes Gleichungssystem):
    – das LGS hat eine eindeutig bestimmte Lösung (bei den EZU bleiben drei Gleichungen übrig, aus denen das Lösungstripel abgelesen werden kann): Die Ebenen verlaufen alle durch einen Punkt (Ebenenbündel).
    – das LGS hat unendlich viele Lösungen: Entweder bleiben bei den EZU zwei Gleichungen übrig, die eine Parameterdarstellung der gemeinsamen Gerade bestimmen (Ebenenbüschel), oder bei den EZU bleibt nur eine Gleichung übrig, die eine Parameterdarstellung *einer* Ebene darstellt (d. h. alle Ebenen sind identisch).
    – das LGS hat keine Lösung: Bei den EZU tritt eine falsche Aussage auf: Die Ebenen verlaufen nicht durch einen gemeinsamen Punkt.

Beispiele zu (1)

(a) $\begin{vmatrix} 2x_1 - 3x_2 = 1 \\ 4x_1 + 1x_2 = 9 \end{vmatrix}$ notieren wir als erweiterte Koeffizientenmatrix in der Form $\begin{vmatrix} 2 & -3 & | & 1 \\ 4 & 1 & | & 9 \end{vmatrix}$.

EZU: Multipliziert man die 1. Zeile mit 0,5, dann entsteht in der Diagonale eine Eins (Normierung der 1. Zeile); multipliziert man die 1. Zeile mit (−2) und addiert sie zur 2. Zeile, dann entsteht in der 1. Spalte eine Null.

$\begin{vmatrix} 2 & -3 & | & 1 \\ 4 & 1 & | & 9 \end{vmatrix}$ $\xleftarrow{\cdot 0,5}$ $\xrightarrow{\cdot (-2)}_{\oplus}$ $\Leftrightarrow$ $\begin{vmatrix} 1 & -1,5 & | & 0,5 \\ 0 & 7 & | & 7 \end{vmatrix}$

Da die Matrix links Dreiecksgestalt hat, kann man in der unteren Zeile ablesen $7x_2 = 7$, also $x_2 = 1$. Setzt man dies in die 1. Zeile ein, dann ergibt sich: $1 \cdot x_1 - 1,5 \cdot 1 = 0,5 \Leftrightarrow x_1 = 2$. Die Lösung ist also das Paar $(2 | 1)$.

Man kann aber auch die EZU fortsetzen und erhält:

$\begin{vmatrix} 1 & -1,5 & | & 0,5 \\ 0 & 7 & | & 7 \end{vmatrix}$ $\xleftarrow{\cdot \frac{1}{7}}$ $\xrightarrow{\cdot \frac{3}{14}}_{\oplus}$ $\Leftrightarrow$ $\begin{vmatrix} 1 & 0 & | & 2 \\ 0 & 1 & | & 1 \end{vmatrix}$

Aus diesem LGS, bei dem die Matrix links Diagonalgestalt hat, kann man unmittelbar das Lösungspaar $(2 | 1)$ ablesen.

Wissenschaftliche Taschenrechner geben dies beispielsweise so aus:

Geometrische Interpretation:
Die beiden Gleichungen bestimmen zwei Geraden im 2-dimensionalen Koordinatensystem mit den Gleichungen
$g_1: x_2 = \frac{2}{3}x_1 - \frac{1}{3}$ und $g_2: x_2 = -4x_1 + 9$

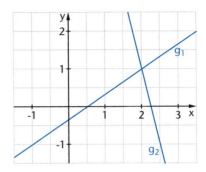

(b) $\begin{vmatrix} 1x_1 - 2x_2 = -8 \\ 2x_1 + 1x_2 = -1 \\ -1x_1 + 3x_2 = 11 \end{vmatrix}$

Aus dem überbestimmten Gleichungssystem mit drei Gleichungen und zwei Variablen ergibt sich nach EZU

$\begin{vmatrix} 1 & -2 & -8 \\ 2 & 1 & -1 \\ -1 & 3 & 11 \end{vmatrix} \xrightarrow{\cdot(-2)} \Leftrightarrow \begin{vmatrix} 1 & -2 & -8 \\ 0 & 5 & 15 \\ 0 & 1 & 3 \end{vmatrix} \xrightarrow{\cdot\frac{1}{5} \quad \cdot\frac{2}{5}} \xrightarrow{\cdot(-\frac{1}{5})} \Leftrightarrow \begin{vmatrix} 1 & 0 & -2 \\ 0 & 1 & 3 \\ 0 & 0 & 0 \end{vmatrix}$

Nach drei Schritten erhält man eine Matrix in Diagonalgestalt, aus der sich das Lösungspaar (−2|3) ablesen lässt, sowie eine Zeile, in der die wahre Aussage 0 = 0 steht.

Im wissenschaftlichen Taschenrechner müssen solche LGS wie 3 × 3-Systeme eingegeben werden, wobei in der 3. Spalte Nullen stehen:

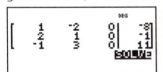 

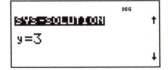 

Geometrische Interpretation:
Die drei Gleichungen bestimmen drei Geraden im 2-dimensionalen Koordinatensystem, die durch denselben Punkt verlaufen:

$g_1: x_2 = \frac{1}{2}x_1 + 4,$

$g_2: x_2 = -2x_1 - 1$ und

$g_3: x_2 = \frac{1}{3}x_1 + \frac{11}{3}$

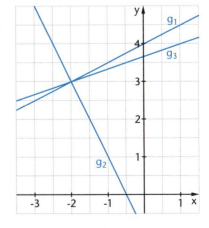

Eine Änderung bei der 3. Gleichung des LGS kann folgende Wirkung haben:
EZU beim LGS führen schließlich zu einem Gleichungssystem, bei dem in der 3. Zeile eine falsche Aussage steht. Daher besitzt dieses LGS keine Lösung.

$$\begin{vmatrix} 1x_1 - 2x_2 = -8 \\ 2x_1 + 1x_2 = -1 \\ 1x_1 + 2x_2 = 5 \end{vmatrix} \Leftrightarrow \ldots \Leftrightarrow \begin{vmatrix} 1 & 0 & -2 \\ 0 & 1 & 3 \\ 0 & 0 & 1 \end{vmatrix}$$

Geometrische Interpretation:

Die drei Geraden g_1: $x_2 = \frac{1}{2}x_1 + 4$,

g_2: $x_2 = -2x_1 - 1$ und g_3: $x_2 = -\frac{1}{2}x_1 + \frac{5}{2}$

verlaufen nicht durch einen gemeinsamen Punkt.

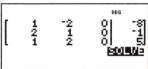

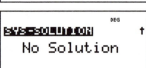

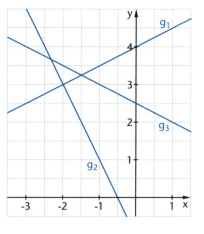

Beispiele zu (2)

(a) $\begin{vmatrix} 1x_1 - 3x_2 + 1x_3 = 1 \\ 2x_1 + 0x_2 - 2x_3 = 3 \end{vmatrix}$

Das LGS mit zwei Gleichungen und drei Variablen notiert man als erweiterte Koeffizientenmatrix in der Form

$$\begin{vmatrix} 1 & -3 & 1 & | & 1 \\ 2 & 0 & -2 & | & 3 \end{vmatrix} \xrightarrow{\cdot(-2)} \Leftrightarrow \begin{vmatrix} 1 & -3 & 1 & | & 1 \\ 0 & 6 & -4 & | & 1 \end{vmatrix} \xrightarrow{\cdot\frac{1}{6} \quad \cdot\frac{1}{2}} \Leftrightarrow \begin{vmatrix} 1 & 0 & -1 & | & 1{,}5 \\ 0 & 1 & -\frac{2}{3} & | & \frac{1}{6} \end{vmatrix}$$

Im wissenschaftlichen Taschenrechner müssen in der 3. Zeile lauter Nullen eingegeben werden:

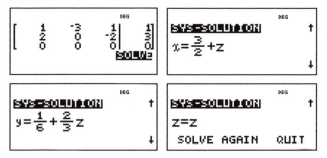

Aus der umgeformten erweiterten Koeffizientenmatrix in Diagonalform liest man eine Parameterdarstellung für die unendlich vielen Lösungstripel ab: $(x_1 | x_2 | x_3)$ mit

$x_1 = 1{,}5 + x_3$ und $x_2 = \frac{1}{6} + \frac{2}{3}x_3$, wobei $x_3 \in \mathbb{R}$ beliebig gewählt werden kann.

Geometrische Interpretation:
Die beiden Gleichungen beschreiben zwei Ebenen im 3-dimensionalen Raum; sie schneiden sich in einer Geraden, die mithilfe einer Parameterdarstellung beschrieben werden kann.

$$\vec{x} = \begin{pmatrix} 1,5 \\ 1 \\ 6 \\ 0 \end{pmatrix} + t \cdot \begin{pmatrix} 1 \\ 2 \\ 3 \\ 1 \end{pmatrix}$$

(b) $\begin{vmatrix} 1x_1 - 2x_2 + x_3 = 0 \\ 3x_1 - 1x_2 + 2x_3 = 7 \\ 1x_1 + 2x_2 - x_3 = 2 \end{vmatrix}$

Das LGS mit drei Gleichungen und drei Variablen notiert man als erweiterte Koeffizientenmatrix in der Form

$\begin{vmatrix} 1 & -2 & 1 & | & 0 \\ 3 & -1 & 2 & | & 7 \\ 1 & 2 & -1 & | & 2 \end{vmatrix}$ $\cdot(-3)$ $\cdot(-1)$ $\Leftrightarrow$ $\begin{vmatrix} 1 & -2 & 1 & | & 0 \\ 0 & 5 & -1 & | & 7 \\ 0 & 4 & -2 & | & 2 \end{vmatrix}$ $\cdot\frac{1}{5}$ $\cdot\frac{2}{5}$ $\cdot(-\frac{4}{5})$

$\begin{vmatrix} 1 & 0 & 0,6 & | & 2,8 \\ 0 & 1 & -0,2 & | & 1,4 \\ 0 & 0 & -1,2 & | & -3,6 \end{vmatrix}$ $\cdot(-\frac{5}{6})$ $\cdot\frac{1}{2}$ $\cdot(-\frac{1}{6})$ $\Leftrightarrow$ $\begin{vmatrix} 1 & 0 & 0 & | & 1 \\ 0 & 1 & 0 & | & 2 \\ 0 & 0 & 1 & | & 3 \end{vmatrix}$

Aus der umgeformten erweiterten Koeffizientenmatrix in Diagonalform liest man das eindeutig bestimmte Lösungstripel ab: (1 | 2 | 3).

Geometrische Interpretation:
Die drei Gleichungen beschreiben drei Ebenen im 3-dimensionalen Raum; sie haben den Punkt (1 | 2 | 3) gemeinsam.

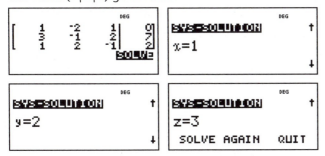

(c) $\begin{vmatrix} 1x_1 + 1x_2 + 2x_3 = 4 \\ 2x_1 - 1x_2 + 1x_3 = 5 \\ 1x_1 - 2x_2 - x_3 = 1 \\ 1x_1 + 3x_2 + 4x_3 = 6 \end{vmatrix}$ $\Leftrightarrow$ ... $\Leftrightarrow$ $\begin{vmatrix} 1 & 0 & 1 & | & 3 \\ 0 & 1 & 1 & | & 1 \\ 0 & 0 & 0 & | & 0 \\ 0 & 0 & 0 & | & 0 \end{vmatrix}$

Aus der erweiterten Koeffizientenmatrix in Diagonalform liest man eine Parameterdarstellung für die unendlich vielen Lösungstripel ab: $(x_1 | x_2 | x_3)$ mit $x_1 = 3 - x_3$ und $x_2 = 1 - x_3$, wobei $x_3 \in \mathbb{R}$ beliebig gewählt werden kann.

Geometrische Interpretation:
Die vier Gleichungen beschreiben vier Ebenen im 3-dimensionalen Raum; diese schneiden sich in *einer* Geraden, die mithilfe einer Parameterdarstellung beschrieben werden kann.

$$\vec{x} = \begin{pmatrix} 3 \\ 1 \\ 0 \end{pmatrix} + t \cdot \begin{pmatrix} -1 \\ -1 \\ 1 \end{pmatrix}$$

Ein LGS mit 4 Gleichungen kann vom wissenschaftlichen Taschenrechner nicht gelöst werden.

H1 Winkel zwischen zwei Vektoren, Schnittwinkel zwischen zwei Geraden, zwischen zwei Ebenen sowie zwischen einer Gerade und einer Ebene berechnen.

Für das Skalarprodukt zweier Vektoren $\vec{u}$, $\vec{v}$ gilt (vgl. Basiswissen **F2**): $\vec{u} * \vec{v} = |\vec{u}| \cdot |\vec{v}| \cdot \cos(\varphi)$, wobei φ der von den beiden Vektoren aufgespannte Winkel ist.

Daher lässt sich mithilfe von $\cos(\varphi) = \dfrac{\vec{u} * \vec{v}}{|\vec{u}| \cdot |\vec{v}|}$ die Größe dieses Richtungsunterschieds φ bestimmen, wobei $0° \leq \varphi \leq 180°$.

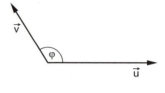

- **Winkel zwischen Geraden:** Da die Richtung von Geraden durch ihre Richtungsvektoren $\vec{u}_1$, $\vec{u}_2$ bestimmt wird, ergibt sich der Winkel zwischen zwei sich schneidenden Geraden durch die Gleichung:

  $\cos(\varphi) = \dfrac{|\vec{u}_1 * \vec{u}_2|}{|\vec{u}_1| \cdot |\vec{u}_2|}$

  wobei $0° \leq \varphi \leq 90°$.

  Durch die Betragsbildung im Zähler wird der kleinere der beiden Winkel zwischen den Geraden ausgewählt.
  Man beachte: Winkel in Vielecken, z. B. in Dreiecken, werden durch die Richtungsunterschiede zwischen Verbindungsvektoren bestimmt – hier sind Winkel über 90° möglich!

- **Winkel zwischen Ebenen:** Da die Normalenvektoren $\vec{n}_1$, $\vec{n}_2$ der Ebenen orthogonal zu den Ebenen sind, wird der Schnittwinkel zweier Ebenen durch den Winkel zwischen den Normalenvektoren bestimmt:

  $\cos(\varphi) = \dfrac{|\vec{n}_1 * \vec{n}_2|}{|\vec{n}_1| \cdot |\vec{n}_2|}$

  wobei $0° \leq \varphi \leq 90°$.

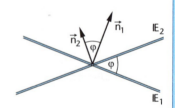

  Durch die Betragsbildung im Zähler wird der kleinere der beiden Winkel zwischen den Ebenen ausgewählt. Falls eine Ebene durch eine Parameterdarstellung gegeben ist, muss erst eine Koordinatengleichung erstellt werden.

- **Winkel zwischen einer Geraden und einer Ebene:**
  Der Schnittwinkel und der Winkel, der durch den Normalenvektor $\vec{n}$ der Ebene sowie den Richtungsvektor $\vec{u}$ der Geraden bestimmt wird, ergänzen sich zu 90°. Daher gilt für den gesuchten Schnittwinkel φ zwischen Gerade und Ebene:

  $\cos(\varphi') = \dfrac{|\vec{u} * \vec{n}|}{|\vec{u}| \cdot |\vec{n}|}$ und $\varphi = 90° - \varphi'$

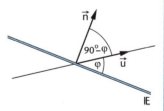

  Wegen $\sin(\varphi) = \sin(90° - \varphi') = \cos(\varphi')$ kann man Schnittwinkel zwischen einer Geraden und einer Ebene auch direkt mithilfe der arcsin-Funktion bestimmen:

  $\sin(\varphi) = \dfrac{|\vec{u} * \vec{n}|}{|\vec{u}| \cdot |\vec{n}|} \Leftrightarrow \varphi = \arcsin\left(\dfrac{|\vec{u} * \vec{n}|}{|\vec{u}| \cdot |\vec{n}|}\right)$

Winkel und Abstände, Volumina im Raum | 73

Beispiele

(1) Gegeben ist eine Ebene $\mathbb{E}$ durch eine Koordinatengleichung $\mathbb{E}$: $3x_1 - 4x_2 + 2x_3 = 1$

Wo und unter welchem Winkel schneidet die Gerade g: $\vec{x} = \begin{pmatrix} 1 \\ 1 \\ -1 \end{pmatrix} + r \cdot \begin{pmatrix} 2 \\ -2 \\ 3 \end{pmatrix}$ die Ebene?

Gemeinsame Punkte von Gerade und Ebene müssen das folgende Gleichungssystem erfüllen: $3x_1 - 4x_2 + 2x_3 = 1$ und $\begin{pmatrix} x_1 \\ x_2 \\ x_3 \end{pmatrix} = \begin{pmatrix} 1 \\ 1 \\ -1 \end{pmatrix} + r \cdot \begin{pmatrix} 2 \\ -2 \\ 3 \end{pmatrix} = \begin{pmatrix} 1 + 2r \\ 1 - 2r \\ -1 + 3r \end{pmatrix}$.

Durch Einsetzen der Bedingungen für x_1, x_2, x_3 in die Koordinatengleichung erhalten wir:
$3 \cdot (1 + 2r) - 4 \cdot (1 - 2r) + 2 \cdot (-1 + 3r) = 1$, also $20r = 4$, also $r = 0{,}2$.
Der Schnittpunkt von Gerade und Ebene hat also die Koordinaten $S(1{,}4|0{,}6|-0{,}4)$.
Der Schnittwinkel φ zwischen einer Geraden und einer Ebene ist gleich $90° - \varphi'$, wobei φ' der Winkel zwischen dem Normalenvektor der Ebene $\mathbb{E}$ und dem Richtungsvektor der Geraden ist:

$\cos(\varphi') = \dfrac{\left|\begin{pmatrix} 3 \\ -4 \\ 2 \end{pmatrix} * \begin{pmatrix} 2 \\ -2 \\ 3 \end{pmatrix}\right|}{\sqrt{29} \cdot \sqrt{17}} = \dfrac{|6 + 8 + 6|}{\sqrt{29} \cdot \sqrt{17}} = \dfrac{20}{\sqrt{29 \cdot 17}} \Leftrightarrow \varphi' = \arccos\left(\dfrac{20}{\sqrt{29 \cdot 17}}\right) = 25{,}74°$

Der gesuchte Winkel ist also $\varphi = 64{,}26°$

(2) Die Punkte $A(1|1|-1)$, $B(-3|5|1)$, $C(5|-1|-1)$ und $D(-3|1|-4)$ bestimmen ein (unregelmäßiges) Tetraeder.
- Welche Winkel treten im Dreieck ABC auf?
- Welche der Flächen ABD, BCD, CAD hat gegenüber der Grundfläche ABC die größte Neigung?
- Der Winkel α im Dreieck ABC wird durch die Vektoren $\vec{AB} = \begin{pmatrix} -4 \\ 4 \\ 2 \end{pmatrix}$, $\vec{AC} = \begin{pmatrix} 4 \\ -2 \\ 0 \end{pmatrix}$ bestimmt,

der Winkel β durch die Vektoren $\vec{BC} = \begin{pmatrix} 8 \\ -6 \\ -2 \end{pmatrix}$, $\vec{BA} = \begin{pmatrix} 4 \\ -4 \\ -2 \end{pmatrix}$. Hiermit ergibt sich:

$\cos(\alpha) = \dfrac{-24}{6 \cdot \sqrt{20}} \Leftrightarrow \alpha = 153{,}43°$ und $\cos(\beta) = \dfrac{60}{\sqrt{104} \cdot 6} \Leftrightarrow \beta = 11{,}31°$,

also $\gamma = 180° - 153{,}43° - 11{,}31° = 15{,}26°$
- Um die Winkel zwischen den Flächen zu bestimmen, berechnen wir jeweils zunächst die Normalenvektoren der einzelnen Ebenen.
- Fläche ABC:
Gesucht ist ein Normalenvektor zu den Vektoren $\vec{AB} = \begin{pmatrix} -4 \\ 4 \\ 2 \end{pmatrix}$ und $\vec{AC} = \begin{pmatrix} 4 \\ -2 \\ 0 \end{pmatrix}$,

d.h. es muss gelten: $\begin{pmatrix} -4 \\ 4 \\ 2 \end{pmatrix} * \begin{pmatrix} n_1 \\ n_2 \\ n_3 \end{pmatrix} = 0$ und $\begin{pmatrix} -4 \\ 2 \\ 0 \end{pmatrix} * \begin{pmatrix} n_1 \\ n_2 \\ n_3 \end{pmatrix} = 0$

Ohne lange Rechnung kann man ablesen, dass ein solcher Vektor durch $\vec{n}_a = \begin{pmatrix} 1 \\ 2 \\ -2 \end{pmatrix}$

gegeben ist (erste und zweite Komponente des Vektors bestimmen, dann passende dritte Komponente).
- Fläche ABD:
Gesucht ist ein Normalenvektor zu den Vektoren $\vec{AB} = \begin{pmatrix} -4 \\ 4 \\ 2 \end{pmatrix}$ und $\vec{AD} = \begin{pmatrix} -4 \\ 0 \\ -3 \end{pmatrix}$,

d.h. es muss gelten: $\begin{pmatrix} -4 \\ 0 \\ -3 \end{pmatrix} * \begin{pmatrix} n_1 \\ n_2 \\ n_3 \end{pmatrix} = 0$ und $\begin{pmatrix} -4 \\ 4 \\ 2 \end{pmatrix} * \begin{pmatrix} n_1 \\ n_2 \\ n_3 \end{pmatrix} = 0$

Ohne lange Rechnung kann man ablesen, dass ein solcher Vektor durch $\vec{n}_a = \begin{pmatrix} 3 \\ 5 \\ -4 \end{pmatrix}$

gegeben ist (erste und dritte Komponente des Vektors bestimmen, dann passende zweite Komponente).
Der gesuchte Winkel ist also gegeben durch

$$\cos(\alpha) = \frac{\left|\begin{pmatrix} 3 \\ 5 \\ -4 \end{pmatrix} * \begin{pmatrix} 1 \\ 2 \\ -2 \end{pmatrix}\right|}{\sqrt{50} \cdot 3} = \frac{21}{\sqrt{50} \cdot 3} \text{ also } \alpha = 8{,}13°$$

- Fläche BCD:

$\vec{n}_b = \begin{pmatrix} 11 \\ 20 \\ -16 \end{pmatrix}$ ist ein Normalenvektor zu $\overrightarrow{BC}$, $\overrightarrow{BD} = \begin{pmatrix} 0 \\ -4 \\ -5 \end{pmatrix}$

Der gesuchte Winkel ergibt sich aus

$$\cos(\beta) = \frac{\left|\begin{pmatrix} 11 \\ 20 \\ -16 \end{pmatrix} * \begin{pmatrix} 1 \\ 2 \\ -2 \end{pmatrix}\right|}{\sqrt{777} \cdot 3} = \frac{83}{\sqrt{777} \cdot 3} \text{ also } \beta = 7{,}00°$$

- Fläche CAD:

$\vec{n}_c = \begin{pmatrix} 3 \\ 6 \\ -4 \end{pmatrix}$ ist ein Normalenvektor zu $\overrightarrow{CA} = \begin{pmatrix} -4 \\ 2 \\ 0 \end{pmatrix}$ sowie $\overrightarrow{CD} = \begin{pmatrix} -8 \\ 2 \\ -3 \end{pmatrix}$

Der gesuchte Winkel ergibt sich aus

$$\cos(\gamma) = \frac{\left|\begin{pmatrix} 3 \\ 6 \\ -4 \end{pmatrix} * \begin{pmatrix} 1 \\ 2 \\ -2 \end{pmatrix}\right|}{\sqrt{61} \cdot 3} = \frac{23}{\sqrt{61} \cdot 3} \text{ also } \gamma = 11{,}00°$$

Die Fläche CAD bildet also den größten Winkel zur Grundfläche.

H2 Den Flächeninhalt eines Dreiecks und das Volumen eines Tetraeders nach elementaren Methoden bestimmen.

- Für den Flächeninhalt eines Dreiecks gilt:

  $A = \frac{1}{2} \cdot \text{Grundseite} \cdot \text{Flächenhöhe}$

  Ein Dreieck ABC wird durch die beiden Vektoren $\overrightarrow{AB}$, $\overrightarrow{AC}$ aufgespannt. Elementargeometrisch kann die Höhe h auf AB beschrieben werden durch

  $\sin(\alpha) = \frac{h}{|AC|}$, also $h = |AC| \cdot \sin(\alpha)$.

  Für den Kosinus des Winkel α gilt: $\cos(\alpha) = \frac{\overrightarrow{AB} * \overrightarrow{AC}}{|AB| \cdot |AC|}$ (vgl. Basiswissen).

  Da für beliebige Winkel α gilt: $\sin^2(\alpha) + \cos^2(\alpha) = 1$, also

  $\sin(\alpha) = \sqrt{1 - \cos^2(\alpha)} = \sqrt{1 - \left(\frac{\overrightarrow{AB} * \overrightarrow{AC}}{|AB| \cdot |AC|}\right)^2}$,

  kann man den Flächeninhalt des Dreiecks ABC wie folgt berechnen:

  $A_{\text{Dreieck}} = \frac{1}{2} \cdot |AB| \cdot |AC| \cdot \sin(\alpha)$, also $A_{\text{Dreieck}} = \frac{1}{2} \cdot \sqrt{|AB|^2 \cdot |AC|^2 - (\overrightarrow{AB} * \overrightarrow{AC})^2}$

- Für das Volumen einer Pyramide gilt:

  V = $\frac{1}{3}$ · Grundfläche · Raumhöhe

  Im Falle eines allgemeinen (nicht notwendig regelmäßigen) Tetraeders kann die Grundfläche nach der o. a. Formel berechnet werden. Um die Raumhöhe zu bestimmen, nutzt man die Projektionseigenschaft des Skalarprodukts (vgl. Basiswissen F2):
  Man bestimmt einen beliebigen Vektor $\vec{n}$, der orthogonal zu $\vec{AB}$ und $\vec{AC}$ ist; dann ist

  die Länge der Raumhöhe gegeben durch $\frac{|\vec{n} * \vec{AD}|}{|\vec{n}|}$. Daher gilt:

  $V_{Tetraeder} = \frac{1}{6} \cdot \frac{|\vec{n} * \vec{AD}|}{|\vec{n}|} \cdot \sqrt{|AB|^2 \cdot |AC|^2 - (\vec{AB} * \vec{AC})^2}$

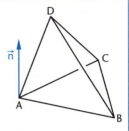

Beispiel

Die Punkte A(1|1|−1), B(−3|5|1), C(5|−1|−1) und D(−3|1|−4) bestimmen ein (unregelmäßiges) Tetraeder. Welches Volumen hat das Tetraeder?

Das Dreieck ABC wird durch die Vektoren $\vec{AB} = \begin{pmatrix} -4 \\ 4 \\ 2 \end{pmatrix}$, $\vec{AC} = \begin{pmatrix} 4 \\ -2 \\ 0 \end{pmatrix}$ aufgespannt.

Für den Flächeninhalt gilt daher: $A_{Dreieck} = \frac{1}{2} \cdot \sqrt{6^2 \cdot \sqrt{20}^2 - (-24)^2} = \frac{1}{2} \cdot \sqrt{144} = 6$

Ein Vektor $\vec{n}$, der orthogonal zu $\vec{AB}$ und $\vec{AC}$ ist: $\vec{n} = \begin{pmatrix} 1 \\ 2 \\ -2 \end{pmatrix}$, ein Vektor der Länge 3.

Für das Skalarprodukt mit $\vec{AD}$ gilt: $\vec{n} * \vec{AD} = \begin{pmatrix} 1 \\ 2 \\ -2 \end{pmatrix} * \begin{pmatrix} -4 \\ 0 \\ -3 \end{pmatrix} = 2$

Daher gilt: $V_{Tetraeder} = \frac{1}{3} \cdot \frac{2}{3} \cdot 6 = \frac{4}{3}$

 H3 (LK) Den Abstand eines Punktes von einer Ebene berechnen.

Idee: Um den Abstand eines Punktes P von einer Ebene $\mathbb{E}$ zu berechnen, benötigt man eine Lotgerade von P auf $\mathbb{E}$. Der Schnittpunkt der Lotgerade mit der Ebene ist der Fußpunkt F des Lotes. Der Abstand von P zu $\mathbb{E}$ ist gleich der Länge des Vektors $\vec{PF}$.
Allgemeine Darstellung der Methode:
Gegeben sind P($p_1|p_2|p_3$) und $\mathbb{E}$: $ax_1 + bx_2 + cx_3 = d$,
wobei $\vec{n} = \begin{pmatrix} a \\ b \\ c \end{pmatrix}$ der Normalenvektor der Ebene.
Parameterdarstellung der Lotgeraden l: $\vec{x} = \begin{pmatrix} p_1 \\ p_2 \\ p_2 \end{pmatrix} + r \cdot \begin{pmatrix} a \\ b \\ c \end{pmatrix} = \begin{pmatrix} p_1 + ra \\ p_2 + rb \\ p_3 + rc \end{pmatrix}$

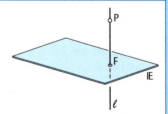

> Schnittpunkt von l mit der Ebene $\mathbb{E}$: Damit ein Punkt gleichzeitig zu l und zu $\mathbb{E}$ gehört, muss gelten:
> $a \cdot (p_1 + ra) + b \cdot (p_2 + rb) + c \cdot (p_3 + rc) = d \Leftrightarrow (a \cdot p_1 + b \cdot p_2 + c \cdot p_3) + r \cdot (a^2 + b^2 + c^2) = d$
>
> $\Leftrightarrow r \cdot |\vec{n}|^2 = d - \begin{pmatrix} p_1 \\ p_2 \\ p_2 \end{pmatrix} * \begin{pmatrix} a \\ b \\ c \end{pmatrix} \Leftrightarrow r = \frac{1}{|\vec{n}|^2} \cdot (d - (\vec{p} * \vec{n}))$
>
> Wenn man diesen Wert für r in die Parameterdarstellung von l einsetzen würde, hätte man die Koordinaten des Fußpunktes F. Um die Länge der Strecke $\overline{PF}$ zu bestimmen, betrachten wir den zugehörigen Vektor:
>
> $|\overrightarrow{PF}| = \left\| \begin{pmatrix} p_1 + ra - p_1 \\ p_2 + rb - p_2 \\ p_3 + rc - p_3 \end{pmatrix} \right\| = |r| \cdot \left\| \begin{pmatrix} a \\ b \\ c \end{pmatrix} \right\| = |r| \cdot |\vec{n}|$
>
> Setzt man nun den oben berechneten Wert des Parameters r ein, dann erhält man die Abstandsformel: Abstand $(P, \mathbb{E}) = \frac{1}{|\vec{n}|} \cdot |\vec{p} * \vec{n} - d|$
>
> Spezialfall P = O (Ursprung): Abstand $(O, \mathbb{E}) = \frac{|d|}{|\vec{n}|}$
>
> Zusatz: Ist die Ebenengleichung in HESSEscher Normalenform gegeben (vgl. Basiswissen **G8**), d. h. in der Form $\mathbb{E}: \frac{1}{|\vec{n}|} \cdot (\vec{x} * \vec{n} - d) = 0$, dann erhält man den Abstand eines Punkt P unmittelbar durch Einsetzen der Koordinaten von P in die Gleichung der Ebene.

Beispiel

Gegeben ist ein Punkt $P(3|1|-2)$ und eine Ebene durch $\mathbb{E}: x_1 + 2x_2 - 2x_3 = 1$.
Die Lotgerade l durch P hat die Parameterdarstellung:

$l: \vec{x} = \begin{pmatrix} 3 \\ 1 \\ -2 \end{pmatrix} + r \cdot \begin{pmatrix} 1 \\ 2 \\ -2 \end{pmatrix} = \begin{pmatrix} 3 + r \\ 1 + 2r \\ -2 - 2r \end{pmatrix}$.

Um den Fußpunkt der Lotgeraden mit der Ebene zu bestimmen, werden die in der Parameterdarstellung enthaltenen Koordinatengleichungen in die Koordinatengleichung der Ebene eingesetzt:
$(3 + r) + 2 \cdot (1 + 2r) - 2 \cdot (-2 - 2r) = 1 \Leftrightarrow 9 + 9r = 1 \Leftrightarrow r = -\frac{8}{9}$

Daher hat der Punkt F die Koordinaten $F\left(\frac{19}{9}\middle|-\frac{7}{9}\middle|-\frac{2}{9}\right)$ und die Länge des Vektors

$|\overrightarrow{PF}| = \sqrt{\left(3 - \frac{19}{9}\right)^2 + \left(1 + \frac{7}{9}\right)^2 + \left(-2 + \frac{2}{9}\right)^2} = \sqrt{\frac{64}{81} + \frac{256}{81} + \frac{256}{81}} = \sqrt{\frac{576}{81}} = \frac{24}{9} = \frac{8}{3}$

Bloßes Anwenden der o. a. Abstandsformel ergibt:
Abstand $(P, \mathbb{E}) = \frac{1}{|\vec{n}|} \cdot |\vec{p} * \vec{n} - d| = \frac{1}{3} \cdot |9 - 1| = \frac{8}{3}$

oder ggf. vorher Umformung der Koordinatengleichung der Ebene in die HESSEschen

Normalenform: $\mathbb{E}: \frac{1}{|\vec{n}|} \cdot (\vec{x} * \vec{n} - d) = \frac{1}{3} \cdot \left(\begin{pmatrix} x_1 \\ x_2 \\ x_3 \end{pmatrix} * \begin{pmatrix} 1 \\ 2 \\ -2 \end{pmatrix} - 1 \right) = 0$

Winkel und Abstände, Volumina im Raum | 77

H4 Den Abstand eines Punktes von einer Geraden berechnen.

Die kürzeste Entfernung eines Punktes P zu einem Punkt X der Geraden g ist durch das Lot vom Punkt auf die Gerade gegeben. Man untersucht also, bei welchem Parameterwert der Verbindungsvektor von P nach X zum Richtungsvektor der Geraden orthogonal ist, und erhält so den Fußpunkt F des Lotes von P auf g. Die Länge der Strecke PF ist dann der gesuchte Abstand.

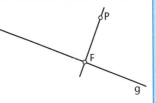

Allgemeine Darstellung der Methode: Gegeben sind $P(p_1|p_2|p_3)$ und g: $\vec{x} = \vec{a} + r \cdot \vec{u}$

Es muss gelten: $(\vec{x} - \vec{p}) * \vec{u} = (\vec{a} - \vec{p} + r \cdot \vec{u}) * \vec{u} = 0 \Leftrightarrow (\vec{a} - \vec{p}) * \vec{u} + r \cdot \vec{u} * \vec{u} = 0$

$$\Leftrightarrow r = \frac{(\vec{p} - \vec{a}) * \vec{u}}{|\vec{u}|^2}$$

Wenn man diesen Wert für r in die Parameterdarstellung von g einsetzen würde, hätte man die Koordinaten des Lotfußpunktes F. Um die Länge der Strecke $\overline{PF}$ zu bestimmen, bestimmen wir den zugehörigen Vektor: $\overrightarrow{PF} = (\vec{a} - \vec{p}) + r \cdot \vec{u}$ und berechnen dessen Länge.

Beispiel

$P(3|1|1)$, g: $\vec{x} = \begin{pmatrix} 0 \\ -1 \\ 1 \end{pmatrix} + r \cdot \begin{pmatrix} 2 \\ 1 \\ 0 \end{pmatrix}$; $(\vec{p} - \vec{a}) * \vec{u} = \begin{pmatrix} 3 - 0 \\ 1 - (-1) \\ 1 - 1 \end{pmatrix} * \begin{pmatrix} 2 \\ 1 \\ 0 \end{pmatrix} = 8$; $|\vec{u}|^2 = 5$; $r = 1{,}6$

also $\overrightarrow{PF} = (\vec{a} - \vec{p}) + r \cdot \vec{u} = \begin{pmatrix} -3 \\ -2 \\ 0 \end{pmatrix} + 1{,}6 \cdot \begin{pmatrix} 2 \\ 1 \\ 0 \end{pmatrix} = \begin{pmatrix} 0{,}2 \\ -0{,}4 \\ 0 \end{pmatrix}$, $|\overrightarrow{PF}| = \sqrt{0{,}2} \approx 0{,}447$

H5 (LK) Den Abstand zweier windschiefer Geraden berechnen.

Idee: Gesucht ist ein gemeinsames Lot der beiden Geraden. Der Abstand der beiden Geraden ist dann gleich der Entfernung der beiden Fußpunkte dieses Lotes.
Allgemeine Darstellung der Methode: Gegeben sind die beiden Geraden g und h durch:
g: $\vec{x} = \vec{a} + r \cdot \vec{u}$ und h: $\vec{x} = \vec{b} + s \cdot \vec{v}$. Gesucht sind Punkte $P \in g$ und $Q \in h$ mit der Eigenschaft: $\overrightarrow{PQ} * \vec{u} = 0$ und $\overrightarrow{PQ} * \vec{v} = 0$

Der Verbindungsvektor der beiden Punkte P und Q lässt sich mithilfe der beiden Parameterdarstellungen beschreiben: $\overrightarrow{PQ} = (\vec{b} + s \cdot \vec{v}) - (\vec{a} + r \cdot \vec{u}) = (\vec{b} - \vec{a}) + s \cdot \vec{v} - r \cdot \vec{u}$
also muss gelten:
$(\vec{b} - \vec{a}) * \vec{u} + s \cdot \vec{v} * \vec{u} - r \cdot \vec{u} * \vec{u} = 0$ und $(\vec{b} - \vec{a}) * \vec{v} + s \cdot \vec{v} * \vec{v} - r \cdot \vec{u} * \vec{v} = 0$

Dies ist ein Gleichungssystem mit zwei Gleichungen und zwei Variablen, mit deren Lösung man die Fußpunkte des Lotes und damit den Abstand der beiden Geraden berechnen kann.

Beispiel

g: $\vec{x} = \begin{pmatrix} 2 \\ 1 \\ 1 \end{pmatrix} + r \cdot \begin{pmatrix} 1 \\ -1 \\ 2 \end{pmatrix}$ und h: $\vec{x} = \begin{pmatrix} 1 \\ 0 \\ 1 \end{pmatrix} + s \cdot \begin{pmatrix} -1 \\ 2 \\ 0 \end{pmatrix}$

Für $\overrightarrow{PQ}$ gilt dann: $\overrightarrow{PQ} = \begin{pmatrix} -1 \\ -1 \\ 0 \end{pmatrix} + s \cdot \begin{pmatrix} -1 \\ 2 \\ 0 \end{pmatrix} - r \cdot \begin{pmatrix} 1 \\ -1 \\ 2 \end{pmatrix}$

Die Orthogonalitätsbedingungen sind:

$$\left(\begin{pmatrix}-1\\-1\\0\end{pmatrix} + s \cdot \begin{pmatrix}-1\\2\\0\end{pmatrix} - r \cdot \begin{pmatrix}1\\-1\\2\end{pmatrix}\right) * \begin{pmatrix}1\\-1\\2\end{pmatrix} = 0 + s \cdot (-3) - r \cdot 6 = 0$$

$$\left[\begin{pmatrix}-1\\-1\\0\end{pmatrix} + s \cdot \begin{pmatrix}-1\\2\\0\end{pmatrix} - r \cdot \begin{pmatrix}1\\-1\\2\end{pmatrix}\right] * \begin{pmatrix}-1\\2\\0\end{pmatrix} = -1 + s \cdot 5 - r \cdot (-3) = 0$$

Das Gleichungssystem $-3s - 6r = 0 \wedge 5s + 3r = 1$ hat die Lösungen $r = -\frac{1}{7} \wedge s = \frac{2}{7}$

$$|\overrightarrow{PQ}| = \left\|\begin{pmatrix}-1\\-1\\0\end{pmatrix} + \frac{2}{7} \cdot \begin{pmatrix}-1\\2\\0\end{pmatrix} - \left(-\frac{1}{7}\right) \cdot \begin{pmatrix}1\\-1\\2\end{pmatrix}\right\| = \left\|\begin{pmatrix}-\frac{8}{7}\\-\frac{4}{7}\\\frac{2}{7}\end{pmatrix}\right\| = \sqrt{\frac{84}{49}} = \sqrt{\frac{12}{7}} \approx 1{,}309$$

 H6 Das Vektorprodukt zweier Vektoren berechnen und seine Bedeutung angeben sowie mithilfe des Vektorprodukts Normalenvektoren bestimmen und das Vektorprodukt zur Berechnung von Dreiecksflächen und von Spatvolumina verwenden.

Für zwei Vektoren $\vec{a} = \begin{pmatrix}a_1\\a_2\\a_3\end{pmatrix}$, $\vec{b} = \begin{pmatrix}b_1\\b_2\\b_3\end{pmatrix}$ wird das Vektorprodukt $\vec{a} \times \vec{b}$ wie folgt definiert: $\vec{a} \times \vec{b} = \begin{pmatrix}a_2 b_3 - a_3 b_2\\a_3 b_1 - a_1 b_3\\a_1 b_2 - a_2 b_1\end{pmatrix}$

Das Vektorprodukt $\vec{a} \times \vec{b}$ hat folgende geometrischen Eigenschaften:

(1) $\vec{a} \times \vec{b}$ ist orthogonal zu $\vec{a}, \vec{b}$.

(2) Der Betrag des Vektorprodukts gibt den Flächeninhalt des von den Vektoren $\vec{a}, \vec{b}$, aufgespannten Parallelogramms an; es gilt nämlich:

$|\vec{a} \times \vec{b}| = |\vec{a}| \cdot |\vec{b}| \cdot \sin(\varphi)$, wobei φ der von $\vec{a}, \vec{b}$ aufgespannte Winkel ist.

(3) Folgerung: Für $\vec{a}, \vec{b} \neq \vec{o}$ gilt: $\vec{a} \times \vec{b} = \vec{o} \Leftrightarrow \vec{a}, \vec{b}$ sind Vielfache voneinander.

(4) $\vec{a}, \vec{b}$ und $\vec{a} \times \vec{b}$ bilden ein Rechtssystem (wie die x-, y- und z-Achse) und es gilt: $\vec{a} \times \vec{b} = -\vec{b} \times \vec{a}$

(5) Wegen der Eigenschaft: $\vec{a} \times \vec{b}$ ist orthogonal zu $\vec{a}, \vec{b}$ (vgl. (1)), kann man mithilfe des Vektorprodukts zu gegebenen Richtungsvektoren der Parameterdarstellung einer Ebene einen Normalenvektor berechnen und damit eine Koordinatengleichung erstellen.

(6) Wegen der Eigenschaft $|\vec{a} \times \vec{b}| = |\vec{a}| \cdot |\vec{b}| \cdot \sin(\varphi)$ gibt der Betrag des Vektorprodukts den Flächeninhalt des von den Vektoren $\vec{a}$, b aufgespannten Parallelogramms an.

Für den Flächeninhalt des von den beiden Vektoren aufgespannten Dreiecks gilt daher: $A_{\text{Dreieck}} = \frac{1}{2} \cdot |\vec{a} \times \vec{b}|$

(7) Für das Volumen eines von den Vektoren $\vec{a}, \vec{b}, \vec{c}$, aufgespannten Spats gilt:

$V = |(\vec{a} \times \vec{b}) * \vec{c}|$

Der Vektor $\vec{a} \times \vec{b}$ steht orthogonal zu der von $\vec{a}, \vec{b}$ aufgespannten Grundfläche und sein Betrag ist gleich dem Flächeninhalt der Bodenfläche. Bildet man das Skalarprodukts von $\vec{a} \times \vec{b}$ mit dem Vektor $\vec{c}$, dann gilt: $(\vec{a} \times \vec{b}) * \vec{c} = |\vec{a} \times \vec{b}| \cdot |\vec{c}| \cdot \cos(\varphi)$, wobei φ der Winkel zwischen $\vec{a} \times \vec{b}$ und $\vec{c}$ ist.

Der Betrag von $|\vec{c}| \cdot \cos(\varphi)$ gibt gerade die Länge der Höhe des Spats an (orthogonale Projektion von $\vec{c}$ auf $\vec{a} \times \vec{b}$, vgl. Basiswissen **F2**).

Beispiele

- Für $\vec{a} = \begin{pmatrix} 1 \\ -2 \\ 1 \end{pmatrix}$, $\vec{b} = \begin{pmatrix} 3 \\ 1 \\ -2 \end{pmatrix}$ ist: $\vec{a} \times \vec{b} = \begin{pmatrix} (-2) \cdot (-2) - 1 \cdot 1 \\ 1 \cdot 3 - 1 \cdot (-2) \\ 1 \cdot 1 - (-2) \cdot 3 \end{pmatrix} = \begin{pmatrix} 3 \\ 5 \\ 7 \end{pmatrix}$

- Ein Normalenvektor für $\mathbb{E}$: $\vec{x} = \begin{pmatrix} 1 \\ 1 \\ 2 \end{pmatrix} + r \cdot \begin{pmatrix} 3 \\ 1 \\ 0 \end{pmatrix} + s \cdot \begin{pmatrix} 2 \\ -1 \\ 4 \end{pmatrix}$ ist $\vec{n} = \vec{u} \times \vec{v} = \begin{pmatrix} 3 \\ 1 \\ 0 \end{pmatrix} \times \begin{pmatrix} 2 \\ -1 \\ 4 \end{pmatrix} = \begin{pmatrix} 4 \\ -12 \\ -5 \end{pmatrix}$

- Die Vektoren $\vec{u} = \begin{pmatrix} 3 \\ 1 \\ 0 \end{pmatrix}$ und $\vec{v} = \begin{pmatrix} 2 \\ -1 \\ 4 \end{pmatrix}$ spannen ein Parallelogramm auf,

  dessen Flächeninhalt gleich $|\vec{u} \times \vec{v}| = \left|\begin{pmatrix} 4 \\ -12 \\ -5 \end{pmatrix}\right| = \sqrt{16 + 144 + 25} = \sqrt{185} \approx 13{,}60$ FE.

  Das von $\vec{u}$ und $\vec{v}$ aufgespannte Dreieck hat den Flächeninhalt $A = \frac{1}{2} \cdot |\vec{u} \times \vec{v}| \approx 6{,}80$ FE.

- Die Vektoren $\vec{a} = \begin{pmatrix} 1 \\ -2 \\ 1 \end{pmatrix}$, $\vec{b} = \begin{pmatrix} 3 \\ 1 \\ -2 \end{pmatrix}$ und $\vec{c} = \begin{pmatrix} 2 \\ -1 \\ 1 \end{pmatrix}$ spannen einen Spat auf.

  Für das Volumen des Spats gilt:

  $V = |(\vec{a} \times \vec{b}) * \vec{c}| = \left|\left(\begin{pmatrix} 1 \\ -2 \\ 1 \end{pmatrix} \times \begin{pmatrix} 3 \\ 1 \\ -2 \end{pmatrix}\right) * \begin{pmatrix} 2 \\ -1 \\ 1 \end{pmatrix}\right| = \left|\begin{pmatrix} 3 \\ 5 \\ 7 \end{pmatrix} * \begin{pmatrix} 2 \\ -1 \\ 1 \end{pmatrix}\right| = |6 - 5 + 7| = 8$ VE

11 Die Matrixdarstellung für affine Abbildungen von Punkten bei Verschiebungen, Streckungen, Drehungen und Spiegelungen angeben.

Affine Abbildungen in der Ebene oder im Raum lassen sich mithilfe von Matrizen beschreiben. Im Folgenden werden affine Abbildungen in der Ebene dargestellt.

Ist $M = \begin{pmatrix} a & b \\ c & d \end{pmatrix}$ eine solche Abbildungsmatrix, $\vec{v} = \begin{pmatrix} v_1 \\ v_2 \end{pmatrix}$ ein Verschiebungsvektor und $P(p_1|p_2)$ ein Punkt, der abgebildet wird, dann wird der Ortsvektor des Bildpunktes $P'(p_1'|p_2')$ bestimmt durch die Gleichung: $\begin{pmatrix} p_1' \\ p_2' \end{pmatrix} = M \cdot \begin{pmatrix} p_1 \\ p_2 \end{pmatrix} + \vec{v}$

- **Streckung mit dem Faktor k bzgl. des Koordinatenursprungs:**

  $M = \begin{pmatrix} k & 0 \\ 0 & k \end{pmatrix}$ und $\vec{v} = \begin{pmatrix} 0 \\ 0 \end{pmatrix}$

- **Drehung um einen Winkel φ um den Koordinatenursprung:**

  $M = \begin{pmatrix} \cos\varphi & -\sin\varphi \\ \sin\varphi & \cos\varphi \end{pmatrix}$ und $\vec{v} = \begin{pmatrix} 0 \\ 0 \end{pmatrix}$

- **Achsenspiegelung an einer Ursprungsgeraden der Ebene:**

  Ist $g: \vec{x} = \lambda \cdot \begin{pmatrix} u \\ v \end{pmatrix}$ eine Ursprungsgerade, dann wird die Spiegelung an g beschrieben durch die Matrix

  $M = \begin{pmatrix} \dfrac{u^2 - v^2}{u^2 + v^2} & \dfrac{2uv}{u^2 + v^2} \\ \dfrac{2uv}{u^2 + v^2} & -\dfrac{u^2 - v^2}{u^2 + v^2} \end{pmatrix}$ und $\vec{v} = \begin{pmatrix} 0 \\ 0 \end{pmatrix}$

  Schließt die Ursprungsgerade mit der x-Achse einen Winkel φ ein, dann kann man die Abbildungsmatrix auch so notieren:

  $M = \begin{pmatrix} \cos 2\varphi & \sin 2\varphi \\ \sin 2\varphi & -\cos 2\varphi \end{pmatrix}$

- **Punktspiegelung eines Punktes $P(p_1|p_2)$ an einem Punkt $S(s_1|s_2)$:**

  $\begin{pmatrix} p_1' \\ p_2' \end{pmatrix} = \begin{pmatrix} -1 & 0 \\ 0 & -1 \end{pmatrix} \cdot \begin{pmatrix} p_1 \\ p_2 \end{pmatrix} + \begin{pmatrix} 2s_1 \\ 2s_2 \end{pmatrix}$

Beispiele

(1) Drehung um 90°: $M = \begin{pmatrix} 0 & -1 \\ 1 & 0 \end{pmatrix}$; Drehung um 180°: $M = \begin{pmatrix} -1 & 0 \\ 0 & -1 \end{pmatrix}$;

Drehung um 270°: $M = \begin{pmatrix} 0 & 1 \\ -1 & 0 \end{pmatrix}$

(2) Spiegelung an der x-Achse, also an der Geraden $\vec{x} = \lambda \cdot \begin{pmatrix} 1 \\ 0 \end{pmatrix}$: $M = \begin{pmatrix} 1 & 0 \\ 0 & -1 \end{pmatrix}$

(3) Spiegelung an der y-Achse, also an der Geraden $\vec{x} = \lambda \cdot \begin{pmatrix} 0 \\ 1 \end{pmatrix}$: $M = \begin{pmatrix} -1 & 0 \\ 0 & 1 \end{pmatrix}$

(4) Drehung des Dreiecks $A(-3|1)$, $B(4|-1)$, $C(2|5)$ um 45° um den Ursprung:

$\begin{pmatrix} a_1' \\ a_2' \end{pmatrix} = \begin{pmatrix} \frac{\sqrt{2}}{2} & -\frac{\sqrt{2}}{2} \\ \frac{\sqrt{2}}{2} & \frac{\sqrt{2}}{2} \end{pmatrix} \cdot \begin{pmatrix} -3 \\ 1 \end{pmatrix} + \begin{pmatrix} 0 \\ 0 \end{pmatrix} = \begin{pmatrix} -2\sqrt{2} \\ -\sqrt{2} \end{pmatrix}$; $\begin{pmatrix} b_1' \\ b_2' \end{pmatrix} = \begin{pmatrix} \frac{\sqrt{2}}{2} & -\frac{\sqrt{2}}{2} \\ \frac{\sqrt{2}}{2} & \frac{\sqrt{2}}{2} \end{pmatrix} \cdot \begin{pmatrix} 4 \\ -1 \end{pmatrix} + \begin{pmatrix} 0 \\ 0 \end{pmatrix} = \begin{pmatrix} 2{,}5\sqrt{2} \\ 1{,}5\sqrt{2} \end{pmatrix}$;

$\begin{pmatrix} c_1' \\ c_2' \end{pmatrix} = \begin{pmatrix} \frac{\sqrt{2}}{2} & -\frac{\sqrt{2}}{2} \\ \frac{\sqrt{2}}{2} & \frac{\sqrt{2}}{2} \end{pmatrix} \cdot \begin{pmatrix} 2 \\ 5 \end{pmatrix} + \begin{pmatrix} 0 \\ 0 \end{pmatrix} = \begin{pmatrix} -1{,}5\sqrt{2} \\ 3{,}5\sqrt{2} \end{pmatrix}$

Alternative 1: Abbildungsmatrizen | 81

  Abbildungsmatrizen für Parallelprojektionen anhand der Bilder der Einheitsvektoren ermitteln.

Eine Parallelprojektion in eine Ebene, die den Ursprung enthält, kann durch eine 3 × 3-Matrix beschrieben werden. Die Spalten der Matrix werden dabei durch die Bilder der Einheitsvektoren bestimmt.

Eine Parallelprojektion wird bestimmt durch einen Projektionsvektor $\vec{v} = \begin{pmatrix} v_1 \\ v_2 \\ v_3 \end{pmatrix}$. Dann bestimmt die Matrix

$A_{xy} = \begin{pmatrix} 1 & 0 & \frac{-v_1}{v_3} \\ 0 & 1 & \frac{-v_2}{v_3} \\ 0 & 0 & 0 \end{pmatrix}$ die Parallelprojektion in die x-y-Ebene in Richtung des Projektionsvektors $\vec{v}$,

$A_{xz} = \begin{pmatrix} 1 & \frac{-v_1}{v_2} & 0 \\ 0 & 0 & 0 \\ 0 & \frac{-v_3}{v_2} & 1 \end{pmatrix}$ die Parallelprojektion in die x-z-Ebene und

$A_{yz} = \begin{pmatrix} 0 & 0 & 0 \\ \frac{-v_2}{v_1} & 1 & 0 \\ \frac{-v_3}{v_1} & 0 & 1 \end{pmatrix}$ die Parallelprojektion in die y-z-Ebene.

Beispiel 1

Parallelprojektion in die x-y-Ebene parallel zum Richtungsvektor $\vec{v} = \begin{pmatrix} 1 \\ 2 \\ -1 \end{pmatrix}$:

Die Matrix $A_{xy} = \begin{pmatrix} 1 & 0 & 1 \\ 0 & 1 & 2 \\ 0 & 0 & 0 \end{pmatrix}$ bildet den Einheitsvektor $\vec{e}_1 = \begin{pmatrix} 1 \\ 0 \\ 0 \end{pmatrix}$ ab auf $\vec{e}_1' = \begin{pmatrix} 1 & 0 & 1 \\ 0 & 1 & 2 \\ 0 & 0 & 0 \end{pmatrix} \cdot \begin{pmatrix} 1 \\ 0 \\ 0 \end{pmatrix} = \begin{pmatrix} 1 \\ 0 \\ 0 \end{pmatrix}$,

$\vec{e}_2 = \begin{pmatrix} 0 \\ 1 \\ 0 \end{pmatrix}$ ab auf $\vec{e}_2' = \begin{pmatrix} 1 & 0 & 1 \\ 0 & 1 & 2 \\ 0 & 0 & 0 \end{pmatrix} \cdot \begin{pmatrix} 0 \\ 1 \\ 0 \end{pmatrix} = \begin{pmatrix} 0 \\ 1 \\ 0 \end{pmatrix}$ und $\vec{e}_3 = \begin{pmatrix} 0 \\ 0 \\ 1 \end{pmatrix}$ ab auf $\vec{e}_3' = \begin{pmatrix} 1 & 0 & 1 \\ 0 & 1 & 2 \\ 0 & 0 & 0 \end{pmatrix} \cdot \begin{pmatrix} 0 \\ 0 \\ 1 \end{pmatrix} = \begin{pmatrix} 1 \\ 2 \\ 0 \end{pmatrix}$.

$E_1(1|0|0)$ und $E_2(0|1|0)$ sind Fixpunkte der Abbildung, da sie in der x-y-Ebene liegen.

Beispiel 2

Gesucht ist die Abbildungsmatrix, die eine Parallelprojektion auf die durch E: $x_1 - x_2 = 0$ gegebene Ebene in Richtung des Vektors $\vec{v} = \begin{pmatrix} 3 \\ 1 \\ -1 \end{pmatrix}$ beschreibt.

Da hier nicht auf eine der Koordinatenebenen projiziert wird, müssen zunächst die Bilder der Einheitsvektoren bestimmt werden. Diese bilden dann die Spalten der gesuchten Abbildungsmatrix.

Für den ersten Einheitsvektors bestimmen wir dazu den Schnittpunkt der Geraden

$g_1: \vec{x} = \vec{e}_1 + \lambda \cdot \vec{v} = \begin{pmatrix} 1 \\ 0 \\ 0 \end{pmatrix} + \lambda \cdot \begin{pmatrix} 3 \\ 1 \\ -1 \end{pmatrix} = \begin{pmatrix} 1 + 3\lambda \\ \lambda \\ -\lambda \end{pmatrix}$ mit der Ebene E: $x_1 - x_2 = 0$,

indem wir für x_1 und x_2 in der Ebenengleichung die entsprechenden Komponenten aus der Parameterdarstellung der Geraden einsetzen: $(1 + 3\lambda) - \lambda = 0 \Leftrightarrow \lambda = -0{,}5$

Als Bild von $\vec{e}_1$ erhalten wir damit: $\vec{e}_1' = \begin{pmatrix} 1 \\ 0 \\ 0 \end{pmatrix} - 0{,}5 \cdot \begin{pmatrix} 3 \\ 1 \\ -1 \end{pmatrix} = \begin{pmatrix} -0{,}5 \\ -0{,}5 \\ 0{,}5 \end{pmatrix}$

Analog erhält man das Bild des zweiten Einheitsvektors:

$g_2: \vec{x} = \vec{e}_2 + \lambda \cdot \vec{v} = \begin{pmatrix} 0 \\ 1 \\ 0 \end{pmatrix} + \lambda \cdot \begin{pmatrix} 3 \\ 1 \\ -1 \end{pmatrix} = \begin{pmatrix} 3\lambda \\ 1 + \lambda \\ -\lambda \end{pmatrix}$ mit $3\lambda - (1 + \lambda) = 0 \Leftrightarrow \lambda = 0{,}5$

zu $\vec{e}_2' = \begin{pmatrix} 0 \\ 1 \\ 0 \end{pmatrix} + 0{,}5 \cdot \begin{pmatrix} 3 \\ 1 \\ -1 \end{pmatrix} = \begin{pmatrix} 1{,}5 \\ 1{,}5 \\ -0{,}5 \end{pmatrix}$ und das Bild des dritten Einheitsvektors:

$g_3: \vec{x} = \vec{e}_3 + \lambda \cdot \vec{v} = \begin{pmatrix} 0 \\ 0 \\ 1 \end{pmatrix} + \lambda \cdot \begin{pmatrix} 3 \\ 1 \\ -1 \end{pmatrix} = \begin{pmatrix} 3\lambda \\ \lambda \\ 1 - \lambda \end{pmatrix}$ mit $3\lambda - \lambda = 0 \Leftrightarrow \lambda = 0$

zu $\vec{e}_3' = \begin{pmatrix} 0 \\ 0 \\ 1 \end{pmatrix} + 0 \cdot \begin{pmatrix} 3 \\ 1 \\ -1 \end{pmatrix} = \begin{pmatrix} 0 \\ 0 \\ 1 \end{pmatrix}$

Die Projektionsmatrix ist also: $M = \begin{pmatrix} -0{,}5 & 1{,}5 & 0 \\ -0{,}5 & 1{,}5 & 0 \\ 0{,}5 & -0{,}5 & 1 \end{pmatrix}$

13 Fixpunkte, Fixgeraden sowie Fixpunktgeraden und Fixpunktebenen von Abbildungen bestimmen und diese im Sachzusammenhang deuten.

Punkte, die bei einer Abbildung auf sich selbst abgebildet werden, werden als **Fixpunkte** der Abbildung bezeichnet.

Durch die affine Abbildung $\alpha: \vec{x}' = M \cdot \vec{x} + \vec{v}$ (mit der Matrix M und dem Vektor $\vec{v}$) wird der Vektor $\vec{x}$ auf den Vektor $\vec{x}'$ abgebildet. Die Fixpunkte dieser Abbildung erhält man als Lösung der Gleichung:

$M \cdot \vec{x} + \vec{v} = \vec{x} \Leftrightarrow \begin{pmatrix} a & b \\ c & d \end{pmatrix} \cdot \begin{pmatrix} x \\ y \end{pmatrix} + \begin{pmatrix} v_1 \\ v_2 \end{pmatrix} = \begin{pmatrix} x \\ y \end{pmatrix}$

Um die Fixpunkte zu bestimmen, muss also das folgende lineare Gleichungssystem gelöst werden:

$\left| \begin{array}{l} ax + by + v_1 = x \\ cx + dy + v_2 = y \end{array} \right. \Leftrightarrow \left| \begin{array}{l} (a-1)x + by = -v_1 \\ cx + (d-1)y = -v_2 \end{array} \right.$

Geraden, deren Punkte bei einer Abbildung wieder auf Punkte derselben Geraden abgebildet werden, heißen **Fixgeraden**.

Als **Fixpunktgerade** bezeichnet man eine Gerade, die aus lauter Fixpunkten besteht, d. h. jeder Punkt dieser Geraden wird bei Anwendung der Abbildung wieder auf sich abgebildet. Eine Fixpunktgerade ist immer eine Fixgerade; die Umkehrung des Satzes ist i. A. falsch.

Beispiel 1

Die durch die Gleichung $\begin{pmatrix} x' \\ y' \end{pmatrix} = \begin{pmatrix} 1 & -1 \\ 1 & 1 \end{pmatrix} \cdot \begin{pmatrix} x \\ y \end{pmatrix} + \begin{pmatrix} -2 \\ 1 \end{pmatrix}$ gegebene affine Abbildung hat den

Fixpunkt $F(-1|-2)$, denn die Gleichung $\begin{pmatrix} 1 & -1 \\ 1 & 1 \end{pmatrix} \cdot \begin{pmatrix} x \\ y \end{pmatrix} + \begin{pmatrix} -2 \\ 1 \end{pmatrix} = \begin{pmatrix} x \\ y \end{pmatrix}$ ist erfüllt für diesen Punkt:

$\begin{pmatrix} 1 & -1 \\ 1 & 1 \end{pmatrix} \cdot \begin{pmatrix} -1 \\ -2 \end{pmatrix} + \begin{pmatrix} -2 \\ 1 \end{pmatrix} = \begin{pmatrix} -1 \\ -2 \end{pmatrix}$

Beispiel 2

Gegeben sei eine affine Abbildung durch die Abbildungsmatrix $M = \begin{pmatrix} 1 & -1 & 1 \\ 2 & 0 & 1 \\ 0 & 2 & -2 \end{pmatrix}$ und

den Vektor $\vec{v} = \begin{pmatrix} 2 \\ -2 \\ -5 \end{pmatrix}$.

Um den Fixpunkt der Abbildung zu bestimmen, lösen wir das Gleichungssystem:

$$\begin{pmatrix}1 & -1 & 1\\ 2 & 0 & 1\\ 0 & 2 & -2\end{pmatrix}\cdot\begin{pmatrix}x\\y\\z\end{pmatrix}+\begin{pmatrix}2\\-2\\-5\end{pmatrix}=\begin{pmatrix}x\\y\\z\end{pmatrix} \Leftrightarrow \begin{vmatrix}x-y+z+2=x\\2x+z-2=y\\2y-2z-5=z\end{vmatrix} \Leftrightarrow \begin{vmatrix}-y+z=-2\\2x-y+z=2\\2y-3z=5\end{vmatrix} \Leftrightarrow \begin{vmatrix}x=2\\y=1\\z=-1\end{vmatrix}$$

Daher ist der Punkt P(2|1|–1) Fixpunkt der Abbildung.

Beispiel 3

Die Punkte der Spiegelachse einer Achsenspiegelung bilden eine Fixpunktgerade, da jeder Punkt auf sich selbst abgebildet wird. Die Punkte eines Lotes zur Spiegelachse bilden *nur* eine Fixgerade bzgl. der Achsenspiegelung, aber keine Fix*punkt*gerade, da ihre Bildpunkte wieder auf diesem Lot liegen, aber keine Fixpunkte sind.

>   **Die Hintereinanderausführung von Abbildungen durch eine Matrizenmultiplikation beschreiben.**
>
> Das hintereinander Ausführen von affinen Abbildungen ist eine Verkettung, bei der es i. A. auf die Reihenfolge der Abbildungen ankommt:
> Soll erst eine Abbildung $\alpha: \vec{x}' = M_\alpha \cdot \vec{x}$, und dann eine Abbildung $\beta: \vec{x}' = M_\beta \cdot \vec{x}$ durchgeführt werden, dann muss der Ortsvektor eines abzubildenden Punktes P zuerst mit der Matrix M_α, dann mit der Matrix M_β multipliziert werden.
> Beachte die Reihenfolge der Abbildungen: Die zuletzt angewandte Abbildung steht im Matrix-Produkt immer links.
> Wegen der Gültigkeit des Assoziativgesetzes kann auch zunächst das Matrizenprodukt $M_\beta \cdot M_\alpha$ gebildet und dieses auf den Ortsvektor angewandt werden:
> $(\beta \circ \alpha)(\vec{x}) = \beta(\alpha(\vec{x})) = M_\beta \cdot (M_\alpha \cdot \vec{x}) = (M_\beta \cdot M_\alpha) \cdot \vec{x}$

Beispiel

Erst Spiegelung des Punktes $P(p_1|p_2)$ an der x-Achse (α), dann Streckung mit dem Faktor 2 (β):

$\alpha: M_\alpha = \begin{pmatrix}1 & 0\\0 & -1\end{pmatrix}; \quad \beta: M_\beta = \begin{pmatrix}2 & 0\\0 & 2\end{pmatrix}$

Verkettung: $(\beta \circ \alpha)(\vec{p}) = \left[\begin{pmatrix}2 & 0\\0 & 2\end{pmatrix}\cdot\begin{pmatrix}1 & 0\\-1 & 0\end{pmatrix}\right]\cdot\begin{pmatrix}p_1\\p_2\end{pmatrix} = \beta(\alpha(\vec{p})) = \begin{pmatrix}2 & 0\\0 & 2\end{pmatrix}\cdot\begin{pmatrix}p_1 & 0\\0 & -p_2\end{pmatrix} = \begin{pmatrix}2p_1\\-2p_2\end{pmatrix}$

>   **(LK) Inverse Matrizen ermitteln sowie die Umkehrung von affinen Abbildungen mit inversen Matrizen untersuchen.**
>
> Ist durch $\alpha: \begin{pmatrix}x'\\y'\end{pmatrix} = M \cdot \begin{pmatrix}x\\y\end{pmatrix} + \vec{v}$ eine affine Abbildung gegeben, dann lässt sich die Umkehrabbildung beschreiben durch
> $\alpha^{-1}: \begin{pmatrix}x\\y\end{pmatrix} = M^{-1} \cdot \begin{pmatrix}x'\\y'\end{pmatrix} - M^{-1} \cdot \vec{v}$, dabei ist M^{-1} die zu M inverse Matrix.
> Die zu einer Matrix M inverse Matrix M^{-1} bestimmt man durch Lösung der Gleichung $M \cdot M^{-1} = M^{-1} \cdot M = E$, wobei E die zur identischen Abbildung gehörende Einheitsmatrix ist: $E = \begin{pmatrix}1 & 0\\0 & 1\end{pmatrix}$
> Die Lösung der Gleichung kann auch durch elementare Zeilenumformungen in einem Rechenschema erfolgen, bei dem links die Matrix M und rechts die Einheitsmatrix E steht oder durch Koeffizientenvergleich.

Beispiel 1 *Bestimmung einer inversen Matrix durch elementare Zeilenumformungen*

Rechenschema: $\begin{pmatrix} 1 & 1 & | & 1 & 0 \\ -1 & 1 & | & 0 & 1 \end{pmatrix} \Leftrightarrow \begin{pmatrix} 1 & 1 & | & 1 & 0 \\ 0 & 2 & | & 1 & 1 \end{pmatrix} \Leftrightarrow \begin{pmatrix} 1 & 1 & | & 1 & 0 \\ 0 & 1 & | & 0{,}5 & 0{,}5 \end{pmatrix} \Leftrightarrow \begin{pmatrix} 1 & 0 & | & 0{,}5 & -0{,}5 \\ 0 & 1 & | & 0{,}5 & 0{,}5 \end{pmatrix}$

| 1. Zeile zur 2. Zeile addieren | 2. Zeile durch 2 dividieren | 2. Zeile mit (−1) multiplizieren und zur 1. Zeile addieren |

d. h. die zu $M = \begin{pmatrix} 1 & 1 \\ -1 & 1 \end{pmatrix}$ inverse Matrix ist $M^{-1} = \begin{pmatrix} 0{,}5 & -0{,}5 \\ 0{,}5 & 0{,}5 \end{pmatrix}$.

Beispiel 2 *Bestimmung einer inversen Matrix durch Koeffizientenvergleich*

Für die inverse Matrix M^{-1} zu $M = \begin{pmatrix} 1 & 1 \\ -1 & 1 \end{pmatrix}$ muss gelten:

$M \cdot M^{-1} = E$, also $\begin{pmatrix} 1 & 1 \\ -1 & 1 \end{pmatrix} \cdot \begin{pmatrix} a & b \\ c & d \end{pmatrix} = \begin{pmatrix} 1 & 0 \\ 0 & 1 \end{pmatrix}$.

Dies bedeutet, dass ein lineares Gleichungssystem mit vier Gleichungen und vier Variablen zu lösen ist (konkret aber „nur": zwei lineare Gleichungssysteme mit je zwei Gleichungen mit zwei Variablen):

$\begin{vmatrix} a + c = 1 \\ -a + c = 0 \\ b + d = 0 \\ -b + d = 1 \end{vmatrix} \Leftrightarrow \begin{vmatrix} 2c = 1 \\ -a + c = 0 \\ 2d = 1 \\ -b + d = 1 \end{vmatrix} \Leftrightarrow \begin{vmatrix} c = 0{,}5 \\ a = 0{,}5 \\ d = 0{,}5 \\ b = -0{,}5 \end{vmatrix}$

Beispiel 3 *Bestimmung der Umkehrung einer affinen Abbildung*

Die Umkehrabbildung zur affinen Abbildung, die gegeben ist durch

$\alpha: \begin{pmatrix} x' \\ y' \end{pmatrix} = \begin{pmatrix} 1 & -1 \\ 1 & 1 \end{pmatrix} \cdot \begin{pmatrix} x \\ y \end{pmatrix} + \begin{pmatrix} -2 \\ 1 \end{pmatrix}$, berechnet sich wie folgt:

Man stellt die Abbildungsgleichung $\begin{pmatrix} x' \\ y' \end{pmatrix} = M \cdot \begin{pmatrix} x \\ y \end{pmatrix} + \vec{v}$ um und erhält $\begin{pmatrix} x' \\ y' \end{pmatrix} - \vec{v} = M \cdot \begin{pmatrix} x \\ y \end{pmatrix}$.

Nun gilt: $\begin{pmatrix} x \\ y \end{pmatrix} = M^{-1} \cdot \left(M \cdot \begin{pmatrix} x \\ y \end{pmatrix}\right) = M^{-1} \cdot \left(\begin{pmatrix} x' \\ y' \end{pmatrix} - \vec{v}\right) = M^{-1} \cdot \begin{pmatrix} x' \\ y' \end{pmatrix} - M^{-1} \cdot \vec{v}$

Die inverse Matrix zu $M = \begin{pmatrix} 1 & -1 \\ 1 & 1 \end{pmatrix}$ ist $M^{-1} = \begin{pmatrix} 0{,}5 & 0{,}5 \\ -0{,}5 & 0{,}5 \end{pmatrix}$ und es gilt:

$M^{-1} \cdot \begin{pmatrix} -2 \\ 1 \end{pmatrix} = \begin{pmatrix} 0{,}5 & 0{,}5 \\ -0{,}5 & 0{,}5 \end{pmatrix} \cdot \begin{pmatrix} -2 \\ 1 \end{pmatrix} = \begin{pmatrix} -0{,}5 \\ 1{,}5 \end{pmatrix}$, also ist die Umkehrabbildung gegeben durch:

$\alpha^{-1}: \begin{pmatrix} x \\ y \end{pmatrix} = \begin{pmatrix} 0{,}5 & 0{,}5 \\ -0{,}5 & 0{,}5 \end{pmatrix} \cdot \begin{pmatrix} x' \\ y' \end{pmatrix} + \begin{pmatrix} -0{,}5 \\ 1{,}5 \end{pmatrix}$

16 (LK) **Die Bedeutung der Eigenvektoren von Matrizen angeben sowie Eigenwerte und Eigenvektoren von Matrizen berechnen.**

Ein Vektor $\vec{v} = \begin{pmatrix} v_1 \\ v_2 \end{pmatrix}$ heißt **Eigenvektor** einer Matrix M, wenn es eine reelle Zahl $\lambda \neq 0$ gibt, für die gilt: $M \cdot \vec{v} = \lambda \cdot \vec{v}$.
Die Eigenvektoren werden also bei der Abbildung mit der Matrix lediglich mit dem Faktor λ gestreckt. Sie geben die Richtungen von Fixgeraden an. Die Zahl λ wird als **Eigenwert** der durch M beschriebenen Abbildung bezeichnet.

Die Gleichung $M \cdot \vec{v} = \lambda \cdot \vec{v}$ kann umgeformt werden. Für eine Abbildung in der Ebene erhält man:

$$\begin{pmatrix} a & b \\ c & d \end{pmatrix} \cdot \begin{pmatrix} v_1 \\ v_2 \end{pmatrix} = \lambda \cdot \begin{pmatrix} v_1 \\ v_2 \end{pmatrix} \Leftrightarrow \begin{vmatrix} av_1 + bv_2 = \lambda v_1 \\ cv_1 + dv_2 = \lambda v_2 \end{vmatrix} \Leftrightarrow \begin{vmatrix} (a-\lambda)v_1 + bv_2 = 0 \\ cv_1 + (d-\lambda)v_2 = 0 \end{vmatrix}$$

Das Gleichungssystem hat genau dann eine Lösung, wenn
$(a - \lambda) \cdot (d - \lambda) = bc \Leftrightarrow \lambda^2 - (a+d) \cdot \lambda + (ad - bc) = 0$

Zur Matrix $M = \begin{pmatrix} a & b \\ c & d \end{pmatrix}$ gehören demnach die durch die so genannte charakteristische Gleichung $(a - \lambda) \cdot (d - \lambda) = b \cdot c$ beschriebenen Eigenwerte. Um sie zu bestimmen löst man die letzte quadratische Gleichung.

Beispiel

Die Matrix $M = \begin{pmatrix} 1 & -1 \\ 2 & 4 \end{pmatrix}$ hat die Eigenwerte $\lambda = 2$ und $\lambda = 3$, denn

$\begin{pmatrix} 1 & -1 \\ 2 & 4 \end{pmatrix} \cdot \begin{pmatrix} v_1 \\ v_2 \end{pmatrix} = \lambda \cdot \begin{pmatrix} v_1 \\ v_2 \end{pmatrix} \Leftrightarrow \begin{vmatrix} v_1 - v_2 = \lambda v_1 \\ 2v_1 + 4v_2 = \lambda v_2 \end{vmatrix}$

Das Gleichungssystem hat genau dann eine Lösung, wenn
$(1-\lambda)(4-\lambda) = -2 \Leftrightarrow \lambda^2 - 5\lambda + 6 = 0 \Leftrightarrow \lambda = 2 \vee \lambda = 3$

Aus $\begin{pmatrix} 1 & -1 \\ 2 & 4 \end{pmatrix} \cdot \begin{pmatrix} v_1 \\ v_2 \end{pmatrix} = 2 \cdot \begin{pmatrix} v_1 \\ v_2 \end{pmatrix}$ folgt $v_1 = -v_2$, also z. B. $\vec{v} = \begin{pmatrix} 1 \\ -1 \end{pmatrix}$ ist ein Eigenvektor zum Eigenwert $\lambda = 2$ und damit ein Richtungsvektor einer Fixgeraden.

Aus $\begin{pmatrix} 1 & -1 \\ 2 & 4 \end{pmatrix} \cdot \begin{pmatrix} v_1 \\ v_2 \end{pmatrix} = 3 \cdot \begin{pmatrix} v_1 \\ v_2 \end{pmatrix}$ folgt $2v_1 = -v_2$, also z. B. $\vec{v} = \begin{pmatrix} 1 \\ -2 \end{pmatrix}$ ist ein Eigenvektor zum Eigenwert $\lambda = 3$ und damit ein Richtungsvektor einer Fixgeraden.

Produktions-, Entwicklungs- und Zufallsprozesse durch Übergangsdiagramme und Matrizen beschreiben und Zustandsvektoren interpretieren.

Produktionsprozesse: Mithilfe von Matrizen lässt sich der Ablauf einer Produktion beschreiben: beispielsweise, wie sich verschiedene Produkte aus Grundelementen (also Erzeugnisse aus Rohstoffen oder Enderzeugnisse aus Zwischenerzeugnissen) oder Produktionsaufträge aus einzelnen Kundenaufträgen zusammensetzen.

Entwicklungsprozesse: Man betrachtet eine Population von Individuen in verschiedenen Entwicklungsstadien, die mit gewissen Überlebenswahrscheinlichkeiten eine nächste Phase der Entwicklung erreichen, sich außerdem in bestimmten Phasen vermehren oder sterben können. In die Matrix gehen sowohl die Überlebenswahrscheinlichkeiten als auch die Reproduktionsrate als Koeffizienten ein.

Zufallsprozesse: Die Zustände eines Systems werden mithilfe von Zustandsvektoren beschrieben. Diese geben an, mit welcher Wahrscheinlichkeit ein bestimmtes Ereignis zu einem bestimmten Zeitpunkt eintritt. Die zugehörigen Ereignisse (Zustände) und die Wahrscheinlichkeit für die Übergänge zwischen den Ereignissen werden grafisch mithilfe eines Übergangsdiagramms beschrieben, algebraisch mithilfe der Übergangsmatrix. Dabei wird die Übergangswahrscheinlichkeit von einem Zustand E_j in einen Zustand E_i in die Zelle a_{ij} der Matrix eingetragen (i-te Zeile, j-te Spalte).
Da die Zustandsvektoren von Zufallsprozessen eine Wahrscheinlichkeitsverteilung beschreiben, ist die Summe der Wahrscheinlichkeiten in einer Spalte der Übergangsmatrix und in jedem Zustandsvektor immer gleich eins.

Beispiel 1 *Produktionsprozess*

Dem nebenstehenden Diagramm können die folgenden Informationen entnommen werden:

Zur Herstellung von zwei Endprodukten E_1 und E_2 werden drei Zwischenprodukte Z_1, Z_2 und Z_3 benötigt, die sich wiederum aus drei Rohprodukten R_1, R_2 und R_3 zusammensetzen.

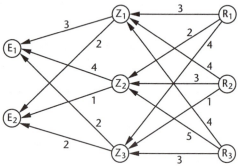

Im Einzelnen gilt:

Vom Zwischenprodukt Z_1 benötigt man 3 Einheiten, um eine Einheit des Endprodukts E_1 herzustellen, und 2 Einheiten, um eine Einheit des Endprodukts E_2 herzustellen.

Sollen von den beiden Endprodukten e_1 und e_2 Einheiten hergestellt werden, so sind vom Zwischenprodukt Z_1 insgesamt $z_1 = 3 \cdot e_1 + 2 \cdot e_2$ Einheiten erforderlich.

Entsprechend berechnet sich der Bedarf der Zwischenprodukte Z_2 und Z_3:

$z_2 = 4 \cdot e_1 + 1 \cdot e_2$ und $z_3 = 2 \cdot e_1 + 2 \cdot e_2$

Diese Gleichungen können auch mithilfe der Matrix $B = \begin{pmatrix} 3 & 2 \\ 4 & 1 \\ 2 & 2 \end{pmatrix}$ beschrieben werden.

Dabei stehen die Koeffizienten aus den Gleichungen in den Zeilen der Matrix. Dieser Teil des Produktionsprozesses wird dann beschrieben durch

$\begin{pmatrix} z_1 \\ z_2 \\ z_3 \end{pmatrix} = \begin{pmatrix} 3 & 2 \\ 4 & 1 \\ 2 & 2 \end{pmatrix} \cdot \begin{pmatrix} e_1 \\ e_2 \end{pmatrix}$ oder mit $\vec{z} = \begin{pmatrix} z_1 \\ z_2 \\ z_3 \end{pmatrix}$ und $\vec{e} = \begin{pmatrix} e_1 \\ e_2 \end{pmatrix}$ kurz durch $\vec{z} = B \cdot \vec{e}$

Für jede zu erzielende Anzahl von Endprodukten kann mit diesem Produkt die erforderliche Anzahl der Zwischenprodukte berechnet werden.

Analog erhält man für den ersten Produktionsschritt:

Bedarf der Rohstoffe R_1, R_2 und R_3 für die Zwischenprodukte:
$r_1 = 3 \cdot z_1 + 2 \cdot z_2 + 4 \cdot z_3 \wedge r_2 = 4 \cdot z_1 + 3 \cdot z_2 + 1 \cdot z_3 \wedge r_3 = 4 \cdot z_1 + 5 \cdot z_2 + 3 \cdot z_3$

Diese Gleichungen können mithilfe der Matrix $A = \begin{pmatrix} 3 & 2 & 4 \\ 4 & 3 & 1 \\ 4 & 5 & 3 \end{pmatrix}$ und dem Vektor $\vec{r} = \begin{pmatrix} r_1 \\ r_2 \\ r_3 \end{pmatrix}$

beschrieben werden durch: $\begin{pmatrix} r_1 \\ r_2 \\ r_3 \end{pmatrix} = \begin{pmatrix} 3 & 2 & 4 \\ 4 & 3 & 1 \\ 4 & 5 & 3 \end{pmatrix} \cdot \begin{pmatrix} z_1 \\ z_2 \\ z_3 \end{pmatrix}$ oder kurz durch $\vec{r} = A \cdot \vec{z}$

Den Bedarf an Rohstoffen für einen Auftrag mit $\vec{e} = \begin{pmatrix} e_1 \\ e_2 \end{pmatrix}$ Endprodukten kann man wegen des Assoziativgesetzes der Multiplikation auch in einem Schritt berechnen:
$\vec{r} = A \cdot \vec{z} = A \cdot (B \cdot \vec{e}) = (A \cdot B) \cdot \vec{e}$

Die Produktmatrix ist: $A \cdot B = \begin{pmatrix} 3 & 2 & 4 \\ 4 & 3 & 1 \\ 4 & 5 & 3 \end{pmatrix} \cdot \begin{pmatrix} 3 & 2 \\ 4 & 1 \\ 2 & 2 \end{pmatrix} = \begin{pmatrix} 25 & 16 \\ 26 & 13 \\ 38 & 19 \end{pmatrix}$

Sollen beispielsweise 110 Endprodukte E_1 und 150 Endprodukte E_2 hergestellt werden, so berechnet sich der Rohstoffbedarf wie folgt:

$\vec{r} = \begin{pmatrix} 3 & 2 & 4 \\ 4 & 3 & 1 \\ 4 & 5 & 3 \end{pmatrix} \cdot \left[\begin{pmatrix} 3 & 2 \\ 4 & 1 \\ 2 & 2 \end{pmatrix} \cdot \begin{pmatrix} 110 \\ 150 \end{pmatrix} \right] = \begin{pmatrix} 3 & 2 & 4 \\ 4 & 3 & 1 \\ 4 & 5 & 3 \end{pmatrix} \cdot \begin{pmatrix} 630 \\ 590 \\ 520 \end{pmatrix} = \begin{pmatrix} 5150 \\ 4810 \\ 7030 \end{pmatrix}$ oder $\vec{r} = \begin{pmatrix} 25 & 16 \\ 26 & 13 \\ 38 & 19 \end{pmatrix} \cdot \begin{pmatrix} 110 \\ 150 \end{pmatrix} = \begin{pmatrix} 5150 \\ 4810 \\ 7030 \end{pmatrix}$

Also 5150 Einheiten des Rohstoffes R_1, 4810 Einheiten des Rohstoffes R_2 und 7030 Einheiten des Rohstoffes R_3.

Beispiel 2 *Entwicklungsprozess*

Die Entwicklung einer Population lässt sich durch das folgende Modell beschreiben: Die Individuen werden maximal 30 Jahre alt. Diese 30 Jahre lassen sich in drei gleich große Phasen von jeweils 10 Jahren beschreiben. Nur 80 % der Individuen der 1. Altersphase (A) erreicht die 2. Altersphase (B), aber 90 % der Individuen der 2. Altersphase die 3. Altersphase (C). Nur in der 2. Phase können sich die weiblichen Individuen vermehren und bringen 2,6 Nachkommen zur Welt, wovon im Mittel die Hälfte weiblich ist. Man betrachte die Entwicklung einer Anfangspopulation von jeweils 1000 weiblichen Individuen in jeder Altersklasse.

Der Prozess kann mithilfe des nebenstehenden Übergangsdiagramms oder durch die zugehörige Matrix beschrieben werden.

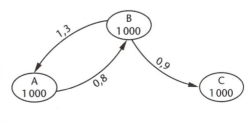

	von A	von B	von C
nach A	0	1,3	0
nach B	0,8	0	0
nach C	0	0,9	0

Durch Multiplikation des Anfangsvektors (Startvektors) $\vec{v}_0 = \begin{pmatrix} 1000 \\ 1000 \\ 1000 \end{pmatrix}$ mit der Matrix
$M = \begin{pmatrix} 0 & 1{,}3 & 0 \\ 0{,}8 & 0 & 0 \\ 0 & 0{,}9 & 0 \end{pmatrix}$ (vgl. Tabelle) erhält man die Verteilung der Population auf die einzelnen
Altersklassen nach 10 Jahren: $\vec{v}_1 = M \cdot \vec{v}_0 = \begin{pmatrix} 0 & 1{,}3 & 0 \\ 0{,}8 & 0 & 0 \\ 0 & 0{,}9 & 0 \end{pmatrix} \cdot \begin{pmatrix} 1000 \\ 1000 \\ 1000 \end{pmatrix} = \begin{pmatrix} 1300 \\ 800 \\ 900 \end{pmatrix}$

Analog berechnet man die Zusammensetzung der Population nach 20 oder 30 Jahren durch wiederholte Multiplikation des Zustandsvektors mit der Matrix M:

	$\vec{v}_0$	$\vec{v}_1$	$\vec{v}_2$	$\vec{v}_3$
A	1000	1300	1040	1352
B	1000	800	1040	832
C	1000	900	720	936
Summe	3000	3000	2800	3120

Hieraus lässt sich auch die prozentuale Verteilung auf diese Altersklassen ablesen.

Beispiel 3 *Zufallsprozess*

Das Übergangsdiagramm zeigt die durchschnittlichen täglichen Wechsel von Leihautos zwischen drei Niederlassungen sowie die Anfangsverteilung (Startvektor = Anfangszustand: 10 % in A, 50 % in B, 40 % in C).

Übergangsmatrix: $M = \begin{pmatrix} 0{,}8 & 0{,}2 & 0{,}2 \\ 0{,}1 & 0{,}6 & 0{,}1 \\ 0{,}1 & 0{,}2 & 0{,}7 \end{pmatrix}$

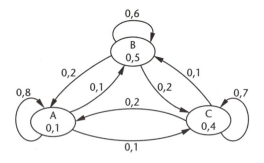

Durch Multiplikation der Übergangsmatrix mit dem Startvektor erhalten wir die Verteilung der Fahrzeuge nach einem Tag:

$\vec{v}_1 = M \cdot \vec{v}_0 = \begin{pmatrix} 0{,}8 & 0{,}2 & 0{,}2 \\ 0{,}1 & 0{,}6 & 0{,}1 \\ 0{,}1 & 0{,}2 & 0{,}7 \end{pmatrix} \cdot \begin{pmatrix} 0{,}1 \\ 0{,}5 \\ 0{,}4 \end{pmatrix} = \begin{pmatrix} 0{,}26 \\ 0{,}35 \\ 0{,}39 \end{pmatrix}$

>   **Zustände von Prozessen nach wiederholter Durchführung mithilfe der Matrizenmultiplikation berechnen und deuten, insbesondere bei zyklischen Prozessen..**

Wird ein Prozess durch eine Matrix beschrieben, dann erhält man aus dem Ausgangsvektor durch Multiplizieren den Vektor des zeitlich nachfolgenden Zustands und durch wiederholte Multiplikation mit der Matrix die darauf folgenden Zustände.
Diese kann man direkt auch dadurch berechnen, dass man – gemäß dem Assoziativgesetz – zunächst die entsprechende Matrixpotenz berechnet und diese dann mit dem Ausgangsvektor multipliziert:

$\vec{v}_1 = M \cdot \vec{v}_0$, $\vec{v}_2 = M \cdot \vec{v}_1$, $\vec{v}_3 = M \cdot \vec{v}_2$ usw. oder $\vec{v}_1 = M \cdot \vec{v}_0$, $\vec{v}_2 = M^2 \cdot \vec{v}_0$, $\vec{v}_3 = M^3 \cdot \vec{v}_0$ ...

Gilt für irgendeine Matrixpotenz von M, dass $M^n = E$ (Einheitsmatrix) für $n \in \mathbb{N}$, also $M^{n+1} = M$, dann wird durch die Übergangsmatrix M ein **zyklischer Prozess der Länge n** beschrieben. Dies bedeutet, dass sich die Folge der Zustandsvektoren jeweils nach n Schritten wiederholt.

Beispiel 1 *Schrittweises Berechnen der Zustandsvektoren*

Für den in ⑪ (Beispiel 2) beschriebenen Entwicklungsprozess berechnen sich die Zustandsvektoren schrittweise oder durch Berechnung einer entsprechenden Matrixpotenz:

$$M = \begin{pmatrix} 0 & 1{,}3 & 0 \\ 0{,}8 & 0 & 0 \\ 0 & 0{,}9 & 0 \end{pmatrix} \quad \vec{v}_0 = \begin{pmatrix} 1000 \\ 1000 \\ 1000 \end{pmatrix}$$

Dann kann $\vec{v}_3$ auch berechnet werden mithilfe von

$$\vec{v}_3 = M^3 \cdot \vec{v}_0 = \begin{pmatrix} 0 & 1{,}3 & 0 \\ 0{,}8 & 0 & 0 \\ 0 & 0{,}9 & 0 \end{pmatrix}^3 \cdot \begin{pmatrix} 1000 \\ 1000 \\ 1000 \end{pmatrix} = \begin{pmatrix} 0 & 1{,}352 & 0 \\ 0{,}832 & 0 & 0 \\ 0 & 0{,}936 & 0 \end{pmatrix} \cdot \begin{pmatrix} 1000 \\ 1000 \\ 1000 \end{pmatrix} = \begin{pmatrix} 1352 \\ 832 \\ 936 \end{pmatrix}$$

Beispiele 2 *Zyklische Prozesse*

(1) Hat die Übergangsmatrix die Form $M = \begin{pmatrix} 0 & a & 0 \\ 0 & 0 & b \\ c & 0 & 0 \end{pmatrix}$ mit z. B. $a = 1$ und $b = \frac{1}{c}$,

also beispielsweise $M = \begin{pmatrix} 0 & 1 & 0 \\ 0 & 0 & 10 \\ 0{,}1 & 0 & 0 \end{pmatrix}$, dann ergibt sich für die Matrixpotenz M^3:

$$M^3 = \begin{pmatrix} abc & 0 & 0 \\ 0 & abc & 0 \\ 0 & 0 & abc \end{pmatrix} = \begin{pmatrix} 1 & 0 & 0 \\ 0 & 1 & 0 \\ 0 & 0 & 1 \end{pmatrix}$$

Daher gilt weiter: $M^4 = M$, $M^5 = M^2$, $M^6 = M^3 = E$, $M^7 = M$ usw.
Durch die Matrix M wird also ein zyklischer Prozess der Länge 3 beschrieben.

(2) Hat die Übergangsmatrix die Form $M = \begin{pmatrix} 0 & 0 & a \\ 0 & b & 0 \\ c & 0 & 0 \end{pmatrix}$ mit $b = 1$ und $a = \frac{1}{c}$,

also beispielsweise $M = \begin{pmatrix} 0 & 0 & 10 \\ 0 & 1 & 0 \\ 0{,}1 & 0 & 0 \end{pmatrix}$, dann ergibt sich für die Matrixpotenz M^2:

$$M^2 = \begin{pmatrix} ac & 0 & 0 \\ 0 & b^2 & 0 \\ 0 & 0 & ac \end{pmatrix} = \begin{pmatrix} 1 & 0 & 0 \\ 0 & 1 & 0 \\ 0 & 0 & 1 \end{pmatrix}$$

Durch die Matrix M wird also ein zyklischer Prozess der Länge 2 beschrieben.

J3 Den Fixvektor einer stationären Verteilung bestimmen und seine Bedeutung im Sachzusammenhang interpretieren.

Der Fixvektor einer stationären Verteilung ist ein Zustandsvektor, der bei Multiplikation mit der Übergangsmatrix unverändert bleibt; er erfüllt also die Gleichung $\vec{v}_F = M \cdot \vec{v}_F$.

Hinweis: Wenn in der Übergangsmatrix M selbst oder in irgendeiner ihrer Potenzen nur positive Koeffizienten auftreten, dann gilt der **Hauptsatz über MARKOFF-Ketten**:
Die Folge der Matrixpotenzen von M, also M^1, M^2, M^3, ... konvergiert gegen eine Grenzmatrix M, deren Spalten alle gleich dem Fixvektor $\vec{v}_F$ der Matrix M sind.

Beispiel

Gegeben sei die stochastische Übergangsmatrix aus J1 (Beispiel 3) $M = \begin{pmatrix} 0,8 & 0,2 & 0,2 \\ 0,1 & 0,6 & 0,1 \\ 0,1 & 0,2 & 0,7 \end{pmatrix}$

Der Fixvektor der Übergangsmatrix ergibt sich als Lösung des linearen Gleichungssystems

$\begin{vmatrix} 0,8x + 0,2y + 0,2z = x \\ 0,1x + 0,6y + 0,1z = y \\ 0,1x + 0,2y + 0,7z = z \end{vmatrix}$

Das Gleichungssystem hat unendlich viele Lösungen, da die Gleichungen linear voneinander abhängen. Addiert man beispielsweise die 3. Gleichung zur 2. Gleichung, dann erhält man das Negative der 1. Gleichung:

$\begin{vmatrix} -0,2x + 0,2y + 0,2z = 0 \\ 0,1x - 0,4y + 0,1z = 0 \\ 0,1x + 0,2y - 0,3z = 0 \end{vmatrix} \Leftrightarrow \begin{vmatrix} -0,2x + 0,2y + 0,2z = 0 \\ 0,2x - 0,2y - 0,2z = 0 \\ 0,1x + 0,2y - 0,3z = 0 \end{vmatrix}$

Aus dem verbleibenden Gleichungssystem mit 2 Gleichungen und 3 Variablen kann man eine Parameterdarstellung aller Lösungen erstellen:

Summe von 2. und 3. Gleichung: $0,3x - 0,5z = 0 \Leftrightarrow x = \frac{5}{3}z$

Das Doppelte der 3. Gleichung zur 1. Gleichung addieren:

$0,6y - 0,4z = 0 \Leftrightarrow y = \frac{2}{3}z$

d. h. alle Lösungen haben die Form $\left(\frac{5}{3}z \mid \frac{2}{3}z \mid z\right)$.

Da es sich hier aber um eine stochastische Matrix handelt, gilt zusätzlich auch noch die Gleichung: $x + y + z = 1$, also nach Einsetzen

$x + y + z = 1 \Leftrightarrow \frac{5}{3}z + \frac{2}{3}z + z = 1 \Leftrightarrow z = 0,3$ und damit $x = 0,5$ und $y = 0,2$.

Daher ist $\vec{v}_F = \begin{pmatrix} 0,5 \\ 0,2 \\ 0,3 \end{pmatrix}$ ein Fixvektor.

Er beschreibt eine stationäre Verteilung, in diesem Beispiel der Leihautos auf die Niederlassungen. Liegt diese Verteilung vor, so wird sie sich (im Mittel) nicht mehr verändern. Auf lange Sicht wird sich auch jede andere Ausgangsverteilung der Fahrzeuge dieser stationären Verteilung annähern.

Beispiel zu *Hinweis*: Bereits bei M^{20} sind die Spaltenvektoren gerundet gleich:

$M^{20} = \begin{pmatrix} 0,50 & 0,50 & 0,50 \\ 0,20 & 0,20 & 0,20 \\ 0,30 & 0,30 & 0,30 \end{pmatrix}$

Den Zustandsvektor eines zurückliegenden Zustands berechnen (GK), ggf. mithilfe der Inversen der Übergangsmatrix (LK).

Den Vorgang, von einem Zustand des Systems zum nachfolgenden Zustand zu gelangen, kann man umkehren, indem man das zugehörige Gleichungssystem löst oder den gegebenen Zustandsvektor mit der inversen Matrix der Übergangsmatrix multipliziert.

Konkret: Ist eine Übergangsmatrix M und der Zustandsvektor $\vec{v}_n$ gegeben, dann kann man den vorangehenden Zustand $\vec{v}_{n-1}$ berechnen, in dem man

(1) das lineare Gleichungssystem $M \cdot \vec{v}_{n-1} = \vec{v}_n$ löst oder

(2) den Vektor $\vec{v}_n$ mit der Inversen M^{-1} der Matrix M multipliziert, denn nach Assoziativgesetz gilt:
$M^{-1} \cdot \vec{v}_n = M^{-1} \cdot (M \cdot \vec{v}_{n-1}) = (M^{-1} \cdot M) \cdot \vec{v}_{n-1} = E \cdot \vec{v}_{n-1} = \vec{v}_{n-1}$.

Beispiel

Ist die Übergangsmatrix gegeben durch $M = \begin{pmatrix} 0{,}8 & 0{,}2 & 0{,}2 \\ 0{,}1 & 0{,}6 & 0{,}1 \\ 0{,}1 & 0{,}2 & 0{,}7 \end{pmatrix}$, dann kann man wie folgt zu dem Zustandsvektor $\vec{v} = \begin{pmatrix} 0{,}2 \\ 0{,}3 \\ 0{,}5 \end{pmatrix}$ den Zustandsvektor $\vec{w} = \begin{pmatrix} x \\ y \\ z \end{pmatrix}$ des vorangehenden Zustands berechnen:

(1) Es gilt: $M \cdot \vec{w} = \vec{v}$, also $\begin{pmatrix} 0{,}8 & 0{,}2 & 0{,}2 \\ 0{,}1 & 0{,}6 & 0{,}1 \\ 0{,}1 & 0{,}2 & 0{,}7 \end{pmatrix} \cdot \begin{pmatrix} x \\ y \\ z \end{pmatrix} = \begin{pmatrix} 0{,}2 \\ 0{,}3 \\ 0{,}5 \end{pmatrix}$.

Durch elementare Zeilenumformungen (vgl. G10) erhält man dann die Lösung $x = 0$, $y = 0{,}4$, $z = 0{,}6$, also den Zustandsvektor des vorangehenden Zustands $\vec{w} = \begin{pmatrix} 0 \\ 0{,}4 \\ 0{,}6 \end{pmatrix}$.

(2) Mithilfe eines Rechners bestimmt man die zu M inverse Matrix $M^{-1} = \begin{pmatrix} \frac{4}{3} & -\frac{1}{3} & -\frac{1}{3} \\ -\frac{1}{5} & \frac{9}{5} & -\frac{1}{5} \\ -\frac{2}{15} & -\frac{7}{15} & \frac{23}{15} \end{pmatrix}$

und multipliziert diese mit dem Zustandsvektor – der Ergebnis-Vektor ist der Zustandsvektor des vorherigen Zustands:

$\begin{pmatrix} \frac{4}{3} & -\frac{1}{3} & -\frac{1}{3} \\ -\frac{1}{5} & \frac{9}{5} & -\frac{1}{5} \\ -\frac{2}{15} & -\frac{7}{15} & \frac{23}{15} \end{pmatrix} \cdot \begin{pmatrix} 0{,}2 \\ 0{,}3 \\ 0{,}5 \end{pmatrix} = \begin{pmatrix} 0 \\ 0{,}4 \\ 0{,}6 \end{pmatrix}$

Probe: $\begin{pmatrix} 0{,}8 & 0{,}2 & 0{,}2 \\ 0{,}1 & 0{,}6 & 0{,}1 \\ 0{,}1 & 0{,}2 & 0{,}7 \end{pmatrix} \cdot \begin{pmatrix} 0 \\ 0{,}4 \\ 0{,}6 \end{pmatrix} = \begin{pmatrix} 0{,}2 \\ 0{,}3 \\ 0{,}5 \end{pmatrix}$

J5 Koeffizienten in Übergangsmatrizen mit vorgegebenen Eigenschaften im Sachzusammenhang bestimmen.

Die Koeffizienten einer Übergangsmatrix sind durch die Übergangswahrscheinlichkeiten bestimmt.
Wenn das zugehörige Übergangsdiagramm nicht für alle Übergänge Angaben enthält, stattdessen aber andere Bedingungen genannt werden, so führt dies zu einem linearen Gleichungssystem mit den fehlenden Koeffizienten als Variablen.

Beispiel

Auf dem Parkplatz eines großen Supermarkts können die Einkaufswagen an drei verschiedenen Sammelstellen A, B und C abgeholt und wieder untergestellt werden. Dabei bringen die Kunden oft ihre Einkaufswagen an eine andere Sammelstelle zurück als an die, von der sie ihren Wagen abgeholt haben.
Ergänzen Sie die fehlenden Übergangswahrscheinlichkeiten so, dass auf lange Sicht die Einkaufswagen je zu 25 % in A und B und zu 50 % in C stehen.

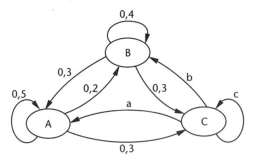

Aus dem Übergangsdiagramm entnehmen wir die Übergangswahrscheinlichkeiten, die wir in die Übergangsmatrix eintragen können: $M = \begin{pmatrix} 0{,}5 & 0{,}3 & a \\ 0{,}2 & 0{,}4 & b \\ 0{,}3 & 0{,}3 & c \end{pmatrix}$

Gesucht sind die Übergangswahrscheinlichkeiten (Koeffizienten) a, b, c derart, dass der stationäre Zustand durch den Fixvektor $\vec{v} = \begin{pmatrix} 0{,}25 \\ 0{,}25 \\ 0{,}5 \end{pmatrix}$ beschrieben wird, d.h. die Gleichung

$\begin{pmatrix} 0{,}5 & 0{,}3 & a \\ 0{,}2 & 0{,}4 & b \\ 0{,}3 & 0{,}3 & c \end{pmatrix} \cdot \begin{pmatrix} 0{,}25 \\ 0{,}25 \\ 0{,}5 \end{pmatrix} = \begin{pmatrix} 0{,}25 \\ 0{,}25 \\ 0{,}5 \end{pmatrix}$ erfüllt ist.

Damit ergibt sich das Gleichungssystem:

$\begin{vmatrix} 0{,}125 + 0{,}075 + 0{,}5\,a = 0{,}25 \\ 0{,}05 + 0{,}1 + 0{,}5\,b = 0{,}25 \\ 0{,}075 + 0{,}075 + 0{,}5\,c = 0{,}5 \end{vmatrix} \Leftrightarrow \begin{vmatrix} 0{,}5\,a = 0{,}05 \\ 0{,}5\,b = 0{,}1 \\ 0{,}5\,c = 0{,}35 \end{vmatrix} \Leftrightarrow \begin{vmatrix} a = 0{,}1 \\ b = 0{,}2 \\ c = 0{,}7 \end{vmatrix}$

Zu beachten ist, dass die Summe der Koeffizienten der Spalte einer Übergangsmatrix (als Summe der Wahrscheinlichkeiten von Übergängen von einem Zustand) stets 1 ergibt, d.h. es muss gelten: a + b + c = 1.

K1 Mehrstufige Entscheidungsvorgänge mithilfe von Baumdiagrammen veranschaulichen und die Anzahl der Möglichkeiten mithilfe der Grundregel der Kombinatorik bestimmen.

(1) Die **Grundregel der Kombinatorik** besagt: Besteht ein Zufallsversuch aus k Stufen und ist die Anzahl der möglichen Ergebnisse auf den einzelnen Stufen gleich m_1, m_2, ..., m_k, dann hat der Zufallsversuch ingesamt $m_1 \cdot m_2 \cdot ... \cdot m_k$ verschiedene mögliche Ergebnisse.
Diese Grundregel kann man mithilfe von Baumdiagrammen veranschaulichen.

(2) Die Grundregel der Kombinatorik lässt sich bei der Untersuchung von Ziehvorgängen anwenden:
Beim k-fachen Ziehen aus einer Urne mit n unterscheidbaren Kugeln sind folgende Fälle zu unterscheiden:
- Beim Ziehen mit Zurücklegen (mit Wiederholung) gibt es n^k verschiedene Möglichkeiten.
- Beim Ziehen ohne Zurücklegen (ohne Wiederholung) gibt es $n \cdot (n-1) \cdot ... \cdot (n-k+1)$ verschiedene Möglichkeiten.
- Beim Ziehen mit einem Griff gibt es $\binom{n}{k} = \frac{n \cdot (n-1) \cdot ... \cdot (n-k+1)}{k \cdot (k-1) \cdot ... \cdot 1} = \frac{n!}{k! \cdot (n-k)!}$ verschiedene Möglichkeiten.

Sonderfall beim Ziehen ohne Zurücklegen: Für das vollständige Leeren einer Urne mit n Kugeln gibt es n! Möglichkeiten; hierdurch werden die n Kugeln in eine Reihenfolge gebracht.

Konsequenz: Es gibt n! Möglichkeiten, n Dinge anzuordnen.

(3) Für Stichprobennahmen ergibt sich aus (2)
Nimmt man in einer Gesamtheit vom Umfang n eine Stichprobe vom Umfang k, so sind $\binom{n}{k} = \frac{n \cdot (n-1) \cdot ... \cdot (n-k+1)}{k \cdot (k-1) \cdot ... \cdot 1}$ verschiedene Stichproben dieser Art möglich.
Bei Stichprobennahmen handelt es sich um einen Ziehvorgang ohne Zurücklegen (vergleiche Zähler des Bruchs), bei dem aber die Reihenfolge der Ziehung keine Rolle spielt (vergleiche Nenner des Bruchs); daher könnte die Ziehung auch mit einem Griff erfolgen.
Die natürlichen Zahlen $\binom{n}{k}$ werden auch als **Binomialkoeffizienten** bezeichnet.

Beispiele

(1) Stehen auf einer Speisekarte drei verschiedene Vorspeisen, vier verschiedene Hauptgerichte und zwei Desserts, dann kann man insgesamt $3 \cdot 4 \cdot 2 = 24$ verschiedene Essen zusammenstellen, darstellbar durch ein Baumdiagramm mit drei Verzweigungen auf der 1. Stufe, vier auf der 2. Stufe, zwei auf der 3. Stufe.

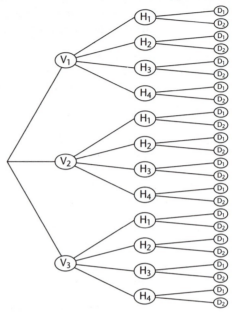

(2) In einer Klasse mit 30 Schülern/innen kann man fünf Freikarten auf verschiedene Arten verteilen:
- Man wählt 5 Schüler/innen mithilfe eines Glücksrads aus (Ziehen mit Wiederholung): 30^5 Möglichkeiten.
- Man wählt 5 Schüler/innen durch einzelnes Ziehen von Namenszetteln aus (Ziehen ohne Wiederholung): $30 \cdot 29 \cdot 28 \cdot 27 \cdot 26$ Möglichkeiten.
- Man zieht fünf Namenszettel auf einmal: $\binom{30}{5} = \frac{30 \cdot 29 \cdot 28 \cdot 27 \cdot 26}{5 \cdot 4 \cdot 3 \cdot 2 \cdot 1}$ Möglichkeiten.

(3) Beim Lottospiel *6 aus 49* kreuzt man 6 Zahlen an – hierfür gibt es
$\binom{49}{6} = 13\,983\,816$ Möglichkeiten.

(4) Anwendung von (3)
Die Wahrscheinlichkeit, vier Zahlen richtig getippt zu haben, berechnet sich zu
$\frac{\binom{6}{4}\binom{43}{2}}{\binom{49}{6}} = \frac{13545}{13\,983\,816}$, denn es gibt 6 Gewinnzahlen, von denen 4 auf dem Tippzettel vorkommen, und 43 Nicht-Gewinnzahlen, von denen 2 auf dem Tippzettel vorkommen.

Wahrscheinlichkeitsrechnung

 K2 Mehrstufige Zufallsversuche mit Baumdiagrammen beschreiben und Wahrscheinlichkeiten mit den Pfadregeln berechnen (Pfadadditions-/Pfadmultiplikationsregel) sowie die Komplementärregel anwenden.

Darstellung durch Baumdiagramme: Mehrstufige Zufallsversuche lassen sich mithilfe eines Baumdiagramms darstellen. Zu jedem der möglichen Ergebnisse des Zufallsexperiments gehört ein Pfad im Baumdiagramm. Zeichnet man ein vollständiges Baumdiagramm, dann ist eine Kontrolle möglich: Die Summe der Wahrscheinlichkeiten nach einer Verzweigung ist gleich 1.

Pfadmultiplikationsregel: Die Wahrscheinlichkeit eines Pfades ist gleich dem Produkt der Wahrscheinlichkeiten längs dieses Pfades.

Pfadadditionsregel: Gehören zu einem Ereignis mehrere Pfade, dann ist die Wahrscheinlichkeit dieses Ereignisses gleich der Summe der Wahrscheinlichkeiten der zugehörigen Pfade.

Komplementärregel: Kennt man die Wahrscheinlichkeit eines Ereignisses E, dann kennt man auch die Wahrscheinlichkeit des Gegenereignisses $\bar{E}$; diese ergänzen sich nämlich zu 1: $P(\bar{E}) = 1 - P(E)$

Beispiel 1 *Pfadmultiplikations- und Pfadadditionsregel*

Bei der Kontrolle von Keramikgefäßen werden drei Eigenschaften überprüft, die erfahrungsgemäß mit den Wahrscheinlichkeiten 0,9 bzw. 0,95 bzw. 0,85 erfüllt sind. Nur Gefäße, die alle drei Kontrollen bestehen, sind 1. Wahl; fällt eine der Kontrollen negativ aus, ist das Produkt 2. Wahl. Mit welcher Wahrscheinlichkeit sind die produzierten Gefäße 1. bzw. 2. Wahl oder Ausschuss?

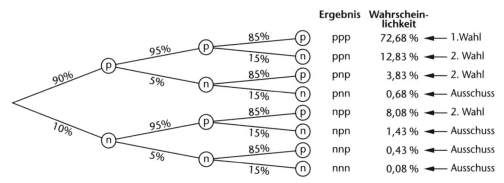

P(1. Wahl) = P(ppp) = 0,7268

P(2. Wahl) = P(ppn) + P(pnp) + P(npp) = 0,1283 + 0,0383 + 0,0808 = 0,2474

P(Ausschuss) = P(pnn) + P(npn) + P(nnp) + P(nnn) = 0,0068 + 0,0143 + 0,0043 + 0,0008
 = 0,0262

Das Baumdiagramm kann vereinfacht werden, denn nach zwei negativen Kontrollergebnissen braucht man nicht weiter zu testen – der restliche Teilbaum könnte entfallen. Oder man beschränkt sich in der Darstellung nur auf die Pfade, die zu den Ereignissen „1. Wahl" bzw. „2. Wahl" gehören, und bestimmt die Wahrscheinlichkeit für das Ereignis „Ausschussware" mithilfe der Komplementärregel.

Beispiele 2 *Komplementärregel*

Man wendet die Komplementärregel an, wenn es einfacher ist, die Wahrscheinlichkeit des Gegenereignisses zu bestimmen (vgl. oben). Dies ist auch oft der Fall, wenn in der Aufgabenstellung das Wort „mindestens" verwendet wird.

(1) Klassisches Geburtstagsproblem: Wie groß ist die Wahrscheinlichkeit, dass unter k zufällig ausgewählten Personen mindestens zwei sind, die am gleichen Tag Geburtstag haben? Es ist leichter und weniger aufwändig, das Gegenereignis zum gesuchten Ereignis zu betrachten: „die k zufällig ausgewählten Personen haben lauter verschiedene Geburtstage".

P(2 Personen haben lauter verschiedene Geburtstage) = $\frac{364}{365} = \frac{365 \cdot 364}{365^2}$

P(3 Personen haben lauter verschiedene Geburtstage) = $\frac{365 \cdot 364 \cdot 363}{365^3}$

P(4 Personen haben lauter verschiedene Geburtstage) = $\frac{365 \cdot 364 \cdot 363 \cdot 362}{365^4}$

usw.

P(k Personen haben lauter verschiedene Geburtstage) = $\frac{365 \cdot 364 \cdot \ldots \cdot (366 - k)}{365^k}$

P(Mindestens zwei Personen mit gleichem Geburtstag) = $1 - \frac{365 \cdot 364 \cdot \ldots \cdot (366 - k)}{365^k}$

(2) Da die Ereignisse „Mindestens ein Erfolg" und „Lauter Misserfolge" bei einem n-stufigen BERNOULLI-Versuch Gegenereignisse voneinander sind, ergänzen sich die Wahrscheinlichkeiten zu 1:
$P(X = 0) = q^n$ und $P(X \geq 1) = 1 - P(X = 0) = 1 - q^n$

>   **Daten aus Vierfeldertafeln als Wahrscheinlichkeiten von zweistufigen Zufallsversuchen interpretieren sowie Vierfeldertafeln zur Umkehrung von Baumdiagrammen nutzen.**

In einer Vierfeldertafel wird erfasst, mit welchen relativen oder absoluten Häufigkeiten zwei Merkmalsausprägungen zweier Merkmale und auch deren Kombination auftreten.

Die Daten aus der Vierfeldertafel lassen sich auf zwei Arten in einem zweistufigen Baumdiagramm wiedergeben (auf der 1. Stufe wird das eine, auf der 2. Stufe das andere Merkmal betrachtet).
Umgekehrt lassen sich die Daten aus einem Baumdiagramm in eine Vierfeldertafel übertragen und daraus das andere („umgekehrte") Baumdiagramm entwickeln.

Beispiel 1

Im Jahr 2009 waren in Deutschland durchschnittlich ca. 34,203 Mio. Personen erwerbstätig, davon 16,199 Mio. Frauen. Von diesen hatten 7,412 Mio. eine Teilzeitbeschäftigung, insgesamt gab es 9,076 Mio. teilzeitbeschäftigte Personen.
Diese Daten kann man in eine Vierfeldertafel eintragen und fehlende Daten ergänzen (Tabelle links). Die Daten der Vierfeldertafel mit absoluten Häufigkeiten kann man auch als Vierfeldertafel mit relativen Häufigkeiten (rechts) notieren.

	Männer	Frauen	gesamt
Vollzeit	16,340	8,787	25,127
Teilzeit	1,664	7,412	9,076
gesamt	18,004	16,199	34,203

	Männer	Frauen	gesamt
Vollzeit	47,8 %	25,7 %	73,5 %
Teilzeit	4,9 %	21,7 %	26,5 %
gesamt	52,6 %	47,4 %	100,0 %

(Achtung: Bei den Prozentangaben sind rundungsbedingte Abweichungen möglich!)

Man kann diese Daten auch hierarchisch in Form eines Organigramms darstellen. Hier sind zwei Anordnungen möglich, je nachdem, welches Merkmal man als erstes betrachtet:

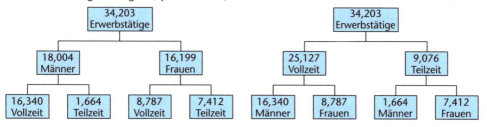

Die statistischen Daten lassen sich im Sinne eines Zufallsversuchs deuten: Aus der Gesamtheit aller Erwerbstätigen wird eine Person zufällig ausgewählt. Die Organigramme werden damit zu Baumdiagrammen. Die Wahrscheinlichkeiten auf der ersten Stufe der Baumdiagramme entsprechen den Summenfeldern der Vierfeldertafel von oben, beim Baumdiagramm links sind es die Summenfelder der Spalten, beim Baumdiagramm rechts die der Zeilen. Die am Ende der Pfade stehenden Pfad-Wahrscheinlichkeiten sind gerade die Daten aus den inneren Feldern der Vierfeldertafel.

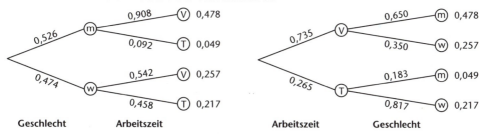

Zu den Baumdiagrammen lassen sich kurze Zeitungsartikel verfassen, die alle wesentlichen Daten enthalten, aber wegen der unterschiedlichen Reihenfolge unterschiedliche Akzente setzen:
- 52,6 % der Erwerbstätigen in Deutschland sind Männer; von diesen üben 90,8 % eine Vollzeittätigkeit aus. Von den erwerbstätigen Frauen haben nur 54,2 % einen Vollzeitjob.
- 73,5 % der Erwerbstätigen in Deutschland haben einen Vollzeitjob; von diesen sind 65,0 % Männer. Teilzeitjobs sind überwiegend Frauensache: In 81,7 % der Teilzeitstellen sind Frauen beschäftigt.

Beispiel 2

Bei Infektionskrankheiten ist es wichtig, dass man schnell die Art der Krankheit erkennt, damit man sie bekämpfen kann. Hierzu führt man Schnelltests durch, die allerdings Mängel haben: Manchmal wird eine Krankheit angezeigt, obwohl sie nicht vorliegt; gelegentlich wird eine Krankheit nicht angezeigt, obwohl sie vorhanden ist.

Bei der Diagnostik sind die Empfindlichkeit (Sensitivität) des Tests, vor allem aber die Zuverlässigkeit positiver Testergebnisse (Spezifität) von besonderer Bedeutung. Sind die mit den Tests verbundenen Werte der Sensitivität bzw. Spezifität ungünstig und tritt die Krankheit vergleichsweise selten auf, dann ist auch die Wahrscheinlichkeit gering, dass eine Person, bei der ein Test positiv ausfällt, tatsächlich infiziert ist.

Man kann heute davon ausgehen, dass etwa 0,1 % der Bevölkerung Deutschlands HIV-infiziert ist.

Die vorliegenden Testverfahren zum Nachweis der Infektion haben mittlerweile eine hohe Sicherheit (Sensitivität): bei 99,9 % der tatsächlich Infizierten erfolgt positive Testreaktion; nur bei 0,3 % der nicht-infizierten Testpersonen wird irrtümlich eine Infektion angezeigt (Spezifität 99,7 %).
Die Informationen lassen sich unmittelbar in ein Baumdiagramm übertragen (links):
1. Stufe: Infektion liegt vor – ja/nein, 2. Stufe: Testreaktion – positiv/negativ.
Die aus den Angaben berechneten Pfadwahrscheinlichkeiten kann man in die inneren Felder der Vierfeldertafel eintragen (rechts).

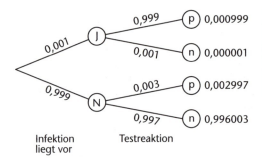

	Test positiv	Test negativ	gesamt
Infektion liegt vor	0,0999 %	0,0001 %	0,1 %
Infektion liegt nicht vor	0,2997 %	99,6003 %	99,9 %
gesamt	0,3996 %	99,6004 %	100,0 %

Von der Vierfeldertafel kommt man zum umgekehrten Baumdiagramm, indem man die Gesamtwahrscheinlichkeiten für einen positiven oder einen negativen Test aus der letzten Zeile der Vierfeldertafel entnimmt und diese auf der ersten Stufe des umgekehrten Baumdiagramms einträgt.
Die vier Pfad-Wahrscheinlichkeiten dieses Baumdiagramms können unverändert aus den inneren Feldern der Vierfeldertafel übernommen werden.

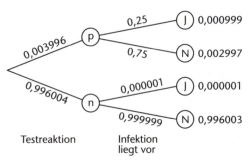

Nun können die noch fehlenden bedingten Wahrscheinlichkeiten für die unterschiedlichen Testreaktionen mithilfe der Pfadmultiplikationsregel durch Division der Pfad-Wahrscheinlichkeiten durch die Wahrscheinlichkeiten der ersten Stufe berechnet werden.

Zu den Informationen des umgekehrten Baumdiagramms kann man folgenden Text schreiben:
Führt man den HIV-Test mit zufällig ausgewählten Personen durch, dann wird in ungefähr 0,4 % der Fälle eine positive Testreaktion zu beobachten sein. Die Wahrscheinlichkeit, dass eine Person mit positivem Testergebnis tatsächlich HIV-infiziert ist, beträgt allerdings nur ca. 25 %.
In 99,6 % der Fälle wird die Testreaktion negativ sein. Personen mit negativem Testergebnis sind nur mit vernachlässigbar geringer Wahrscheinlichkeit dennoch HIV-infiziert.

Wahrscheinlichkeitsrechnung | 99

  Bedingte Wahrscheinlichkeiten mithilfe des Satzes von BAYES bestimmen.

Ist A ein Ereignis, das von Interesse ist, und B eine Bedingung unter der man das Ereignis A betrachtet, dann berechnet sich die bedingte Wahrscheinlichkeit $P_B(A)$ für A unter der Bedingung B gemäß Pfadmultiplikationsregel als: $P_B(A) = \frac{P(A \cap B)}{P(B)}$

Der Satz von BAYES gibt an, wie man – ohne den Zwischenschritt einer Vierfeldertafel – die im Nenner stehende Wahrscheinlichkeit von $P(B)$ unmittelbar berechnen kann:

$P(B) = P(A \cap B) + P(\overline{A} \cap B) = P(A) \cdot P_A(B) + P(\overline{A}) \cdot P_{\overline{A}}(B)$, also

$P_B(A) = \frac{P(A \cap B)}{P(B)} = \frac{P(A) \cdot P_A(B)}{P(A) \cdot P_A(B) + P(\overline{A}) \cdot P_{\overline{A}}(B)}$

Beispiel 1 *aus* K3 :

m = männlich, w = weiblich, V = vollzeitbeschäftigt

$P_V(m) = \frac{P(V \cap m)}{P(V)} = \frac{P(V \cap m)}{P(m) \cdot P_m(V) + P(w) \cdot P_w(V)} = \frac{0{,}478}{0{,}478 + 0{,}257} = 0{,}650$

Beispiel 2 *aus* K3 :

p = Testreaktion positiv, J = Infektion liegt vor, N = Infektion liegt nicht vor

$P_p(J) = \frac{P(p \cap J)}{P(p)} = \frac{P(p \cap J)}{P(J) \cdot P_J(p) + P(N) \cdot P_N(p)} = \frac{0{,}000999}{0{,}000999 + 0{,}002997} = 0{,}250$

  (GK) Anhand von Vierfeldertafeln die Unabhängigkeit von Merkmalen nachweisen sowie (LK) den Begriff der Unabhängigkeit von Ereignissen erläutern.

Der Begriff der **stochastischen Unabhängigkeit von Ereignissen** ist zunächst ein rein formaler Begriff:
Wenn zwischen zwei Ereignissen E1 und E2 die Beziehung $P(E1 \cap E2) = P(E1) \cdot P(E2)$ gilt, dann sind E1 und E2 voneinander stochastisch unabhängig.
Werden die beiden Ereignisse E1 und E2 auf zwei Stufen eines Baumdiagramms betrachtet (wobei also das Ereignis $E1 \cap E2$ einen Pfad im Baumdiagramm darstellt), dann gilt die Multiplikationsregel:
$P(E1 \cap E2) = P(E1) \cdot P_{E1}(E2)$ oder
$P(E1 \cap E2) = P(E2) \cdot P_{E2}(E1)$ bei umgekehrter Anordnung der Stufen.
Aus der Beziehung $P(E1 \cap E2) = P(E1) \cdot P(E2)$ folgt dann
$P_{E1}(E2) = P(E2)$ bzw. $P_{E2}(E1) = P(E1)$,
was inhaltlich bedeutet: E2 hängt nicht von E1 ab bzw. E2 hängt nicht von E1 ab.
In der Darstellung eines Vorgangs mithilfe von Baumdiagrammen bedeutet dies: Wenn auf der 2. Stufe der beiden möglichen Baumdiagramme gleiche Teilbäume auftreten, dann sind die betrachteten Merkmale (und zugehörigen Ereignisse) **voneinander unabhängig**, sonst **voneinander abhängig**.
Für die Darstellung mithilfe einer Vierfeldertafel gilt: Stehen die Wahrscheinlichkeiten in den Spalten oder in den Zeilen der Vierfeldertafel im gleichen Zahlenverhältnis, dann sind die zugehörigen Merkmale voneinander unabhängig, sonst voneinander abhängig.

Beispiel

Bei einem Bürgerentscheid über den Bebauungsplan einer Gemeinde konnten sich die Bürger zwischen den Alternativen A und B entscheiden. Die Zusammensetzung der Stimmen zeigen, dass das Abstimmungsverhalten **unabhängig** vom Geschlecht, aber **abhängig** vom Alter war.

- das Abstimmungsverhalten war unabhängig vom Geschlecht:

Die Zahlen in den Zeilen und Spalten der Vierfeldertafel stehen im gleichen Zahlenverhältnis, beispielsweise:
22 : 33 = 18 : 27 = 40 : 60 = 2 : 3
22 : 18 = 33 : 27 = 55 : 45 = 11 : 9
Die Teilbäume der 2. Stufe der Baumdiagramme stimmen überein.

		Abstimmungs-alternativen		gesamt
		A	B	
Geschlecht	weiblich	22 %	33 %	55 %
	männlich	18 %	27 %	45 %
gesamt		40 %	60 %	100 %

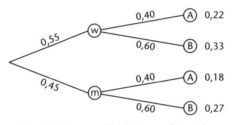
Geschlecht — Abstimmungsalternative

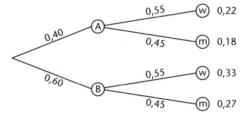
Abstimmungsalternative — Geschlecht

- das Abstimmungsverhalten war abhängig vom Alter:

Die Zahlen in den Zeilen und Spalten der Vierfeldertafel stehen nicht im gleichen Zahlenverhältnis, beispielsweise:
16 : 30 ≠ 24 : 30 ≠ 40 : 60
16 : 24 ≠ 30 : 30 ≠ 46 : 54
Die Teilbäume der 2. Stufe der Baumdiagramme stimmen nicht überein.

		Abstimmungs-alternativen		gesamt
		A	B	
Alter	bis 40 J.	16 %	30 %	46 %
	über 40 J.	24 %	30 %	54 %
gesamt		40 %	60 %	100 %

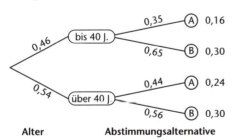
Alter — Abstimmungsalternative

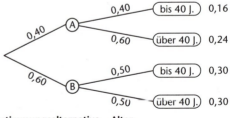
Abstimmungsalternative — Alter

L1 Die Häufigkeitsverteilung eines Merkmals bestimmen sowie Mittelwert und Stichprobenstreuung berechnen.

(1) Häufigkeitsverteilung

Bei Erhebungen erfasst man, mit welchen **absoluten** oder **relativen Häufigkeiten** die verschiedenen möglichen **Ausprägungen** eines **Merkmals** auftreten. Eine Tabelle, in der jeder Ausprägung eines betrachteten Merkmals die relative Häufigkeit zugeordnet wird und in der die Summe der relativen Häufigkeiten 1 beträgt, wird als **Häufigkeitsverteilung** dieses Merkmals bezeichnet.

(2) Arithmetisches Mittel

Die Häufigkeitsverteilung eines quantitativen Merkmals, also eines Merkmals, dessen Ausprägungen Zahlen sind, lässt sich durch Lage- und Streumaße charakterisieren:

Das **arithmetische Mittel** $\bar{x}$ von m Merkmalswerten $x_1, x_2, x_3, \ldots, x_m$, erhält man, indem man die m Zahlen addiert und die Summe durch m teilt:

$$\bar{x} = \frac{1}{m} \cdot (x_1 + x_2 + x_3 + \ldots + x_m)$$

Wenn die verschiedenen Merkmalswerte nicht nur einmal, sondern mit den absoluten Häufigkeiten $H(x_1), H(x_2), H(x_3), \ldots, H(x_m)$ auftreten, dann berechnet man zunächst die Gesamtzahl der Werte $n = H(x_1) + H(x_2) + H(x_3) + \ldots + H(x_m)$ und hiermit dann das arithmetische Mittel:

$$\bar{x} = \frac{1}{n} \cdot [H(x_1) \cdot x_1 + H(x_2) \cdot x_2 + H(x_3) \cdot x_3 + \ldots + H(x_m) \cdot x_m]$$

Sind statt der absoluten Häufigkeiten $H(x_1), H(x_2), H(x_3), \ldots, H(x_m)$ die relativen Häufigkeiten $h(x_1), h(x_2), h(x_3), \ldots, h(x_m)$ gegeben, dann berechnet sich das **arithmetische Mittel $\bar{x}$ der Häufigkeitsverteilung** nach der Formel

$$\bar{x} = h(x_1) \cdot x_1 + h(x_2) \cdot x_2 + h(x_3) \cdot x_3 + \ldots + h(x_m) \cdot x_m$$

(3) Streuung

Man bezeichnet $\bar{x}$ auch als **gewichtetes Mittel** der Merkmalswerte $x_1, x_2, x_3, \ldots, x_m$. Die Streuung der Werte einer Stichprobe kann am einfachsten beschrieben werden durch die **Spannweite**, das ist die Differenz zwischen dem größten und kleinsten Wert einer Stichprobe; jedoch ist dieses Streumaß nicht robust: Ausreißerwerte haben unmittelbar Einfluss darauf, wie groß die Spannweite einer Datenmenge ist.

Die mittlere quadratische Abweichung der Daten einer Stichprobe vom Mittelwert $\bar{x}$ wird auch als **empirische Varianz $\bar{s}^2$** bezeichnet:

Für m einzelne Daten ist: $\bar{s}^2 = \frac{1}{m} \cdot [(x_1 - \bar{x})^2 + (x_2 - \bar{x})^2 + (x_3 - \bar{x})^2 + \ldots + (x_m - \bar{x})^2]$

Für eine Häufigkeitsverteilung mit relativen Häufigkeiten $h(x_1), h(x_2), h(x_3), \ldots, h(x_m)$ gilt entsprechend:

$$\bar{s}^2 = (x_1 - \bar{x})^2 \cdot h(x_1) + (x_2 - \bar{x})^2 \cdot h(x_2) + (x_3 - \bar{x})^2 \cdot h(x_3) + \ldots + (x_m - \bar{x})^2 \cdot h(x_m)$$

> Die Wurzel $\bar{s}$ aus der empirischen Varianz wird als **empirische Standardabweichung** oder auch als **Stichprobenstreuung** bezeichnet.
>
> Den Term für $\bar{s}^2$ kann man umformen und erhält eine vereinfachte Berechnungsformel:
>
> $$\bar{s}^2 = \left[x_1^2 \cdot h(x_1) + x_2^2 \cdot h(x_2) + x_3^2 \cdot h(x_3) + \ldots + x_m^2 \cdot h(x_m)\right] - \bar{x}^2$$

Beispiele

(1) In einem Kurs wurde erfasst, wie viele Schüler/innen Geschwister haben:

Anzahl k der Geschwister	0	1	2	3
absolute Häufigkeit H(k) der Schüler/innen mit k Geschwistern	11	9	4	1

Insgesamt sind in der Häufigkeitverteilung mit absoluten Häufigkeiten
n = 11 + 9 + 4 + 1 = 25 Daten erfasst; das arithmetische Mittel ist daher
$\bar{x} = \frac{1}{25} \cdot (11 \cdot 0 + 9 \cdot 1 + 4 \cdot 2 + 1 \cdot 3) = \frac{20}{25} = 0{,}8$.

Im Mittel haben die Schüler/innen des Kurses also 0,8 Geschwister.

(2) In einer großen Stichprobe wurde die Anzahl der nicht-volljährigen Kinder in Haushalten erfasst:

Anzahl k der Kinder	0	1	2	3	4	5
relative Häufigkeit h(k) der Familien mit k Kindern	48,3%	21,2%	21,3%	6,9%	1,8%	0,6%

Wäre dies beispielsweise eine Stichprobe vom Umfang n = 1000 gewesen, dann hätte man das arithmetische Mittel wie in (1) berechnen können:

$\bar{x} = \frac{1}{1000} \cdot (483 \cdot 0 + 211 \cdot 1 + 213 \cdot 2 + 69 \cdot 3 + 18 \cdot 4 + 6 \cdot 5) = \frac{946}{1000} = 0{,}946$

Den Bruch zur Berechnung von $\bar{x}$ kann man auch wie folgt schreiben:

$\bar{x} = \frac{483}{1000} \cdot 0 + \frac{211}{1000} \cdot 1 + \frac{213}{1000} \cdot 2 + \frac{69}{1000} \cdot 3 + \frac{18}{1000} \cdot 4 + \frac{6}{1000} \cdot 5$
$= 0{,}483 \cdot 0 + 0{,}211 \cdot 1 + 0{,}213 + 2 \cdot 0{,}069 + 3 + 0{,}018 \cdot 4 + 0{,}006 \cdot 5 = 0{,}946$

Im Mittel sind in den erfassten Haushalten 0,946 Kinder.
Die empirische Varianz ist hier:
$\bar{s}^2 = (0 - 0{,}946)^2 \cdot 0{,}483 + (1 - 0{,}946)^2 \cdot 0{,}211 + (2 - 0{,}946)^2 \cdot 0{,}213$
$\quad + (3 - 0{,}946)^2 \cdot 0{,}069 + (4 \cdot 0{,}946)^2 \cdot 0{,}018 + (5 - 0{,}946)^2 \cdot 0{,}0006$
$= (0^2 \cdot 0{,}483 + 1^2 \cdot 0{,}211 + 2^2 \cdot 0{,}213 + 3^2 \cdot 0{,}069 + 4^2 \cdot 0{,}018 + 5^2 \cdot 0{,}006) - 0{,}946^2$
$\approx 1{,}227$

Die empirische Standardabweichung (Stichprobenstreuung) beträgt $\bar{s} = \sqrt{1{,}227} \approx 1{,}108$.

Die Wahrscheinlichkeitsverteilung einer Zufallsgröße bestimmen sowie den Erwartungswert und die Standardabweichung der Zufallsgröße berechnen.

Zufallsgrößen sind Funktionen, die jedem Ergebnis eines Zufallsversuchs eine Zahl zuordnen.

Eine Liste mit den möglichen Werten der Zufallsgröße und den dazu gehörenden Wahrscheinlichkeiten wird als **Wahrscheinlichkeitsverteilung** bezeichnet.

Wahrscheinlichkeitsverteilungen werden durch Abzählen der zugehörigen Ergebnisse in der Ergebnismenge bestimmt oder aufgrund von einheitlichen Strukturen mithilfe eines Terms berechnet (vgl. Beispiele).

Der **Erwartungswert einer Zufallsgröße** ist der Mittelwert der Wahrscheinlichkeitsverteilung der Zufallsgröße, d.h. das gewichtete Mittel der Werte, welche die Zufallsgröße annehmen kann.

$$E(X) = \mu = a_1 \cdot P(X = a_1) + a_2 \cdot P(X = a_2) + \ldots + a_m \cdot P(X = a_m) = \sum_{i=1}^{m} a_i \cdot P(X = a_i)$$

Die Berechnung erfolgt mithilfe der um eine Spalte erweiterten Tabelle der Verteilung, in der das Produkt $a_i \cdot P(X = a_i)$ eingetragen wird.

Für einzelne Verteilungen gibt es Formeln, mit deren Hilfe der Erwartungswert direkt berechnet werden kann, z.B. bei der Binomialverteilung gilt: $\mu = n \cdot p$, wobei n die Anzahl der Stufen und p die Erfolgswahrscheinlichkeit des BERNOULLI-Versuchs ist.

Die **Varianz einer Zufallsgröße** ist die mittlere quadratische Abweichung der Werte der Zufallsgröße vom Erwartungswert der Zufallsgröße:

$$V(X) = \sigma^2 = (a_1 - \mu)^2 \cdot P(X = a_1) + (a_2 - \mu)^2 \cdot P(X = a_2) + \ldots + (a_m - \mu)^2 \cdot P(X = a_m)$$

$$= \sum_{i=1}^{m} (a_i - \mu)^2 \cdot P(X = a_i)$$

dabei ist σ die Standardabweichung der Zufallsgröße.

Die Varianz kann nach Definition berechnet werden (eine weitere Spalte mit $(a_i - \mu)^2 \cdot P(X = a_i)$ ergänzen) oder mithilfe einer durch Anwendung der binomischen Formel vereinfachten Darstellung (eine weitere Spalte mit $a_i^2 \cdot P(X = a_i)$ ergänzen):

$$V(X) = \sigma^2 = [a_1^2 \cdot P(X = a_1) + a_2^2 \cdot P(X = a_2) + \ldots + a_m^2 \cdot P(X = a_m)] - \mu^2 = \left(\sum_{i=1}^{m} a_i^2 \cdot P(X = a_i)\right) - \mu^2$$

Für einzelne Verteilungen gibt es Formeln, mit deren Hilfe der Erwartungswert direkt berechnet werden kann, z.B. bei der Binomialverteilung gilt $\sigma^2 = n \cdot p \cdot (1 - p)$, wobei n die Anzahl der Stufen und p die Erfolgswahrscheinlichkeit des BERNOULLI-Versuchs ist.

Beispiel 1

Die Verteilung der Zufallsgröße
X: *Augensumme beim doppelten Hexaederwurf*
erhält man durch Abzählen der Ergebnisse,
welche die Augensumme 2, 3, 4, …, 12
ergeben.

(1|1)	(1|2)	(1|3)	(1|4)	(1|5)	(1|6)
(2|1)	(2|2)	(2|3)	(2|4)	(2|5)	(2|6)
(3|1)	(3|2)	(3|3)	(3|4)	(3|5)	(3|6)
(4|1)	(4|2)	(4|3)	(4|4)	(4|5)	(4|6)
(5|1)	(5|2)	(5|3)	(5|4)	(5|5)	(5|6)
(6|1)	(6|2)	(6|3)	(6|4)	(6|5)	(6|6)

k	zugehörige Ergebnisse	P (X = k)	k · P (X = k)	(k – 7)² · P (X = k)
2	(1|1)	1/36	2/36	25/36
3	(1|2), (2|1)	2/36	6/36	32/36
4	(1|3), (2|2), (3|1)	3/36	12/36	27/36
5	(1|4), (2|3), (3|2), (4|1)	4/36	20/36	16/36
6	(1|5), (2|4), (3|3), (4|2), (5|1)	5/36	30/36	5/36
7	(1|6), (2|5), (3|4), (4|3), (5|2), (6|1)	6/36	42/36	0
8	(2|6), (3|5), (4|4), (5|3), (6|2)	5/36	40/36	5/36
9	(3|6), (4|5), (5|4), (6|3)	4/36	36/36	16/36
10	(4|6), (5|5), (6|4)	3/36	30/36	27/36
11	(5|6), (6|5)	2/36	22/36	32/36
12	(6|6)	1/36	12/36	25/36
	Summe	1	E (X) = 7	V (X) = 35/6

Beispiel 2

In einer Urne sind drei rote und zwei grüne Kugeln. Nacheinander werden Kugeln ohne Zurücklegen gezogen. Die Verteilung der Zufallsgröße X: *Anzahl der notwendigen Ziehungen, bis zwei grüne Kugeln gezogen sind* lässt sich mithilfe eines Baumdiagramms bestimmen.

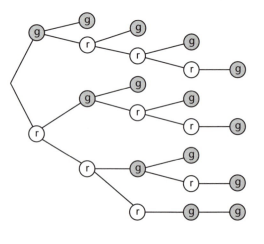

$P(X = 2) = \frac{2 \cdot 1}{5 \cdot 4} = \frac{1}{10}$

$P(X = 3) = 2 \cdot \frac{3 \cdot 2 \cdot 1}{5 \cdot 4 \cdot 3} = \frac{1}{5}$

$P(X = 4) = 3 \cdot \frac{3 \cdot 2 \cdot 2 \cdot 1}{5 \cdot 4 \cdot 3 \cdot 2} = \frac{3}{10}$

$P(X = 5) = 4 \cdot \frac{3 \cdot 2 \cdot 1 \cdot 2 \cdot 1}{5 \cdot 4 \cdot 3 \cdot 2 \cdot 1} = \frac{2}{5}$

Für den Erwartungswert und die Varianz ergibt sich:

k	P (X = k)	k · P (X = k)	(k – 4)² · P (X = k)
2	0,1	0,2	0,4
3	0,2	0,6	0,2
4	0,3	1,2	0
5	0,4	2,0	0,4
Summe	1	E (X) = 4	V (X) = 1

E (X) = 4 bedeutet: Im Mittel benötigt man 4 Ziehungen, bis zwei grüne Kugeln gezogen sind.

Beispiel 3

Ein Glücksspiel wird als **fair** bezeichnet, wenn der Erwartungswert der Auszahlung gleich dem Spieleinsatz ist.

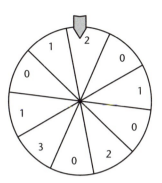

Bei dem Glücksrad rechts wird der in dem Sektor stehende Betrag in Euro ausgezahlt, wenn der Zeiger auf diesem Sektor stehen bleibt. Der Erwartungswert der Zufallsgröße X: *Auszahlung in Euro* berechnet sich wie folgt:

$E(X) = \frac{4}{10} \cdot 0 + \frac{3}{10} \cdot 1 + \frac{2}{10} \cdot 2 + \frac{1}{10} \cdot 3 = 1$,

d. h., das Spiel ist fair, wenn der Spieleinsatz 1 Euro beträgt.

L3 Geeignete Zufallsversuche mithilfe des Binomialmodells beschreiben und Wahrscheinlichkeiten mithilfe der BERNOULLI-Formel berechnen und erläutern, unter welchen Bedingungen auch Ziehvorgänge ohne Zurücklegen näherungsweise als BERNOULLI-Versuche interpretiert werden können.

Ein n-stufiger **BERNOULLI-Versuch** ist ein n-stufiger Zufallsversuch, bei dem man sich nur dafür interessiert, ob ein bestimmtes Ergebnis (= „Erfolg") eintritt oder nicht („Misserfolg"). Während der Versuchsdurchführungen ändert sich die Wahrscheinlichkeit für das interessierende Ergebnis nicht (Erfolgswahrscheinlichkeit p bzw. Misserfolgswahrscheinlichkeit q = 1– p des BERNOULLI-Versuchs).
Die Zufallsgröße X zählt, wie oft der Erfolg eintritt (X: *Anzahl der Erfolge*).

Ein n-stufiger BERNOULLI-Versuch kann 0 Erfolge, 1 Erfolg, …, n Erfolge haben. Würde man das zugehörige Baumdiagramm zeichnen, dann hätte dieses 2^n Verzweigungen.
Zum Ereignis X = k gehören $\binom{n}{k}$ Pfade, denn es gibt $\binom{n}{k}$ Möglichkeiten, aus den n Stufen k auszuwählen, auf denen ein Erfolg stattfindet. Jeder Pfad mit k Erfolgen und n – k Misserfolgen hat nach Pfadmultiplikationsregel die Wahrscheinlichkeit $p^k \cdot (1-p)^{n-k}$.

Daher gilt die **BERNOULLI-Formel**: Die Wahrscheinlichkeit für k Erfolge berechnet sich mithilfe von $P(X = k) = \binom{n}{k} \cdot p^k \cdot (1-p)^{n-k}$.

Die Wahrscheinlichkeitsverteilung der Zufallsgröße X heißt **Binomialverteilung**.
Man kann die Wahrscheinlichkeit für k Erfolge beim n-stufigen BERNOULLI-Versuch auch iterativ berechnen:

$P(X = 0) = P(\text{lauter Misserfolge}) = q^n$

$P(X = k) = \frac{n-k+1}{k} \cdot \frac{p}{q} \cdot P(X = k-1)$ für k = 1, 2, …, n

Ziehen mit und ohne Zurücklegen: Beim mehrfachen Ziehen aus einer Urne ohne Zurücklegen verändert sich der Inhalt der Urne bei jeder Ziehung. Die Wahrscheinlichkeiten für bestimmte Ziehungsergebnisse lassen sich mithilfe der hypergeometrischen Verteilung berechnen.
Ist jedoch das Verhältnis des Umfangs der Gesamtheit (Inhalt der Urne) zum Umfang der Stichprobe groß, dann können Wahrscheinlichkeiten in guter Näherung mit einem Binomialansatz berechnet werden.

Beispiele *BERNOULLI-Versuche*

(1) Beim Hexaederwurf kann man „Augenzahl 6" als *Erfolg* und die übrigen Augenzahlen als *Misserfolg* interpretieren. Erfolgswahrscheinlichkeit ist dann $p = \frac{1}{6}$, Misserfolgswahrscheinlichkeit $q = 1 - p = \frac{5}{6}$.

(2) In Deutschland ist die Wahrscheinlichkeit für die Geburt eines Mädchen 48,6 %, die eines Jungen 51,4 %. Die Zuordnung der Begriffe „Erfolg", „Misserfolg" ist willkürlich.

(3) Für den 6-stufigen BERNOULLI-Versuch mit $p = 0,2$ ergibt sich:

$P(X = 0) = 0,8^6 = 0,262$

$P(X = 1) = \binom{6}{1} \cdot 0,2^1 \cdot 0,8^5 = 0,393$ oder iterativ: $P(X = 1) = \frac{6}{1} \cdot \frac{0,2}{0,8} \cdot P(X = 0) = 0,393$

$P(X = 2) = \binom{6}{2} \cdot 0,2^2 \cdot 0,8^4 = 0,246$ oder iterativ: $P(X = 2) = \frac{5}{2} \cdot \frac{0,2}{0,8} \cdot P(X = 1) = 0,246$

$P(X = 3) = \binom{6}{3} \cdot 0,2^3 \cdot 0,8^3 = 0,082$ oder iterativ: $P(X = 3) = \frac{4}{3} \cdot \frac{0,2}{0,8} \cdot P(X = 2) = 0,082$

$P(X = 4) = \binom{6}{4} \cdot 0,2^4 \cdot 0,8^2 = 0,015$ oder iterativ: $P(X = 4) = \frac{3}{4} \cdot \frac{0,2}{0,8} \cdot P(X = 3) = 0,015$

$P(X = 5) = \binom{6}{5} \cdot 0,2^5 \cdot 0,8^1 = 0,0015$ oder iterativ: $P(X = 5) = \frac{2}{5} \cdot \frac{0,2}{0,8} \cdot P(X = 4) = 0,0015$

$P(X = 6) = 0,2^6 = 0,00006$ oder iterativ: $P(X = 6) = \frac{1}{6} \cdot \frac{0,2}{0,8} \cdot P(X = 5) = 0,00006$

Beispiel *Ziehen mit bzw. ohne Zurücklegen*

Aus einer Urne mit 6 roten und 4 grünen Kugeln werden drei Kugeln ohne Zurücklegen gezogen.
Betrachtet man die hypergeometrisch verteilte Zufallsgröße X: *Anzahl der roten Kugeln in der Stichprobe*, dann ist:

$P(X = k) = \dfrac{\binom{6}{k} \cdot \binom{4}{3-k}}{\binom{10}{3}}$ für $k = 0, 1, 2, 3$

Betrachtet man dagegen das dreifache Ziehen einer Kugel aus einer Urne mit 60 roten und 40 grünen Kugeln, dann kann näherungsweise auch mit

$P(X = k) = \binom{3}{k} \cdot 0,6^k \cdot 0,4^{3-k}$

gerechnet werden.

Vergleich der Wahrscheinlichkeiten:

k	Binomialansatz	Hypergeometrischer Ansatz
0	0,0640	0,0611
1	0,2880	0,2894
2	0,4320	0,4378
3	0,2160	0,2116

Wahrscheinlichkeitsverteilungen | **107**

  Das Auslastungsmodell und das Kugel-Fächer-Modell bei der Berechnung von Wahrscheinlichkeiten anwenden.

Bei der vereinfachten **Modellierung der Auslastung** von Maschinen vernachlässigt man die Tatsache, dass diese Maschinen oft ohne Unterbrechung über einen längeren Zeitraum benutzt werden.
Man betrachtet vereinfacht einen beliebigen Zeitpunkt und prüft für jeden Mitarbeiter, ob er die Maschine benötigt oder nicht. Die Erfolgswahrscheinlichkeit ergibt sich aus der durchschnittlichen Benutzungsdauer pro Mitarbeiter.

Beim **Kugel-Fächer-Modell** werden n Kugeln zufällig auf f Fächer verteilt. Eine der klassischen Fragestellungen lautet:
Mit welcher Wahrscheinlichkeit ist ein beliebiges Fach leer? Mit welcher Wahrscheinlichkeit enthält ein beliebiges Fach mindestens eine Kugel? (Rosinenproblem)
Die Modellierung besteht darin, dass man ein bestimmtes Fach betrachtet und für jede der n Kugeln entscheidet, ob die Kugel in dieses Fach fällt (Erfolg mit Wahrscheinlichkeit $p = \frac{1}{f}$) oder nicht (Misserfolg). Der Zufallsversuch ist daher n-stufig.

Die Wahrscheinlichkeitsberechnung nach dem Binomialansatz lautet:
$$P(X = k) = \binom{n}{k} \cdot \left(\frac{1}{f}\right)^k \cdot \left(1 - \frac{1}{f}\right)^{n-k}$$
Konkret interessiert, ob das betrachtete Fach leer bleibt: $P(X = 0) = \left(1 - \frac{1}{f}\right)^n$
oder mindestens eine Kugel enthält: $P(X \geq 1) = 1 - \left(1 - \frac{1}{f}\right)^n$

Beispiel *Auslastungsmodell*

Bestimmte Büromaschinen werden von 10 Mitarbeitern für ungefähr 10 Minuten pro Stunde benötigt. Mit welcher Wahrscheinlichkeit genügen zwei (drei) Maschinen?

Binomialansatz für die Zufallsgröße
X: *Anzahl der zu einem beliebigen Zeitpunkt benötigten Maschinen*; n = 10; $p = \frac{10}{60} = \frac{1}{6}$

$P(X = 0) = 0{,}162$; $P(X = 1) = 0{,}323$; $P(X = 2) = 0{,}291$; $P(X = 3) = 0{,}155$
und weiter: $P(X \leq 2) = 0{,}775$; $P(X \leq 3) = 0{,}930$

d. h. mit einer Wahrscheinlichkeit von 22,5 % reichen zwei Büromaschinen nicht aus; mit einer Wahrscheinlichkeit von 7 % kann es sogar vorkommen, dass mehr als drei Maschinen gleichzeitig benötigt werden.

Beispiel *Rosinenproblem*

400 Rosinen werden in den Teig von 100 Rosinenbrötchen eingeknetet.

Aus dem Binomialansatz mit Zufallsgröße X: *Anzahl der in einem bestimmten (beliebigen) Brötchen enthaltenen Rosinen*; n = 400; $p = \frac{1}{100}$ ergibt sich:

$P(X = 0) = 0{,}99^{400} = 0{,}018 \approx 2\,\%$

Folgerung: Mit einer Wahrscheinlichkeit von 98,2 % enthält ein beliebig ausgewähltes Brötchen mindestens eine Rosine.
Mithilfe der **Häufigkeitsinterpretation** kann man sich eine bessere Vorstellung verschaffen: Bezogen auf die 100 Brötchen bedeutet dies: ungefähr 2 Brötchen enthalten keine Rosine, 98 Brötchen enthalten mindestens eine Rosine.

Berechnen, wie oft ein BERNOULLI-Versuch mindestens durchgeführt werden muss, um mit einer gegebenen Mindestwahrscheinlichkeit mindestens einen Erfolg zu erzielen.

Gegeben ist ein n-stufiger BERNOULLI-Versuch mit Erfolgswahrscheinlichkeit p.
Die Zufallsgröße ist X: *Anzahl der Erfolge.*
Die Wahrscheinlichkeit für mindestens einen Erfolg wird mithilfe der Komplementärregel berechnet: Man betrachtet das Gegenereignis (lauter Misserfolge im n-stufigen BERNOULLI-Versuch).
Die Wahrscheinlichkeit für lauter Misserfolge ist: $P(X = 0) = q^n$
Für die Wahrscheinlichkeit für mindestens einen Erfolg $P(X \geq 1) = 1 - q^n$ muss die Bedingung $P(X \geq 1) \geq M$ erfüllt sein.
Aus der Gleichung $1 - q^n \geq M$ bestimmt man die gesuchte Anzahl n durch Probieren oder Logarithmieren.

Beispiel

Wie oft muss ein Ikosaeder mindestens geworfen werden, damit mit einer Wahrscheinlichkeit von mindestens M = 90 % mindestens einmal Augenzahl 1 gefallen sein wird?

Hier ist $p = \frac{1}{20} = 0{,}05$; also $q = 0{,}95$.

P (lauter Misserfolge) = P (n Würfe ohne Augenzahl 1) = $0{,}95^n$
Gesucht ist also die Anzahl n, sodass $P(X \geq 1) = 1 - 0{,}95^n \geq 0{,}90$
Aus der Ungleichung $0{,}95^n \leq 0{,}10$ erhält man $n \geq 45$

Methode 1: Logarithmieren der Ungleichung (Basis des Logarithmus beliebig)

$0{,}95^n \leq 0{,}10 \Leftrightarrow n \cdot \log(0{,}95) \leq \log(0{,}1) \Leftrightarrow n \geq \frac{\log(0{,}1)}{\log(0{,}95)} \approx 44{,}89$

Hinweis: Bei der Division durch log (0,95) – dies ist eine negative Zahl – kehrt sich das Ungleichheitszeichen um (sogenanntes Inversionsgesetz).

Methode 2: Man sucht in der Wertetabelle der Funktion f mit $f(x) = 0{,}95^x$ denjenigen Wert von x, für den sich $f(x) \approx 0{,}1$ ergibt. Beim GTR beispielsweise lassen sich die Funktionswerte mithilfe der TABLE-Funktionen ablesen; hierbei wählt man $\Delta TBL = 1$ und findet so diejenige natürliche Zahl x, von der ab die Bedingung erfüllt ist:

x	$0{,}95^x$
...	...
43	0,1102
44	0,1047
45	0,0994
46	0,0945
...	...

L6 Den Erwartungswert und die Standardabweichung von Binomialverteilungen berechnen und mithilfe der Sigma-Regeln Umgebungen um den Erwartungswert bei vorgegebener Wahrscheinlichkeit der Umgebung bestimmen.

Erwartungswert und Standardabweichung von Binomialverteilungen

Für Binomialverteilungen ist der Erwartungswert $E(X) = \mu = n \cdot p$

Dies ist plausibel, denn das Produkt $n \cdot p$ entspricht genau der Häufigkeitsinterpretation der Wahrscheinlichkeit p in einem n-stufigen Zufallsversuch. Das Maximum einer Binomialverteilung liegt in der Nähe von $\mu = n \cdot p$.
Die Varianz wird nach der Formel $V(X) = \sigma^2 = n \cdot p \cdot (1 - p) = n \cdot p \cdot q$ berechnet.

Sigma-Regeln

Falls $\sigma > 3$ (LAPLACE-Bedingung), dann gilt für symmetrische Umgebungen des Erwartungswerts von Binomialverteilungen bei großem Stichprobenumfang:
$P(\mu - 1{,}64\,\sigma \leq X \leq \mu + 1{,}64\,\sigma) \approx 90\,\%$
$P(\mu - 1{,}96\,\sigma \leq X \leq \mu + 1{,}96\,\sigma) \approx 95\,\%$
$P(\mu - 2{,}58\,\sigma \leq X \leq \mu + 2{,}58\,\sigma) \approx 99\,\%$
Die Sigma-Regeln geben nur Näherungswerte für die Wahrscheinlichkeiten der Umgebungen an. Bei der Anwendung der Sigma-Regeln im Rahmen der Beurteilenden Statistik (vgl. hierzu auch Basiswissen M1 ff. und N1 ff.) rundet man daher meistens „zur sicheren Seite" (d.h. nach außen), damit die vorgegebene Intervall-Wahrscheinlichkeit „sicher" erfüllt ist (oder man bestimmt das ungefähre Intervall nach den Sigma-Regeln, berechnet dann die exakte Wahrscheinlichkeit für das Intervall und korrigiert danach die Intervallgrenzen, falls dies erforderlich ist).

Beispiel *Berechnung von Erwartungswert und Varianz*

(1) $n = 120$; $p = \frac{1}{6}$: $\mu = 120 \cdot \frac{1}{6} = 20$, d.h. im Mittel ist bei 120 Hexaederwürfen 20-mal Augenzahl 6 zu erwarten.

Für die Varianz gilt: $V(X) = \sigma^2 = 120 \cdot \frac{1}{6} \cdot \frac{5}{6} = \frac{50}{3}$, die Standardabweichung ist $\sigma \approx 4{,}08$.

(2) $n = 100$; $p = 0{,}5$: $\mu = 100 \cdot 0{,}5 = 50$, d.h. im Mittel ist bei 100 Münzwürfen 50-mal Wappen zu erwarten.

Für die Varianz gilt: $V(X) = \sigma^2 = 100 \cdot 0{,}5 \cdot 0{,}5 = 25$, die Standardabweichung ist $\sigma = 5$.

Beispiel *Berechnung von Sigma-Umgebungen*

$n = 100$; $p = 0{,}5$; $\mu = 50$; $\sigma = 5$

$P(\mu - 1{,}64\,\sigma \leq X \leq \mu + 1{,}64\,\sigma) \approx 90\,\%$:
$P(50 - 1{,}64 \cdot 5 \leq X \leq 50 + 1{,}64 \cdot 5)$
$\approx P(42 \leq X \leq 58) = 0{,}911$

$P(\mu - 1{,}96\,\sigma \leq X \leq \mu + 1{,}96\,\sigma) \approx 95\,\%$:
$P(50 - 1{,}96 \cdot 5 \leq X \leq 50 + 1{,}96 \cdot 5)$
$\approx P(41 \leq X \leq 59) = 0{,}943$

$P(\mu - 2{,}58\,\sigma \leq X \leq \mu + 2{,}58\,\sigma) \approx 99\,\%$:
$P(50 - 2{,}58 \cdot 5 \leq X \leq 50 + 2{,}58 \cdot 5)$
$\approx P(38 \leq X \leq 62) = 0{,}988$

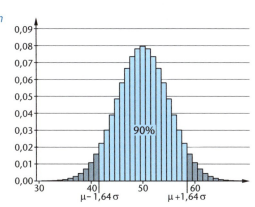

Berechnen, wie oft ein BERNOULLI-Versuch mindestens durchgeführt werden muss, um mit einer vorgegebenen Sicherheitswahrscheinlichkeit mindestens k Erfolge zu erzielen.

Gegeben ist ein n-stufiger BERNOULLI-Versuch mit Erfolgswahrscheinlichkeit p.
Die Zufallsgröße ist X: *Anzahl der Erfolge.*

In besonderen Fällen kann die Wahrscheinlichkeit für *mindestens k Erfolge* mithilfe der Sigma-Regeln abgeschätzt werden.

Ergebnisse
- oberhalb von $\mu - 1{,}28\,\sigma$ haben eine Wahrscheinlichkeit von 90 %,
- oberhalb von $\mu - 1{,}64\,\sigma$ haben eine Wahrscheinlichkeit von 95 %,
- oberhalb von $\mu - 2{,}33\,\sigma$ haben eine Wahrscheinlichkeit von 99 %.

Wenn die Sicherheitswahrscheinlichkeiten von 90 %, 95 % bzw. 99 % und eine Mindestanzahl k von Erfolgen vorgegeben sind, kann man den hierfür notwendigen Stichprobenumfang n hieraus berechnen.

Analog ist eine Aufgabenstellung zu behandeln, bei der zu einer vorgegebenen Sicherheitswahrscheinlichkeit höchstens k Erfolge erzielt werden sollen.

Beispiel

Für eine Erhebung werden 500 Personen benötigt; jedoch werden erfahrungsgemäß nur 75 % der ausgewählten Personen angetroffen. Wie viele Personen müssen ausgewählt werden, damit man mit einer Wahrscheinlichkeit von 95 % mindestens 500 Personen für die Stichprobe hat.

Betrachtet wird hier die Zufallsgröße X: *Anzahl der Personen, die für die Erhebung tatsächlich zur Verfügung stehen*, und es gilt: p = 0,75. Dann ist ein Stichprobenumfang n gesucht derart, dass nur in 5 % der Fälle weniger als 500 Erfolge eintreten.

Diese Bedingung ist erfüllt, wenn gilt: $\mu - 1{,}64\,\sigma \geq 500$

Dies ist eine Ungleichung mit der Variablen n, die algebraisch gelöst werden kann:

$\mu - 1{,}64\,\sigma \geq 500 \Leftrightarrow 0{,}75\,n - 1{,}64 \cdot \sqrt{n \cdot 0{,}75 \cdot 0{,}25} \geq 500 \Leftrightarrow n - \frac{1{,}64}{0{,}75} \cdot \sqrt{0{,}75 \cdot 0{,}25} \cdot \sqrt{n} \geq \frac{500}{0{,}75}$

$\Leftrightarrow n - 0{,}947 \cdot \sqrt{n} \geq 666{,}67 \Leftrightarrow (\sqrt{n} - 0{,}473)^2 \geq 666{,}98 \Leftrightarrow \sqrt{n} \geq 26{,}297$
$\Leftrightarrow n \geq 691{,}5 \Leftrightarrow n \geq 692$

oder mithilfe des GTR:
Man suche in der Wertetabelle der Funktion f mit
$y = 0{,}75\,x - 1{,}64 \cdot \sqrt{x \cdot 0{,}75 \cdot 0{,}25}$
denjenigen Mindestwert für n, sodass $f(x) \geq 500$.

x	y
...	...
690	498,85
691	499,58
692	500,32
693	501,06
...	...

Wahrscheinlichkeitsverteilungen

 L8 (LK) Wahrscheinlichkeiten für binomialverteilte Zufallsgrößen näherungsweise mithilfe der Formeln von MOIVRE und LAPLACE berechnen.

Lokale Näherungsformel von MOIVRE und LAPLACE

Da für $\sigma > 3$ die Histogramme von Binomialverteilungen durch den Graphen der GAUSSschen Dichtefunktion approximiert werden können, gilt:

$P(X = k) \approx \frac{1}{\sigma} \cdot \varphi\left(\frac{k - \mu}{\sigma}\right)$

Integrale Näherungsformeln von MOIVRE und LAPLACE

Mithilfe von $\Phi(z) = \int_{-\infty}^{z} \varphi(x)\,dx$, der Integralfunktion zur GAUSSschen Dichtefunktion, können Wahrscheinlichkeiten für Intervalle näherungsweise durch Flächenbestimmung ermittelt werden:

$P(X \leq k) \approx \Phi\left(\frac{k + 0{,}5 - \mu}{\sigma}\right)$ und $P(a \leq X \leq b) \approx \Phi\left(\frac{b + 0{,}5 - \mu}{\sigma}\right) - \Phi\left(\frac{a - 0{,}5 - \mu}{\sigma}\right)$

Beispiel 1 *Anwendung der Lokalen Näherungsformel*

$n = 100$; $p = 0{,}5$; $\mu = 50$; $\sigma = 5$

näherungsweise:

$P(X = 50) \approx \frac{1}{5} \cdot \varphi(0) \approx 0{,}0798$

exakt:

$P(X = 50) = 0{,}0796$

Beispiel 2 *Anwendung der Integralen Näherungsformel*

$n = 100$; $p = 0{,}5$; $\mu = 50$; $\sigma = 5$

näherungsweise:

$P(45 \leq X \leq 55) \approx \Phi\left(\frac{55{,}5 - 50}{5}\right) - \Phi\left(\frac{44{,}5 - 50}{5}\right)$

$\approx \Phi(1{,}1) - \Phi(-1{,}1) \approx 0{,}7286$

exakt:

$P(45 \leq X \leq 55) = 0{,}7287$

Die Fläche eines Balkens im Histogramm:

$P(X = 50) \approx \Phi\left(\frac{50{,}5 - 50}{5}\right) - \Phi\left(\frac{49{,}5 - 50}{5}\right)$

$\approx \Phi(0{,}1) - \Phi(-0{,}1) \approx 0{,}0796$

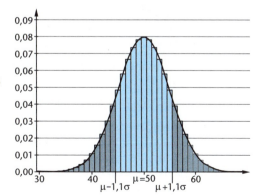

(LK) Wahrscheinlichkeitsberechnungen bei normalverteilten Zufallsgrößen durchführen.

Eine Funktion f heißt Dichtefunktion einer stetigen Zufallsgröße X, wenn folgende Eigenschaften erfüllt sind:

(1) Für alle $x \in \mathbb{R}$ gilt: $f(x) \geq 0$ (2) $P(a \leq X \leq b) = \int_a^b f(x)\,dx$ (3) $\int_{-\infty}^{+\infty} f(x)\,dx = 1$

Eine stetige Zufallsgröße X heißt **normalverteilt** mit den Parametern µ und σ, wenn ihre zugehörige Dichtefunktion $\varphi_{\mu,\sigma}$ gegeben ist durch

$$\varphi_{\mu,\sigma}(x) = \frac{1}{\sigma \cdot \sqrt{2\pi}} \cdot \exp\left(-\frac{1}{2} \cdot \left(\frac{x-\mu}{\sigma}\right)^2\right).$$

Die Dichtefunktion für den Sonderfall µ = 0 und σ = 1 wird auch als GAUSSsche Dichtefunktion φ oder Dichtefunktion der Standard-Normalverteilung bezeichnet; sie ist definiert durch $\varphi(x) = \frac{1}{\sqrt{2\pi}} \cdot e^{-\frac{x^2}{2}}$.

Wahrscheinlichkeitsberechnungen können mithilfe der zugehörigen Integralfunktion der oberen Grenze, der GAUSSschen Integralfunktion $\Phi_{\mu,\sigma}$, durchgeführt werden. Im Falle µ = 0, σ = 1 schreibt man kurz nur Φ, vgl. auch den Sonderfall der Formeln von MOIVRE und LAPLACE **L8**. Es gilt

$$P(a \leq X \leq b) = \int_a^b \varphi_{\mu,\sigma}(x)\,dx = \int_{-\infty}^b \varphi_{\mu,\sigma}(x)\,dx - \int_{-\infty}^a \varphi_{\mu,\sigma}(x)\,dx$$
$$= \Phi_{\mu,\sigma}(b) - \Phi_{\mu,\sigma}(a) = \Phi\left(\frac{b-\mu}{\sigma}\right) - \Phi\left(\frac{a-\mu}{\sigma}\right).$$

Im Falle von klassierten Daten stehen die Randwerte a, b jeweils für eine Klasse; dann sollte bei der Berechnung von Wahrscheinlichkeiten die Klassenbreite berücksichtigt werden.

Da die Dichtefunktion der Normalverteilung nicht elementar integrierbar ist, müssen die Funktionswerte der Integralfunktion aus Tabellen abgelesen werden.

Beispiel

Im Rahmen eines Mikrozensus ergab sich für die Körpergröße von 18- bis 20-jährigen Frauen ein Mittelwert von 1,68 m bei einer Standardabweichung von 6,5 cm. Die Körpergröße kann näherungsweise als normalverteilt angesehen werden.

Mit welcher Wahrscheinlichkeit ist eine zufällig ausgewählte Frau dieser Altersgruppe größer als 1,63 m?

$$P(X > 163) = 1 - P(X \leq 163) \approx 1 - \Phi_{168;6,5}(163) = 1 - \Phi\left(\frac{163-168}{6,5}\right) \approx 1 - \Phi(-0,77) \approx 78\,\%$$

Wenn aus der Aufgabenstellung klar wird, dass die Angabe der Körperlänge sich auf Klassen der Breite 1 cm bezieht, dann ist es angemessener, die Klassenbreite zu berücksichtigen: Jemand, der größer ist als 1,63 cm, hat eine Körperlänge, die oberhalb der Klasse [162,5; 163,5[liegt, also

$$P(X > 163) = P(X > 163,5) = 1 - P(X \leq 163,5) \approx 1 - \Phi\left(\frac{163,5-168}{6,5}\right) \approx \Phi(-0,69) \approx 76\,\%$$

Entsprechend würde der Anteil der Frauen, deren Körpergröße mindestens 1,60 m und höchstens 1,70 m beträgt, unter Berücksichtigung der halben Klassenbreite wie folgt berechnet:

$$P(160\text{ cm} \leq X \leq 170\text{ cm}) \approx \Phi\left(\frac{170,5-168}{6,5}\right) - \Phi\left(\frac{159,5-168}{6,5}\right) \approx \Phi(0,38) - \Phi(-1,31)$$
$$= 0,6480 - 0,0951 \approx 0,553$$

Alternative 1: Hypothesentests

  Das prinzipielle Vorgehen bei einem zweiseitigen Hypothesentest erläutern sowie zu einem vorgegebenem Niveau eine Entscheidungsregel aufstellen (und damit Annahme- und Verwerfungsbereich bestimmen).

Man hat eine Hypothese über den Anteil in der Gesamtheit (d.h. man glaubt, die Erfolgswahrscheinlichkeit p zu kennen); dann bestimmt man einen Bereich (eine symmetrische Umgebung um den Erwartungswert), in dem das Ergebnis der Stichprobe mit hoher Wahrscheinlichkeit liegen wird.

Die Wahrscheinlichkeit, mit der das Ergebnis dann nicht in diesen Bereich fallen wird, bezeichnet man als **Signifikanzniveau**.

Wenn diese Prognose zutrifft, werden wir an unserem Ansatz nicht zweifeln (das Ergebnis liegt im so genannten **Annahmebereich** der Hypothese) – man sagt auch:

Das Ergebnis ist verträglich mit dem hypothetischen Wert von p.

Wenn das Ergebnis außerhalb der Umgebung des Erwartungswerts liegt (also im so genannten **Verwerfungsbereich**), wird man die Hypothese verwerfen – man sagt auch:

Das Ergebnis weicht signifikant ab.

Zu den Sprechweisen „verträglich" und „signifikant abweichend" vgl. auch .

Beispiel *Zweiseitiger Hypothesentest*

Hypothese: Eine gegebene Münze ist eine LAPLACE-Münze (d.h. dem Zufallsversuch liegt p = 0,5 zugrunde).
Die zu testende Hypothese wird mit H_0 bezeichnet.
H_0: p = 0,5
Die **Gegenhypothese** lautet dann:
Die Münze ist gezinkt: H_1: p ≠ 0,5

Zur Überprüfung der Hypothese wird die Münze 500-mal geworfen.

Punktschätzung: Wir erwarten, dass ca. 250-mal Wappen auftritt.

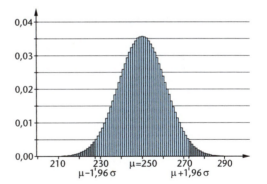

Intervallschätzung: Gemäß den Sigma-Regeln (vgl. L5) wird die Anzahl der Wappen mit einer Wahrscheinlichkeit von **ungefähr** 95% im Intervall zwischen $\mu - 1{,}96\sigma$ und $\mu + 1{,}96\sigma$ liegen, also im Intervall [228; 272] (Annahmebereich der Hypothese).

Wenn dies nicht der Fall ist, zweifeln wir an der Richtigkeit des Ansatzes (nämlich, dass es sich um eine LAPLACE-Münze handelt). Wir befolgen damit die **Entscheidungsregel:**
Verwirf die Hypothese p = 0,5, falls das Ergebnis im Verwerfungsbereich der Hypothese liegt, d.h. wenn weniger als 228- oder mehr als 272-mal Wappen fällt.

>   **Die Bedeutung der Fehler 1. Art und 2. Art für einen Hypothesentest angeben; die Wahrscheinlichkeiten für diese Fehler berechnen.**
>
> Ein **Fehler 1. Art** tritt ein, wenn das Ergebnis außerhalb des Annahmebereichs liegt, dem Zufallsversuch aber dennoch das hypothetische p zugrunde liegt.
>
> Die Wahrscheinlichkeit α für einen Fehler 1. Art wird durch das Signifikanzniveau bestimmt. Ist beispielsweise das Signifikanzniveau durch $\alpha \leq 5\,\%$ vorgegeben und verfährt man so (d.h. nach diesem Schema), dann kommt es mit einer Wahrscheinlichkeit von höchstens 5 % vor, dass die Hypothese irrtümlich verworfen wird, obwohl sie wahr ist, denn mit einer Wahrscheinlichkeit von höchstens 5 % kommt es zufällig zu Ergebnissen des Zufallsversuchs, die außerhalb des angegebenen Intervalls liegen.
>
> Ein **Fehler 2. Art** tritt ein, wenn das Ergebnis im Annahmebereich liegt, dem Zufallsversuch jedoch ein anderes p als das hypothetische zugrunde liegt.
>
> Die Wahrscheinlichkeit β für einen Fehler 2. Art kann man nur berechnen, wenn die tatsächliche Erfolgswahrscheinlichkeit bekannt ist.

Beispiel

$n = 500;\ p = 0{,}5;\ \mu = n \cdot p = 250;\ \sigma = \sqrt{n \cdot p \cdot (1 - p)} \approx 11{,}18;\ \alpha = 5\,\%$

Entscheidungsregel: Verwirf die Hypothese p = 0,5, falls weniger als 228-mal oder mehr als 272-mal Wappen fällt.

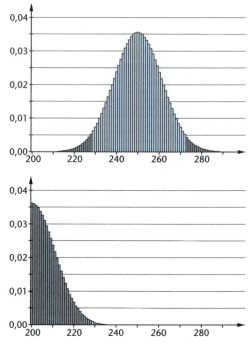

Fehler 1. Art: Verfährt man nach dem Schema der Entscheidungsregel, kommt es mit einer Wahrscheinlichkeit von ca. 5 % vor, dass die Münze irrtümlich für eine Nicht-LAPLACE-Münze gehalten wird, denn mit einer Wahrscheinlichkeit von ca. 5 % kommt es zufällig zu Ergebnissen des Zufallsversuchs, die außerhalb des angegebenen Intervalls liegen, obwohl p = 0,5 wahr ist.

Die Wahrscheinlichkeit α für einen Fehler 1. Art ist nach Vorgabe des Signifikanzniveaus höchstens gleich 5 %. Eine genaue Rechnung, die sich auf die o. a. Entscheidungsregel bezieht, ergibt hier:
$P(X < 228) + P(X > 272) = 0{,}044$

Fehler 2. Art: Falls es sich um eine manipulierte Münze handelt, könnte es trotzdem vorkommen, dass dies nicht erkannt wird (nämlich dann, wenn das Ergebnis im Annahmebereich der Hypothese liegt) – das wäre dann ein Fehler 2. Art.

Angenommen, die tatsächliche Erfolgswahrscheinlichkeit wäre p = 0,4, dann können zufällig Ergebnisse im Annahmebereich der Hypothese liegen, also im Intervall [228; 272].

Die Wahrscheinlichkeit für einen Fehler 2. Art ist im Falle p = 0,4 gleich
$\beta = P_{p=0{,}4}(228 \leq X \leq 272)$
$= \text{binomcdf}\,(500, 0{,}4, 272) - \text{binomcdf}\,(500, 0{,}4, 227) = 0{,}006 = 0{,}6\,\%$

Alternative 1: Hypothesentests | 115

  (LK) Die Operationscharakteristik eines Hypothesentests ermitteln und interpretieren.

Gegeben ist eine Hypothese $p = p_0$. Die Funktion, die jeder Erfolgswahrscheinlichkeit $p \neq p_0$ die Wahrscheinlichkeit β für einen Fehler 2. Art zuordnet, heißt **Operationscharakteristik**.

Beispiel

Hypothese $p_0 = 0{,}5$ (LAPLACE-Münze); $n = 500$;
Annahmebereich auf dem 95 %-Niveau: $228 \leq X \leq 272$

Die Funktion f mit $f(x) = \text{binomcdf}(500, x, 272) - \text{binomcdf}(500, x, 227)$ ist die Operationscharakteristik des Tests.

Die Wahrscheinlichkeit, dass ein Fehler 2. Art eintritt, ist beispielsweise für $p = 0{,}45$:

$\beta = f(0{,}45) = P_{p=0{,}45}(228 \leq X \leq 272)$
$ = \text{binomcdf}(500, 0.45, 272)$
$ - \text{binomcdf}(500, 0.45, 227)$
$ \approx 0{,}411$

wie man auch am Graphen ablesen kann.

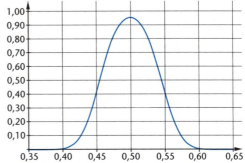

  Das prinzipielle Vorgehen bei einem einseitigen Hypothesentest erläutern sowie die beiden möglichen Standpunkte beschreiben und zugehörigen Entscheidungsregeln bestimmen.

Prinzipielles Vorgehen

Beim einseitigen Hypothesentest wird nicht gefragt, ob ein Stichprobenergebnis vom Erwartungswert nach oben *oder* nach unten signifikant abweicht, also betrachtet man nicht die Alternativen $p = p_0$ gegen $p \neq p_0$, sondern stellt als Alternativen gegeneinander:

$p > p_0$ gegen $p \leq p_0$ oder $p \geq p_0$ gegen $p < p_0$ oder
$p < p_0$ gegen $p \geq p_0$ oder $p \leq p_0$ gegen $p > p_0$

Standpunkte

Man bezieht den Standpunkt von *einer* der Hypothesen. Von diesem geht man nur ab, wenn in der Kontroll-Stichprobe extreme Ergebnisse auftreten. Was *extrem* ist, wird durch die (vorgegebene) Wahrscheinlichkeit α für einen Fehler 1. Art festgelegt.

Grundsätzlich können zu einem Sachverhalt zwei gegensätzliche Standpunkte eingenommen werden, die zu unterschiedlichen Hypothesen gehören und somit zu unterschiedlichen Entscheidungsregeln führen. Wenn man einen Standpunkt hat, der den eigenen Interessen entspricht, ist das Vorgehen klar. Wenn man unbedingt eine bestimmte Hypothese „statistisch beweisen" will, geht man vom logischen Gegenteil dieser Hypothese aus und testet diese.

Beispiel 1

Verlernen Jugendliche die ursprünglich angeborene Linkshändigkeit? Von 6- bis 10-jährigen Kindern weiß man, dass etwa 11 % bevorzugt die linke Hand benutzen.

1. möglicher Standpunkt: $p < 0{,}11$ – man geht davon aus, dass der Anteil abgenommen hat; von diesem Standpunkt lässt man sich nur abbringen, wenn in der Kontrollstichprobe *extrem große* Anteile von Linkshändern vorkommen.

2. möglicher Standpunkt: $p \geq 0{,}11$ – man geht davon aus, dass der Anteil gleich geblieben oder sogar größer geworden ist; von diesem Standpunkt lässt man sich nur abbringen, wenn in der Kontrollstichprobe *extrem kleine* Anteile von Linkshändern vorkommen.

Für $p < 0{,}11$ hat der Bereich oberhalb von $\mu + 1{,}64\sigma$ eine Wahrscheinlichkeit von höchstens 5 %.
Für $p \geq 0{,}11$ hat der Bereich unterhalb von $\mu - 1{,}64\sigma$ eine Wahrscheinlichkeit von höchstens 5 %.

Bei einem Stichprobenumfang von $n = 1000$ und $p = 0{,}11$ ist $\mu = 110$ und $1{,}64\sigma \approx 16{,}2$.
Bezogen auf die Hypothese $p < 0{,}11$ werden also Ergebnisse oberhalb von $\mu + 1{,}64\sigma = 126{,}2$ als extrem angesehen, bezogen auf die Hypothese $p \geq 0{,}11$ entsprechend Ergebnisse unterhalb von $\mu - 1{,}64\sigma = 93{,}8$.

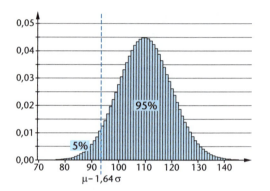

Die Entscheidungsregeln lauten daher:
Verwirf die Hypothese $p < 0{,}11$, falls in der Stichprobe mehr als 126 Jugendliche sind, die bevorzugt ihre linke Hand benutzen.   bzw.
Verwirf die Hypothese $p \geq 0{,}11$, falls in der Stichprobe weniger als 94 Jugendliche sind, die bevorzugt ihre linke Hand benutzen.

Beispiel 2

Ein Arzneimittelhersteller wirbt für ein neues Medikament mit dem Hinweis, dass es eine bessere Heilungschance hat als die bisher auf dem Markt befindlichen; deren Heilungschance ist 60 %.

Zum Testen der Behauptung des Herstellers nimmt man einen *skeptischen Standpunkt* ein, d. h. man testet die Hypothese $p \leq 0{,}6$ (das neue Medikament ist *höchstens* so gut wie die bisherigen).

Von seinem skeptischen Standpunkt lässt man sich nur abbringen, wenn in einer Kontrollstichprobe signifikante Abweichungen nach oben eintreten, also z. B. das Ergebnis oberhalb von $\mu + 1{,}64\sigma$ liegt (Wahrscheinlichkeit für einen Fehler 1. Art: $\alpha = 5\,\%$) oder sogar oberhalb von $\mu + 2{,}33\sigma$ (Wahrscheinlichkeit für einen Fehler 1. Art: $\alpha = 1\,\%$)

Hinweis:
$P(X > \mu + 1{,}28\sigma) \approx 10\,\%$ $P(X < \mu - 1{,}28\sigma) \approx 10\,\%$
$P(X > \mu + 1{,}64\sigma) \approx5\,\%$ $P(X < \mu - 1{,}64\sigma) \approx5\,\%$
$P(X > \mu + 2{,}33\sigma) \approx1\,\%$ $P(X < \mu - 2{,}33\sigma) \approx1\,\%$

Alternative 2: Schätzen von Parametern

 N1 Für den Schluss von der Gesamtheit auf die Stichprobe die zu erwartenden absoluten bzw. relativen Häufigkeiten abschätzen und damit die Signifikanz von Aussagen bewerten.

Beim **„Schluss von der Gesamtheit auf die Stichprobe"** ist der Anteil in der Gesamtheit (d. h. die Erfolgswahrscheinlichkeit für einen auszuführenden BERNOULLI-Versuch) bekannt. Es soll eine Prognose gemacht werden, welche Ergebnisse in der Stichprobe (d. h. bei wiederholter Durchführung des Zufallsversuchs) auftreten werden.

Hierzu werden für die Schätzung absoluter Häufigkeiten die Sigma-Regeln verwendet (vgl. Basiswissen **L5**) bzw. für die Schätzung relativer Häufigkeiten die

Regeln für $\frac{\sigma}{n}$-Umgebungen von p: $P(p - 1{,}64 \frac{\sigma}{n} \leq \frac{X}{n} \leq p + 1{,}64 \frac{\sigma}{n}) \approx 90\%$

$$P(p - 1{,}96 \tfrac{\sigma}{n} \leq \tfrac{X}{n} \leq p + 1{,}96 \tfrac{\sigma}{n}) \approx 95\%$$

$$P(p - 2{,}58 \tfrac{\sigma}{n} \leq \tfrac{X}{n} \leq p + 2{,}58 \tfrac{\sigma}{n}) \approx 99\%$$

Stichprobenergebnisse (relative oder absolute Häufigkeiten), die innerhalb der 95%-Umgebung von p bzw. μ liegen, werden als **„verträglich mit p"** bezeichnet, die außerhalb der 95%-Umgebung liegenden als **signifikant abweichend**. Die Komplementärwahrscheinlichkeit zur **Sicherheitswahrscheinlichkeit** (beispielsweise 95%) wird als **Signifikanzniveau** (also 5%) bezeichnet.

Beispiel *Schätzung absoluter Häufigkeiten*

$n = 500$; $p = 0{,}5$; $\mu = n \cdot p = 250$; $\sigma = \sqrt{n \cdot p \cdot (1 - p)} \approx 11{,}18$ (500facher Münzwurf)

Punktschätzung: Wir erwarten, dass ca. 250-mal Wappen auftritt.

Intervallschätzung: In 90% der Versuchsdurchführungen (d. h. von 500fachen Münzwürfen) wird das Ergebnis zwischen $\mu - 1{,}64\,\sigma$ und $\mu + 1{,}64\,\sigma$ liegen, also im Intervall [232; 268], mit einer Wahrscheinlichkeit von ca. 95% zwischen $\mu - 1{,}96\,\sigma$ und $\mu + 1{,}96\,\sigma$, also im Intervall [228; 272], und mit einer Wahrscheinlichkeit von ca. 99% zwischen $\mu - 2{,}58\,\sigma$ und $\mu + 2{,}58\,\sigma$, also im Intervall [221; 279].

Hinweis: Die Intervalle wurden zunächst näherungsweise nach den Sigma-Regeln bestimmt, teilweise jedoch nach Berechnung der exakten Wahrscheinlichkeiten korrigiert (nach außen „gerundet", vgl. **L5**).

Signifikante Abweichung: Wenn in 500 Münzwürfen weniger als 228-mal Wappen oder mehr als 272-mal Wappen auftritt, dann ist dieses ein signifikant abweichendes Ergebnis.

Beispiel *Schätzung relativer Häufigkeiten*

Bei der Bundestagswahl 2009 erreichte die CDU/CSU einen Anteil von $p = 33{,}8\%$ der gültigen Zweitstimmen.

Punktschätzung: Wenn man am Tag nach der Wahl eine Zufallsstichprobe vom Umfang $n = 800$ unter den Teilnehmern der Wahl durchgeführt hätte, dann hätten wir erwarten können, dass auch in der Stichprobe der Anteil der CDU/CSU-Wähler $\frac{X}{n} = 0{,}338$ ist.

Intervallschätzung: Für $n = 800$ und $p = 0{,}338$ ist $\frac{\sigma}{n} = \sqrt{\frac{0{,}338 \cdot 0{,}662}{800}} \approx 0{,}0167$

also $1{,}64 \frac{\sigma}{n} \approx 0{,}0274 \approx 2{,}7\%$ bzw. $1{,}96 \frac{\sigma}{n} \approx 0{,}0328 \approx 3{,}3\%$.

In 90 % der Versuchsdurchführungen (Stichproben vom Umfang n = 800) wird der Anteil in der Stichprobe zwischen $p - 1{,}64 \frac{\sigma}{n}$ und $p + 1{,}64 \frac{\sigma}{n}$ liegen, also im Intervall [31,1 %; 36,5 %], mit einer Wahrscheinlichkeit von ca. 95 % zwischen $p - 1{,}96 \frac{\sigma}{n}$ und $p + 1{,}96 \frac{\sigma}{n}$, also im Intervall [30,5 %; 37,1 %].

Signifikante Abweichung: Wenn in der Stichprobe weniger als 30,5 % oder mehr als 37,1 % der Befragten angegeben hätten, dass sie CDU/CSU gewählt haben, wäre dies ein vom Wahlergebnis signifikant abweichendes Ergebnis gewesen.

  Für den Schluss von der Stichprobe auf die Gesamtheit Konfidenzintervalle bestimmen.

Beim Aufgabentyp „**Schluss von der Stichprobe auf die Gesamtheit**" ist das Ergebnis einer Stichprobe bekannt (d. h. die Anzahl oder der Anteil der „Erfolge" in einem BERNOULLI-Versuch). Gesucht sind alle diejenigen Erfolgswahrscheinlichkeiten p, für die gilt, dass das Stichprobenergebnis innerhalb der σ-Umgebung des Erwartungswerts μ liegt, also verträglich mit p ist.

Das **90 %-Konfidenzintervall** zu einem vorliegenden Stichprobenergebnis umfasst also alle p, für die gilt, dass das Stichprobenergebnis innerhalb der 1,64 σ-Umgebung von μ liegt. Der Ansatz kann prinzipiell nur in 90 % der Fälle zu einem Intervall führen, welches das wahre p enthält, da man ja beim Ansatz voraussetzt, dass es sich beim vorliegenden Stichprobenergebnis um ein mit dem zugrunde liegenden p verträgliches Ergebnis handelt.

Wenn man statt der Sicherheitswahrscheinlichkeit 90 % eine andere wählt, muss entsprechend (gemäß Sigma-Regeln) das Vielfache von σ verändert werden.

Beispiel

Bei einer Befragung von 1000 Wahlberechtigten geben 518 vor einer Wahl an, eine bestimmte Partei wählen zu wollen. Wird diese Partei die Mehrheit der Stimmen erhalten?

Gesucht sind alle Erfolgswahrscheinlichkeiten (Anteile in der Gesamtheit) p, für die gilt:
$\mu - 1{,}64\,\sigma \leq 518 \leq \mu + 1{,}64\,\sigma$ wobei $\mu = 1000 \cdot p$ und $\sigma^2 = 1000 \cdot p \cdot (1 - p)$

Die Ungleichung kann man numerisch lösen, indem man Schnittstellen der Funktionen
$f(x) = 1000\,x - 1{,}64 \cdot \sqrt{1000 \cdot x \cdot (1 - x)}$ bzw. $f(x) = 1000\,x + 1{,}64 \cdot \sqrt{1000 \cdot x \cdot (1 - x)}$
mit $g(x) = 518$ sucht.
Hier die zugehörige Wertetabelle:

x	$1000\,x + 1{,}64 \cdot \sqrt{1000\,x\,(1-x)}$	x	$1000\,x - 1{,}64 \cdot \sqrt{1000\,x\,(1-x)}$
0,491	516,93	0,541	515,16
0,492	517,93	0,542	516,16
0,493	518,93	0,543	517,17
0,494	519,93	0,544	518,17

Aus der Wertetabelle von $f(x) = 1000\,x - 1{,}64 \cdot \sqrt{1000 \cdot x \cdot (1 - x)}$ lesen wir ab:
Für $p \geq 0{,}544$ weicht das Stichprobenergebnis X = 518 signifikant nach unten ab.

Aus der Wertetabelle von $f(x) = 1000\,x + 1{,}64 \cdot \sqrt{1000 \cdot x \cdot (1 - x)}$ lesen wir ab:
Für $p \leq 0{,}492$ weicht das Stichprobenergebnis X = 518 signifikant nach oben ab.

Alternativ könnte man statt der Sigma-Regeln für absolute Häufigkeiten X auch die Sigma-Regeln für relative Häufigkeiten anwenden:
- Mit einer Wahrscheinlichkeit von 90 % unterscheidet sich der unbekannte Anteil der Personen, welche die bestimmte Partei wählen wollen, vom Anteil $\frac{X}{n}$ in der Stichprobe um höchstens $1{,}64 \frac{\sigma}{n}$.

Gegeben ist hier $n = 1000$ und $\frac{X}{n} = 0{,}518$. Gesucht sind alle p, welche die folgende Bedingung erfüllen:

$|0{,}518 - p| \leq 1{,}64 \cdot \sqrt{\frac{p \cdot (1-p)}{1000}}$, für die also gilt:

$p - 1{,}64 \cdot \sqrt{\frac{p \cdot (1-p)}{1000}} \geq 0{,}518$ und $p + 1{,}64 \cdot \sqrt{\frac{p \cdot (1-p)}{1000}} \leq 0{,}518$

Um das Intervall zu bestimmen, untersucht man die Schnittstellen der Graphen der Funktion

$f_1(x) = x - 1{,}64 \cdot \sqrt{\frac{x \cdot (1-x)}{1000}}$ und $f_2(x) = x + 1{,}64 \cdot \sqrt{\frac{x \cdot (1-x)}{1000}}$

mit dem Graphen der Funktion $g(x) = 0{,}518$ (d. h. im Vergleich zu oben sind alle Funktionsterme durch 1000 dividiert).

Hinweis: Die Eckwerte des Intervalls müssen *nach innen* gerundet werden, wenn man das Konfidenzintervall auf drei Dezimalstellen genau angeben will:

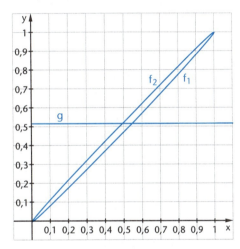

$p = 0{,}493$ ist der kleinste Anteil p in der Gesamtheit, innerhalb dessen $1{,}64 \frac{\sigma}{n}$-Umgebung das Stichprobenergebnis $\frac{X}{n} = 0{,}518$ liegt ($\frac{X}{n} = 0{,}518$ liegt am oberen Rand der $1{,}64 \frac{\sigma}{n}$-Umgebung von p, ist also noch verträglich mit $p = 0{,}493$).

$p = 0{,}543$ ist der größte Anteil p in der Gesamtheit, innerhalb dessen $1{,}64 \frac{\sigma}{n}$-Umgebung das Stichprobenergebnis $\frac{X}{n} = 0{,}518$ liegt ($\frac{X}{n} = 0{,}518$ liegt am unteren Rand der $1{,}64 \frac{\sigma}{n}$-Umgebung von p, ist also noch verträglich mit $p = 0{,}543$).

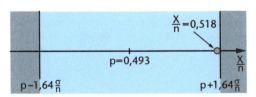 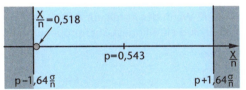

Man kann die Ungleichung auch als Betragsungleichung mit der Variablen p auffassen mit $|518 - 1000\,p| \leq 1{,}64 \cdot \sqrt{1000 \cdot p \cdot (1-p)}$.

Dies führt auf eine quadratische Ungleichung: $(518 - 1000\,p)^2 \leq 1{,}64^2 \cdot 1000 \cdot p \cdot (1-p)$

Als Lösung der Ungleichung ergibt sich das Intervall: $0{,}493 \leq p \leq 0{,}543$

Da im 90 %-Konfidenzintervall auch Anteile p (an der Gesamtheit) enthalten sind, die unter 50 % liegen, kann man über die Mehrheit der Partei keine Aussagen machen.

Die Bestimmung eines genügend großen Umfangs einer Stichprobe vornehmen.

Zu vorgegebenem n kann man den Radius der $1{,}96\frac{\sigma}{n}$-Umgebung von p berechnen, also den maximalen Abstand, den das Stichprobenergebnis (relative Häufigkeit) vom zugrunde liegenden p in 95 % der Fälle hat:

$$P(|\tfrac{X}{n} - p| \leq 1{,}96\tfrac{\sigma}{n}) \approx 0{,}95$$

Gibt man andererseits einen maximalen Abstand d vor (*Genauigkeit*), dann kann man aus der Ungleichung $1{,}96\frac{\sigma}{n} \leq d$ den notwendigen Umfang der Stichprobe berechnen, der mit einer Wahrscheinlichkeit von 95 % zu einem Stichprobenergebnis führt, das die vorgegebene Bedingung erfüllt.

Allgemein führt die Ungleichung $1{,}96 \cdot \sqrt{\frac{p \cdot (1-p)}{n}} \leq d$ nach Umformung zu $n \geq 1{,}96^2 \cdot \frac{p \cdot (1-p)}{d^2}$.

Wenn man statt der Sicherheitswahrscheinlichkeit 95 % eine andere wählt, muss entsprechend (gemäß Sigma-Regeln) das Vielfache von $\frac{\sigma}{n}$ verändert werden.

Beispiel

Der Anteil der Haushalte mit einer bestimmten Ausstattung soll auf 5 Prozentpunkte genau geschätzt werden, d. h. der Stichprobenumfang n ist so zu wählen, dass in 95 % der Fälle der Radius der Umgebung $1{,}96\frac{\sigma}{n}$ die maximale Abweichung von 5 Prozentpunkten nicht überschreitet: $1{,}96\frac{\sigma}{n} \leq 0{,}05$

Ist nichts über p bekannt, muss man mit dem ungünstigsten Wert, nämlich p = 0,5 rechnen. Dann ist: $1{,}96 \cdot \sqrt{\frac{0{,}5 \cdot 0{,}5}{n}} \leq 0{,}05 \Leftrightarrow 1{,}96^2 \cdot \frac{0{,}5 \cdot 0{,}5}{n} \leq 0{,}05^2 \Leftrightarrow 1{,}96^2 \cdot \frac{0{,}5 \cdot 0{,}5}{0{,}05^2} \leq n \Leftrightarrow n \geq 384{,}2$

Durch Quadrieren und Auflösen nach n erhält man n ≥ 385, d. h. ein Stichprobenumfang von mindestens 385 sollte gewählt werden.

Falls man Informationen über den Anteil der Haushalte hat, z. B. dass der Anteil ungefähr 20 % beträgt, dann verringert sich der für die Erhebung notwendige Stichprobenumfang:

$n \geq 1{,}96^2 \cdot \frac{0{,}2 \cdot 0{,}8}{0{,}05^2} \approx 245{,}9$, also n ≥ 246.

Hinweis: Wenn der Anteil auf 4 [3, 2, 1] Prozentpunkte genau geschätzt werden soll, ergibt sich analog ein Mindest-Stichprobenumfang von n = 601 [1068, 2401, 9604].

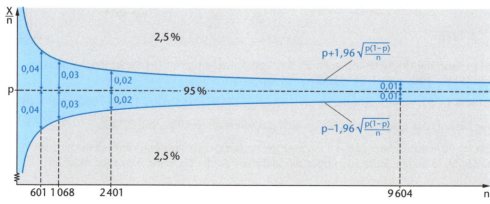

Aufgaben zum Trainieren

Aufgabe 1 *Deichbau*

Ein Deich ist ein Schutzwall gegen das Meer mit einer steilen Böschung zur Landseite und einer flacheren Böschung an der Seeseite, so dass die auflaufenden Wellen ihre Kraft verlieren.

Ältere Deiche an der Nordseeküste haben ein Deichprofil, dessen Form auf einem bestimmten Deichabschnitt näherungsweise dem Graphen der Funktion f_t entspricht mit

$f_t(x) = \frac{1}{3t} x (x - 3t)^2$; $t \geq 1$

und einem geeigneten Definitionsbereich. Dabei beschreibt die negative x-Achse im Koordinatensystem den Verlauf des Lands hinter dem Deich, die positive x-Achse die Deichsohle und die Meeresoberfläche.

Der abgebildete Graph zeigt das Deichprofil für $t = 2$.

a) Bestimmen Sie allgemein für die durch die Graphen von f_t beschriebenen Deichprofile Lage und Höhe der Deichkrone (= Maximum) und die Breite der Deiche in der Ebene.   **B4 B6**

b) Bestimmen Sie von den Profilen denjenigen Deich, dessen Höhe mit der Breite übereinstimmt.   **B8**

c) Das Innere der Deiche besteht aus Sand, der mit einer Schicht aus Klei abgedeckt ist. Der Querschnitt dieser Schichten wird durch die Graphen der Funktionen f_t und $0{,}8 \cdot f_t$ und die x-Achse begrenzt.

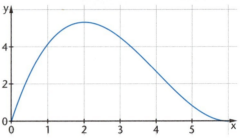

  (1) Berechnen Sie für beliebiges t den Flächeninhalt der Querschnittsfläche des Deichs, die durch die Graphen von f_t sowie die x-Achse begrenzt wird.   **C2**

  (2) Begründen Sie, warum der Anteil an Sand für diese Querschnittsfläche nicht vom Parameter t abhängt.

d) Von der Deichkrone aus soll ein unterirdisch verlaufendes, gerades Entwässerungsrohr bis zum Punkt O(0|0) verlegt werden.

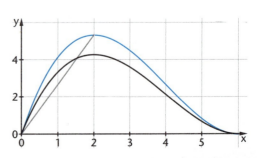

(1) Bestimmen Sie die Länge dieses Rohrs sowie die Länge der Strecke, für die das Rohr innerhalb der Sandschicht verläuft.

(2) Bestimmen Sie die Stelle auf dem Deich, an der der senkrecht zur Meeresoberfläche gemessene Abstand zum Rohr am größten ist.

e) Zur Festigung des Deichs soll an der Meeresseite die obere Schicht durch Basaltsteine ersetzt werden. Im Rahmen dieser Baumaßnahme soll das Deichprofil so verändert werden, dass zur Meerseite hin eine nicht gekrümmte Ebene entsteht. Der bis zum Wendepunkt rechtsgekrümmte Graph soll nicht in eine Linkskrümmung übergehen, sondern tangential fortgesetzt werden. Bestimmen Sie für beliebiges t, t ≥ 1, die Gleichung dieser Tangente sowie die Stelle, an der das neue Profil die Meeresoberfläche (Normalnull) schneidet.

Lösung:

a) $f_t(x) = \frac{1}{3t} \cdot x \cdot (x - 3t)^2 = \frac{1}{3t} \cdot x^3 - 2x^2 + 3tx$

Ableitungen: $f_t'(x) = \frac{1}{t}x^2 - 4x + 3t$ und $f_t''(x) = \frac{2}{t}x - 4$

Um die Lage und Höhe der Deichkrone zu bestimmen, untersuchen wir die Graphen auf Extrempunkte.
Notwendige Bedingung:
$f_t'(x) = 0 \Leftrightarrow x^2 - 4tx + 3t^2 = 0 \Leftrightarrow (x - t)(x - 3t) = 0 \Leftrightarrow x = t \vee x = 3t$
Überprüfung der hinreichenden Bedingung:
Da $f_t'(t) = 0$ und $f_t''(t) = -2 < 0$, liegt an der Stelle $x = t$ ein lokales Maximum vor.

Die Höhe der Deichkrone ist $f_t(t) = \frac{1}{3t} \cdot t \cdot (t - 3t)^2 = \frac{1}{3} \cdot (-2t)^2 = \frac{4}{3}t^2$.

Für $x = 3t$ erhält man: $f_t''(3t) = 2 > 0$ – hier liegt ein lokales Minimum der Funktion vor.
Die Breite der Deiche ergibt sich aus den Schnittpunkten der Graphen mit der x-Achse:
$f_t(x) = 0 \Leftrightarrow \frac{1}{3t}x(x - 3t)^2 = 0 \Leftrightarrow x = 0 \vee x = 3t$
Die Breite der Deiche (bezogen auf die Ebene) ist $3t$.

b) Damit die Höhe und die Breite übereinstimmen, muss der Abstand der Nullstellen mit dem Funktionswert des Maximums übereinstimmen:
$3t = \frac{4}{3}t^2 \Leftrightarrow t = \frac{9}{4}$ ($t \neq 0$)

c) (1) Um die Querschnittsfläche des Deichs zu bestimmen, muss die Funktion f_t zwischen ihren beiden Nullstellen ($x = 0$ und $x = 3t$) integriert werden:

$A(t) = \int_0^{3t} f_t(x)\,dx = \left[\frac{1}{12t}x^4 - \frac{2}{3}x^3 + \frac{3}{2}tx^2\right]_0^{3t} = \frac{27}{4}t^3 - 18t^3 + \frac{27}{2}t^3 = \frac{9}{4}t^3$

(2) Da die Profilkurve des inneren Sand-Deiches sich durch Multiplikation mit dem konstanten Faktor 0,8 aus der Profilkurve des Deiches ergibt, hat die Sandfläche 80 % Anteil an der gesamten Querschnittsfläche (Linearität des Integrals).

d) Die Verbindungsgerade vom lokalen Maximum in $\left(t \mid \frac{4}{3}t^2\right)$ zum Koordinatenursprung hat die Steigung $m = \frac{\frac{4}{3}t^2}{t} = \frac{4}{3}t$, die Gerade demnach die Gleichung $g_t(x) = \frac{4}{3}t \cdot x$.

(1) Die Länge des Rohrs berechnet sich nach dem Satz von Pythagoras $l_1 = \sqrt{t^2 + \frac{16}{9}t^4}$

Gesucht ist außerdem der Schnittpunkt der Geraden $g_t(x)$ mit der Profilkurve des Sand-Deiches:

$0{,}8 \cdot \left(\frac{1}{3t}x^3 - 2x^2 + 3tx\right) = \frac{4}{3}tx \Leftrightarrow \frac{4}{15t}x^3 - \frac{8}{5}x^2 + \frac{12}{5}tx = \frac{4}{3}tx \Leftrightarrow$

$\frac{4}{15t}x^3 - \frac{8}{5}x^2 + \frac{16}{15}tx = 0 \Leftrightarrow x \cdot \left(\frac{4}{15t}x^2 - \frac{8}{5}x + \frac{16}{15}t\right) = 0 \Leftrightarrow$

$x = 0 \vee x^2 - 6tx + 4t^2 = 0 \Leftrightarrow x = 0 \vee (x - 3t)^2 = 5t^2 \Leftrightarrow$

$x = 0 \vee x = (3 + \sqrt{5}) \cdot t \approx 5{,}24 \cdot t \vee x = (3 - \sqrt{5}) \cdot t \approx 0{,}764 \cdot t$

Die hier in Frage kommende Schnittstelle ist $x \approx 0{,}764\,t$ (da sie im Intervall $[0\,;t]$ liegen muss).

Die zugehörige y-Koordinate berechnen wir am einfachsten mithilfe der Geradengleichung: $g_t(0{,}764\,t) \approx 1{,}019\,t^2$

Die Länge des Rohrs, das im Sand liegt, ist demnach:
$l_2 = \sqrt{(0{,}764\,t)^2 + (1{,}019\,t^2)^2} \approx \sqrt{0{,}584\,t^2 + 1{,}038\,t^4}$

(2) Gesucht ist das Maximum der Differenzfunktion $d_t(x) = f_t(x) - g_t(x)$ auf dem Intervall $[0\,;t]$:

$d_t(x) = f_t(x) - g_t(x) = \frac{1}{3t} \cdot x^3 - 2x^2 + 3tx - \frac{4}{3}tx = \frac{1}{3t} \cdot x^3 - 2x^2 + \frac{5}{3}tx$

Ableitungen: $d_t'(x) = \frac{1}{t} \cdot x^2 - 4x + \frac{5}{3}t$ und $d_t''(x) = \frac{2}{t} \cdot x - 4$

Notwendige Bedingung:

$d_t'(x) = \frac{1}{t} \cdot x^2 - 4x + \frac{5}{3}t = 0$

$\Leftrightarrow x^2 - 4tx + \frac{5}{3}t^2 = 0$

$\Leftrightarrow x^2 - 4tx + (2t)^2 = \frac{7}{3}t^2$

also $x = \left(2 + \sqrt{\frac{7}{3}}\right) \cdot t \approx 3{,}53\,t \vee$

$x = \left(2 - \sqrt{\frac{7}{3}}\right) \cdot t \approx 0{,}47\,t$

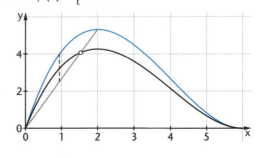

Da zusätzlich $d_t''(0{,}47\,t) < 0$, liegt an der Stelle $x \approx 0{,}47\,t$ ein lokales Maximum vor.

e) Bestimmung des Wendepunkts des Graphen

Notwendige Bedingung: $f_t''(x) = \frac{2}{t}x - 4 = 0$, d. h. $x = 2t$

Da die 3. Ableitung $f_t'''(x) = \frac{2}{t}$ konstant ist, ist auch die hinreichende Bedingung für das Vorliegen eines Wendepunkts erfüllt.

Es gilt: $f_t = (2t) = \frac{1}{3t} \cdot 2t \cdot (2t - 3t)^2 = \frac{2}{3}t^2$ und $f_t'(2t) = \frac{1}{t} \cdot (2t)^2 - 4 \cdot 2t + 3t = -t$

Die Gleichung der Wendetangente w lautet daher:

$w(x) = (-t) \cdot (x - 2t) + \frac{2}{3}t^2 = -t \cdot x + \frac{8}{3}t^2$

Die Wendetangente schneidet die x-Achse (Meereshöhe, Normalnull) für $x = \frac{8}{3}t$.

Aufgabe 2 *Trassierung*

An der Kreuzung zweier Landstraßen ist das Verkehrsaufkommen sehr hoch und die Unfallgefahr groß.
Zur Entlastung der Kreuzung sollen die Straßen durch eine sinnvolle Trassenführung für Rechtsabbieger miteinander verbunden werden. Diese sollen die Möglichkeit erhalten, bei A die Landstraße g zu verlassen und über die Trasse in B auf die Landstraße h aufzufahren.

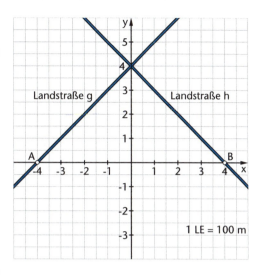

a) Bauingenieure einer Trassenbaugesellschaft erhalten den Auftrag, eine Funktion f zu finden, welche eine geeignete Trasse modelliert.
Grundlegend für die Trassierung ist, dass sich die gesuchte Übergangsstraße (1) *nahtlos* und (2) *knickfrei* an die Landstraßen anschließen muss. Mathematisch bedeutet dies, dass der Graph der Trassenfunktion f den Graphen der Landstraße g im Punkt A sowie den Graphen der Landstraße h im Punkt B berühren muss.
Zudem müssen die Fahrzeuge an den Anknüpfungspunkten der Trasse möglichst (3) *ruckfrei* von der einen zur anderen Straße wechseln können. Dies ist erfüllt, wenn in den Berührpunkten auch die Krümmung der Graphen übereinstimmt, welche durch die zweite Ableitungsfunktion angegeben wird.
Stellen Sie die Bedingungen dar, welche eine Funktion f für die vorliegende Trassierung erfüllen sollte.
Hinweise: Zur Lösung des vorliegenden Trassierungsproblems lassen sich Symmetrieeigenschaften ausnutzen. Geben Sie daher an, welche Voraussetzung die Funktion f erfüllen muss und schränken Sie die Bedingungen ein. Beachten Sie auch, dass die Trasse südlich (also in der Abbildung unterhalb) der Kreuzung verlaufen soll. Nennen Sie auch die hierzu gehörenden Bedingungen.

b) Begründen Sie, dass es keine ganz-rationale Funktion zweiten Grades geben kann, welche alle gewünschten Bedingungen erfüllt.
Ermitteln Sie das Gleichungssystem, welches die Koeffizienten einer ganz-rationalen Funktion f vierten Grades mit $f(x) = ax^4 + bx^2 + c$ erfüllen müssen. (Die Koeffizienten sollen nicht bestimmt werden.)

c) Zur Planung der Übergangsstraße wird ein Ausschuss eingerichtet. Jemand schlägt vor, eine Trasse zu bauen, welche durch eine Exponentialfunktion f_1 der Form $f_1(x) = a e^{b \cdot x^2} + c$; $a, b \neq 0$ mathematisch beschrieben werden kann. Bestimmen Sie die Parameter a, b und c der Funktion f_1, so dass ein nahtloses, knick- und ruckfreies Auf- und Abfahren der Verkehrsteilnehmer über die Trasse möglich ist. [Kontrollangabe: $f_1(x) = 4(e^{-\frac{1}{32}x^2 + \frac{1}{2}} - 1)$]
Prüfen Sie die Lage der Trasse bezüglich der Kreuzung.

d) Von der Trassenbaugesellschaft wird die Funktion f_2 für die Modellierung der Trasse vorgeschlagen:

$f_2(x) = -0{,}2757 (e^{0{,}5x} + e^{-0{,}5x}) + 2{,}075$

Zeigen Sie, dass auch f_2 als Modellierung in Frage kommt mit der Einschränkung, dass die Ruckfreiheit nur bedingt gewährleistet ist.

e) Das Gebiet, welches von den Landstraßen und der Trasse eingeschlossen wird, kann nicht mehr landwirtschaftlich genutzt werden; pro Quadratmeter Fläche entstehen hohe Kosten.
Die Planungsgruppe vergleicht den Flächenbedarf der beiden durch f_1 und f_2 gegebenen Alternativen. Für Modell 1 wird ein Bedarf von 28 580 m² berechnet. Modell 2 erfordert eine k-fach so große Fläche.
Bestimmen Sie den Faktor k (Rundung auf eine Dezimalstelle). C1 C2 E2

Entscheiden Sie, welche Funktion zur Modellierung der Trasse ausgewählt werden soll.

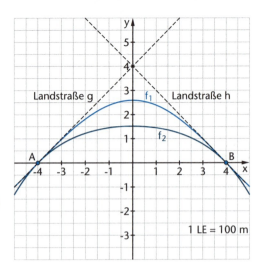

1 LE = 100 m

Lösung:

a) Die Landstraßen werden modelliert durch die linearen Funktionen g und h mit
$g(x) = x + 4$ und $h(x) = -x + 4$.
Eine Modellierungsfunktion f sollte die folgenden Bedingungen erfüllen:
A ist Berührpunkt der Graphen von f und g und B ist Berührpunkt von f und h.
(1) nahtlos: $f(-4) = g(-4) \land f(4) = h(4) \Leftrightarrow f(-4) = 0 \land f(4) = 0$
(2) knickfrei: $f'(-4) = g'(-4) \land f'(4) = h'(4) \Leftrightarrow f'(-4) = 1 \land f'(4) = -1$
Zusätzlich soll das Krümmungsverhalten der Graphen an den Berührstellen übereinstimmen. Die Krümmung einer Gerade ist in allen Punkten gleich null.
(3) ruckfrei: $f''(-4) = g''(-4) = 0 \land f''(4) = h''(4) = 0$
Das vorliegende Trassierungsproblem ist achsensymmetrisch, gesucht wird also eine achsensymmetrische Funktion f. Es genügt daher, die Bedingungen im Punkt B zu betrachten, d. h. es muss gelten:
(1) $f(4) = 0$ (2) $f'(4) = -1$ (3) $f''(4) = 0$
Zu beachten ist auch $f(0) < 4$, da die Trasse südlich der Kreuzung verlaufen soll.

b) Der Graph der ganz-rationalen Funktion zweiten Grades muss achsensymmetrisch zur zweiten Achse sein, der Funktionsterm kann also nur Summanden mit geraden Potenzen von x enthalten:
Ansatz: $f(x) = ax^2 + b$ mit $f'(x) = 2ax$ und $f''(x) = 2a$.
(1) $16a + b = 0$ (2) $8a = -1$ (3) $2a = 0$
Die Gleichungen (2) und (3) stehen zueinander im Widerspruch.

Es existiert also keine ganz-rationale Funktion zweiten Grades, welche alle drei Bedingungen erfüllt.

Aufgrund der Achsensymmetrie lässt sich für die gesuchte ganz-rationale Funktion vierten Grades die Funktionsgleichung $f(x) = ax^4 + bx^2 + c$ aufstellen.
Die erste und zweite Ableitung lauten: $f'(x) = 4ax^3 + 2bx$ und $f''(x) = 12ax^2 + 2b$

Aus den Bedingungen (1), (2) und (3) ergibt sich das Gleichungssystem
(1) $256a + 16b + c = 0$
(2) $256a + 8b = -1$
(3) $192a + 2b = 0$

c) Gesucht ist eine Funktion f_1 der Form $f_1(x) = a e^{b \cdot x^2} + c$; $a, b \neq 0$.
Der Graph der Funktion ist achsensymmetrisch, denn es gilt
$f_1(-x) = a e^{b \cdot (-x)^2} + c = a e^{b \cdot x^2} + c = f_1(x)$ für alle $x \in \mathbb{D}_{f_1}$.
Durch Anwendung der Kettenregel erhält man die erste Ableitungsfunktion, mithilfe der Produkt- und Kettenregel die zweite Ableitungsfunktion:
$f_1'(x) = 2 a b x e^{b \cdot x^2}$
$f_1''(x) = 2 a b e^{b \cdot x^2} + 2 a b x \cdot 2 b x e^{b \cdot x^2} = 2 a b (1 + 2 b x^2) e^{b \cdot x^2}$

Die Bedingungen (1) $f(4) = 0$, (2) $f'(4) = -1$ und (3) $f''(4) = 0$ führen zu dem Gleichungssystem
(1) $a \cdot e^{16 \cdot b} + c = 0$
(2) $8 \cdot a \cdot b \cdot e^{16 \cdot b} = -1$
(3) $2 \cdot a \cdot b \cdot (1 + 32 \cdot b) \cdot e^{16 \cdot b} = 0$

Aus (3) folgt: $2 \cdot a \cdot b \cdot (1 + 32 \cdot b) \cdot e^{16 \cdot b} = 0 \Leftrightarrow 1 + 32 \cdot b = 0 \Leftrightarrow b = -\frac{1}{32}$
da $a, b \neq 0 \land e^{16 \cdot b} \neq 0$
Durch Einsetzen von $b = -\frac{1}{32}$ in (2) ergibt sich $8 \cdot a \cdot \left(-\frac{1}{32}\right) \cdot e^{-16 \cdot \frac{1}{32}} = -1 \Leftrightarrow a = 4 \cdot e^{\frac{1}{2}}$
Setzt man $a = 4 \cdot e^{\frac{1}{2}}$ und $b = -\frac{1}{32}$ in (1) ein, so erhält man $4 \cdot e^{\frac{1}{2}} \cdot e^{-16 \cdot \frac{1}{32}} + c = 0 \Leftrightarrow c = -4$.

Für die Funktion f_1 ergibt sich $f_1(x) = 4 \cdot e^{\frac{1}{2}} \cdot e^{-\frac{1}{32} \cdot x^2} - 4 = 4 \cdot \left(e^{-\frac{1}{32} \cdot x^2 + \frac{1}{2}} - 1\right)$.

Es ist $f_1(0) = 4 \cdot e^{\frac{1}{2}} - 4 \approx 2{,}6 < 4$. Die Trasse verläuft etwa 140 m südlich des Kreuzungspunktes.

d) Der Graph der Funktion f_2 mit $f_2(x) = -0{,}2757 \cdot (e^{0{,}5 \cdot x} + e^{-0{,}5 \cdot x}) + 2{,}075$ ist achsensymmetrisch, denn es gilt für alle $x \in D_{f_2}$
$f_2(-x) = -0{,}2757 \cdot (e^{0{,}5 \cdot (-x)} + e^{-0{,}5 \cdot (-x)}) + 2{,}075 = -0{,}2757 \cdot (e^{0{,}5 \cdot x} + e^{-0{,}5 \cdot x}) + 2{,}075 = f_2(x)$
Das Maximum liegt unterhalb des Schnittpunktes der beiden Geraden, denn es ist
$f_2(0) = -0{,}2757 \cdot (e^0 + e^0) + 2{,}075 \approx 1{,}52 < 4$.
Zur Überprüfung des Verhaltens an den Übergangspunkten werden zunächst die Ableitungen gebildet:
$f_2'(x) = -0{,}2757 \cdot (0{,}5 \cdot e^{0{,}5 \cdot x} - 0{,}5 \cdot e^{-0{,}5 \cdot x}) = -0{,}13785 \cdot (e^{0{,}5 \cdot x} - e^{-0{,}5 \cdot x})$
$f_2''(x) = -0{,}13785 \cdot (0{,}5 \cdot e^{0{,}5 \cdot x} + 0{,}5 \cdot e^{-0{,}5 \cdot x}) = -0{,}068925 \cdot (e^{0{,}5 \cdot x} + e^{-0{,}5 \cdot x})$

Es ist $f_2(4) = -0{,}2757 \cdot (e^2 + e^{-2}) + 2{,}075 \approx 0 \land f_2'(4) = -0{,}13785 \cdot (e^2 - e^{-2}) \approx -1$.
Die Trassierung mittels der Funktion f_2 ermöglicht einen nahtlosen und knickfreien Übergang.
Der Übergang ist nicht völlig ruckfrei, da die Krümmung $f_2''(4) \approx -0{,}52 \neq 0$ ist.

e) Zunächst wird die von den beiden Geraden und der x-Achse eingeschlossene Dreiecksfläche berechnet.
Die Länge der Grundseite des Dreiecks beträgt 8 LE (Längeneinheiten), die Länge der Dreieckshöhe 4 LE.

$A_D = \frac{1}{2} \cdot 8 \text{ LE} \cdot 4 \text{ LE} = 16 \text{ FE}$ (Flächeneinheiten).

In der Realität entspricht eine Längeneinheit einer Länge von 100 m, daher beträgt der Inhalt des dreieckförmigen Flächenstücks 160 000 m².
Die Fläche, welche der Graph von f_2 mit der x-Achse einschließt, kann unter Ausnutzung der Achsensymmetrie durch Integration bestimmt werden:

$A_{f_2} = 2 \cdot \int_0^4 f_2(x) \, dx = 2 \cdot \int_0^4 (-0{,}2757 \cdot (e^{0{,}5 \cdot x} + e^{-0{,}5 \cdot x}) + 2{,}075) \, dx$

$= 2 \cdot \left[-0{,}2757 \cdot (2 \cdot e^{0{,}5 \cdot x} - 2 \cdot e^{-0{,}5 \cdot x}) + 2{,}075 \cdot x\right]_0^4 \approx 8{,}6 \text{ FE}$

Dies entspricht in der Realität einer Größe von 86 000 m². Der Flächenbedarf für die Trassierung mittels f_2 beträgt demnach A = 160 000 m² − 86 000 m² = 74 000 m². Alternativ kann auch die Fläche zwischen den Funktionsgraphen von h und f_2 betrachtet werden:

$$A = 2 \cdot \int_0^4 (h(x) - f_2(x))\,dx = 2 \cdot \int_0^4 (-x + 0{,}2757 \cdot (e^{0{,}5 \cdot x} + e^{-0{,}5 \cdot x}) + 1{,}925)\,dx$$

$$= 2 \cdot \left[-\frac{1}{2}x^2 + 0{,}2757 \cdot (2 \cdot e^{0{,}5 \cdot x} - 2 \cdot e^{-0{,}5 \cdot x}) + 1{,}925 \cdot x \right]_0^4 \approx 7{,}4 \text{ FE} = 74\,000 \text{ m}^2$$

Mit k = 74 000 m² : 28 580 m² ≈ 2,6 ist der Flächenbedarf für das Trassierungsmodell 2 also etwa 2,6-fach höher als bei Modell 1.

Die Funktion f_1 ist für die Modellierung der Trassierung zu empfehlen. Der zugehörige Graph verläuft achsensymmetrisch unterhalb des Schnittpunktes der Geraden g und h. Das Verhalten an den Übergangspunkten entspricht genau den geforderten Bedingungen.

Aufgabe 3 *mp3-Player*

Die Elektronikfirma stellt einen mp3-Player her.
In der nebenstehenden Abbildung ist die Anzahl der täglich verkauften mp3-Player im Verlauf eines Jahres dargestellt.
Zur Vereinfachung der Modellierung wird im Folgenden mit einem Jahr mit 360 Tagen und einer konstanten Monatslänge von 30 Tagen gerechnet.

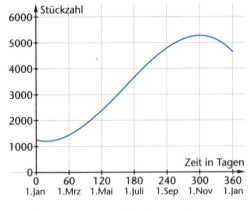

a) Entnehmen Sie die in diesem Aufgabenteil benötigten Informationen der Abbildung.

(1) Bestimmen Sie, wie viele mp3-Player ungefähr am 1. März verkauft wurden.
(2) Bestimmen Sie die mittlere tägliche Zunahme der Anzahl der täglich verkauften mp3-Player für den Zeitraum vom 1. März bis zum 1. Mai.
(3) Ermitteln Sie, wie groß die momentane tägliche Zunahme der Anzahl der verkauften mp3-Player am 1. März war.

b) Anhand einiger Unternehmensdaten soll ein mathematisches Modell für die Anzahl der täglich verkauften mp3-Player erstellt werden:

- Am 1. Januar (t = 0) wurden 1280 und am 1. September (t = 240) wurden 4800 mp3-Player verkauft.
- Am 20. Januar (t = 20) wurden die wenigsten mp3-Player verkauft.
- Die momentane Zunahme der verkauften mp3-Player betrug am 1. Mai (t = 120) 20 $\frac{\text{Stück}}{\text{Tag}}$.

(1) Stellen Sie anhand dieser Daten ein Gleichungssystem zur Bestimmung einer geeigneten ganzrationalen Funktion 3. Grades auf.
(2) Zeigen Sie, dass folgende Funktion f diese Bedingungen erfüllt:

$$f(t) = -\frac{10}{30^3}t^3 + \frac{40}{15^2}t^2 - \frac{20}{3}t + 1280$$

c) Nun sei durch $f(t) = -\frac{10}{30^3}t^3 + \frac{40}{15^2}t^2 - \frac{20}{3}t + 1280$ eine Funktion zur Beschreibung der pro Tag verkauften mp3-Player gegeben. Dabei wird die Zeit t in Tagen und die Anzahl f(t) in Stück angegeben.

(1) Untersuchen Sie rechnerisch, wie viele mp3-Player nach diesem Modell maximal pro Tag verkauft wurden. Geben Sie an, wann dies der Fall war. **B6**
(2) Untersuchen Sie rechnerisch, wann die Zunahme der täglich verkauften mp3-Player am größten war. **B7**
(3) Berechnen Sie, wie viele mp3-Player im ganzen Jahr verkauft wurden. **C5**

d) **(LK)** Für das folgende Geschäftsjahr mit $360 \leq t \leq 720$ nimmt die Unternehmensleitung an, dass die Verkaufszahlen exponentiell abnehmen werden. Zur Untersuchung von Prognosen wird dazu die Funktion g mit $g(t) = a \cdot e^{-b \cdot t}$ (a > 0, b > 0) so bestimmt, dass die Graphen von f und g an der Stelle t = 360 ohne Sprung und ohne Knick aneinander anschließen.

(1) Bestimmen Sie die Koeffizienten a und b, so dass die obige Bedingung erfüllt ist. **E1**
(2) Berechnen Sie die mittlere Anzahl der in diesem Jahr täglich verkauften mp3-Player. **C3**

Lösung:

a) (1) Am 1. März wurden ungefähr 1400 mp3-Player verkauft.
(2) Die mittlere tägliche Zunahme für den Zeitraum vom 1. März bis zum 1. Mai beträgt etwa $\frac{2400 - 1400}{60} = \frac{50}{3}$.
(3) Die momentane tägliche Zunahme am 1. März kann als Tangentensteigung einer in die Grafik eingezeichneten Tangente abgelesen werden.
Sie beträgt ungefähr 10,7 $\frac{\text{Stück}}{\text{Tag}}$.

b) Ansatz: $f(x) = ax^3 + bx^2 + cx + d$
Folgende Bedingungen müssen erfüllt sein:
$f(0) = 1280 \wedge f(240) = 4800 \wedge f'(20) = 0 \wedge f'(120) = 20$

(1) Das Gleichungssystem lautet:
$$\begin{vmatrix} d = 1280 \\ 240^3 a + 240^2 b + 240 c + d = 4800 \\ 3 \cdot 20^2 a + 2 \cdot 20 b + c = 0 \\ 3 \cdot 120^2 a + 2 \cdot 120 b + c = 20 \end{vmatrix}$$

(2) Mit der gegebenen Funktion und ihrer Ableitung $f'(t) = -\frac{1}{900}t^2 + \frac{16}{45}t - \frac{20}{3}$ bestätigt man die genannten Bedingungen.

c) $f'(t) = -\frac{1}{900}t^2 + \frac{16}{45}t - \frac{20}{3}$; $f''(t) = -\frac{1}{450}t + \frac{16}{45}$; $f'''(t) = -\frac{1}{450}$

(1) Zu bestimmen ist ein absolutes Extremum. Die notwendige Bedingung ergibt:
$f'(t) = 0 \Leftrightarrow -\frac{1}{900}t^2 + \frac{16}{45}t - \frac{20}{3} = 0 \Leftrightarrow t^2 - 320t + 6000 = 0 \Leftrightarrow t = 20 \vee t = 300$

Da an der Stelle t = 20 ein lokales Minimum vorliegt, kommt hier nur t = 300 in Frage.
Mit der hinreichenden Bedingung $f'(300) = 0 \wedge f''(300) = -\frac{14}{45} < 0$ ergibt sich ein lokales Maximum bei t = 300. Durch den Vergleich von f(300) = 5280 mit den Funktionswerten an den Rändern des betrachteten Intervalls f(0) = 1280 und f(360) = 4640 ergibt sich hier auch ein absolutes Maximum.
Mit 5280 Stück wurden also am 1. November die meisten mp3-Player verkauft.

(2) Gesucht ist eine Extremstelle der ersten Ableitung, also eine Wendestelle, an der zusätzlich eine positive Steigung vorliegen soll. Die notwendige Bedingung ergibt
$f''(t) = 0 \Leftrightarrow \frac{1}{450}t = \frac{16}{45} \Leftrightarrow t = 160$. Aus der hinreichenden Bedingung
$f''(160) = 0 \wedge f'''(160) = -\frac{1}{450} \neq 0$ folgt, dass $t = 160$ eine Wendestelle ist.

Da außerdem auch $f'(160) = 21\frac{7}{9} > 0$, war die Zunahme für $t = 160$, also am 10. Juni maximal.

(3) Zur Berechnung der Gesamtzahl der verkauften mp3-Player wird folgendes Integral
berechnet: $n = \int_0^{360} f(t)\,dt = \left[-\frac{1}{10\,800}t^4 + \frac{8}{135}t^3 - \frac{10}{3}t^2 + 1280\,t\right]_0^{360}$
$= -1\,555\,200 + 2\,764\,800 - 432\,000 + 460\,800$
$= 1\,238\,400$

d) (1) Die Bedingungen
$g(360) = f(360) \wedge g'(360) = f'(360)$
führen zum Gleichungssystem
$a\,e^{-360\cdot b} = 4640 \wedge -b \cdot a\,e^{-360\cdot b} = -\frac{68}{3}$.
Einsetzen von 4640 für $a\,e^{-360\cdot b}$ in der
zweiten Gleichung ergibt $b = \frac{17}{3480}$.
Daraus folgt mit der ersten Gleichung $a = 4640 \cdot e^{\frac{51}{29}}$.

Also lautet die Funktionsgleichung:
$g(t) = 4640\,e^{\frac{51}{29}} \cdot e^{-\frac{17}{3480}\cdot t}$
$\approx 26\,932{,}5 \cdot e^{-0{,}004885\,t}$

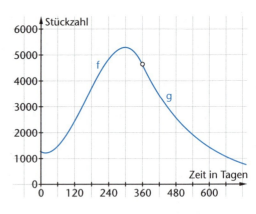

(2) Berechnung des Mittelwertes M durch Integration:
$M = \frac{1}{360}\int_{360}^{720} g(t)\,dt = \frac{1}{360}\left[-\frac{a}{b}e^{-b\cdot t}\right]_{360}^{720} \approx \frac{1}{360} \cdot 786\,195 \approx 2184$

Die mittlere Anzahl der täglich verkauften mp3-Player beträgt also 2184 Stück.

Aufgabe 4 Ein Kugelgasbehälter

Der abgebildete kugelförmige Körper kann mit Flüssiggas befüllt werden. Flüssiggas kann natürlich nur entnommen werden, wenn der Kugelgasbehälter nicht leer ist. Die Zulaufgeschwindigkeit v(t) des Flüssiggases ist durch eine ganz-rationale Funktion 3. Grades gegeben. Die Zulaufgeschwindigkeit wird in $\frac{m^3}{h}$, die Zeit t in Stunden angegeben.

Betrachtet wird das Zeitintervall [0 h; 5 h]. Zum Zeitpunkt t = 0 h befinden sich 42 m³ Flüssiggas im Behälter.

a) Die Zulaufgeschwindigkeit ist zum Zeitpunkt t = 1 h maximal und beträgt dabei 22 $\frac{m^3}{h}$. Sie ist im Zeitpunkt t = 4 h minimal und beträgt dann $-32 \frac{m^3}{h}$.

Bestimmen Sie mit diesen Angaben den Funktionsterm für die Zulaufgeschwindigkeit. **B1**

Für alle weiteren Aufgabenteile sei die Zulaufgeschwindigkeit gegeben durch $v(t) = 4t^3 - 30t^2 + 48t$.

b) Die Abbildung zeigt den Graphen für die Zulaufgeschwindigkeit im Intervall [0; 5]. Beschreiben Sie den in der Abbildung dargestellten Vorgang.
Geben Sie ohne Berechnung eine begründete Entscheidung an, ob nach 5 Stunden mehr oder weniger als 42 m³ Flüssiggas im Behälter sind. **C4**
Bestimmen Sie rechnerisch, zu welchen Zeitpunkten Flüssiggas weder zu- noch abfließt. **B4**

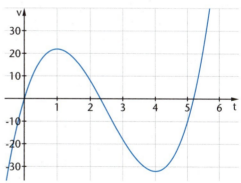

c) Bestimmen Sie den Zeitpunkt, in dem die Zuflussrate am stärksten abnimmt. Welche Ablaufgeschwindigkeit liegt dann vor? **B7**

d) (1) Berechnen Sie, wie viel Gas sich nach 2 h in dem Gasbehälter befindet?
   (2) Berechnen Sie, zu welchen Zeitpunkten sich wieder die Ausgangsmenge von 42 m³ Gas im Behälter befindet. **C5**

e) **(LK)** Die Form des kugelförmigen Gasbehälters entsteht durch die Rotation des Graphen der Funktion $h(x) = \sqrt{9 - x^2}$ zwischen ihren Nullstellen um die x-Achse. Alle Längen werden dabei in Meter angegeben.

   (1) Berechnen Sie das Volumen des Gasbehälters.
   (2) **(CAS)** Welche Füllhöhe hat der Behälter, wenn 42 m³ Flüssiggas eingefüllt ist? **C8**

Lösung:

a) Ansatz mit einer ganz-rationalen Funktion 3. Grades:
$v(t) = at^3 + bt^2 + ct + d$ mit $v'(t) = 3at^2 + 2bt + c$.

Aus den Informationen im Text ergeben sich die folgenden Bedingungen:
Die Zulaufgeschwindigkeit zum Zeitpunkt $t = 1$
– beträgt 22 m³/h: $\quad v(1) = 22$
– ist maximal: $\quad v'(1) = 0$ (notwendige Bedingung)
Die Zulaufgeschwindigkeit zum Zeitpunkt $t = 4$
– beträgt –32 m³/h: $\quad v(4) = -32$
– ist minimal: $\quad v'(4) = 0$ (notwendige Bedingung)

Setzt man diese in die Gleichungen für $v(t)$ bzw. $v'(t)$ ein, so ergibt sich ein lineares Gleichungssystem mit zugehöriger erweiterter Koeffizientenmatrix:

$$\begin{vmatrix} a + & b + & c + d & = 22 \\ 3a + & 2b + & c + & = 0 \\ 64a + & 16b + & 4c + d & = -32 \\ 48a + & 8b + & c + & = 0 \end{vmatrix} \Leftrightarrow \begin{vmatrix} 1 & 1 & 1 & 1 & 22 \\ 3 & 2 & 1 & 0 & 0 \\ 64 & 16 & 4 & 1 & -32 \\ 48 & 8 & 1 & 0 & 0 \end{vmatrix}$$

Bei der Lösung des Gleichungssystems mithilfe linearer Zeilenumformungen erhält man folgende Zwischenschritte

$$\begin{vmatrix} 1 & 1 & 1 & 1 & 22 \\ 0 & -1 & -2 & -3 & -66 \\ 0 & -48 & -60 & -63 & -1440 \\ 0 & -40 & -47 & -48 & -1056 \end{vmatrix} \Leftrightarrow \begin{vmatrix} 1 & 1 & 1 & 1 & 22 \\ 0 & 1 & 2 & 3 & -66 \\ 0 & 0 & 36 & 81 & 1728 \\ 0 & 0 & 33 & 72 & 1584 \end{vmatrix} \Leftrightarrow$$

$$\begin{vmatrix} 1 & 1 & 1 & 1 & 22 \\ 0 & 1 & 2 & 3 & 66 \\ 0 & 0 & 1 & 2{,}25 & 48 \\ 0 & 0 & 0 & -2{,}25 & 0 \end{vmatrix} \Leftrightarrow \begin{vmatrix} 1 & 1 & 1 & 1 & 22 \\ 0 & 1 & 2 & 3 & 66 \\ 0 & 0 & 1 & 2{,}25 & 48 \\ 0 & 0 & 0 & 1 & 0 \end{vmatrix}$$

Aus der Matrix in Dreiecksform kann man von unten nach oben die Lösungen ablesen:
$d = 0$,
$c + 2{,}25 \cdot 0 = 48$, also $c = 48$,
$b + 2 \cdot 48 + 3 \cdot 0 = 66$, also $b = -30$,
$a + 1 \cdot (-30) + 1 \cdot 48 + 1 \cdot 0 = 22$, also $a = 4$.

Damit lautet die Funktionsgleichung der Zulaufgeschwindigkeit:
$v(t) = 4t^3 - 30t^2 + 48t$

Kontrolle, ob diese so ermittelte Funktion tatsächlich die Bedingungen erfüllt:
Es gilt: $v'(t) = 12t^2 - 60t + 48 = 12 \cdot (t^2 - 5t + 4) = 12 \cdot (t-1) \cdot (t-4)$, also
$v'(t) = 0 \Leftrightarrow t = 1 \vee t = 4$.

Überprüfung, ob die hinreichenden Bedingungen erfüllt sind:
Da $v''(t) = 24t - 60$ liegt mit $v''(1) = -36 < 0$ für $t = 1$ ein lokales Maximum und mit $v''(4) = 36 > 0$ für $t = 4$ ein lokales Minimum vor.

b) Zunächst läuft Flüssiggas in den zu Beginn bereits mit 42 m³ gefüllten Tank ein. Die Zuflussgeschwindigkeit nimmt in der ersten Stunde immer weiter zu. Danach verringert sich die Zuflussgeschwindigkeit wieder (es wird aber weiter Flüssiggas eingefüllt), bis sie nach etwa 2,3 h gleich null ist. In diesem Moment fließt nichts ein oder aus. Anschließend wird die Zuflussgeschwindigkeit sogar negativ, was bedeutet, dass Flüssiggas aus dem Tank entnommen wird.
Man erkennt eindeutig, dass über dem Intervall [0; 5] der Flächeninhalt der Fläche unterhalb der ersten Achse größer ist als der Flächeninhalt der Fläche oberhalb der

ersten Achse. Daher wird dem Tank insgesamt mehr entnommen als zugeführt wird und er wird nach 5 h weniger als 42 m³ Flüssiggas enthalten.

Es ergeben sich die Nullstellen: $t_1 = 0$; $t_2 = \frac{15}{4} - \frac{\sqrt{33}}{4} \approx 2{,}31$; $t_3 = \frac{15}{4} + \frac{\sqrt{33}}{4} \approx 5{,}19$

Im Zeitintervall $[0; t_2]$ fließt Gas zu; im Zeitintervall $[t_2; 5]$ fließt Gas aus.
Die Nullstelle t_3 liegt außerhalb des betrachteten 5-stündigen Zeitintervalls.

c) $v'(t) = 12t^2 - 60t + 48$; $v''(t) = 24t - 60$; $v'''(t) = 24$
Gesucht ist eine Extremstelle der ersten Ableitung, also eine Wendestelle, an der zusätzlich eine negative Steigung vorliegen soll.
Die notwendige Bedingung ergibt $v''(t) = 0 \Leftrightarrow 24t = 60 \Leftrightarrow t = 2{,}5$.
Aus der hinreichenden Bedingung $v''(2{,}5) = 0 \wedge v'''(2{,}5) = 24 \neq 0$ folgt, dass $t = 2{,}5$ eine Wendestelle ist.
Da außerdem auch $v'(2{,}5) = -27 < 0$, war die Abnahme nach 2,5 Stunden am größten.

Da weiterhin $v(2{,}5) = -5$, fließen zu diesem Zeitpunkt $5 \frac{m^3}{h}$ aus dem Behälter heraus.

d) (1) Bei der Berechnung der Füllmenge nach 2 Stunden mithilfe der Integralrechnung ist zu beachten, dass der Behälter bereits mit 42 m³ gefüllt war.

$$\int_0^2 v(t)\,dt + 42 = \left[t^4 - 10t^3 + 24t^2\right]_0^2 + 42 = 32 + 42 = 74$$

Nach 2 Stunden befinden sich also 74 m³ Gas im Behälter.

(2) Soll sich im Behälter wieder die Ausgangsmenge von 42 m³ befinden, so muss die Bilanzsumme aus Zu- und Abfluss gerade wieder null ergeben.

Der Ansatz $\int_0^d v(t)\,dt = 0$ mit $d > 0$ führt zu der Gleichung:

$d^4 - 10d^3 + 24d^2 = 0 \Leftrightarrow d^2(d^2 - 10d + 24) = 0 \Leftrightarrow d^2(d-4)(d-6) = 0$
Diese hat die Lösungen $d = 0 \vee d = 4 \vee d = 6$.
Im betrachteten Zeitintervall befindet sich also nach 4 Stunden sowie zusätzlich nach 6 Stunden wieder die Ausgangsmenge im Behälter.

e) **(LK)** Der kugelförmige Behälter hat den Radius $r = 3$ m. Er kann als Rotationskörper betrachtet werden.

(1) $V_{ges} = 2\pi \int_0^3 (9 - x^2)\,dx = 2\pi \left[9x - \frac{1}{3}x^3\right]_0^3 = 36\pi \approx 113{,}1$

Das gesamte Volumen des Behälters beträgt etwa 113,1 m³.

(2) **(CAS)** Die Füllung kann als sich in einer Kugelkappe der Höhe h befindlich betrachtet werden. Zur Bestimmung der Füllhöhe h dient der Ansatz

$$\pi \int_{3-h}^3 (9 - x^2)\,dx = 42.$$

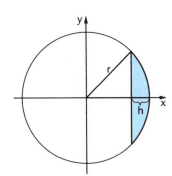

Durch Integration folgt die äquivalente Gleichung

$\frac{\pi}{3} \cdot h^2(9 - h) = 42$

mit den numerisch bestimmten Lösungen
$h_1 \approx -1{,}92$; $h_2 \approx 2{,}48$; $h_3 \approx 8{,}44$.
Da nur h_2 im Intervall $[0; 3]$ liegt, beträgt die gesuchte Füllhöhe ungefähr 2,48 m.

Aufgabe 5 *Arzneimittel-Konzentration*

Bei einer intramuskulären Injektion hängt die messbare Konzentration f_k (in mg pro Liter) des injizierten Medikaments im Blut u. a. von der Zeit x (Angaben in Stunden) seit der Injektion ab. Sie ist außerdem abhängig von zahlreichen weiteren Faktoren (z. B. der unterschiedlichen Konstitution des Menschen) und lässt sich durch Änderungen der physikalisch-chemischen Zusammensetzung beeinflussen (Parameter k).

Für f_k gilt: $\quad f_k(x) = x \cdot e^{-k \cdot x + k} = e^k \cdot x \cdot e^{-k \cdot x}; \; x \geq 0; \; k > 0$

a) Bestimmen Sie den Zeitpunkt, zu dem die maximale Arzneimittelkonzentration im Blut erreicht ist. Berechnen Sie die maximale Arzneimittelkonzentration allgemein und für den Parameterwert k = 2. **E3**

b) Untersuchen Sie, zu welchem Zeitpunkt die Geschwindigkeit, mit der sich die Arzneimittelkonzentration ändert, extremal ist.
Bestimmen Sie die maximale Änderungsgeschwindigkeit allgemein und für k = 2.
Untersuchen Sie das Verhalten der Funktion f_k für x → ∞. Interpretieren Sie das Ergebnis im Hinblick auf den langfristigen Abbau des Medikaments. **E5**

c) Die Abbildung zeigt die Graphen von f_k für k = 1 bis k = 4.
Beschreiben Sie den Verlauf der Graphen im Sachzusammenhang. Untersuchen Sie, welche Aussagen sich hinsichtlich des Einflusses von k machen lassen.
(Beachten Sie auch Ihre Ergebnisse von a) und b). **E3**

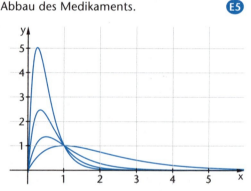

d) Zeigen Sie, dass es genau einen Zeitpunkt x > 0 gibt, bei dem die Arzneimittelkonzentration für alle verschiedenen Zusammensetzungen (d. h. die verschiedenen möglichen Parameterwerte) gleich ist und geben Sie diese Konzentration an. **E5**

e) Weisen Sie nach, dass die Funktion F_k mit $F_k(x) = -\frac{e^k}{k^2} \cdot (kx + 1) \cdot e^{-k \cdot x}$ eine Stammfunktion von f_k ist. **C1**
(LK) Bestimmen Sie in Abhängigkeit von k die mittlere Wirkstoffkonzentration m(k) in den ersten k Stunden nach der Einnahme des Medikaments. Berechnen Sie auch den konkreten Wert für k = 2. **C3**

f) Für den Parameterwert k = 2 soll für x > 12 der zeitliche Verlauf der Arzneimittelkonzentration durch die Tangente an den Graphen von f_2 im Punkt $(12 | f_2(12))$ beschrieben werden.
Berechnen Sie für diese Modellierung den Zeitpunkt, an dem das Medikament im Blut vollständig abgebaut ist. **A3**

Aufgabe 5

Lösung:

a) Ableitungen:

$$f_k'(x) = 1 \cdot e^{-k \cdot x + k} + x \cdot (-k) \cdot e^{-k \cdot x + k}$$
$$= (1 - k \cdot x) \cdot e^{-k \cdot x + k}$$
$$f_k''(x) = -k \cdot e^{-k \cdot x + k} + (1 - k \cdot x) \cdot (-k) \cdot e^{-k \cdot x + k} = -k \cdot e^{-k \cdot x + k} + (-k + k^2 x) \cdot e^{-k \cdot x + k}$$
$$= (k^2 x - 2k) \cdot e^{-k \cdot x + k}$$

Notwendige Bedingung:

$$f_k'(x) = 0 \Leftrightarrow 1 - k \cdot x = 0 \Leftrightarrow x = \frac{1}{k}$$

Aus dem hinreichenden Kriterium $f'\left(\frac{1}{k}\right) = 0 \wedge f_k''\left(\frac{1}{k}\right) = \left(k^2 \cdot \frac{1}{k} - 2k\right) \cdot e^{-k \cdot \frac{1}{k} + k} = -k \cdot e^{-1+k} < 0$

folgt, dass ein lokales Maximum nach $\frac{1}{k}$ Stunden vorliegt.

Der Funktionswert an dieser Stelle ist: $f_k\left(\frac{1}{k}\right) = \frac{1}{k} \cdot e^{-k \cdot \frac{1}{k} + k} = \frac{1}{k} \cdot e^{k-1}$

Für $k = 2$ gilt konkret: $f_2\left(\frac{1}{2}\right) = \frac{1}{2} e^{-2 \cdot \frac{1}{2} + 2} = \frac{1}{2} e \approx 1{,}359$

Für $k = 2$ ist die Konzentration nach $\frac{1}{2}$ h maximal, sie beträgt dann 1,359 mg/l.

b) Die Geschwindigkeit $f_k'(x) = (1 - k \cdot x) \cdot e^{-k \cdot x + k}$
wird extremal, wenn $f_k''(x) = (k^2 \cdot x - 2k) \cdot e^{-k \cdot x + k} = 0$
$\Leftrightarrow \quad k^2 \cdot x - 2k = 0$
$\Leftrightarrow \quad k^2 \cdot x = 2k$
$\Leftrightarrow \quad x = \frac{2}{k}$

Für $x < \frac{2}{k}$ ist $f_k''(x) < 0$ und für $x > \frac{2}{k}$ ist $f_k''(x) > 0$.

Also liegt bei $x = \frac{2}{k}$ ein Vorzeichenwechsel von „−" nach „+" vor, d. h. die Arzneimittelkonzentration nimmt zum Zeitpunkt $x = \frac{2}{k}$ am stärksten ab.

Die Änderungsgeschwindigkeit an der Stelle $x = \frac{2}{k}$ beträgt:

$$f_k'\left(\frac{2}{k}\right) = \left(1 - k \cdot \frac{2}{k}\right) \cdot e^{-k \cdot \frac{2}{k} + k} = (-1) \cdot e^{k-2}$$

Für $k = 2$ gilt: $f_2'\left(\frac{2}{2}\right) = f_2'(1) = (1 - 2 \cdot 1) \cdot e^{-2 \cdot 1 + 2} = (-1) \cdot e^0 = -1$

Für $k = 2$ beträgt also die Änderungsrate: $-1 \, \frac{mg}{l \cdot h}$

Die Veränderung der Konzentration und der langfristige Abbau des Medikaments werden beschrieben durch:

$$\lim_{x \to \infty} (x \cdot e^{-k \cdot x + k}) = \lim_{x \to \infty} \frac{x \cdot e^k}{e^{k \cdot x}} = 0$$

Auf lange Sicht geht die Konzentration gegen null.

$$\lim_{x \to \infty} [(1 - k \cdot x) \cdot e^{-k \cdot x + k}] = \lim_{x \to \infty} \frac{(1 - k \cdot x) \cdot e^k}{e^{k \cdot x}} = 0$$

Die Änderungsrate der Konzentration geht gegen null, d. h. die Konzentration des injizierten Medikaments ändert sich immer langsamer.

c) Aus der Entwicklung der Graphen für wachsende Parameterwerte von k lesen wir ab: Je größer k, desto früher tritt die maximale Konzentration ein (das Maximum liegt bei $t = \frac{1}{k}$) und desto höher ist sie (im Term $\frac{1}{k} \cdot e^{k-1}$ wächst e^{k-1} schneller als der Nenner k).
Je größer k, desto früher und schneller verläuft der Abbau; die Abnahmegeschwindigkeit ist am größten zum Zeitpunkt $t = \frac{2}{k}$ und hat die Geschwindigkeit $(-1) \cdot e^{k-2}$.

d) Aufgrund der abgebildeten Graphen vermuten wir, dass alle Graphen – außer dem Ursprung – der nicht zu beachten ist, vgl. Aufgabenstellung – den Punkt (1|1) gemeinsam haben. Die folgende Rechnung zeigt unter der Annahme $k_1 \neq k_2$, dass dies tatsächlich der einzige gemeinsame Punkt ist.
$f_{k_1}(x) = f_{k_2}(x) \Leftrightarrow x \cdot e^{-k_1 \cdot x + k_1} = x \cdot e^{-k_2 \cdot x + k_2} \Leftrightarrow x \cdot (e^{-k_1 \cdot x + k_1} - e^{-k_2 \cdot x + k_2}) = 0$
$\Leftrightarrow x = 0 \lor e^{-k_1 \cdot x + k_1} - e^{-k_2 \cdot x + k_2} = 0 \Leftrightarrow x = 0 \lor -k_1 x + k_1 = -k_2 x + k_2$
$\Leftrightarrow x = 0 \lor x(-k_1 + k_2) = -k_1 + k_2 \Leftrightarrow x = 0 \lor x = 1$
Alle Zusammensetzungen haben zum Zeitpunkt x = 1 h die Konzentration 1 mg/l gemeinsam.

e) Durch Ableiten der Funktion F_k mithilfe der Produkt- und der Kettenregel bestätigt man die Stammfunktion
$F'_k(x) = -\frac{e^k}{k^2} \cdot (-k) \cdot e^{-k \cdot x} \cdot (kx + 1) - \frac{e^k}{k^2} \cdot e^{-k \cdot x} \cdot k = \frac{e^k}{k} \cdot e^{-k \cdot x} \cdot (kx + 1 - 1) = e^k \cdot x \cdot e^{-k \cdot x}$

Die mittlere Wirkstoffkonzentration in den ersten k Stunden ist
$m(k) = \frac{1}{k} \cdot \int_0^k f_k(x)\,dx = \frac{1}{k} \cdot \left[-\frac{e^k}{k^2} \cdot (kx + 1) \cdot e^{-k \cdot x}\right]_0^k = -\frac{e^k}{k^3} \cdot [(k^2 + 1) \cdot e^{-k^2} - 1]$

Für k = 2 ergibt sich:
$m(2) = -\frac{e^2}{2^3} \cdot [(2^2 + 1) \cdot e^{-2^2} - 1] = \frac{e^2}{8} \cdot (1 - 5 \cdot e^{-4}) \approx 0{,}839$ mg/l

f) Die Steigung der Tangente an den Graphen von f_2 im Punkt $P(12|12e^{-22})$ ist
$m = f'_2(12) = (1 - 2 \cdot 12) \cdot e^{-2 \cdot 12 + 2} = -23 e^{-22}$.
Durch Einsetzen der Koordinaten in die entsprechende Tangentengleichung
$t(x) = f'(12) \cdot (x - 12) + f(12)$ erhalten wir:
$t(x) = -23 e^{-22} \cdot (x - 12) + 12 \cdot e^{-22} = -23 e^{-22} \cdot x + 288 \cdot e^{-22}$

Die Nullstelle erhält man aus $-23 e^{-22} \cdot x + 288 \cdot e^{-22} = 0 \Leftrightarrow x = \frac{288}{23} \approx 12{,}5$.

Nach etwa 12,5 Stunden ist das Medikament abgebaut.

Aufgabe 6 Ein neues Logo für die Firma SyncLog

Für ihre Werbung und ihre Korrespondenz möchte die Firma SyncLog ein neues Logo verwenden. Dazu hat ein Grafiker bereits eine Vorlage entwickelt.

Zur weiteren Bearbeitung wird dieser Entwurf der mathematischen Abteilung vorgelegt. Der die Abbildung unterteilende geschwungene Graph soll punktsymmetrisch zum Mittelpunkt des Logos sein, jeweils genau einen Hoch- und einen Tiefpunkt aufweisen und sich an den Rändern einer in der Skizze nicht enthaltenen waagerechten Linie anschmiegen.

a) Zeigen Sie, dass der Graph der Funktion f mit $f(x) = 2 \cdot \sqrt{e} \cdot x \cdot e^{-0{,}5 \cdot x^2}$ die gewünschten Eigenschaften aufweist. Untersuchen Sie dazu die Symmetrie-Eigenschaft des Graphen, die Lage der Extrem- und Wendepunkte sowie das Verhalten am Rande des Definitionsbereichs $ID_f = \mathbb{R}$.
Skizzieren Sie mithilfe der so bestimmten Punkte den Graphen der Funktion im Intervall $[-3; +3]$. **E3**

Betrachten Sie nun allgemein die Graphen der Funktionenschar $f_{a,b}$ mit $f_{a,b}(x) = a \cdot x \cdot e^{-b \cdot x^2}$, wobei $a, b \in \mathbb{R}^+$.

b) Zeigen Sie, dass alle Graphen der Funktionenschar $f_{a,b}$ die von der Geschäftsleitung gewünschten Eigenschaften aufweisen.
Weisen Sie nach, dass die Hochpunkte bestimmt sind durch $H\left(\frac{1}{\sqrt{2b}} \,\Big|\, \frac{a}{\sqrt{2be}}\right)$. **E3**

c) Untersuchen Sie, wie sich die Lage der Extrempunkte der Funktionenschar verändert, wenn man die Werte der Parameter a bzw. b vergrößert oder verkleinert. **E5**

d) Aus ästhetischen Gründen soll das rechteckige Logo mit der Breite 16 LE und der Höhe 9 LE entwickelt werden. (Damit es später beliebig vergrößert und verkleinert werden kann, sind hier keine Angaben in cm vorgegeben.) **E1**

(1) Weiterhin soll der Hochpunkt so liegen, dass seine erste Koordinate x_H das Intervall $[0; 8]$ im Verhältnis des *Goldenen Schnitts* unterteilt.

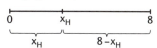

Dies ist der Fall, wenn $\frac{x_H}{8 - x_H} = \frac{8 - x_H}{8}$.
Zeigen Sie, dass dann für die erste Koordinate x_H gilt: $x_H \approx 3{,}056$.

(2) Bestimmen Sie mit dem Ergebnis aus Teilaufgabe (1) den Wert aus b so, dass das gewünschte Teilverhältnis erzielt wird.

(3) Schließlich soll der Graph den oberen Rand des vorgegebenen Rechtecks berühren. Bestimmen Sie den hierzu benötigten Wert von a.
[Hinweis: Hier können alle Größen auf drei Dezimalstellen gerundet werden.]

e) **(LK)** Das Logo soll in geeigneter Größe am Firmengebäude angebracht werden. Dabei wird der erste Buchstabe „S" des Schriftzuges entlang des Graphen der Funktion g mit $g(x) = 2{,}438 \cdot x \cdot e^{-0{,}054 \cdot x^2}$ (also $g = f_{a,b}$ mit $a = 2{,}438$ und $b = 0{,}054$) aus Metall ausgeführt. Das Metallstück soll dabei die beiden nicht im Ursprung des Koordinatensystems liegenden Wendepunkte verbinden und in diesen befestigt werden. **E3**
Berechnen Sie den Abstand der Befestigungen und den Winkel, den die dazwischen liegende Verbindungsstrecke mit der Horizontalen einschließt.

f) Das in der zugrundeliegenden Skizze des Grafikers schraffierte Flächenstück soll auf zu erstellenden Anstecknadeln versilbert werden.
   (1) **(GK)** Weisen Sie nach, dass die Funktion $F_{a,b}$ mit $F_{a,b}(x) = -\frac{a}{2b} \cdot e^{-b \cdot x^2}$ eine Stammfunktion für die Funktion $f_{a,b}$ ist.
   (2) **(LK)** Bestimmen Sie rechnerisch eine Stammfunktion zur Funktion $f_{a,b}$.
   (3) Berechnen Sie den Flächeninhalt dieses Flächenstücks für den Graphen der Funktion g.

Lösung:

a) Es gilt: $f(-x) = 2\sqrt{e} \cdot (-x) \cdot e^{-0,5 \cdot (-x)^2} = -2\sqrt{e} \cdot x \cdot e^{-0,5 \cdot x^2} = -f(x)$.
Daher ist der zugehörige Graph punktsymmetrisch zum Ursprung.

Man erhält die benötigten Ableitungen durch Anwendung der Produkt- und Kettenregel:
$f'(x) = 2\sqrt{e} \cdot e^{-0,5 \cdot x^2} + 2\sqrt{e} \cdot x \cdot (-x) \cdot e^{-0,5 \cdot x^2} = 2\sqrt{e} \cdot (1 - x^2) \cdot e^{-0,5 \cdot x^2}$
$f''(x) = (-2\sqrt{e} \cdot 2x) \cdot e^{-0,5 \cdot x^2} + 2\sqrt{e} \cdot (1 - x^2) \cdot (-x) \cdot e^{-0,5 \cdot x^2} = 2\sqrt{e} \cdot x \cdot (x^2 - 3) \cdot e^{-0,5 \cdot x^2}$

Notwendige Bedingung für Extremstellen:
$f'(x) = 0 \Leftrightarrow 1 - x^2 = 0 \Leftrightarrow x^2 = 1 \Leftrightarrow x = -1 \vee x = 1$.

Hinreichende Bedingung für Extremstellen:
$f'(-1) = 0 \wedge f''(-1) = -2\sqrt{e} \cdot (-2) \cdot e^{-0,5} = 4\sqrt{e} \cdot \frac{1}{\sqrt{e}} = 4 > 0$;

also liegt an der Stelle $x_T = -1$ ein lokaler Tiefpunkt vor.

$f'(1) = 0 \wedge f''(1) = 2\sqrt{e} \cdot (-2) \cdot e^{-0,5} = -4\sqrt{e} \cdot \frac{1}{\sqrt{e}} = -4 < 0$;

also liegt an der Stelle $x_H = 1$ ein lokaler Hochpunkt vor.
Weitere Extrempunkte können nicht auftreten.

Berechnung der y-Koordinaten zu den Extrempunkten:
$f(-1) = 2\sqrt{e} \cdot (-1) \cdot e^{-0,5} = -2\sqrt{e} \cdot \frac{1}{\sqrt{e}} = -2 \Rightarrow T(-1|-2)$ ist der Tiefpunkt.
$f(1) = 2\sqrt{e} \cdot (1) \cdot e^{-0,5} = 2\sqrt{e} \cdot \frac{1}{\sqrt{e}} = 2 \quad \Rightarrow H(1|2)$ ist der Hochpunkt.

Notwendige Bedingung für Wendestellen:
$f''(x) = 0 \Leftrightarrow x = 0 \vee x = -\sqrt{3} \vee x = \sqrt{3}$.

Hinreichende Bedingung für Wendestellen: Vorzeichenwechsel bei der 2. Ableitung.
Es gilt: $f''(-2) < 0$; $f''(-1) > 0$; $f''(+1) < 0$; $f''(+2) > 0$, also liegt bei $x = -\sqrt{3}$ und bei $x = +\sqrt{3}$ ein Vorzeichenwechsel von $-$ nach $+$ vor (Übergang von einer Rechts- zu einer Linkskrümmung), und an der Stelle $x = 0$ ein Vorzeichenwechsel von $+$ nach $-$ (Übergang von einer Links- zu einer Rechtskrümmung).

Mit den zugehörigen Funktionswerten erhält man die Wendepunkte:
$W_1(-\sqrt{3}|-1{,}274)$; $W_2(0|0)$; $W_1(\sqrt{3}|1{,}274)$.

Für das Verhalten an den Rändern ergeben sich folgende Grenzwerte:
$$\lim_{x \to +\infty} f(x) = \lim_{x \to +\infty} (2\sqrt{e} \cdot x \cdot e^{-0{,}5 \cdot x^2}) = 0$$
$$\lim_{x \to -\infty} f(x) = \lim_{x \to -\infty} (2\sqrt{e} \cdot x \cdot e^{-0{,}5 \cdot x^2}) = 0$$

Der Graph schmiegt sich also an die x-Achse asymptotisch an. Die lokalen Extrempunkte sind daher ebenfalls absolute Extrempunkte. Damit sind die geforderten Bedingungen erfüllt.

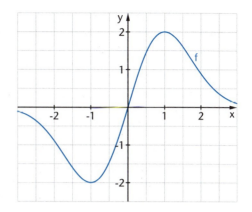

b) Zu zeigen ist, dass die Graphen der Funktionenschar $f_{a,b}$ punktsymmetrisch zum Ursprung des Koordinatensystems sind, jeweils genau einen Hoch- und einen Tiefpunkt aufweisen und sich an den Rändern der x-Achse asymptotisch annähern.

Es gilt: $f_{a,b}(-x) = -a \cdot x \cdot e^{-b \cdot x^2} = -f_{a,b}(x)$.
Daher sind die zugehörigen Graphen punktsymmetrisch zum Ursprung.

Man erhält die benötigten Ableitungen durch Anwendung der Produkt- und Kettenregel:
$$f'_{a,b}(x) = a \cdot e^{-b \cdot x^2} + a x \cdot (-2 b x) \cdot e^{-b \cdot x^2} = (a - 2 a b x^2) \cdot e^{-b \cdot x^2}$$
$$f''_{a,b}(x) = (-4 a b x) \cdot e^{-b \cdot x^2} + (a - 2 a b x^2) \cdot (-2 b x) \cdot e^{-b \cdot x^2} = (4 a b^2 x^3 - 6 a b x) \cdot e^{-b \cdot x^2}$$

Notwendige Bedingung für Extremstellen:
$f'_{a,b}(x) = 0 \Leftrightarrow a - 2 a b x^2 = 0 \Leftrightarrow 1 - 2 b x^2 = 0$ (da $a \neq 0$ nach Voraussetzung)
$$\Leftrightarrow 2 b x^2 = 1 \Leftrightarrow x = -\frac{1}{\sqrt{2b}} \vee x = \frac{1}{\sqrt{2b}}.$$

Hinreichende Bedingung für Extremstellen:
$$f'_{a,b}\left(-\frac{1}{\sqrt{2b}}\right) = 0 \wedge f''_{a,b}\left(-\frac{1}{\sqrt{2b}}\right) = \left(4 a b^2 \cdot \left(-\frac{1}{2b\sqrt{2b}}\right) - 6 a b \cdot \left(-\frac{1}{\sqrt{2b}}\right)\right) \cdot e^{-b \cdot \frac{1}{2b}}$$
$$= \left(-\frac{2ab}{\sqrt{2b}} + \frac{6ab}{\sqrt{2b}}\right) \cdot e^{-\frac{1}{2}} = 2a\sqrt{2b} \cdot e^{-\frac{1}{2}} > 0$$

Also liegt an der Stelle $x_T = -\frac{1}{\sqrt{2b}}$ ein lokaler Tiefpunkt vor.

$$f'_{a,b}\left(\frac{1}{\sqrt{2b}}\right) = 0 \wedge f''_{a,b}\left(\frac{1}{\sqrt{2b}}\right) = \left(4 a b^2 \cdot \frac{1}{2b\sqrt{2b}} - 6 a b \cdot \frac{1}{\sqrt{2b}}\right) \cdot e^{-b \cdot \frac{1}{2b}}$$
$$= \left(\frac{2ab}{\sqrt{2b}} - \frac{6ab}{\sqrt{2b}}\right) \cdot e^{-\frac{1}{2}} = -2a\sqrt{2b} \cdot e^{-\frac{1}{2}} < 0$$

Also liegt an der Stelle $x_H = \frac{1}{\sqrt{2b}}$ ein lokaler Hochpunkt vor.
Weitere Extrempunkte können nicht auftreten.

Die y-Koordinaten der Extrempunkte können durch Einsetzen der Extremstellen in die Funktionsgleichung berechnet werden:
$$f_{a,b}\left(\frac{1}{\sqrt{2b}}\right) = a \cdot \frac{1}{\sqrt{2b}} \cdot e^{-b \cdot \frac{1}{2b}} = a \cdot \frac{1}{\sqrt{2b}} \cdot e^{-\frac{1}{2}} = \frac{a}{\sqrt{2be}} \Rightarrow H\left(\frac{1}{\sqrt{2b}} \Big| \frac{a}{\sqrt{2be}}\right)$$

Aufgrund der bereits nachgewiesenen Punktsymmetrie folgt damit sofort auch
$$f_{a,b}\left(-\frac{1}{\sqrt{2b}}\right) = -\frac{a}{\sqrt{2be}} \qquad \Rightarrow T\left(-\frac{1}{\sqrt{2b}} \Big| -\frac{a}{\sqrt{2be}}\right)$$

Der maximale Definitionsbereich der Funktionenschar $f_{a,b}$ ist $ID_{f_{a,b}} = \mathbb{R}$.
Für das Verhalten an den Rändern ergeben sich folgende Grenzwerte:
$\lim\limits_{x \to +\infty} f_{a,b}(x) = \lim\limits_{x \to +\infty} (a \cdot x \cdot e^{-b \cdot x^2}) = 0$
$\lim\limits_{x \to -\infty} f_{a,b}(x) = \lim\limits_{x \to -\infty} (a \cdot x \cdot e^{-b \cdot x^2}) = 0$

Die Graphen schmiegen sich also an die x-Achse an. Die lokalen Extrempunkte sind daher ebenfalls absolute Extrempunkte. Damit sind die geforderten Bedingungen auch für die Funktionenschar erfüllt.

c) Die ersten Koordinaten der Extrempunkte $x_T = -\frac{1}{\sqrt{2b}}$ und $x_H = \frac{1}{\sqrt{2b}}$ wurden in Teilaufgabe b) bereits berechnet. Sie sind unabhängig vom Parameter a. Je größer der Parameter b gewählt wird, umso näher liegen die Extremstellen am Ursprung. Umgekehrt wandert bei kleiner werdendem b der Hochpunkt nach rechts und der Tiefpunkt nach links.
Die zweiten Koordinaten der Extrempunkte $y_T = -\frac{a}{\sqrt{2be}}$ und $y_H = \frac{a}{\sqrt{2be}}$ sind umgekehrt proportional zu $\sqrt{b}$. Mit wachsendem b liegen die Extrempunkte näher an der x-Achse. Zusätzlich sind die y-Koordinaten der Extrempunkte noch proportional zu a. Je größer a gewählt wird, umso weiter entfernt liegen die Extrempunkte von der x-Achse.

d) (1) Damit die Intervallteilung gemäß dem Verhältnis des Goldenen Schnittes erfolgt, muss für die erste Koordinate des Hochpunktes x_H gelten:

$\frac{x_H}{8 - x_H} = \frac{8 - x_H}{8} \Leftrightarrow 8 x_H = (8 - x_H)^2 \Leftrightarrow 8 x_H = 64 - 16 x_H + x_H^2 \Leftrightarrow x_H^2 - 24 x_H + 64 = 0$

$\Leftrightarrow x_H = 12 - \sqrt{80} \approx 3{,}056$.

Die zweite Lösung liegt nicht mehr im betrachteten Intervall $[0; 8]$ und muss daher nicht betrachtet werden.

(2) Nun kann der Parameter b so bestimmt werden, dass die erste Koordinate des Hochpunktes die Bedingung aus Aufgabenteil (1) erfüllt:

$x_H = \frac{1}{\sqrt{2b}} = 3{,}056 \Leftrightarrow b = \frac{1}{2 \cdot 3{,}056^2} \approx 0{,}054$.

(3) Damit der Graph im Hochpunkt zusätzlich den oberen Rand des Rechtecks berührt, muss für die y-Koordinate gelten: $y_H = \frac{a}{\sqrt{2 \cdot 0{,}054 \cdot e}} = 4{,}5$.

Also: $a = 4{,}5 \cdot \sqrt{2 \cdot 0{,}054 \cdot e} \approx 2{,}438$.

e) Zunächst sind die Koordinaten der Wendepunkte des Graphen von $g(x) = 2{,}438 \cdot x \cdot e^{-0{,}054 \cdot x^2}$ zu bestimmen.

Die erste und zweite Ableitung erhält man einfach durch Einsetzen der Werte von a und b in die bereits berechneten allgemeinen Terme:
$g'(x) = (2{,}438 - 0{,}2633 x^2) \cdot e^{-0{,}054 \cdot x^2}$
$g''(x) = (0{,}0284 x^3 - 0{,}7899 x) \cdot e^{-0{,}054 \cdot x^2}$

Notwendige Bedingung für Wendepunkte:
$g''(x) = 0 \Leftrightarrow 0{,}0284 x^3 - 0{,}7899 x = 0$
$\Leftrightarrow x = 0 \lor 0{,}0284 x^2 - 0{,}7899 = 0$
$\Leftrightarrow x = 0 \lor x \approx -5{,}274 \lor x \approx 5{,}274$.

Zum Nachweis der hinreichenden Bedingung für Wendepunkte kann das Vorzeichenwechselkriterium genutzt werden:
Da g″(−6) < 0, g″(−1) > 0, g″(1) < 0 und g″(6) > 0, liegen an den berechneten Stellen Vorzeichenwechsel der 2. Ableitung und damit Wendepunkte vor.

Für die y-Koordinaten der Wendepunkte erhält man
$g(5{,}274) = 2{,}438 \cdot 5{,}274 \cdot e^{-0{,}054 \cdot 5{,}274^2} \approx 2{,}863$ und analog
$g(-5{,}274) \approx -2{,}863$.

Insgesamt erhält man die Wendepunkte $W_1(-5{,}274 \mid -2{,}863)$, $W_2(0 \mid 0)$ und $W_3(5{,}274 \mid 2{,}863)$.

Der Abstand d der beiden äußeren Wendepunkte beträgt (gemäß dem Satz des Pythagoras):

$d = \sqrt{(2 \cdot 5{,}274)^2 + (2 \cdot 2{,}863)^2}$
$\approx 12{,}002$ LE.

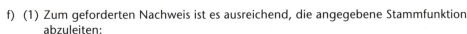

Für den gesuchten Winkel α erhält man:

$\tan\alpha = \dfrac{2{,}863}{5{,}274} \Rightarrow \alpha = \tan^{-1}\left(\dfrac{2{,}863}{5{,}274}\right) \approx 28{,}5°$.

f) (1) Zum geforderten Nachweis ist es ausreichend, die angegebene Stammfunktion abzuleiten:

$F'_{a,b}(x) = -\dfrac{a}{2b} \cdot (-2bx) \cdot e^{-b \cdot x^2} = a \cdot x \cdot e^{-b \cdot x^2} = f_{a,b}(x);$

also ist $F_{a,b}$ eine Stammfunktion für die Funktion $f_{a,b}$.

(2) Die gesuchte Stammfunktion kann mit der Substitutionsmethode bestimmt werden. Man setzt dazu $z(x) = -b \cdot x^2$ und $z'(x) = -2bx$ und erhält als eine mögliche Stammfunktion:

$F_{a,b}(x) = \int f_{a,b}(x)\,dx = \int a \cdot x \cdot e^{-b \cdot x^2}\,dx = -\dfrac{a}{2b}\int(-2bx) \cdot e^{-b \cdot x^2}\,dx = -\dfrac{a}{2b}\int e^z\,dz$

$= -\dfrac{a}{2b} \cdot e^z = -\dfrac{a}{2b} \cdot e^{-b \cdot x^2}$

(3) Das im 3. Quadranten liegende Flächenstück kann am Ursprung gespiegelt werden.

Dann erhält man den gesuchten Flächeninhalt A mit:

$A = A_1 + A_2 + A_3$

$= x_H \cdot 4{,}5 + 8 \cdot 4{,}5 + \int_{x_H}^{8} g(x)\,dx$

$= (3{,}056 + 8) \cdot 4{,}5$

$\quad + \left[-\dfrac{2{,}438}{2 \cdot 0{,}054} \cdot e^{-0{,}054 \cdot x^2}\right]_{3{,}056}^{8}$

$\approx 49{,}752 + (-0{,}712 + 13{,}633)$
$= 62{,}673$

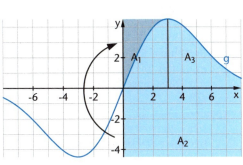

Er beträgt also ungefähr 62,673 FE.

Aufgabe 7 Wachstum der Wasserlinse

Auf der Oberfläche eines 5 m² großen Tümpels wächst die als Wasserlinse (Lemna minor) oder „Entengrütze" bezeichnete Wasserpflanze. Die zur Zeit t (in Wochen) mit Wasserlinse bedeckte Wasseroberfläche (in m²) wird mit f(t) bezeichnet. Zum Zeitpunkt des Beobachtungsbeginns (t = 0) ist 1 m² der Wasseroberfläche mit Wasserlinse bedeckt.

a) In einem ersten Modell nehmen wir an, dass die Größe der zum Zeitpunkt t mit Wasserlinse bedeckte Wasseroberfläche mit $f(t) = 5 - 4 \cdot e^{-0,2t}$ beschrieben wird.

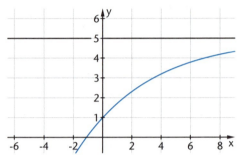

(1) Berechnen Sie, wie viel Prozent des Tümpels nach 8 Wochen bedeckt sind.
(2) Bestimmen Sie den Zeitpunkt, zu dem der Tümpel zur Hälfte bedeckt ist. **E4**
(3) Zeigen Sie, dass zu Beginn der Beobachtung die bedeckte Fläche mit einer Geschwindigkeit von 0,8 m²/Woche zunimmt.
(4) Untersuchen Sie, ob dieses Modell auch zur Beschreibung der Situation vor dem Beginn der Beobachtung geeignet ist. **E4**
(5) Bestimmen Sie eine geeignete Funktion vom Typ $f_E(t) = a \cdot e^{-bt}$, die mit f zum Zeitpunkt des Beobachtungsbeginns hinsichtlich der Größe der bedeckten Wasseroberfläche und der in (3) berechneten Wachstumsgeschwindigkeit zu diesem Zeitpunkt übereinstimmt. Was wird durch diese Funktion besser modelliert, was ist nicht angemessen? **E1**

Für jedes a > 0 ist die Funktion g_a gegeben durch $g_a(t) = \dfrac{5 e^t}{a + e^t}$ mit $t \in \mathbb{R}$.

Sie beschreibt das Wachstum der Wasserlinse zutreffender als die Funktion f.

b) Im Diagramm ist der Graph von $g_4(t)$ dargestellt.

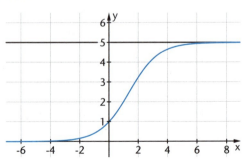

(1) Begründen Sie, warum $g_4(t)$ gut geeignet ist, um das Wachstum der Wasserlinse auf dem Tümpel zu beschreiben. **E4**
(2) Berechnen Sie für a = 4, wie lange es dauert, bis 80 % des Tümpels mit Wasserlinse bedeckt ist. **E4**
(3) Berechnen Sie, mit welcher Geschwindigkeit die mit Wasserlinse bedeckte Fläche bei Beginn der Beobachtung zunimmt. **E2**

c) (GK) Beschreiben Sie Eigenschaften des Graphen von $g_4(t)$. Interpretieren Sie insbesondere die Bedeutung der Wendestelle im Zusammenhang mit dem Wachstum der Wasserlinse. Wie groß ist die maximale Wachstumsgeschwindigkeit? **E3**

d) (LK) Beschreiben Sie allgemein die Graphen der Schar $g_a(t)$ für a > 0. Interpretieren Sie insbesondere die Bedeutung der Wendestelle im Zusammenhang mit dem Wachstum der Wasserlinse. Wie groß ist die maximale Wachstumsgeschwindigkeit?

e) (GTR) In der Abbildung sind die Graphen für a = 1, 2, ... , 5 dargestellt. Ordnen Sie die Graphen den Parameterwerten zu. Untersuchen Sie allgemein den Einfluss des Parameters a auf den Verlauf des Graphen (Größe des Anfangsbestandes, maximale Wachstumsgeschwindigkeit, Grenzverhalten).

f) (CAS) Weisen Sie nach, dass g_a die Gleichung $g_a'(t) = 0{,}2 \cdot g_a(t) \cdot (5 - g_a(t))$ erfüllt.

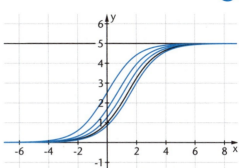

Lösung:

a) (1) $f(8) = 5 - 4 \cdot e^{-1{,}6} \approx 4{,}19$
Also sind nach 8 Wochen etwa $\frac{4{,}19}{5} \cdot 100\% = 83{,}8\%$ des Tümpels bedeckt.

(2) $f(t) = 2{,}5 \Leftrightarrow 5 - 4 \cdot e^{-0{,}2t} = 2{,}5 \Leftrightarrow e^{-0{,}2t} = 0{,}625 \Leftrightarrow t = -5 \cdot \ln(0{,}625) \approx 2{,}35$
Demnach ist nach etwa 2,35 Wochen (also ca. 2 Wochen und 2 Tage) die Hälfte des Tümpels bedeckt.

(3) Mit $f'(t) = 0{,}8 \cdot e^{-0{,}2t}$ folgt $f'(0) = 0{,}8$.
Zu Beginn der Beobachtung nimmt die bedeckte Fläche also mit $0{,}8 \frac{m^2}{\text{Woche}}$ zu.

(4) Anhand des Graphen oder durch Berechnung einzelner Funktionswerte für t < 0 lässt sich erkennen, dass die Funktionswerte für t < –1,116 negativ werden. Da anzunehmen ist, dass in der Realität die bedeckte Fläche zunächst langsam zugenommen hat, ist das Modell für t < 0 nicht geeignet.

(5) $f_E(t) = a \cdot e^{-bt}$; $f_E'(t) = -ab \cdot e^{-bt}$.
Die Bedingungen $f_E(0) = 1 \wedge f_E'(0) = 0{,}8$ ergeben die Gleichungen $a \cdot 1 = 1 \wedge -a b \cdot 1 = 0{,}8$ zur Bestimmung der Parameter a und b.
Man erhält also mit a = 1 und b = –0,8 die gesuchte Funktionsgleichung: $f_E(t) = e^{0{,}8t}$.
Nach diesem Modell wächst die Wasserlinse exponentiell. Dies ist nicht geeignet zur Beschreibung der Situation, da die Funktionswerte für $t \to \infty$ über alle Grenzen wachsen.

b) (1) $g_4(t)$ ist gut geeignet, um das Wachstum der Wasserlinse auf dem Tümpel zu beschreiben, da hier keine negativen Funktionswerte für t < 0 auftreten und die Wachstumsgeschwindigkeit zunächst langsam zunimmt, um nach Erreichen eines Maximalwertes an der Wendestelle des Graphen wieder abzunehmen. Weiterhin ist aus dem Schnittpunkt (0|1) mit der zweiten Achse abzulesen, dass für t = 0 eine Fläche von 1 m² des Tümpels bedeckt ist.

(2) 4 m² entsprechen 80% der gesamten Oberfläche des Tümpels.
Da $g_4(t) = 4 \Leftrightarrow \frac{5 e^t}{4 + e^t} = 4 \Leftrightarrow e^t = 16 \Leftrightarrow t = 4\ln(2) \approx 2{,}77$,
dauert es etwa 2,77 Wochen (also ca. 2 Wochen und 4 Tage), bis 4 m² des Tümpels mit Wasserlinse bedeckt ist.

(3) Mit $g_4'(t) = \frac{5e^t(4+e^t) - 5e^t e^t}{(4+e^t)^2} = \frac{20 e^t}{(4+e^t)^2}$ folgt $g_4'(0) = \frac{20}{25} = 0{,}8$.

Zu Beginn der Beobachtung nimmt die bedeckte Fläche also auch hier mit $0{,}8 \frac{m^2}{\text{Woche}}$ zu.

c) Da $g_4(t) \neq 0$ für alle t, gibt es keinen Schnittpunkt mit der 1. Achse.
Da $g_4(0) = 1$, ist $S(0|1)$ der Schnittpunkt mit der 2. Achse.

Ableitungen: $g_4'(t) = \frac{20 e^t}{(e^t + 4)^2}$; $g_4''(t) = \frac{20 e^t(4 - e^t)}{(e^t + 4)^3}$; $g_4'''(t) = \frac{20 e^t(e^{2t} - 16 e^t + 16)}{(e^t + 4)^4}$

Da $g_4'(t) \neq 0$ für alle t, gibt es keine Extrempunkte.

Da $g_4''(t) = 0 \Leftrightarrow 4 - e^t = 0 \Leftrightarrow t = 2\ln(2)$ und $g_4'''(2\ln(2)) = -0{,}625$ ist $W(2\ln(2)|2{,}5)$ ein L/R-Wendepunkt.

Für $t = 2\ln(2) \approx 1{,}39$ ($\approx$ 1 Woche 3 Tage) ist die Wachstumsgeschwindigkeit maximal.

Da $g_4'(2\ln(2)) = 1{,}25$, beträgt die maximale Wachstumsgeschwindigkeit $1{,}25 \frac{m^2}{\text{Woche}}$.

d) Da $g_a(t) \neq 0$ für alle t, gibt es keinen Schnittpunkt mit der 1. Achse.

Da $g_a(0) = \frac{5}{a+1}$, ist $S\left(0|\frac{5}{a+1}\right)$ der Schnittpunkt mit der 2. Achse.

Ableitungen: $g_a'(t) = \frac{5 a e^t}{(a + e^t)^2}$; $g_a''(t) = \frac{5 a e^t(a - e^t)}{(a + e^t)^3}$; $g_a'''(t) = \frac{5 a e^t(e^{2t} - 4 a e^t + a^2)}{(a + e^t)^4}$

Da $g_a'(t) \neq 0$ für alle t, gibt es keine Extrempunkte.

Da $g_a''(t) = 0 \Leftrightarrow a - e^t = 0 \Leftrightarrow t = \ln(a)$ und $g_a'''(\ln(a)) = -\frac{5}{8}$
ist $W\left(\ln(a)|\frac{5}{2}\right)$ ein L/R-Wendepunkt.

Für $t = \ln(a)$ ist die Wachstumsgeschwindigkeit maximal.

Da $g_a'(2\ln(2)) = 1{,}25$, beträgt die maximale Wachstumsgeschwindigkeit stets $1{,}25 \frac{m^2}{\text{Woche}}$.

e) Die Graphen werden von oben nach unten den Parametern $a = 1$, $a = 2$, ..., $a = 5$ zugeordnet.

Je kleiner der Parameter a ist, desto höher ist der Anfangsbestand für $t = 0$.

Die Steigungen im Wendepunkt stimmen überein: $g_a'(\ln(a)) = \frac{5}{4}$

Alle Graphen haben die erste Achse und die dazu parallele Gerade $y = 5$ als waagerechte Asymptoten.

f) Durch Ableiten erhält man: $g_a'(t) = \frac{5 a e^t}{(a + e^t)^2}$ und durch Einsetzen und Vereinfachen:

$0{,}2 \cdot g_a(t) \cdot (5 - g_a(t)) = \frac{5 a e^t}{(a + e^t)^2}$

Da beide Terme übereinstimmen, erfüllt $g_a(t)$ die gegebene Gleichung.

Aufgabe 8 Götterbaum

Im Botanischen Garten einer Großstadt wurde zu Beginn des vorigen Jahrhunderts ein junger Götterbaum (Ailanthus) gepflanzt. Jährlich wird seit seiner Anpflanzung (t = 0) der Umfang seines Stammes gemessen. Damit wird der durchschnittliche Durchmesser d(t) des Baumstammes ermittelt, wobei t die Anzahl der Jahre nach der Pflanzung angibt.
In der nebenstehenden Abbildung ist das kontinuierliche Wachstum des Stammdurchmessers graphisch dargestellt.

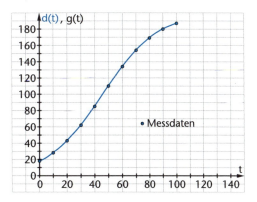

Die folgende Tabelle gibt die Messergebnisse wieder:

t in Jahren	0	10	20	30	40	50	60	70	80	90	100
Durchmesser d(t) in cm	18	28	43	62	85	110	134	154	169	180	187

a) Beschreiben Sie den Wachstumsprozess des Stammdurchmessers anhand der Eigenschaften des abgebildeten Graphen (Schnittpunkt mit der y-Achse, Monotonieverhalten, Wendepunkt, Verhalten für t → ∞).

b) Ein mögliches Modell für das Wachstum des Stammdurchmessers ist die Funktion d_1 mit $d_1(t) = \frac{c}{1 + a \cdot e^{-b \cdot t}}$.

Ermitteln Sie die Parameter a, b und c anhand der für t = 0 und t = 90 in der obigen Tabelle angegebenen Messwerte sowie unter der Annahme eines maximalen Stammdurchmessers von 200 cm.

Im Folgenden soll zur Modellierung die Funktion $d(t) = \frac{200}{1 + 10 \cdot e^{-0,05 \cdot t}}$ verwendet werden.

c) Zeigen Sie, dass die erste Ableitung von d gegeben ist durch
$$d'(t) = \frac{100 \cdot e^{-0,05 \cdot t}}{(1 + 10 \cdot e^{-0,05 \cdot t})^2}.$$

d) Untersuchen Sie das Monotonieverhalten der Funktion d sowie deren Verhalten für t → ∞.
Bestimmen Sie den Schnittpunkt des Graphen von d mit der y-Achse sowie den Wendepunkt.
Vergleichen Sie die gefundenen Eigenschaften mit denen aus a).
Ohne Nachweis verwendet werden kann: $d''(t) = \frac{(-5) \cdot e^{-0,05 \cdot t} \cdot (1 - 10 \cdot e^{-0,05 \cdot t})}{(1 + 10 \cdot e^{-0,05 \cdot t})^3}$.

e) Ermitteln Sie für die Funktion d den Zeitpunkt, zu dem der Baum eine Dicke von 50 cm hatte sowie die Wachstumsgeschwindigkeit des Durchmessers zum Zeitpunkt der Anpflanzung.

f) Betrachten Sie den gesamten Zeitraum der ersten 100 Jahre und bestimmen Sie den Zeitpunkt, an dem der Durchmesser des Baumstammes am schnellsten zunahm. Berechnen Sie auch die maximale Wachstumsgeschwindigkeit.

g) (1) Überprüfen Sie, ob der Wachstumsprozess auch näherungsweise durch eine ganz-rationale Funktion g dritten Grades mit
$g(t) = at^3 + bt^2 + ct + d$
modelliert werden kann.
Bestimmen Sie die Bedingungsgleichungen für die Koeffizienten so, dass die Funktionswerte von g mit den Messwerten für den Stammdurchmesser zu den Zeitpunkten $t = 0$, $t = 50$ und $t = 90$ übereinstimmen und die maximale Wachstumsgeschwindigkeit bei $t = 46$ vorliegt.

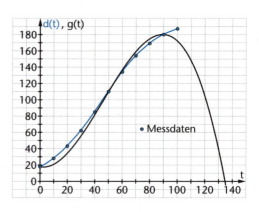

(2) Mithilfe eines Rechners kann man dieses Gleichungssystem lösen und erhält näherungsweise den Funktionsterm
$g(t) = -0{,}0005\,t^3 + 0{,}069\,t^2 - 0{,}36\,t + 18$.

Beurteilen Sie die Modellierung mithilfe von g anhand des rechts abgebildeten Graphen hinsichtlich seiner Tragfähigkeit im Vergleich zum Modell d. **B1** **E4**

Lösung:

a) Zum Zeitpunkt der Anpflanzung hat der Stamm des Götterbaumes einen Durchmesser von 18 cm, es ist $d(0) = 18$. Zwischen $t = 0$ und $t \approx 50$ besitzt der Graph eine immer stärker zunehmende positive Steigung, d. h. in den ersten 50 Jahren wächst der Baum zunächst langsam, dann immer schneller.

t in Jahren	0	10	20	30	40	50	60	70	80	90	100
Durchmesser d(t) in cm	18	28	43	62	85	110	134	154	169	180	187
Zunahme		+10	+15	+19	+23	+25	+24	+20	+15	+11	+7

Die Wachstumsgeschwindigkeit des Stammdurchmessers ist ungefähr im fünfzigsten Jahr nach der Pflanzung am größten, danach verlangsamt sich das Wachstum. Dies erkennt man in der Abbildung daran, dass an der Stelle $t \approx 50$ eine Links-Rechts-Wendestelle vorliegt, hier nimmt die positive Steigung des Graphen ein Maximum an, für größere t verringert sich die Steigung des Graphen wieder.
Für sehr große t nimmt die Steigung des Graphen kaum noch zu, der Graph besitzt für $t \to \infty$ eine waagerechte Asymptote. Viele Jahre nach der Pflanzung wächst der Durchmesser des Baumstammes kaum noch, der Stammdurchmesser nähert sich mit zunehmendem Alter einem maximalen Wert.

b) Zur Ermittlung der Funktionsparameter lassen sich nach den Angaben der Aufgabenstellung die folgenden Bedingungen formulieren:

(1) $d_1(0) = 18$ bedeutet: $\frac{c}{1+a} = 18$, d. h. $c = 18 + 18\,a$

(2) $d_1(90) = 180$ bedeutet: $\frac{c}{1 + a \cdot e^{-90 \cdot b}} = 180$

(3) Da der maximale Stammdurchmesser mit 200 cm angegeben ist, bedeutet dies, dass $c = 200$ ist, da $\lim\limits_{t \to \infty} d_1(t) = \frac{c}{1 + a \cdot 0} = c$

Setzt man diesen Wert für c in Gleichung (1) ein, so ergibt sich 18a = 182, also a ≈ 10,1. Einsetzen der beiden Werte für a und c in Gleichung (2) ergibt:

$$\frac{200}{1 + \frac{182}{18} \cdot e^{-90 \cdot b}} = 180 \Leftrightarrow 200 = 180 + 1820 \cdot e^{-90 \cdot b} \Leftrightarrow e^{-90 \cdot b} = \frac{20}{1820}$$

$$\Leftrightarrow -90b \approx -4{,}510 \Leftrightarrow b \approx 0{,}050$$

c) Den Funktionsterm kann man wie folgt notieren:

$$d(t) = \frac{200}{1 + 10 \cdot e^{-0{,}05 \cdot t}} = 200 \cdot (1 + 10 \cdot e^{-0{,}05 \cdot t})^{-1}.$$

Dann gilt nach Kettenregel:

$$d'(t) = 200 \cdot (-1) \cdot (1 + 10 \cdot e^{-0{,}05 \cdot t})^{-2} \cdot 10 \cdot e^{-0{,}05 \cdot t} \cdot (-0{,}05) = 100 \cdot e^{-0{,}05 \cdot t} \cdot (1 + 10 \cdot e^{-0{,}05 \cdot t})^{-2},$$

also $d'(t) = \dfrac{100 \cdot e^{-0{,}05 \cdot t}}{(1 + 10 \cdot e^{-0{,}05 \cdot t})^2}$

d) Da Zähler und Nenner der 1. Ableitung für beliebige t ≥ 0 positiv sind, ist der Graph von d auf $\mathbb{R}_0^+$ streng monoton steigend. Für t → ∞ gilt:

$$\lim_{t \to \infty} d(t) \frac{200}{1 + 10 \cdot 0} = 200.$$

Der Graph schneidet die y-Achse im Punkt (0|d(0)) = (0|18), da

$$d(0) = \frac{200}{1 + 10 \cdot e^0} = \frac{200}{11} \approx 18{,}2.$$

Notwendige Bedingung für das Vorliegen eines Wendepunkts ist d''(t) = 0: Der Zähler der gegebenen 2. Ableitung wird null, wenn der Klammerterm gleich null wird:
$10 \cdot e^{-0{,}05 \cdot t} = 1 \Leftrightarrow e^{-0{,}05 \cdot t} = 0{,}1 \Leftrightarrow -0{,}05 \cdot t = \ln(0{,}1) \Leftrightarrow t \approx 46$

Dort liegt ein Vorzeichenwechsel der 2. Ableitung vor (beispielsweise gilt: d''(40) ≈ 0,018 und d''(50) ≈ −0,0122), also hat der Graph von d bei t ≈ 46 einen Krümmungswechsel von einer Links- in eine Rechtskurve. Der Wendepunkt hat näherungsweise die Koordinaten (46|d(46)) = (46|100).

Die gefundenen Eigenschaften stimmen mit dem in Teilaufgabe a) beschriebenen grafischen Verlauf überein.

Zusatz: Bestimmung der 2. Ableitung

Aus $d'(t) = 100 \cdot e^{-0{,}05 \cdot t} \cdot (1 + 10 \cdot e^{-0{,}05 \cdot t})^{-2}$ ergibt sich nach Anwendung von Produkt- und Kettenregel:

$$d''(t) = 100 \cdot e^{-0{,}05 \cdot t} \cdot (-0{,}05) \cdot (1 + 10 \cdot e^{-0{,}05 \cdot t})^{-2}$$
$$+ 100 \cdot e^{-0{,}05 \cdot t} \cdot (-2) \cdot (1 + 10 \cdot e^{-0{,}05 \cdot t})^{-3} \cdot 10 \cdot e^{-0{,}05 \cdot t} \cdot (-0{,}05)$$
$$= 100 \cdot e^{-0{,}05 \cdot t} \cdot (-0{,}05) \cdot (1 + 10 \cdot e^{-0{,}05 \cdot t})^{-3} \cdot ((1 + 10 \cdot e^{-0{,}05 \cdot t}) + (-2) \cdot 10 \cdot e^{-0{,}05 \cdot t})$$
$$= (-5) \cdot e^{-0{,}05 \cdot t} \cdot (1 + 10 \cdot e^{-0{,}05 \cdot t})^{-3} \cdot (1 + 10 \cdot e^{-0{,}05 \cdot t} - 20 \cdot e^{-0{,}05 \cdot t})$$
$$= (-5) \cdot e^{-0{,}05 \cdot t} \cdot (1 - 10 \cdot e^{-0{,}05 \cdot t}) \cdot (1 + 10 \cdot e^{-0{,}05 \cdot t})^{-3}$$

e) Gesucht ist zunächst der Zeitpunkt t, für den gilt: $d(t) = \dfrac{200}{1 + 10 \cdot e^{-0{,}05 \cdot t}} = 50$.

Umformungen ergeben: $200 = 50 + 500 \cdot e^{-0{,}05 \cdot t} \Leftrightarrow e^{-0{,}05 \cdot t} = 0{,}3 \Leftrightarrow t \approx 24{,}1$.
Im 25. Jahr nach der Anpflanzung erreichte der Baum eine Dicke von 50 cm.
Die Wachstumsgeschwindigkeit zum Zeitpunkt der Anpflanzung war

$$d'(0) = \frac{100}{(1 + 10)^2} = \frac{100}{121} \approx 0{,}83$$

d. h. sie betrug 0,8 cm pro Jahr.

f) Der Zeitpunkt mit der größten Wachstumsgeschwindigkeit entspricht derjenigen Stelle t, an der die erste Ableitungsfunktion d' im betrachteten Zeitintervall ein Maximum annimmt. Dies ist die Stelle, an welcher der Graph die größte positive Steigung besitzt. Ein Maximum der Steigung liegt an der Wendestelle t ≈ 46 mit d'(46) ≈ 2,5 vor. Geprüft werden muss nun, ob der Graph an den Rändern des Intervalls größere Steigungswerte besitzt. Dies ist nicht der Fall, denn es ist d'(0) ≈ 0,8 (siehe e)) und für große t nähern sich die Steigungswerte wegen $\lim_{t \to \infty} d'(t) = 0$ dem Wert null, so auch d'(100) ≈ 0,6. Der Stamm des Götterbaumes wuchs nach ca. 46 Jahren am schnellsten, dabei nahm sein Durchmesser um ungefähr 2,5 cm pro Jahr zu.

g) (1) Mit dem Ansatz g(t) = a t³ + b t² + c t + d und g'(t) = 3 a t² + 2 b t + c sowie g''(t) = 6 a t + 2 b erhält man die Bedingungen
g(0) = 18 ⇔ d = 18,
g(50) = 110 ⇔ 125 000 a + 2 500 b + 50 c + d = 110,
g(90) = 180 ⇔ 729 000 a + 8 100 b + 90 c + d = 180,
g''(46) = 0 ⇔ 276 a + 2 b = 0.

(2) Offensichtlich weicht der Graph von g zwischen t = 0 bis t = 40 sowie zwischen t = 60 bis t = 80 stärker von den Messpunkten ab als der Graph von d. Das Wachstum in diesen Jahren wird also nur näherungsweise modelliert. Das Modell g ist dagegen nicht geeignet, den Wachstumsprozess mit zunehmendem Alter des Baumes zu modellieren, da der Graph ab t ≈ 90 eine negative Steigung besitzt. Dies würde bedeuten, dass der Durchmesser des Stammes ungefähr 90 Jahre nach der Anpflanzung mit zunehmendem Alter abnimmt.

Aufgabe 9 Eine Weinkaraffe

Die Abbildungen zeigen eine Glaskaraffe, in die Rotwein gefüllt werden kann. Die benötigten Maße können der Abbildung in der Einheit cm entnommen werden.

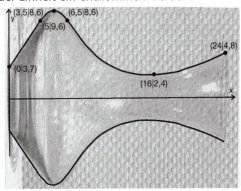

a) Die Formlinie soll zunächst für drei Intervalle getrennt betrachtet werden und auf diesen durch abschnittsweise definierte Funktionen beschrieben werden, und zwar:

(1) über dem Intervall [0; 3,5] durch eine lineare Funktion f_1,
(2) über dem Intervall [3,5; 6,5] durch eine quadratische Funktion f_2 und
(3) über dem Intervall [6,5; 24] durch eine kubische Funktion f_3.

Die schmalste Stelle der Karaffe befindet sich in einer Höhe von 16 cm (d. h. im Koordinatensystem: an der Stelle x = 16).
Bestimmen Sie die entsprechenden Funktionsterme von f_1 sowie f_2 und stellen Sie ein Gleichungssystem für die Koeffizienten von f_3 auf.
(GTR) Lösen Sie das Gleichungssystem, um den Funktionsterm von f_3 zu bestimmen.

b) Begründen Sie, warum die drei Funktionen f_1, f_2, f_3 mit
$f_1(x) = 1{,}4x + 3{,}7$ und $f_2(x) = -0{,}444x^2 + 4{,}444x - 1{,}511$
sowie $f_3(x) = -0{,}001\,783\,x^3 + 0{,}137\,33\,x^2 - 3{,}0255\,x + 22{,}9532$
zwar die abgebildete Formlinie gut modellieren, aber insgesamt den Bedingungen einer glatten Formlinie nicht gerecht werden.

Eine ähnliche Karaffe kann durch die Berandungsfunktion g mit

$g(x) = \frac{3}{400}x^3 - \frac{1}{4}x^2 + 2x + 5$ für $x \in [0; 24]$

modelliert werden. Dabei soll sich der Boden wieder bei x = 0 und die Öffnung bei x = 24 befinden.

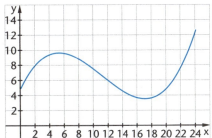

c) Untersuchen Sie, in welcher Höhe die so entstehende Karaffe ihre breiteste und wo sie ihre engste Stelle aufweist. Vergleichen Sie Ihre Ergebnisse mit der oben dargestellten Glaskaraffe.

d) Stellt man die Karaffe aufrecht und betrachtet ihre Formlinie von der Standfläche aus aufwärts bis zum oberen Rand, so stellt man fest, dass die Formlinie nach der Stelle, die den „Bauch" der Vase bestimmt, zunächst immer flacher, dann bis zur Engstelle wieder steiler und zum oberen Rand hin wieder flacher wird.
Untersuchen Sie am Graphen der Modellierungsfunktion g, in welcher Höhe die Formlinie der aufrechtstehenden Karaffe am flachsten verläuft.

B7 C8

e) **(CAS/GTR/WTR)** Berechnen Sie das Volumen der neuen Karaffe.

f) **(LK)** Die Funktion g ist Teil einer Funktionenschar g_k mit
$$g_k = \frac{3}{(5k)^2}x^3 - \frac{1}{k}x^2 + 2x + 5$$ für
$x \in [0; 24]$ und $k > 0$.
Die Abbildung zeigt Graphen der Schar für $k = 2; 2{,}5; 3; \ldots; 7{,}5$.

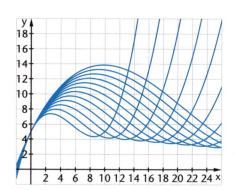

(1) Bestimmen Sie k so, dass die breiteste Stelle der Karaffe in einer Höhe von 6 cm auftrifft.
(2) Weisen Sie nach, dass die Steigung der Wendetangente an die Graphen von g_k unabhängig von k ist. Interpretieren Sie die Bedeutung dieser Aussage im Kontext.

Lösung:

a) (1) Gesucht sind die Koeffizienten a, b einer linearen Funktion f_1 mit $f_1(x) = ax + b$, für die gilt: $f_1(0) = 3{,}7 \wedge f_1(3{,}5) = 8{,}6 \Leftrightarrow b = 3{,}7 \wedge 3{,}5a + 3{,}7 = 8{,}6$
$\Leftrightarrow a = 1{,}4 \wedge b = 3{,}7$, also $f_1(x) = 1{,}4x + 3{,}7$

(2) Gesucht sind die Koeffizienten a, b, c einer quadratischen Funktion f_2 mit $f_2(x) = ax^2 + bx + c$, für die gilt:
$f_2(3{,}5) = 8{,}6 \wedge f_2(5) = 9{,}6 \wedge f_2(6{,}5) = 8{,}6$
$\Leftrightarrow 12{,}25a + 3{,}5b + c = 8{,}6 \wedge 25a + 5b + c = 9{,}6 \wedge 42{,}25a + 6{,}5b + c = 8{,}6$

Die Lösung des Gleichungssystems ist:
$a = -\frac{4}{9}$, $b = \frac{40}{9}$, $c = -\frac{68}{45}$, also $f_2(x) = -\frac{4}{9}x^2 + \frac{40}{9}x - \frac{68}{45}$

Alternativer Ansatz: Gesucht ist der Koeffizient k einer quadratischen Funktion f_2 mit $f_2(x) = k \cdot (x - 5)^2 + 9{,}6$, wobei $f_2(3{,}5) = 8{,}6$
also: $8{,}6 = k \cdot (3{,}5 - 5)^2 + 9{,}6 \Leftrightarrow 2{,}25 \cdot k = -1 \Leftrightarrow k = -\frac{4}{9}$
also: $f_2(x) = -\frac{4}{9} \cdot (x - 5)^2 + 9{,}6 = -\frac{4}{9}x^2 + \frac{40}{9}x - \frac{100}{9} + \frac{48}{5} = -\frac{4}{9}x^2 + \frac{40}{9}x - \frac{68}{45}$

(3) Gesucht sind die Koeffizienten a, b, c, d einer kubischen Funktion f_3 mit:
$f_3(x) = ax^3 + bx^2 + cx + d$
Aus den drei Punkten ergeben sich drei Bedingungen:
$f_3(6,5) = 8,6 \wedge f_3(16) = 2,4 \wedge f_3(24) = 4,8$. Als vierte Bedingung nutzen wir die Information, dass an der Stelle x = 16 ein lokales Minimum ist: $f_3'(16) = 0$.
Wegen $f_3'(x) = 3ax^2 + 2bx + c$ ergibt sich dann insgesamt das Gleichungssystem:
$$\begin{vmatrix} 274{,}625\,a + 42{,}25\,b + 6{,}5\,c + d = 8{,}6 \\ 4096\,a + 256\,b + 16\,c + d = 2{,}4 \\ 13824\,a + 576\,b + 24\,c + d = 4{,}8 \\ 768\,a + 32\,b + c = 0 \end{vmatrix}$$

Lösung: $a \approx -0{,}001783 \wedge b \approx 0{,}13733 \wedge c \approx -3{,}0255 \wedge d \approx 22{,}9532$
Funktionsgleichung: $f_3(x) = -0{,}001783\,x^3 + 0{,}13733\,x^2 - 3{,}0255\,x + 22{,}9532$

b) Da die Formlinie keine Knicke hat, sollte man dies auch von den Übergangsstellen zwischen den drei Funktionsgraphen erwarten. Dazu überprüfen wir die Steigungen der Funktionen an diesen Stellen. Es gilt:
$f_1'(x) = 1{,}4$ und $f_2'(x) = -0{,}889\,x + 4{,}444$
sowie $f_3'(x) = -0{,}005349\,x^2 + 0{,}27466\,x - 3{,}0255$
also: $f_1'(3,5) = 1{,}4$ und $f_2'(3,5) \approx 1{,}3325$ sowie $f_2'(6,5) \approx -1{,}3345$ und $f_3'(6,5) \approx -1{,}4662$

Diese Unterschiede in der Steigung bedeuten, dass es Knicke gibt. Die „Ruckfreiheit der Übergänge" braucht erst gar nicht überprüft zu werden.

c) Zunächst müssen die Extremstellen von g bestimmt werden:
Ableitungen: $g'(x) = \frac{9}{400}x^2 - \frac{1}{2}x + 2$; $g''(x) = \frac{9}{200}x - \frac{1}{2}$
Notwendige Bedingung: $g'(x) = 0 \Leftrightarrow \frac{9}{400}x^2 - \frac{1}{2}x + 2 = 0 \Leftrightarrow x^2 - \frac{200}{9}x + \frac{800}{9} = 0$
Die Nullstellen der 1. Ableitung liegen bei
$x_1 = \frac{100}{9} - \sqrt{\left(\frac{100}{9}\right)^2 - \frac{800}{9}} \approx 5{,}23$ und $x_2 = \frac{100}{9} + \sqrt{\left(\frac{100}{9}\right)^2 - \frac{800}{9}} \approx 16{,}99$
Da $g''(x_1) \approx -0{,}26 < 0$, liegt an der Stelle x_1 ein lokales Maximum vor, und da $g''(x_2) \approx +0{,}26 > 0$, an der Stelle x_2 ein lokales Minimum.
Zusätzlich ist hier noch der Vergleich dieser beiden Extremwerte mit den Funktionswerten am Rand des Definitionsbereichs erforderlich:
Da $g(0) = 5$, $g(5,23) \approx 9{,}69$, $g(16,99) \approx 3{,}60$ und $g(24) \approx 12{,}68$, liegt die schmalste Stelle der Glaskaraffe in der Höhe von etwa 16,99 cm und die breiteste Stelle in der Höhe von 24 cm vor, also an der oben befindlichen Öffnung.
Bei der in den Abbildungen dargestellten Karaffe liegt die breiteste Stelle unterhalb der Engstelle vor – im Gegensatz zur neuen Karaffe, bei der die breiteste Stelle an der Öffnung der Vase ist.

d) Da die flachste Stelle eine Stelle mit extremaler Steigung ist, untersuchen wir $g'(x)$ auf Extremstellen. Hierbei kommt es nicht auf das Vorzeichen der Steigung an.
Notwendige Bedingung: $g''(x) = 0 \Leftrightarrow \frac{9}{200}x - \frac{1}{2} = 0 \Leftrightarrow x = \frac{100}{9} \approx 11{,}11$
Da die 2. Ableitung von g eine lineare Funktion ist, liegt hier auf jeden Fall eine Nullstelle mit Vorzeichenwechsel vor; der Graph von g hat also an der Stelle $x = \frac{100}{9}$ eine Wendestelle. Die Steigung von g an dieser Stelle ist $g'\left(\frac{100}{9}\right) = -\frac{7}{9} \approx -0{,}78$.
Die Steigung an der Wendestelle muss noch mit den Steigungen an den Rändern des Definitionsbereichs verglichen werden: Es gilt $g'(0) = 2$ und $g'(24) = 2{,}96$; daher liegt die am flachsten verlaufende Stelle der Wandung am oberen Rand vor, also bei x = 24.

e) **(CAS)** Zu bestimmen ist das Volumen der als Rotationskörper betrachteten Glaskaraffe:

$$V = \pi \int_a^b (g(x))^2 \, dx = \pi \int_0^{24} \left(\frac{3}{400}x^3 - \frac{1}{4}x^2 + 2x + 5\right)^2 dx \approx 4001$$

Die neue Karaffe hat also ein Volumen von etwa 4 Litern.

(GTR/WTR) Die Berechnung mithilfe des *fnInt*-Befehls (numerische Integration) ergibt den gleichen Wert.

f) (1) **(LK)** Da die breiteste Stelle der Karaffe im Inneren des Definitionsbereichs auftreten soll, untersuchen wir zunächst die Graphen von g_k auf lokale Maxima.

Ableitungen: $g_k'(x) = \frac{9}{(5k)^2}x^2 - \frac{2}{k}x + 2$; $g_k''(x) = \frac{18}{(5k)^2}x - \frac{2}{k}$

Notwendige Bedingung: $g_k'(x) = 0 \Leftrightarrow \frac{9}{(5k)^2}x^2 - \frac{2}{k}x + 2 = 0 \Leftrightarrow x^2 - \frac{50k}{9}x + \frac{50k^2}{9} = 0$

Die Nullstellen der 1. Ableitung liegen an den Stellen

$x_1 = \frac{25k}{9} - \sqrt{\left(\frac{25k}{9}\right)^2 - \frac{50k^2}{9}} = \frac{25k}{9} - \sqrt{\frac{175k^2}{9}} = \frac{5k}{9}\cdot(5 + \sqrt{7})$ und $x_2 = \frac{5k}{9}\cdot(5 - \sqrt{7})$

Hinreichende Bedingung: Da

$g''\left(\frac{5k}{9}(5 - \sqrt{7})\right) = \frac{18}{(5k)^2}\left(\frac{5k}{9}(5 - \sqrt{7})\right) - \frac{2}{k} = -\frac{2}{5k}\sqrt{7} < 0$,

liegt an der Stelle $x = \frac{5k}{9}(5 - \sqrt{7})$ ein lokales Maximum vor. Die andere Extremstelle muss also zu einem hier nicht interessierenden lokalen Minimum führen und wird daher nicht benötigt.

Da die breiteste Stelle in der Höhe von 6 cm auftreten soll, ergibt sich der gesuchte Wert für k zu:

$\frac{5k}{9}(5 - \sqrt{7}) = 6 \Leftrightarrow k = \frac{54}{25 - 5\sqrt{7}} \approx 4{,}59$

Nun ist noch zu überprüfen, dass die Karaffe für diesen Wert von k nicht am Boden oder an der oberen Öffnung noch breiter wird: Dazu werden die Funktionswerte $g_{4,59}(0) = 5$ und $g_{4,59}(24) \approx 6{,}25$ an den Rändern des Definitionsbereichs berechnet und mit $g_{4,59}(6) \approx 10{,}39$ verglichen.

Damit ist nachgewiesen, dass die breiteste Stelle tatsächlich für $k = \frac{54}{25 - 5\sqrt{7}} \approx 4{,}59$ in der Höhe von 6 cm auftritt.

(2) **(LK)** Zunächst muss hier die Bestimmung der Wendestelle erfolgen:

Notwendige Bedingung: $g_k''(x) = 0 \Leftrightarrow \frac{18}{(5k)^2}x - \frac{2}{k} = 0 \Leftrightarrow x - \frac{25}{9}k$

Mit der konstanten dritten Ableitung $g_k'''(x) = \frac{18}{(5k)^2}$ ist auch eine hinreichende

Bedingung erfüllt, so dass die Stelle $x = \frac{25}{9}k$ die gesuchte Wendestelle der Kurvenschar ist.

Nun kann die Steigung der Wendetangenten berechnet werden:

$g_k''\left(\frac{25}{9}k\right) = \frac{9}{(5k)^2}\left(\frac{25}{9}k\right)^2 - \frac{2}{k}\left(\frac{25}{9}k\right) + 2 = \frac{25}{9} - \frac{50}{9} + 2 = -\frac{7}{9}$

Die Steigung der Wendetangenten der Kurvenschar ist also unabhängig von k; sie hat für beliebige k den gleichen Wert. Alle mittels der Kurvenschar modellierten Karaffen besitzen daher eine ähnliche Form, die sich nicht in der minimalen Steilheit der Wandung zwischen der bauchigsten und der engsten Stelle unterscheidet.

Aufgabe 10 *Marienkirche in Dortmund*

Die Turmspitze der Marienkirche in Dortmund hat eine quadratische Grundfläche ABCD (die Seitenlänge werde mit 8 m angenommen), auf der vier senkrecht gemauerte gleichseitige Dreiecke stehen; die vierteiligen Dachflächen der Turmspitze sind rautenförmig.

Ein lokales Koordinatensystem ist so festgelegt, dass die Straßenebene durch $z = 0$ bestimmt ist und die Ecken A, B, C, D folgende Koordinaten haben:
A($-4\,|-4\,|z$), B($+4\,|-4\,|z$), C($+4\,|+4\,|z$) und D($+4\,|-4\,|z$), mit $z > 0$.

Die Turmspitze liegt 42,50 m über dem Straßenniveau.

a) Bestimmen Sie die Koordinaten der oberen Eckpunkte P_{AB}, P_{BC}, P_{CD}, P_{DA} der gleichseitigen Dreiecke zunächst in Abhängigkeit von z, die Koordinaten der Turmspitze S (auf der das Kreuz steht). Geben Sie die Koordinaten der Eckpunkte der Grundfläche auch numerisch an. (Angaben mit 2 Dezimalstellen).
[*Kontrollergebnis:* $z = 28{,}64$] **F1**

Aus der Formelsammlung:
Für die Höhe h im gleichseitigen Dreieck mit Seitenlänge a gilt:
$h = \frac{a}{2} \cdot \sqrt{3}$.

b) Bestimmen Sie die Gleichung für die Dachfläche, die den Punkt A enthält, in Parameter- und Koordinatenform. **G3** **G4**

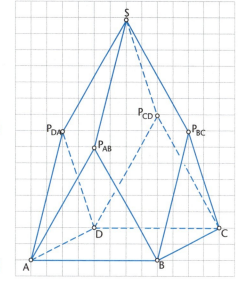

c) Das Kreuz auf der Turmspitze soll durch vier Laserstrahler so beleuchtet werden, dass der Strahl genau über die zum Kreuz führenden Dachkanten führt und diese zusätzlich beleuchtet. Die Laserstrahler sollen ebenerdig montiert werden. Berechnen Sie, in welcher Entfernung von der Turmmitte die Strahler zu montieren sind, und bestimmen Sie den Winkel α, den die Strahlen gegenüber dem Straßenniveau haben. Führen Sie Ihre Untersuchungen für *einen* der vier Laserstrahler durch. **G1** **G5** **H1**

d) Berechnen Sie die Innenwinkel β und γ der Rauten und die Neigung δ der rautenförmigen Dachflächen gegenüber dem Grundniveau. **H1**

e) Bestimmen Sie das Volumen des Dachraums der Turmspitze oberhalb des Quadrats ABCD (die Dicke der Mauern und des Dachs werden vernachlässigt). **H2**

f) Die Statik der Dachkonstruktion soll durch Stützbalken verstärkt werden. Diese verbinden die Mitten der Rauten mit dem jeweils gegenüberliegenden Eckpunkt des Grundquadrats ABCD. Bestimmen Sie die Länge dieser Balken (die sich im Innern der Kirchturmspitze gegenseitig durchdringen) sowie deren Neigungswinkel ε mithilfe der Methoden der Vektorgeometrie. **F3** **H1**

Lösung:

a) Koordinaten der oberen Eckpunkte der gleichseitigen Dreiecke: Für die Höhe h im gleichseitigen Dreieck gilt: $h = \frac{a}{2} \cdot \sqrt{3}$, also hier $h = \frac{8}{2} \cdot \sqrt{3} = 4 \cdot \sqrt{3} \approx 6{,}93$ m.

Die oberen Eckpunkte der Dreiecke haben daher die Koordinaten $P_{AB}(0|-4|z+6{,}93)$, $P_{BC}(4|0|z+6{,}93)$, $P_{CD}(0|4|z+6{,}93)$, $P_{DA}(-4|0|z+6{,}93)$.

Die Turmspitze S liegt dann noch einmal 6,93 m höher, wie sich aus der Rautenform der Dachflächen ergibt.
Da die Turmspitze über der Mitte des Quadrats ABCD liegt, gilt für deren Koordinaten: $S(0|0|42{,}50)$.

Da sich für die eigentliche Turmspitze eine Höhe von $2 \cdot 6{,}93$ m $= 13{,}86$ m ergibt, muss gelten:
$z = 42{,}50 - 13{,}86 = 28{,}64$.

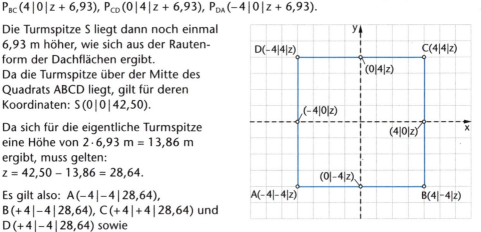

Es gilt also: $A(-4|-4|28{,}64)$, $B(+4|-4|28{,}64)$, $C(+4|+4|28{,}64)$ und $D(+4|-4|28{,}64)$ sowie
$P_{AB}(0|-4|35{,}57)$, $P_{BC}(4|0|35{,}57)$, $P_{CD}(0|4|35{,}57)$, $P_{DA}(-4|0|35{,}57)$.

b) Die Dachflächen-Ebene wird aufgespannt durch die beiden Vektoren, die vom Eckpunkt A ausgehen und zu je zwei benachbarten Punkten P_{AB} und P_{DA} führen.
Für die Ebene, die den Punkt A enthält, gilt also:

$$E_A : \vec{x} = \overrightarrow{OA} + r \cdot \overrightarrow{AP_{DA}} + s \cdot \overrightarrow{AP_{AB}} = \begin{pmatrix} -4 \\ -4 \\ 28{,}64 \end{pmatrix} + r \cdot \begin{pmatrix} -4-(-4) \\ 0-(-4) \\ 35{,}57-28{,}64 \end{pmatrix} + s \cdot \begin{pmatrix} 0-(-4) \\ -4-(-4) \\ 35{,}57-28{,}64 \end{pmatrix} =$$

$$= \begin{pmatrix} -4 \\ -4 \\ 28{,}68 \end{pmatrix} + r \cdot \begin{pmatrix} 0 \\ 4 \\ 6{,}93 \end{pmatrix} + s \cdot \begin{pmatrix} 4 \\ 0 \\ 6{,}93 \end{pmatrix}$$

Der Vektor $\vec{n_1} = \begin{pmatrix} 6{,}93 \\ 6{,}93 \\ -4 \end{pmatrix}$ ist offensichtlich ein Normalenvektor zu den beiden Richtungsvektoren der Ebene, denn es gilt: $\begin{pmatrix} 0 \\ 4 \\ 6{,}93 \end{pmatrix} * \begin{pmatrix} 6{,}93 \\ 6{,}93 \\ -4 \end{pmatrix} = 0$ und $\begin{pmatrix} 4 \\ 0 \\ 6{,}93 \end{pmatrix} * \begin{pmatrix} 6{,}93 \\ 6{,}93 \\ -4 \end{pmatrix} = 0$

Alternativ kann man einen Normalenvektor auch mithilfe des linearen Gleichungssystems

$$\begin{vmatrix} 0 \cdot n_1 + 4 \cdot n_2 + 6{,}93 \cdot n_3 = 0 \\ 4 \cdot n_1 + 0 \cdot n_2 + 6{,}93 \cdot n_3 = 0 \end{vmatrix} \Leftrightarrow \begin{vmatrix} 4 \cdot n_2 = -6{,}93 \cdot n_3 \\ 4 \cdot n_1 = -6{,}93 \cdot n_3 \end{vmatrix}$$

bestimmen und wählt dann $n_3 = -4$, oder man benutzt das Vektorprodukt (vgl. **H6**).

Daher ist eine Koordinatengleichung dieser Ebene gegeben durch
$E_A: 6{,}93 \cdot x_1 + 6{,}93 \cdot x_2 - 4 \cdot x_3 = d$.
Durch Einsetzen der Koordinaten von A erhält man
$d = 6{,}93 \cdot (-4) + 6{,}93 \cdot (-4) + (-4) \cdot 28{,}64 = -170$,
also $E_A: 6{,}93 \cdot x_1 + 6{,}93 \cdot x_2 - 4 \cdot x_3 = -170$

c) Gesucht wird die Gerade, die sich aus der Verlängerung z. B. der Strecke zwischen P_{AB} und S ergibt, also:

$$g_{AB}: \vec{x} = \overrightarrow{OP_{AB}} + r \cdot \overrightarrow{P_{AB}S} = \begin{pmatrix} 0 \\ -4 \\ 35{,}57 \end{pmatrix} + r \cdot \begin{pmatrix} 0-0 \\ 0-(-4) \\ 42{,}50-35{,}57 \end{pmatrix} = \begin{pmatrix} 0 \\ -4 \\ 35{,}57 \end{pmatrix} + r \cdot \begin{pmatrix} 0 \\ 4 \\ 6{,}93 \end{pmatrix}$$

Diese Gerade schneidet die x_1-x_2-Ebene genau dann, wenn $x_3 = 0$, also wenn
$35{,}57 + 6{,}93 \cdot r = 0$, d. h. für $r \approx -5{,}133$.
Einsetzen dieses Parameterwerts in der Geradengleichung ergibt die Koordinaten des Montagepunkts des Laserstrahlers:

$$\vec{x} = \begin{pmatrix} 0 \\ -4 \\ 35{,}57 \end{pmatrix} + (-5{,}133) \cdot \begin{pmatrix} 0 \\ 4 \\ 6{,}93 \end{pmatrix} = \begin{pmatrix} 0 \\ -24{,}532 \\ 0 \end{pmatrix}$$

Der Laserstrahler müsste ca. 24,53 m von der Turmmitte entfernt montiert werden.

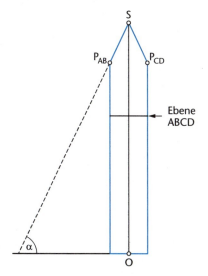

Der zu bestimmende Winkel α wird bestimmt durch den Richtungsvektor der Geraden und einen Vektor, der vom Montagepunkt des Laserstrahlers auf den Ursprung des Koordinatensystems weist:

$$\cos(\alpha) = \frac{\left\| \begin{pmatrix} 0 \\ 24{,}53 \\ 0 \end{pmatrix} * \begin{pmatrix} 0 \\ 4 \\ 6{,}93 \end{pmatrix} \right\|}{24{,}53 \cdot \sqrt{4^2 + 6{,}93^2}} \approx \frac{98{,}12}{196{,}28} \approx 0{,}500 \Rightarrow \alpha \approx 60{,}0°$$

Alternativ ist auch eine Argumentation möglich, dass das Dreieck $P_{AB}P_{CD}S$ gleichseitig ist und daher in diesem Dreieck, also auch am Montagepunkt, ein Winkel von 60° auftritt.

d) Innenwinkel β der Rauten = Winkel zwischen den Richtungsvektoren der Ebene E_A:

$$\cos(\beta) = \frac{\left\| \begin{pmatrix} 0 \\ 4 \\ 6{,}93 \end{pmatrix} * \begin{pmatrix} 0 \\ 0 \\ 6{,}93 \end{pmatrix} \right\|}{\sqrt{4^2 + 6{,}93^2} \cdot \sqrt{4^2 + 6{,}93^2}} \approx \frac{48{,}0249}{64{,}0249} \approx 0{,}7501 \Rightarrow \beta \approx 41{,}4°$$

Der Komplementärwinkel der Raute ist $\gamma = 48{,}6°$.

Neigungswinkel δ der Dachfläche = Winkel zwischen einem Normalenvektor der Ebene, die durch ABCD geht (parallel zur x_1-x_2-Ebene) und zu einem Normalenvektor der Ebene E_A:

$$\cos(\delta) = \frac{\left\| \begin{pmatrix} 0 \\ 0 \\ 1 \end{pmatrix} * \begin{pmatrix} 6{,}93 \\ 6{,}93 \\ -4 \end{pmatrix} \right\|}{\sqrt{1^2} \cdot \sqrt{6{,}93^2 + 6{,}93^2 + (-4)^2}} \approx \frac{4}{10{,}5854} \approx 0{,}3779 \Rightarrow \delta \approx 67{,}8°$$

e) *1. Methode:* Verlängert man die zum Turmkreuz führenden Dachkanten bis zu der Ebene, in der die Punkte A, B, C, D liegen, dann entsteht eine quadratische Pyramide mit Seitenkante $s = 8\sqrt{2} \approx 11{,}31$ m und der Höhe $h = 2 \cdot 6{,}93$ m $= 13{,}86$ m. Vom Volumen dieser Pyramide müssen die Volumina von vier kleinen Pyramiden subtrahiert werden, deren Grundfläche rechtwinklige Dreiecke sind (Kathetenlänge gemäß Satz des PYTHAGORAS $4\sqrt{2}$) und deren Höhe 6,93 m beträgt.

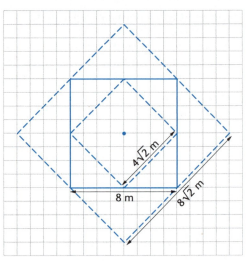

Insgesamt ergibt sich:

$V = \frac{1}{3} \cdot (8\sqrt{2})^2 \cdot 13{,}86 - 4 \cdot \left(\frac{1}{3} \cdot \frac{1}{2} \cdot (4\sqrt{2})^2 \cdot 6{,}93\right) \approx 443{,}5$ m³

2. Methode: Man betrachtet getrennt das Volumen des Körpers bis zu den Punkten P_{AB}, P_{BC}, P_{CD}, P_{DA} und der darauf sitzenden quadratischen Pyramide mit Seitenlänge $4\sqrt{2}$ und der Höhe 6,93 m. Der untere Teilkörper ergibt sich, wenn man vom Volumen eines Quader mit quadratischer Grundfläche (Seitenlänge 8 m) und Höhe 6,93 m die Volumina von vier Pyramiden subtrahiert, deren Grundfläche rechtwinklig ist (Kathetenlänge 4 m) und deren Höhe 6,93 m.

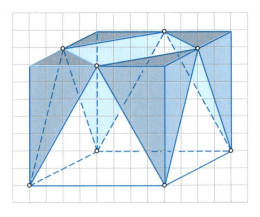

Insgesamt ergibt sich:

$V = 8^2 \cdot 6{,}93 - 4 \cdot \left(\frac{1}{3} \cdot \frac{1}{2} \cdot 4^2 \cdot 6{,}93\right) + \frac{1}{3} \cdot (4\sqrt{2})^2 \cdot 6{,}93 \approx 443{,}5$ m³

f) Einer der Balken verbindet den Mittelpunkt $M_A(-2|-2|35{,}57)$ der Strecke $P_{DA}P_{AB}$ mit dem gegenüber liegenden Punkt $C(+4|+4|28{,}64)$. Die Länge dieses Balkens, also die Länge des Vektors $\overrightarrow{CM_A} = \begin{pmatrix} -6 \\ -6 \\ 6{,}93 \end{pmatrix}$, ist $\sqrt{(-6)^2 + (-6)^2 + 6{,}93^2} \approx 10{,}96$ m.

Der Neigungswinkel ε des Balkens ergibt sich aus dem Winkel zwischen dem Vektor $\overrightarrow{CM_A} = \begin{pmatrix} -6 \\ -6 \\ 6{,}93 \end{pmatrix}$ und dem Verbindungsvektor von C nach A $\overrightarrow{CA} = \begin{pmatrix} -8 \\ -8 \\ 0 \end{pmatrix}$.

$\cos(\varepsilon) = \dfrac{\begin{pmatrix} -6 \\ -6 \\ 6{,}93 \end{pmatrix} * \begin{pmatrix} -8 \\ -8 \\ 0 \end{pmatrix}}{\sqrt{(-6)^2 + (-6)^2 + 6{,}93^2} \cdot \sqrt{(-8)^2 + (-8)^2 + 0^2}} \approx \dfrac{96}{123{,}948} \approx 0{,}7745 \Rightarrow \varepsilon \approx 39{,}2°$

Aufgabe 11 Das Rhombendodekaeder

JOHANNES KEPLER (1571 bis 1630), der die Gesetze der Planetenbewegung aufstellte, erkannte 1619, dass die Basis der Bienenwabe die Hälfte eines Rhombendodekaeders ist.

Auch Kristalle, wie z. B. der Granat, können die Form eines Rhombendodekaeders aufweisen.

Ein Rhombendodekaeder entsteht, wenn auf den 6 Seitenflächen eines Würfels (hier mit der Kantenlänge 2 LE) gerade quadratische Pyramiden aufgesetzt werden. Die Höhe der Pyramiden beträgt in diesem Fall 1 LE.
Der Ursprung des Koordinatensystems wird in die Mitte des Würfels gelegt. Der entstandene Körper hat 12 kongruente Seitenflächen.

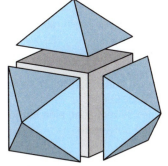
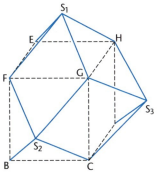

a) (1) Zeigen Sie, dass die Punkte $F(1|-1|1)$, $G(1|1|1)$, $S_1(0|0|2)$ und $S_2(2|0|0)$ in einer Ebene liegen und begründen Sie, dass die Seitenfläche FS_1GS_2 eine Raute ist.
(2) Berechnen Sie die Maße der Innenwinkel dieser Raute.
(3) Berechnen Sie das Maß des von zwei benachbarten Seitenflächen eingeschlossenen Winkels.

b) Untersuchen Sie die Lagebeziehung der Geraden g_{GS_1} und h_{CS_2}.
(LK) Bestimmen Sie falls möglich ihren Abstand.

c) (1) Berechnen Sie den gesamten Oberflächeninhalt des Rhombendodekaeders.
(2) Berechnen Sie das Volumen des Rhombendodekaeders.

d) (1) Zeigen Sie, dass $\alpha: \vec{x}' = M \cdot \vec{x}$ mit $M = \begin{pmatrix} \frac{2}{3} & -\frac{1}{3} & -\frac{1}{3} \\ -\frac{1}{3} & \frac{2}{3} & -\frac{1}{3} \\ -\frac{1}{3} & -\frac{1}{3} & \frac{2}{3} \end{pmatrix}$ eine Orthogonalprojektion auf die Ebene mit $x_1 + x_2 + x_3 = 0$ beschreibt.
(2) Untersuchen Sie, welche Punkte bei dieser Projektion auf den Ursprung abgebildet werden.
(3) Berechnen Sie die Koordinaten der Bildpunkte von B, C und G sowie von S_2 unter dieser Abbildung.

e) (1) Beschreiben Sie die geometrische Wirkung der Abbildung $\beta: \vec{x}' = N \cdot \vec{x}$ mit

$N = \begin{pmatrix} 0 & -1 & 0 \\ 1 & 0 & 0 \\ 0 & 0 & 1 \end{pmatrix}$.

(2) Zeigen Sie, dass S_2 damit auf S_3 abgebildet wird.
(3) Bestimmen Sie die Abbildungsmatrix für die Verkettung der Abbildungen β und α für den Fall, dass zuerst β und dann α ausgeführt wird.
(4) Zeigen Sie, dass die viermalige Hintereinanderausführung dieser Abbildung alle Punkte auf sich selbst abbildet.
(5) **(CAS, GTR)** Der Punkt R wird durch die Abbildung β auf $R'\left(-\frac{1}{2}\left|\frac{3}{2}\right|\frac{1}{2}\right)$ abgebildet. Bestimmen Sie die Koordinaten von R.

Lösung:

a) (1) Die von den Punkten F, G und S_2 festgelegte Ebene wird beispielsweise durch

die Vektoren $\vec{FG} = \begin{pmatrix} 0 \\ 2 \\ 0 \end{pmatrix}$; $\vec{FS_2} = \begin{pmatrix} 1 \\ 1 \\ -1 \end{pmatrix}$ aufgespannt; zu diesen Vektoren ist der Vektor

$\vec{n_1} = \begin{pmatrix} 1 \\ 0 \\ 1 \end{pmatrix}$ orthogonal, d. h. die Ebene hat $\vec{n_1}$ als einen Normalenvektor und wird

durch die Ebenengleichung $E: \vec{x} * \begin{pmatrix} 1 \\ 0 \\ 1 \end{pmatrix} = x_1 + x_3 = \begin{pmatrix} 1 \\ 0 \\ 1 \end{pmatrix} * \begin{pmatrix} 1 \\ -1 \\ 1 \end{pmatrix} = 2$ beschrieben.

Da auch die Koordinaten von Punkt $S_1(0|0|2)$ diese Gleichung erfüllen, liegen alle angegebenen Punkte in dieser Ebene.
Zur Begründung, dass diese Seitenfläche eine Raute ist, muss gezeigt werden, dass alle Seiten die gleiche Länge aufweisen:

$|\vec{FS_1}| = \left\|\begin{pmatrix} -1 \\ 1 \\ 1 \end{pmatrix}\right\| = \sqrt{3}$; $|\vec{S_1G}| = \left\|\begin{pmatrix} 1 \\ 1 \\ -1 \end{pmatrix}\right\| = \sqrt{3}$; $|\vec{GS_2}| = \left\|\begin{pmatrix} 1 \\ -1 \\ -1 \end{pmatrix}\right\| = \sqrt{3}$; $|\vec{S_2F}| = \left\|\begin{pmatrix} -1 \\ -1 \\ 1 \end{pmatrix}\right\| = \sqrt{3}$

(2) Berechnung der Maße der **Innenwinkel**:

$\angle GS_2F = \arccos \dfrac{\left\|\begin{pmatrix} -1 \\ -1 \\ 1 \end{pmatrix} * \begin{pmatrix} -1 \\ 1 \\ 1 \end{pmatrix}\right\|}{\sqrt{3} \cdot \sqrt{3}} = \arccos\left(\dfrac{1}{3}\right) \approx 70{,}5°$

$\angle S_1GS_2 = \arccos \dfrac{\left\|\begin{pmatrix} -1 \\ -1 \\ 1 \end{pmatrix} * \begin{pmatrix} 1 \\ -1 \\ -1 \end{pmatrix}\right\|}{\sqrt{3} \cdot \sqrt{3}} = \arccos\left(-\dfrac{1}{3}\right) \approx 109{,}5°$

Die jeweils einander gegenüber liegenden Winkel sind in der Raute gleich groß.

(3) Winkel zwischen zwei benachbarten Seitenflächen: Die durch die Punkte $G(1|1|1)$, $H(-1|1|1)$ und $S_1(0|0|2)$ festgelegte Ebene wird beispielsweise

aufgespannt durch die Vektoren $\vec{GH} = \begin{pmatrix} -2 \\ 0 \\ 0 \end{pmatrix}$; $\vec{GS_1} = \begin{pmatrix} -1 \\ -1 \\ 1 \end{pmatrix}$; hierzu ist der Vektor

$\vec{n_2} = \begin{pmatrix} 0 \\ 1 \\ 1 \end{pmatrix}$ ein Normalenvektor.

Daher schließen benachbarte Seiten den Winkel $\beta = \arccos \dfrac{\left\|\begin{pmatrix} 1 \\ 0 \\ 1 \end{pmatrix} * \begin{pmatrix} 0 \\ 1 \\ 1 \end{pmatrix}\right\|}{\sqrt{2} \cdot \sqrt{2}} = \arccos\left(\dfrac{1}{2}\right) = 60°$ ein.

b) Die beiden Geraden werden beschrieben durch die Gleichungen

$g_{GS_1}: \vec{x} = \begin{pmatrix} 1 \\ 1 \\ 1 \end{pmatrix} + s \cdot \begin{pmatrix} -1 \\ -1 \\ 1 \end{pmatrix}$ und $h_{CS_2}: \vec{x} = \begin{pmatrix} 1 \\ 1 \\ -1 \end{pmatrix} + t \cdot \begin{pmatrix} 1 \\ -1 \\ 1 \end{pmatrix}$.

Da es keine reelle Zahl k gibt mit $\begin{pmatrix} -1 \\ -1 \\ 1 \end{pmatrix} = k \cdot \begin{pmatrix} 1 \\ -1 \\ 1 \end{pmatrix}$, verlaufen die Geraden nicht parallel und können daher erst recht nicht identisch sein. (Dies sieht man natürlich auch an der Abbildung in der Aufgabenstellung.)

Untersuchung, ob die beiden Geraden sich schneiden: Dazu ist das LGS, das sich aus

$\begin{pmatrix} 1 \\ 1 \\ 1 \end{pmatrix} + s \cdot \begin{pmatrix} -1 \\ -1 \\ 1 \end{pmatrix} = \begin{pmatrix} 1 \\ 1 \\ -1 \end{pmatrix} + t \cdot \begin{pmatrix} 1 \\ -1 \\ 1 \end{pmatrix}$ ergibt, auf eine Lösung zu untersuchen: $\begin{vmatrix} 1 - s = 1 + t \\ 1 - s = 1 - t \\ 1 + s = -1 + t \end{vmatrix}$

Aus den ersten beiden Gleichungen folgt $s = 0 \wedge t = 0$. Setzt man dies in die letzte Gleichung ein, so ergibt sich ein Widerspruch. Die beiden Geraden haben daher keinen gemeinsamen Punkt und verlaufen windschief.

(LK) Um den Abstand d der Geraden g_{GS_1} und h_{CS_2} zu bestimmen, suchen wir zwei Punkte $P \in g_{GS_1}$ und $Q \in h_{CS_2}$ derart, dass $PQ \perp g_{GS_1}$ und $PQ \perp h_{CS_2}$. Ein Punkt $P \in g_{GS_1}$ lässt sich beschreiben durch: $\overrightarrow{OP} = \begin{pmatrix} 1 \\ 1 \\ 1 \end{pmatrix} + s \cdot \begin{pmatrix} -1 \\ -1 \\ 1 \end{pmatrix}$ und ein Punkt $Q \in h_{CS_2}$ durch

$\overrightarrow{OQ} = \begin{pmatrix} 1 \\ 1 \\ -1 \end{pmatrix} + t \cdot \begin{pmatrix} 1 \\ -1 \\ 1 \end{pmatrix}$, also $\overrightarrow{PQ} = \begin{pmatrix} 1 \\ 1 \\ -1 \end{pmatrix} + t \cdot \begin{pmatrix} 1 \\ -1 \\ 1 \end{pmatrix} - \begin{pmatrix} 1 \\ 1 \\ 1 \end{pmatrix} - s \cdot \begin{pmatrix} -1 \\ -1 \\ 1 \end{pmatrix} = \begin{pmatrix} t + s \\ -t + s \\ -2 + t - s \end{pmatrix}$

Hieraus folgt: $\overrightarrow{PQ} * \begin{pmatrix} -1 \\ -1 \\ 1 \end{pmatrix} = \begin{pmatrix} t + s \\ -t + s \\ -2 + t - s \end{pmatrix} * \begin{pmatrix} -1 \\ -1 \\ 1 \end{pmatrix} = -t - s + t - s - 2 + t - s = t - 3s - 2 = 0$

und $\overrightarrow{PQ} * \begin{pmatrix} 1 \\ -1 \\ 1 \end{pmatrix} = \begin{pmatrix} t + s \\ -t + s \\ -2 + t - s \end{pmatrix} * \begin{pmatrix} 1 \\ -1 \\ 1 \end{pmatrix} = t + s + t - s - 2 + t - s = 3t - s - 2 = 0$

Das Gleichungssystem $-3s + t = 2 \wedge -s + 3t = 2$ ist erfüllt für $s = -\frac{1}{2} \wedge t = \frac{1}{2}$, also haben wir $P(1,5 | 1,5 | 0,5)$ und $Q(1,5 | 0,5 | -0,5)$.

Der Abstand der beiden Punkte ist: $|\overrightarrow{PQ}| = \left| \begin{pmatrix} 0 \\ -1 \\ -1 \end{pmatrix} \right| = \sqrt{2}$

Alternative: Für den gesuchten Abstand gilt $d = \left| \left(\begin{pmatrix} 1 \\ 1 \\ 1 \end{pmatrix} - \begin{pmatrix} 1 \\ 1 \\ -1 \end{pmatrix} \right) * \vec{n}_0 \right|$.

Dabei ist $\vec{n}_0$ ein Normaleneinheitsvektor der von den Richtungsvektoren der beiden Geraden aufgespannten Ebene. Zunächst kann ein noch nicht auf die Länge 1 normierter Normalenvektor z. B. mit dem Vektorprodukt bestimmt werden:

$\vec{n} = \begin{pmatrix} -1 \\ -1 \\ 1 \end{pmatrix} \times \begin{pmatrix} 1 \\ -1 \\ 1 \end{pmatrix} = \begin{pmatrix} 0 \\ 2 \\ 2 \end{pmatrix}$

Da dieser die Länge $|\vec{n}| = \sqrt{4 + 4} = 2\sqrt{2}$ hat, ist $\vec{n}_0 = \frac{1}{|\vec{n}_0|} \cdot \vec{n}_0 = \frac{1}{2\sqrt{2}} \begin{pmatrix} 0 \\ 2 \\ 2 \end{pmatrix}$ der gesuchte Normaleneinheitsvektor. Nun kann der Abstand berechnet werden:

$d = \left| \left(\begin{pmatrix} 1 \\ 1 \\ 1 \end{pmatrix} - \begin{pmatrix} 1 \\ 1 \\ -1 \end{pmatrix} \right) * \frac{1}{2\sqrt{2}} \cdot \begin{pmatrix} 0 \\ 2 \\ 2 \end{pmatrix} \right| = \left| \frac{1}{2\sqrt{2}} \cdot \begin{pmatrix} 0 \\ 0 \\ 2 \end{pmatrix} * \begin{pmatrix} 0 \\ 2 \\ 2 \end{pmatrix} \right| = \frac{1}{2\sqrt{2}} \cdot 4 = \sqrt{2}$

c) (1) **Oberflächeninhalt:**
Von den Rauten wissen wir, dass die Seiten die Länge $\sqrt{3}$ haben und die kürzere Diagonale die Länge 2. Nach dem Satz des Pythagoras kann hieraus die Länge der längeren Diagonalen berechnet werden ($2\sqrt{2}$). Daher gilt:

$$A_{\text{Raute}} = 2 \cdot A_{\text{Dreieck}} = 2 \cdot \left(\frac{1}{2} \cdot 2 \cdot \sqrt{2}\right) = 2\sqrt{2}$$

Damit beträgt der gesamte Flächeninhalt $24\sqrt{2}$.

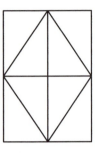

Alternativ kann auch das Vektorprodukt verwendet werden:

$$A = 12 \cdot \left|\begin{pmatrix}-1\\1\\1\end{pmatrix} \times \begin{pmatrix}-1\\-1\\1\end{pmatrix}\right| = 12 \cdot \left|\begin{pmatrix}2\\0\\2\end{pmatrix}\right| = 12 \cdot \sqrt{8} = 24\sqrt{2}$$

(2) **Volumenberechnung:**
Zur Berechnung des Volumens eignen sich die folgenden Möglichkeiten:
1. Auf den Würfel mit der Kantenlänge 2 sind 6 Pyramiden aufgesetzt:

$$V = V_{\text{Würfel}} + 6 \cdot V_{\text{Pyramide}} = 8 + 6 \cdot \frac{1}{3} \cdot 4 \cdot 1 = 16$$

2. Der Körper ist aus 12 Pyramiden mit rautenförmiger Grundfläche zusammengesetzt, deren Spitzen im Ursprung liegen. Die Rauten haben vom Ursprung einen Abstand von $\sqrt{2}$ (z. B. nachzuprüfen am Mittelpunkt der Raute FS_1GS_2). Daher ist:

$$V = 12 \cdot V_{\text{Pyramide}} = 12 \cdot \frac{1}{3} \cdot 2\sqrt{2} \cdot \sqrt{2} = 16$$

d) Der Normalenvektor der Ebene $\vec{n} = \begin{pmatrix}1\\1\\1\end{pmatrix}$ ist gleichzeitig Richtungsvektor der Projektion.

(1) Zu untersuchen sind die Bilder der Einheitsvektoren $\vec{e}_1 = \begin{pmatrix}1\\0\\0\end{pmatrix}$, $\vec{e}_2 = \begin{pmatrix}0\\1\\0\end{pmatrix}$ und $\vec{e}_3 = \begin{pmatrix}0\\0\\1\end{pmatrix}$

unter der beschriebenen Abbildung. Diese bilden die Spalten der Abbildungsmatrix M. Daher bestimmt man jeweils den Schnittpunkt der Gerade mit dem Richtungsvektor $\vec{n}$ und einem Einheitsvektor als Stützvektor mit der angegebenen Projektionsebene.

Für den ersten Einheitsvektor: Geradengleichung: $g: \vec{x} = \begin{pmatrix}1\\0\\0\end{pmatrix} + t \cdot \begin{pmatrix}1\\1\\1\end{pmatrix}$

Einsetzen der Komponenten in die Ebenengleichung: $(1 + t) + t + t = 0$ ergibt $t = -\frac{1}{3}$.

Also wird $\vec{e}_1$ abgebildet auf $\vec{e}_1' = \begin{pmatrix}1\\0\\0\end{pmatrix} - \frac{1}{3} \cdot \begin{pmatrix}1\\1\\1\end{pmatrix} = \begin{pmatrix}\frac{2}{3}\\-\frac{1}{3}\\-\frac{1}{3}\end{pmatrix}$. Analog erhält man $\vec{e}_2' = \begin{pmatrix}-\frac{1}{3}\\\frac{2}{3}\\-\frac{1}{3}\end{pmatrix}$

und $\vec{e}_3' = \begin{pmatrix}-\frac{1}{3}\\-\frac{1}{3}\\\frac{2}{3}\end{pmatrix}$. $M = \begin{pmatrix}\frac{2}{3} & -\frac{1}{3} & -\frac{1}{3}\\-\frac{1}{3} & \frac{2}{3} & -\frac{1}{3}\\-\frac{1}{3} & -\frac{1}{3} & \frac{2}{3}\end{pmatrix}$ ist damit die Abbildungsmatrix.

(2) Zur Untersuchung, welche Punkte auf den Ursprung abgebildet werden, ist die Lösung des Gleichungssystems $M \cdot \begin{pmatrix} x \\ y \\ z \end{pmatrix} = \begin{pmatrix} 0 \\ 0 \\ 0 \end{pmatrix}$ gesucht. Diese ist $x = t \wedge y = t \wedge z = t$ mit $t \in \mathbb{R}$.

Also werden alle Punkte auf der Geraden $\vec{x} = \begin{pmatrix} 0 \\ 0 \\ 0 \end{pmatrix} + t \cdot \begin{pmatrix} 1 \\ 1 \\ 1 \end{pmatrix}$ auf den Ursprung abgebildet.

(3) Durch Berechnung von $\vec{b}' = M \cdot \vec{b}$, $\vec{c}' = M \cdot \vec{c}$, $\vec{g}' = M \cdot \vec{g}$ und $\vec{s}_2' = M \cdot \vec{s}_2$ erhält man die **Bildpunkte** $B'\left(\frac{4}{3}\middle|-\frac{2}{3}\middle|-\frac{2}{3}\right)$, $C'\left(\frac{2}{3}\middle|\frac{2}{3}\middle|-\frac{4}{3}\right)$, $G'(0|0|0)$ und $S_2'\left(\frac{4}{3}\middle|-\frac{2}{3}\middle|-\frac{2}{3}\right)$.

e) (1) Die Abbildung bewirkt eine Drehung im Raum um die 3. Achse mit dem Winkel 90°.

Dabei wird der Einheitsvektor $\vec{e}_1$ abgebildet auf $\vec{e}_1' = \begin{pmatrix} 0 \\ 1 \\ 0 \end{pmatrix}$, $\vec{e}_2$ wird abgebildet auf $\vec{e}_2' = \begin{pmatrix} -1 \\ 0 \\ 0 \end{pmatrix}$. Der Einheitsvektor $\vec{e}_3$ ist ein Fixvektor unter dieser Abbildung.

(2) Die Drehung von S_2 um 90° um die 3. Achse ergibt: $\begin{pmatrix} 0 & -1 & 0 \\ 1 & 0 & 0 \\ 0 & 0 & 1 \end{pmatrix} \cdot \begin{pmatrix} 2 \\ 0 \\ 0 \end{pmatrix} = \begin{pmatrix} 0 \\ 2 \\ 0 \end{pmatrix}$

Dies ist der Ortsvektor von S_3.

(3) Abbildungsmatrix für die Verkettung:

$$M \cdot N = \begin{pmatrix} \frac{2}{3} & -\frac{1}{3} & -\frac{1}{3} \\ -\frac{1}{3} & \frac{2}{3} & -\frac{1}{3} \\ -\frac{1}{3} & -\frac{1}{3} & \frac{2}{3} \end{pmatrix} \cdot \begin{pmatrix} 0 & -1 & 0 \\ 1 & 0 & 0 \\ 0 & 0 & 1 \end{pmatrix} = \begin{pmatrix} -\frac{1}{3} & -\frac{2}{3} & -\frac{1}{3} \\ \frac{2}{3} & \frac{1}{3} & -\frac{1}{3} \\ -\frac{1}{3} & \frac{1}{3} & \frac{2}{3} \end{pmatrix}$$

(4) Da $N^4 = \begin{pmatrix} 0 & -1 & 0 \\ 1 & 0 & 0 \\ 0 & 0 & 1 \end{pmatrix}^4 = \left(\begin{pmatrix} 0 & -1 & 0 \\ 1 & 0 & 0 \\ 0 & 0 & 1 \end{pmatrix}^2\right)^2 = \begin{pmatrix} -1 & 0 & 0 \\ 0 & -1 & 0 \\ 0 & 0 & 1 \end{pmatrix}^2 = \begin{pmatrix} 1 & 0 & 0 \\ 0 & 1 & 0 \\ 0 & 0 & 1 \end{pmatrix}$ die Einheitsmatrix ergibt, werden durch die viermalige Hintereinanderausführung dieser Abbildung alle Punkte auf sich selbst abbildet.

(5) **(GTR, CAS)** Zur Bestimmung der Koordinaten des Urbildes R von R', wird die inverse Matrix N^{-1} verwendet. Man erhält $R\left(\frac{3}{2}\middle|\frac{1}{2}\middle|\frac{1}{2}\right)$, denn:

$$\vec{r} = N^{-1} \cdot \vec{r}' = N^{-1} \cdot \begin{pmatrix} -\frac{1}{2} \\ \frac{3}{2} \\ \frac{1}{2} \end{pmatrix} = \begin{pmatrix} 0 & -1 & 0 \\ 1 & 0 & 0 \\ 0 & 0 & 1 \end{pmatrix}^{-1} \cdot \begin{pmatrix} -\frac{1}{2} \\ \frac{3}{2} \\ \frac{1}{2} \end{pmatrix} = \begin{pmatrix} 0 & 1 & 0 \\ -1 & 0 & 0 \\ 0 & 0 & 1 \end{pmatrix} \cdot \begin{pmatrix} -\frac{1}{2} \\ \frac{3}{2} \\ \frac{1}{2} \end{pmatrix} = \begin{pmatrix} \frac{3}{2} \\ \frac{1}{2} \\ \frac{1}{2} \end{pmatrix}$$

Aufgabe 12 Kirchturmdach

Das skizzierte Kirchturmdach hat eine quadratische Grundfläche.

Die Vorderseite ist festgelegt durch die Punkte A(3|−3|0), B(3|3|0), C(2|1|2), D(2|−1|2), S(0|0|12).

Ein weiterer Punkt des Daches ist: F(1|2|2) (1 LE ≙ 1 m)

Die Punkte A, B, C, D liegen in der Ebene E_1; die Punkte C, D, S in der Ebene E_2.

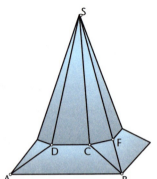

a) Geben Sie die Koordinatendarstellungen der Ebenen E_1 und E_2 an.
   Berechnen Sie das Maß des Winkels unter dem sich die Ebenen E_1 und E_2 schneiden.
   Bestimmen Sie die Größe der Innenwinkel des Dreiecks ΔDCS.

b) Das Kirchturmdach soll neu gedeckt werden. Der Materialpreis für die Neueindeckung beträgt 53 € pro m² zuzüglich Mehrwertsteuer (19%).
   Berechnen Sie den Materialpreis (incl. MwSt.) für die Eindeckung des gesamten Dachs.

c) **(LK)** Die Dachkante CS soll durch einen im Punkt R(0|0|2) gelagerten Balken abgestützt werden. Dabei soll der Balken senkrecht auf der Dachkante CS stehen.
   Bestimmen Sie den Punkt, in dem der Balken die Dachkante CS berührt.
   Berechnen Sie die Länge des Balkens.

d) **(LK)** Im Punkt R(0|0|2) ist weiterhin eine 4 m lange Fahnenstange verankert, die senkrecht auf der Ebene $E_2: 5x_1 + x_3 = 12$ steht.
   Ist diese Stange als Fahnenstange zu verwenden, wenn sie zur Aufhängung der Fahne mindestens 2 m ins Freie ragen muss?

e) Mit einer Drehung um die 3. Achse soll der Punkt D auf den Punkt F abgebildet werden.
   Stellen Sie eine geeignete Abbildungsmatrix auf.
   Zeigen Sie, dass bei 4maliger Hintereinanderausführung dieser Abbildung der Punkt D wieder auf sich selbst abgebildet wird.

Lösung:

a) Die Ebene E_1 wird aufgespannt durch $\overrightarrow{AD} = \begin{pmatrix} -1 \\ 2 \\ 2 \end{pmatrix}$ und $\overrightarrow{AB} = \begin{pmatrix} 0 \\ 6 \\ 0 \end{pmatrix}$. Zu diesen Vektoren steht der Vektor $\vec{n} = \begin{pmatrix} 2 \\ 0 \\ 1 \end{pmatrix}$ orthogonal. Hieraus ergibt sich

$$E_1: \begin{pmatrix} 2 \\ 0 \\ 1 \end{pmatrix} * \vec{x} = 2x_1 + x_3 = \begin{pmatrix} 2 \\ 0 \\ 1 \end{pmatrix} * \begin{pmatrix} 3 \\ -3 \\ 0 \end{pmatrix} = 6$$

Die Ebene E_2 wird aufgespannt durch $\overrightarrow{CD} = \begin{pmatrix} 0 \\ -2 \\ 0 \end{pmatrix}$ und $\overrightarrow{CS} = \begin{pmatrix} -2 \\ -1 \\ 10 \end{pmatrix}$. Zu diesen Vektoren steht der Vektor $\vec{m} = \begin{pmatrix} 5 \\ 0 \\ 1 \end{pmatrix}$ orthogonal. Hieraus ergibt sich

$$E_2: \begin{pmatrix} 5 \\ 0 \\ 1 \end{pmatrix} * \vec{x} = 5x_1 + x_3 = \begin{pmatrix} 5 \\ 0 \\ 1 \end{pmatrix} * \begin{pmatrix} 2 \\ 1 \\ 2 \end{pmatrix} = 12$$

Alternative: Normalenvektoren kann man auch mithilfe des Vektorprodukts bestimmen:

$$\vec{n}^* = \begin{pmatrix} 0 \\ 6 \\ 0 \end{pmatrix} \times \begin{pmatrix} -1 \\ 2 \\ 2 \end{pmatrix} = \begin{pmatrix} 12 \\ 0 \\ 6 \end{pmatrix}, \quad \vec{m}^* = \begin{pmatrix} 0 \\ -2 \\ 0 \end{pmatrix} \times \begin{pmatrix} -2 \\ -1 \\ 10 \end{pmatrix} = \begin{pmatrix} -20 \\ 0 \\ -4 \end{pmatrix}$$

Der Winkel zwischen den Ebenen E_1 und E_2 beträgt:

$$\arccos \frac{\left| \begin{pmatrix} 2 \\ 0 \\ 1 \end{pmatrix} * \begin{pmatrix} 5 \\ 0 \\ 1 \end{pmatrix} \right|}{\left| \begin{pmatrix} 2 \\ 0 \\ 1 \end{pmatrix} \right| \cdot \left| \begin{pmatrix} 5 \\ 0 \\ 1 \end{pmatrix} \right|} = \arccos \frac{11}{\sqrt{5} \cdot \sqrt{26}} \approx 15{,}26°$$

Das Dreieck DCS ist gleichschenklig. Berechnung der Innenwinkel:

$$\angle CDS = \angle SCD = \arccos \frac{\left| \begin{pmatrix} 0 \\ -2 \\ 0 \end{pmatrix} * \begin{pmatrix} -2 \\ -1 \\ 10 \end{pmatrix} \right|}{2 \cdot \sqrt{105}} = \arccos \frac{2}{\sqrt{105}} \approx 84{,}40°$$

$\angle DSC = 180° - 2 \cdot 84{,}40° = 11{,}20°$

b) Dreieck DCS: $A_1 = \frac{1}{2}\sqrt{|\vec{CD}|^2 \cdot |\vec{CS}|^2 - (\vec{CD} * \vec{CS})^2} = \frac{1}{2}\sqrt{4 \cdot 105 - 4} = \sqrt{104}$

alternativ: $A_1 = \frac{1}{2} \left| \begin{pmatrix} 0 \\ -2 \\ 0 \end{pmatrix} \times \begin{pmatrix} -2 \\ -1 \\ 10 \end{pmatrix} \right| = \frac{1}{2} \left| \begin{pmatrix} -20 \\ 0 \\ -4 \end{pmatrix} \right| = \sqrt{104}$

Dreieck CFS: $A_2 = \frac{1}{2}\sqrt{|\vec{SC}|^2 \cdot |\vec{SF}|^2 - (\vec{SC} * \vec{SF})^2} = \frac{1}{2}\sqrt{105 \cdot 105 - 104^2} = \frac{1}{2}\sqrt{209}$

Dreieck CBF: $A_3 = \frac{1}{2}\sqrt{17}$, Trapez ABCD: $A_4 = \frac{6+2}{2} \cdot \sqrt{5} = 4\sqrt{5}$

Gesamtfläche: $A = 4 \cdot (A_1 + A_2 + A_3 + A_4) = 4\sqrt{104} + 2\sqrt{209} + 2\sqrt{17} + 16\sqrt{5} \approx 113{,}73$

Materialpreis (incl. MwSt.): $113{,}73 \text{ m}^2 \cdot 53 \frac{€}{\text{m}^2} \cdot 1{,}19 = 7172{,}95 \text{ €}$

c) **(LK)** Zu berechnen ist der Abstand des Punktes R von der Geraden

$g: \vec{x} = \vec{p} + t \cdot \vec{u}$ mit $\vec{p} = \begin{pmatrix} 0 \\ 0 \\ 12 \end{pmatrix}$ und $\vec{u} = \begin{pmatrix} -2 \\ -1 \\ 10 \end{pmatrix}$.

Das Lot von Punkt R auf die Gerade g steht senkrecht auf der Geraden selbst. Zu bestimmen ist damit der Lotfußpunkt F mit $(\vec{r} - \vec{f}) * \vec{u} = 0$. Da Punkt F auf der Geraden liegt, gibt es eine reelle Zahl t mit $\vec{f} = \vec{p} + t \cdot \vec{u}$. Setzt man den Term für $\vec{f}$ in die vorangegangene Gleichung ein, so kann der Parameter t berechnet werden:

$(\vec{r} - \vec{p} - t \cdot \vec{u}) * \vec{u} = 0 \Leftrightarrow \left(\begin{pmatrix} 0 \\ 0 \\ 2 \end{pmatrix} - \begin{pmatrix} 0 \\ 0 \\ 12 \end{pmatrix} - t \cdot \begin{pmatrix} -2 \\ -1 \\ 10 \end{pmatrix} \right) * \begin{pmatrix} -2 \\ -1 \\ 10 \end{pmatrix} = 0 \Leftrightarrow$

$-4t - t - 100 - 100t = 0 \Leftrightarrow t = -\frac{20}{21}$

Damit ergibt sich der Lotfußpunkt F aus $\vec{f} = \vec{p} + t \cdot \vec{u} = \begin{pmatrix} 0 \\ 0 \\ 12 \end{pmatrix} - \frac{20}{21} \cdot \begin{pmatrix} -2 \\ -1 \\ 10 \end{pmatrix} = \begin{pmatrix} \frac{40}{21} \\ \frac{20}{21} \\ \frac{52}{21} \end{pmatrix}$

sowie dessen Abstand von Punkt R zu $|\vec{r} - \vec{f}| = 10 \cdot \frac{\sqrt{21}}{21} \approx 2{,}18$.

Der Balken berührt die Dachkante CS im Punkt $F\left(\frac{40}{21} \middle| \frac{20}{21} \middle| \frac{52}{21}\right)$. Er ist etwa 2,18 m lang.

d) **(LK)** Für den Schnittpunkt L der Lotgerade l: $\vec{x} = \begin{pmatrix} 0 \\ 0 \\ 2 \end{pmatrix} + r \cdot \begin{pmatrix} 5 \\ 0 \\ 1 \end{pmatrix} = \begin{pmatrix} 5r \\ 0 \\ 2+r \end{pmatrix}$ vom Punkt R auf

die Ebene mit der Ebene E_2 gilt: $5 \cdot (5r) + (2+r) = 12$, also $r = \frac{5}{13}$

d. h. $L\left(\frac{25}{13} \Big| 0 \Big| \frac{31}{13}\right)$. Dieser hat von R den Abstand: $d = \sqrt{\left(\frac{25}{13}\right)^2 + \left(\frac{5}{13}\right)^2} = \sqrt{\frac{650}{169}} \approx 1{,}96$

Alternative: Die HNF von E_2 lautet $\frac{5x_1 + x_3 - 12}{\sqrt{26}} = 0$. Gemäß der Abstandsformel gilt:

$d = \left|\frac{2-12}{\sqrt{26}}\right| \approx 1{,}96$

Da die Stange also um etwa 4 m – 1,96 m = 2,04 m ins Freie ragt, ist sie als Fahnenstange zu verwenden.

e) Bei einer Drehung im Raum um die 3. Achse mit dem Winkel 90° wird der Einheitsvektor $\vec{e}_1$ abgebildet auf $\vec{e}_1' = \begin{pmatrix} 0 \\ 1 \\ 0 \end{pmatrix}$, $\vec{e}_2$ wird abgebildet auf $\vec{e}_2' = \begin{pmatrix} -1 \\ 0 \\ 0 \end{pmatrix}$.

Der Einheitsvektor $\vec{e}_3$ ist ein Fixvektor unter dieser Abbildung.

Die Abbildungsmatrix lautet daher: $\begin{pmatrix} 0 & -1 & 0 \\ 1 & 0 & 0 \\ 0 & 0 & 1 \end{pmatrix}$.

Die Probe ergibt: $\begin{pmatrix} 0 & -1 & 0 \\ 1 & 0 & 0 \\ 0 & 0 & 1 \end{pmatrix} \cdot \begin{pmatrix} 2 \\ -1 \\ 2 \end{pmatrix} = \begin{pmatrix} 1 \\ 2 \\ 2 \end{pmatrix}$

Dies ist der Ortsvektor von Punkt F.

Da $\begin{pmatrix} 0 & -1 & 0 \\ 1 & 0 & 0 \\ 0 & 0 & 1 \end{pmatrix}^4 \cdot \begin{pmatrix} 2 \\ -1 \\ 2 \end{pmatrix} = \begin{pmatrix} -1 & 0 & 0 \\ 0 & -1 & 0 \\ 0 & 0 & 1 \end{pmatrix}^2 \cdot \begin{pmatrix} 2 \\ -1 \\ 2 \end{pmatrix} = \begin{pmatrix} 1 & 0 & 0 \\ 0 & 1 & 0 \\ 0 & 0 & 1 \end{pmatrix} \cdot \begin{pmatrix} 2 \\ -1 \\ 2 \end{pmatrix} = \begin{pmatrix} 2 \\ -1 \\ 2 \end{pmatrix}$ wird Punkt D bei

viermaliger Hintereinanderausführung der Abbildung wieder auf sich selbst abgebildet.

Aufgabe 13 *Die Scheune*

Die Abbildung zeigt eine Scheune mit einem Pultdach. Die Eckpunkte haben die Koordinaten A(6|0|0), B(6|10|0), C(0|10|0), F(6|0|3), G(6|10|3), H(0|10|4), K(0|0|4).

Auf dem Boden des Hauses wird ein 5 m langes, senkrecht stehendes Schornsteinrohr aufgestellt. Zur Vereinfachung betrachten wir bei der geometrischen Beschreibung dieses Schornsteinrohres nur den im Schornsteininneren verlaufenden Teil seiner Symmetrieachse. Der Fuß des Schornsteinrohres befindet sich dann im Punkt I(4|7|0).
Eine Längeneinheit entspricht einem Meter.

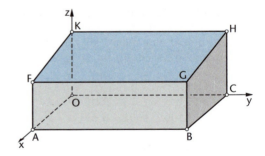

a) Berechnen Sie den Rauminhalt der Scheune und die Größe ihrer Dachfläche.

b) Die schräg verlaufende Dachfläche liege in der Ebene E.

  (1) Geben Sie für die Ebene E eine Parameter- und eine Koordinatendarstellung an. (Kontrollergebnis: $E: x_1 + 6x_3 = 24$)
  (2) Untersuchen Sie, ob der Punkt $P(1,5 | 7,5 | 3,75)$ auf E liegt.
  (3) Bestimmen Sie den Neigungswinkel des Daches.
  (4) **(LK)** Berechnen Sie den Abstand der Spitze des Schornsteinrohres vom Dach.

c) Eine Sicherheitsvorschrift besagt, dass das Schornsteinrohr mindestens 2 m aus dem Dach herausragen muss.
Bestimmen Sie den Punkt, in dem das Schornsteinrohr die Dachfläche durchstößt und begründen Sie Ihre Entscheidung, ob die Sicherheitsvorschrift eingehalten wird.
Berechnen Sie, wie viel Prozent des Schornsteinrohres sich außerhalb des Daches befinden.

d) **(LK)** Berechnen Sie den Abstand des oberen Schornsteinendes von der hinteren Dachkante.

e) Paralleles Sonnenlicht fällt in Richtung des Vektors $\vec{v} = \begin{pmatrix} -1 \\ 2 \\ -3 \end{pmatrix}$ ein.

  (1) Berechnen Sie den Schattenpunkt der Spitze des Schornsteinrohres auf der Dachfläche.
  (2) Geben Sie eine Matrix zur Projektion des Scheunendachs auf die x-y-Ebene an und berechnen Sie damit die Schattenpunkte zu G und H auf der x-y-Ebene.

Lösung:

a) Wir fassen das Gebäude als Prisma auf mit Grundfläche BCHG und Höhe AB. Die Grundfläche ist ein Trapez mit den parallelen Seiten BG und CH sowie der Flächenhöhe BC.
Das Volumen des Prismas beträgt
$V = \frac{1}{2} \cdot (|\overrightarrow{BG}| + |\overrightarrow{CH}|) \cdot |\overrightarrow{BC}| \cdot |\overrightarrow{AB}| = \frac{1}{2} \cdot (3\,\text{m} + 4\,\text{m}) \cdot 6\,\text{m} \cdot 10\,\text{m} = 210\,\text{m}^3$
Die fehlende Kantenlänge der Dachfläche erhält man als Länge des Vektors $\overrightarrow{GH} = \begin{pmatrix} 6 \\ 0 \\ 1 \end{pmatrix}$
zu $\sqrt{37}$ m. Damit beträgt der Flächeninhalt der Dachfläche $A = 10 \cdot \sqrt{37} \approx 60{,}83\,\text{m}^2$.

b) (1) Die Ebene E wird beispielsweise aufgespannt durch die Vektoren $\overrightarrow{FG}$ und $\overrightarrow{FK}$, also
$E: \vec{x} = \begin{pmatrix} 6 \\ 0 \\ 3 \end{pmatrix} + r \begin{pmatrix} 0 \\ 1 \\ 0 \end{pmatrix} + s \begin{pmatrix} -6 \\ 0 \\ 1 \end{pmatrix}$. Der Vektor $\vec{n} = \begin{pmatrix} 1 \\ 0 \\ 6 \end{pmatrix}$ ist orthogonal zu $\overrightarrow{FG}$ und $\overrightarrow{FK}$, daher ist
$E: x_1 + 6x_3 = 24$ eine Koordinatengleichung für die Ebene.

(2) Da $1{,}5 + 6 \cdot 3{,}75 = 24$, ergibt die Punktprobe, dass der Punkt P in der Ebene E liegt.

(3) Der Neigungswinkel α kann z. B. als Winkel zwischen $\vec{n} = \begin{pmatrix} 1 \\ 0 \\ 6 \end{pmatrix}$ und einem zur

3. Koordinatenachse parallelen Vektor berechnet werden: $\cos\alpha = \dfrac{\begin{pmatrix} 1 \\ 0 \\ 6 \end{pmatrix} * \begin{pmatrix} 0 \\ 0 \\ 1 \end{pmatrix}}{\left\|\begin{pmatrix} 1 \\ 0 \\ 6 \end{pmatrix}\right\| \cdot \left\|\begin{pmatrix} 0 \\ 0 \\ 1 \end{pmatrix}\right\|} = \dfrac{6}{\sqrt{37}}$

oder elementar im rechtwinkligen Dreieck mit $\tan\alpha = \dfrac{1}{6}$ zu $\alpha \approx 9{,}5°$.

(4) **(LK)** Die Spitze des Schornsteins liegt im Punkt S(4|7|5).

Die HNF der Ebene E: $\dfrac{x_1 + 6x_3 - 24}{\sqrt{37}} = 0$ liefert $d = \left|\dfrac{4 + 6 \cdot 5 - 24}{\sqrt{37}}\right| = \dfrac{10}{\sqrt{37}} \approx 1{,}64$

Der Abstand beträgt etwa 1,64 m.

c) Den Schnittpunkt Q der Ebene E mit der Geraden $g: \vec{x} = \begin{pmatrix} 4 \\ 7 \\ 0 \end{pmatrix} + t \cdot \begin{pmatrix} 0 \\ 0 \\ 1 \end{pmatrix}$, welche die

Symmetrieachse des Schornsteinrohrs beschreibt, erhält man durch Einsetzen in die

Ebenengleichung: $4 + 6t = 24 \Leftrightarrow t = \dfrac{10}{3}$, also: $\vec{q} = \begin{pmatrix} 4 \\ 7 \\ 0 \end{pmatrix} + \dfrac{10}{3} \cdot \begin{pmatrix} 0 \\ 0 \\ 1 \end{pmatrix} = \begin{pmatrix} 4 \\ 7 \\ \frac{10}{3} \end{pmatrix}$ und $Q\left(4\left|7\right|\dfrac{10}{3}\right)$.

Da das Schornsteinrohr also nur 1,67 m aus dem Dach herausragt, ist die Sicherheitsvorschrift nicht erfüllt.

Es liegen $1 - \dfrac{\frac{10}{3}}{5} \approx 33\%$ des Schornsteins außerhalb des Dachs.

d) **(LK)** Der Lotvektor von der Schornsteinspitze S(4|7|5) auf die Gerade $h: \vec{x} = \begin{pmatrix} 0 \\ 0 \\ 4 \end{pmatrix} + t \cdot \begin{pmatrix} 0 \\ 1 \\ 0 \end{pmatrix}$

muss zu dieser orthogonal sein: $\left[\begin{pmatrix} 4 \\ 7 \\ 5 \end{pmatrix} - \begin{pmatrix} 0 \\ 0 \\ 4 \end{pmatrix} - t \cdot \begin{pmatrix} 0 \\ 1 \\ 0 \end{pmatrix}\right] * \begin{pmatrix} 0 \\ 1 \\ 0 \end{pmatrix} = 0$

Hieraus ergibt sich $t = 7$ und L(0|7|4) als Fußpunkt des Lotes, also gilt für den Abstand:

$d = \left\|\begin{pmatrix} 0 \\ 7 \\ 4 \end{pmatrix} - \begin{pmatrix} 4 \\ 7 \\ 5 \end{pmatrix}\right\| = \sqrt{17}$

Hinweis: Man kann dies auch elementargeometrisch mithilfe des Satzes von Pythagoras berechnen: $d^2 = 4^2 + 1^2$

e) (1) Den Schattenpunkt R der Schornsteinspitze auf der Dachfläche erhält man als

Schnittpunkt der Gerade $k: \vec{x} = \begin{pmatrix} 4 \\ 7 \\ 5 \end{pmatrix} + t \cdot \begin{pmatrix} -1 \\ 2 \\ -3 \end{pmatrix}$ mit der Ebene E durch Einsetzen in die

Ebenengleichung: $4 - t + 6(5 - 3t) = 24 \Leftrightarrow t = \dfrac{10}{19}$

$\vec{r} = \begin{pmatrix} 4 \\ 7 \\ 5 \end{pmatrix} + \dfrac{10}{19} \cdot \begin{pmatrix} -1 \\ 2 \\ -3 \end{pmatrix} = \begin{pmatrix} \frac{66}{19} \\ \frac{153}{19} \\ \frac{65}{19} \end{pmatrix}$ und $R\left(\dfrac{66}{19}\left|\dfrac{153}{19}\right|\dfrac{65}{19}\right)$

(2) Die Projektionsmatrix ist $M = \begin{pmatrix} 1 & 0 & -\frac{v_1}{v_3} \\ 0 & 1 & -\frac{v_2}{v_3} \\ 0 & 0 & 0 \end{pmatrix} = \begin{pmatrix} 1 & 0 & -\frac{1}{3} \\ 0 & 1 & \frac{2}{3} \\ 0 & 0 & 0 \end{pmatrix}$

Damit werden die Ortsvektoren der Schattenpunkte auf der x-y-Ebene berechnet:

$\vec{g}' = M \cdot \vec{g} = \begin{pmatrix} 1 & 0 & -\frac{1}{3} \\ 0 & 1 & \frac{2}{3} \\ 0 & 0 & 0 \end{pmatrix} \cdot \begin{pmatrix} 6 \\ 10 \\ 3 \end{pmatrix} = \begin{pmatrix} 5 \\ 12 \\ 0 \end{pmatrix}$ und $\vec{h}' = M \cdot \vec{h} = \begin{pmatrix} 1 & 0 & -\frac{1}{3} \\ 0 & 1 & \frac{2}{3} \\ 0 & 0 & 0 \end{pmatrix} \cdot \begin{pmatrix} 0 \\ 10 \\ 4 \end{pmatrix} = \begin{pmatrix} -\frac{4}{3} \\ \frac{38}{3} \\ 0 \end{pmatrix}$

Die Schattenpunkte sind also $G'(5|12|0)$ und $H'\left(-\frac{4}{3}\big|\frac{38}{3}\big|0\right)$.

Alternative: Die Schattenpunkte können auch mithilfe der Projektions-Geraden durch G bzw. H bestimmt werden:

$g: \vec{x} = \begin{pmatrix} 6 \\ 10 \\ 3 \end{pmatrix} + s \cdot \begin{pmatrix} -1 \\ 2 \\ -3 \end{pmatrix}$ bzw. $h: \vec{x} = \begin{pmatrix} 0 \\ 10 \\ 4 \end{pmatrix} + s \cdot \begin{pmatrix} -1 \\ 2 \\ -3 \end{pmatrix}$

Die 3. Koordinate ist null für $s = 1$ bzw. $s = \frac{4}{3}$. Einsetzen dieser Parameterwerte in die Geraden-Gleichungen ergibt die o. a. Punkte G' bzw. H'.

Aufgabe 14 *Zweistufiger Produktionsprozess*

Eine Firma stellt die drei Endprodukte E_1, E_2 und E_3 her. Dazu werden die Rohstoffe R_1 bis R_4 benötigt und diese über die Zwischenprodukte Z_1 und Z_2 zu den Endprodukten verarbeitet. Der Graph veranschaulicht den zweistufigen Produktionsprozess. Dabei geben die Zahlen an den Pfeilen an, wie viele Einheiten von den Zwischenprodukten für die Endprodukte und wie viele Einheiten der verschiedenen Rohstoffe für die Zwischenprodukte benötigt werden.

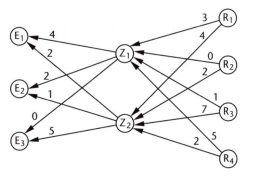

a) Bestimmen Sie die Bedarfsmatrizen für die beiden Produktionsstufen und daraus die Bedarfsmatrix für den Gesamtprozess.

b) In einer bestimmten Woche sollen 10 500 Einheiten des Endproduktes E_1, 15 000 Einheiten des Endproduktes E_2 und 20 000 Einheiten des Endproduktes E_3 hergestellt werden.
Berechnen Sie die Mengeneinheiten an Rohstoffen, die für diese Produktion benötigt werden.

c) Bei den Produkten E_1, E_2 und E_3 handelt es sich um gleichartige Verbrauchsartikel, die nach einer Woche aufgebraucht sind.
Dann müssen die Kunden ein neues Produkt aus der Produktpalette E_1, E_2 und E_3 kaufen. Dabei wechseln die Kunden teilweise von einem Produkt aus dieser Palette zu einem anderen. Die Firma beauftragt ein Institut mit der Untersuchung des Kaufverhaltens der Kunden, um die Produktion langfristig planen zu können.

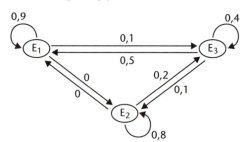

Das Ergebnis der Untersuchung zeigt der nebenstehende Graph.
Hieraus ist unter anderem zu ersehen, dass von einer Woche zur nächsten 90% der Käufer von E_1 bei diesem Produkt bleiben und 10% zum Produkt E_3 wechseln.
Geben Sie die Übergangsmatrix U für diesen Prozess an. **J1**

d) Untersuchen Sie das langfristige Verhalten der Kunden für die aus Teilaufgabe b) folgende Gesamtzahl der Käufer. Prüfen Sie dazu, ob es eine Käuferverteilung gibt, die in der nächsten Woche wieder zu derselben Verteilung führt. **J3**

(GTR/CAS) Ermitteln Sie die Grenzmatrix, die das Käuferwechselverhalten langfristig beschreibt. **J2**

Die Produktion eines Artikels ist für die Firma nur dann rentabel, wenn von diesem pro Woche mehr als 5 000 Stück verkauft werden.
Versetzen Sie sich in die Rolle eines Unternehmensberaters. Beraten Sie die Firma begründet auf der Basis ihrer gewonnenen Ergebnisse. **J2**

e) Gegeben ist die Matrix $M = \begin{pmatrix} 0 & 0 & 4 \\ 0{,}25 & 0 & 0 \\ 0 & 1 & 0 \end{pmatrix}$.

Untersuchen Sie, ob es sich bei der Matrix M um eine Übergangsmatrix handeln kann, die ebenfalls ein mögliches Käuferwechselverhalten bezüglich der Produkte E_1, E_2 und E_3 darstellt.
Ermitteln Sie die Besonderheiten, die sich bei der Verwendung von M zur Modellierung des Produktwechselverhaltens ergeben würden, indem Sie die Entwicklung der Käuferzahlen innerhalb von 3 Wochen untersuchen. **J2**

Lösung:

a) Wenn man berechnen will, welche Mengeneinheiten an Rohstoffen benötigt werden, muss man zunächst überlegen, wie viele Zwischenprodukte vorhanden sein müssen, um die Aufträge zu erfüllen. Aus der Grafik entnehmen wir:
$Z_1 = 4 \cdot E_1 + 2 \cdot E_2 + 0 \cdot E_3$ und $Z_2 = 2 \cdot E_1 + 1 \cdot E_2 + 5 \cdot E_3$

Dann können wir angeben, wie viel Rohstoffeinheiten aufgrund der berechneten Mengenangaben bei den Zwischenprodukten benötigt werden:
$R_1 = 3 \cdot Z_1 + 4 \cdot Z_2$ und $R_2 = 0 \cdot Z_1 + 2 \cdot Z_2$ und $R_3 = 1 \cdot Z_1 + 7 \cdot Z_2$ und $R_4 = 5 \cdot Z_1 + 2 \cdot Z_2$

Wie viele Einheiten der verschiedenen Rohstoffe (bzw. Zwischenprodukte) jeweils für eine Zwischenprodukteinheit (Endprodukteinheit) benötigt werden, lässt sich übersichtlich in tabellarischer Form darstellen.

Aufgabe 14

1. Produktionsstufe

	Z_1	Z_2
R_1	3	4
R_2	0	2
R_3	1	7
R_4	5	2

2. Produktionsstufe

	E_1	E_2	E_3
Z_1	4	2	0
Z_2	2	1	5

Daraus ergeben sich für die einzelnen Produktionsstufen die Bedarfsmatrizen:

$$A = \begin{pmatrix} 3 & 4 \\ 0 & 2 \\ 1 & 7 \\ 5 & 2 \end{pmatrix} \text{ und } B = \begin{pmatrix} 4 & 2 & 0 \\ 2 & 1 & 5 \end{pmatrix}$$

Die Bedarfsmatrix für den Gesamtprozess erhält man durch Matrizenmultiplikation:

$$C = A \cdot B = \begin{pmatrix} 3 & 4 \\ 0 & 2 \\ 1 & 7 \\ 5 & 2 \end{pmatrix} \cdot \begin{pmatrix} 4 & 2 & 0 \\ 2 & 1 & 5 \end{pmatrix} = \begin{pmatrix} 20 & 10 & 20 \\ 4 & 2 & 10 \\ 18 & 9 & 35 \\ 24 & 12 & 10 \end{pmatrix}$$

b) Der Auftragsvektor für die Produktion lautet: $\vec{v} = \begin{pmatrix} 10\,500 \\ 15\,000 \\ 20\,000 \end{pmatrix}$

Der Gesamtbedarf an den verschiedenen Rohstoffmengen errechnet sich zu

$$C \cdot \vec{v} = (A \cdot B) \cdot \vec{v} = \begin{pmatrix} 20 & 10 & 20 \\ 4 & 2 & 10 \\ 18 & 9 & 35 \\ 24 & 12 & 10 \end{pmatrix} \cdot \begin{pmatrix} 10\,500 \\ 15\,000 \\ 20\,000 \end{pmatrix} = \begin{pmatrix} 760\,000 \\ 272\,000 \\ 1\,024\,000 \\ 632\,000 \end{pmatrix}$$

Für die Produktion werden 760 000 Einheiten des Rohstoffes R_1, 272 000 Einheiten des Rohstoffes R_2, 1 024 000 Einheiten von R_3 und 632 000 Einheiten von R_4 benötigt.

Alternativ ist auch eine schrittweise Berechnung möglich, die – gemäß dem Assoziativgesetz – zu demselben Ergebnis führt:

$$C \cdot \vec{v} = (A \cdot B) \cdot \vec{v} = A \cdot (B \cdot \vec{v}) = \begin{pmatrix} 3 & 4 \\ 0 & 2 \\ 1 & 7 \\ 5 & 2 \end{pmatrix} \cdot \left[\begin{pmatrix} 4 & 2 & 0 \\ 2 & 1 & 5 \end{pmatrix} \cdot \begin{pmatrix} 10\,500 \\ 15\,000 \\ 20\,000 \end{pmatrix} \right] = \begin{pmatrix} 3 & 4 \\ 0 & 2 \\ 1 & 7 \\ 5 & 2 \end{pmatrix} \cdot \begin{pmatrix} 72\,000 \\ 136\,000 \end{pmatrix} = \begin{pmatrix} 760\,000 \\ 272\,000 \\ 1\,024\,000 \\ 632\,000 \end{pmatrix}$$

c) Die Übergangsmatrix, welche das Kundenwechselverhalten beschreibt, lautet:

$$U = \begin{pmatrix} 0{,}9 & 0 & 0{,}5 \\ 0 & 0{,}8 & 0{,}1 \\ 0{,}1 & 0{,}2 & 0{,}4 \end{pmatrix}$$

d) Es soll überprüft werden, ob eine stationäre Verteilung existiert.
Gesucht ist der Fixvektor der Übergangsmatrix. Er ergibt sich als Lösung der Gleichung $U \cdot \vec{v}_F = \vec{v}_F$, dies entspricht einem Gleichungssystem, welches wir schrittweise lösen:

$$\begin{vmatrix} 0{,}9x + 0y + 0{,}5z = x \\ 0x + 0{,}8y + 0{,}1z = y \\ 0{,}1x + 0{,}2y + 0{,}4z = z \end{vmatrix} \Leftrightarrow \begin{vmatrix} -0{,}1x + 0y + 0{,}5z = 0 \\ 0x - 0{,}2y + 0{,}1z = 0 \\ -0{,}1x + 0{,}2y - 0{,}6z = 0 \end{vmatrix}$$

$$\Leftrightarrow \begin{vmatrix} -0{,}1x + 0{,}5z = 0 \\ -0{,}2y + 0{,}1z = 0 \\ +0{,}2y - 0{,}1z = 0 \end{vmatrix} \Leftrightarrow \begin{vmatrix} -0{,}1x + 0{,}5z = 0 \\ -0{,}2y + 0{,}1z = 0 \\ 0 = 0 \end{vmatrix}$$

Da die Gleichungen linear voneinander abhängen, ist das LGS unterbestimmt.
Zwischen den Variablen gilt jedoch: $x = 5z$ und $y = 0{,}5z$

Die Übergangsmatrix ist eine stochastische Matrix, da die Spaltensummen jeweils gleich eins sind. Da die Variablen x, y und z für Wahrscheinlichkeiten stehen, muss auch die Bedingung x + y + z = 1 erfüllt sein.
Daher gilt: x + y + z = 5z + 0,5z + z = 6,5z = 1,

es folgt also $z = \frac{1}{6,5} = \frac{10}{65} \approx 0,154$ und damit $x = \frac{50}{65} \approx 0,769$ sowie $y = \frac{5}{65} \approx 0,077$.

Bezogen auf die gegebene Gesamtzahl von 10 500 + 15 000 + 20 000 = 45 500 Kunden bedeutet dies:

Wenn $\frac{50}{65} \cdot 45\,500 = 35\,000$ Kunden den Artikel E_1 kaufen, $\frac{5}{65} \cdot 45\,500 = 3\,500$ den Artikel E_2 sowie $\frac{10}{65} \cdot 45\,500 = 7\,000$ den Artikel E_3, dann ändert sich die Verteilung nicht mehr.

Interpretiert man die Variablen x, y und z direkt als Kunden-Anzahlen, muss bei der Lösung des o. a. Gleichungssystems zusätzlich die Gleichung x + y + z = 45 500 beachtet werden, die zu derselben stationären Verteilung führt.

(GTR / CAS) Die Grenzmatrix G kann durch Potenzieren von U ermittelt werden.

$$U^{75} = \begin{pmatrix} 0{,}769231 & 0{,}769231 & 0{,}769231 \\ 0{,}076923 & 0{,}076923 & 0{,}076923 \\ 0{,}153846 & 0{,}153846 & 0{,}153846 \end{pmatrix} = \begin{pmatrix} \frac{50}{65} & \frac{50}{65} & \frac{50}{65} \\ \frac{5}{65} & \frac{5}{65} & \frac{5}{65} \\ \frac{10}{65} & \frac{10}{65} & \frac{10}{65} \end{pmatrix}$$

U^{75} beispielsweise beschreibt den Übergang nach ca. 75 Wochen, also etwa nach anderthalb Jahren.

Man kann aber auch die Einsicht aus dem Grenzwertsatz verwenden, dass die Grenzmatrix aus lauter gleichen Spaltenvektoren besteht, die gleich dem Fixvektor sind. Bei gleichbleibendem Produktwechsel-Verhalten wird die Käuferzahl des Produktes E_2 auf 3 500 sinken, also unter 5 000. Auf lange Sicht muss über die Einstellung der Produktion von E_2 nachgedacht werden.

e) Da ein Koeffizient größer als 1 ist und die Spaltensummen ungleich 1 sind, kann die Matrix M keine Übergangsmatrix sein.
Geht man zur Untersuchung der Käuferzahlentwicklung von den in Teilaufgabe b) genannten Kundenzahlen aus, so erhält man

nach einer Woche $\vec{v}_1 = M \cdot \vec{v}_0 = \begin{pmatrix} 0 & 0 & 4 \\ 0{,}25 & 0 & 0 \\ 0 & 1 & 0 \end{pmatrix} \cdot \begin{pmatrix} 10\,500 \\ 15\,000 \\ 20\,000 \end{pmatrix} = \begin{pmatrix} 80\,000 \\ 2\,625 \\ 15\,000 \end{pmatrix}$,

nach zwei Wochen $\vec{v}_2 = M \cdot \vec{v}_1 = \begin{pmatrix} 60\,000 \\ 20\,000 \\ 2\,625 \end{pmatrix}$ sowie $\vec{v}_3 = \begin{pmatrix} 10\,500 \\ 15\,000 \\ 20\,000 \end{pmatrix}$,

d. h. nach drei Wochen stellt sich die Startverteilung wieder ein.
Dies lässt sich auch durch Potenzieren von M nachweisen.

Es gilt: $M^3 = M \cdot M^2 = \begin{pmatrix} 0 & 0 & 4 \\ 0{,}25 & 0 & 0 \\ 0 & 1 & 0 \end{pmatrix} \cdot \begin{pmatrix} 0 & 4 & 0 \\ 0 & 0 & 1 \\ 0{,}25 & 0 & 0 \end{pmatrix} = \begin{pmatrix} 1 & 0 & 0 \\ 0 & 1 & 0 \\ 0 & 0 & 1 \end{pmatrix} = E$

Da $M^3 = E$ (Einheitsmatrix), wäre dann wieder $M^4 = M$ usw.; die Matrix M beschreibt einen zyklischen Prozess der Länge 3.
Die Verteilung der Käuferzahlen würde sich bei Berechnung mittels M periodisch in einem dreiwöchigen Rhythmus wiederholen.

Aufgabe 15 Käferpopulation

Die Ausbreitung von Schädlingen führt zu hohen Ertragseinbußen in der Landwirtschaft. Experten der Schädlingsbekämpfung in Forschungsabteilungen untersuchen das Verhalten der Schädlinge, um Schädlingsbekämpfungsmittel zu entwickeln und anzupassen. Beobachtungen zur Entwicklung einer bestimmten Käferart führen zu dem folgenden Modell:
Unter bestimmten Bedingungen legen die Weibchen (W) der Käferart monatlich im Mittel 500 Eier (E), von denen sich innerhalb eines Monats ein Viertel zu Larven (L) entwickelt. 10 % der Larven verpuppen sich (P) wiederum innerhalb eines Monats. Die übrigen Eier und Larven werden gefressen oder sterben ab. Aus etwa 40 % der Puppen entwickeln sich nach einem Monat Weibchen, die übrigen Puppen werden zu Männchen.

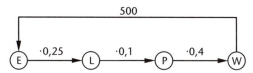

a) Der obenstehende Graph veranschaulicht die modellhafte Entwicklung der Käferpopulation.
Geben Sie die zugehörige Übergangsmatrix A an. **(1)**

b) Auf einer Pflanze werden 4 Weibchen, 120 Eier, 200 Larven und 28 Puppen entdeckt.
Untersuchen Sie, wie sich diese Population nach dem obigen Modell in den nächsten vier Monaten entwickelt.
Hinweis: Da es sich bei den Angaben zur Populationsentwicklung um Mittelwerte handelt, sollen die jeweils berechneten Werte der nächsten Generation nicht gerundet werden. **(2)**

c) Untersuchen Sie, ob es eine Verteilung gibt, die im nachfolgenden Monat wieder zu derselben Verteilung führt. **(3)**

d) Die langfristige Entwicklung der Populationen lässt sich am besten beurteilen, wenn man einen 4-Monats-Zyklus betrachtet.
Begründen Sie, warum man dies am besten an der Matrixpotenz A^4 ablesen kann. Beschreiben Sie dann die langfristige Entwicklung einer beliebigen Anfangspopulation im 4-Monats-Rhythmus nach dem gegebenen Modell. Begründen Sie, warum man von einer exponentiellen Entwicklung sprechen könnte. **(2)**

Zur Bekämpfung der Schädlinge werden Pestizide mit unterschiedlicher Wirkung entwickelt.

e) Durch ein Insektizid werden einmalig die eigentlichen Schädlinge, das sind die Weibchen sowie die Larven, vernichtet.
Untersuchen Sie die langfristige Wirksamkeit dieses Bekämpfungsmittels. Beurteilen Sie, ob der Einsatz dieses Insektizides bei dieser Käferart sinnvoll ist. **(2)**

f) Ein anderes Pestizid beeinträchtigt die Fortpflanzung der Käfer in einer Weise, dass die Weibchen nur noch eine kleinere Anzahl von Eiern ablegen können.
Ermitteln Sie die Bedingung, unter welcher die Population langfristig aussterben wird. Geben Sie dazu an, welche Anzahl von Eiern ein Käferweibchen höchstens ablegen darf.

Lösung:

a) Aus dem Übergangsgraphen sowie aus dem Aufgabentext entnimmt man:

Anzahl der Schädlinge im Entwicklungsstadium E / L / P / W,
die nach einem Monat aus einem Schädling
im Entwicklungsstadium E / L / P / W hervorgehen.

	E (m)	L (m)	P (m)	W (m)
E (m + 1)	0	0	0	500
L (m + 1)	0,25	0	0	0
P (m + 1)	0	0,1	0	0
W (m + 1)	0	0	0,4	0

Daraus ergibt sich die Übergangsmatrix:

$$A = \begin{pmatrix} 0 & 0 & 0 & 500 \\ 0,25 & 0 & 0 & 0 \\ 0 & 0,1 & 0 & 0 \\ 0 & 0 & 0,4 & 0 \end{pmatrix}$$

b) Der Startvektor der Anfangspopulation lautet $\vec{v}_0 = \begin{pmatrix} 120 \\ 200 \\ 28 \\ 4 \end{pmatrix}$.

Durch Multiplikation des Startvektors $\vec{v}_0$ mit der Übergangsmatrix A erhält man die Verteilung der Käferpopulation auf die einzelnen Entwicklungsstadien nach einem Monat.

$$\vec{v}_1 = A \cdot \vec{v}_0 = \begin{pmatrix} 0 & 0 & 0 & 500 \\ 0,25 & 0 & 0 & 0 \\ 0 & 0,1 & 0 & 0 \\ 0 & 0 & 0,4 & 0 \end{pmatrix} \cdot \begin{pmatrix} 120 \\ 200 \\ 28 \\ 4 \end{pmatrix} = \begin{pmatrix} 2000 \\ 30 \\ 20 \\ 11,2 \end{pmatrix}$$

Analog ergeben sich die Verteilungen nach zwei, drei und vier Monaten.

$$\vec{v}_2 = A \cdot \vec{v}_1 = \begin{pmatrix} 5600 \\ 500 \\ 3 \\ 8 \end{pmatrix}; \ \vec{v}_3 = A \cdot \vec{v}_2 = \begin{pmatrix} 4000 \\ 1400 \\ 50 \\ 1,2 \end{pmatrix}; \ \vec{v}_4 = A \cdot \vec{v}_3 = \begin{pmatrix} 600 \\ 1000 \\ 140 \\ 20 \end{pmatrix}.$$

c) Es soll überprüft werden, ob eine stationäre Verteilung existiert.
Gesucht ist also der Fixvektor der Übergangsmatrix.
Er ergibt sich als Lösung der Gleichung
$A \cdot \vec{v}_F = \vec{v}_F \Leftrightarrow 500 x_4 = x_1 \wedge 0,25 x_1 = x_2 \wedge 0,1 x_2 = x_3 \wedge 0,4 x_3 = x_4$

Setzt man nun nacheinander die Bedingungen ein, führt dies zu einem Widerspruch:
$x_2 = 0,25 x_1 = 0,25 \cdot 500 x_4 = 125 x_4$
$x_3 = 0,1 x_2 = 0,1 \cdot 125 x_4 = 12,5 x_4$
$x_4 = 0,4 x_3 = 0,4 \cdot 12,5 x_4 = 5 x_4$

Es existiert also keine stationäre Verteilung.

d) Es ist
$$A^2 = A \cdot A = \begin{pmatrix} 0 & 0 & 200 & 0 \\ 0 & 0 & 0 & 125 \\ 0{,}025 & 0 & 0 & 0 \\ 0 & 0{,}04 & 0 & 0 \end{pmatrix} \text{ und } A^4 = A^2 \cdot A^2 = \begin{pmatrix} 5 & 0 & 0 & 0 \\ 0 & 5 & 0 & 0 \\ 0 & 0 & 5 & 0 \\ 0 & 0 & 0 & 5 \end{pmatrix} = 5 \cdot \begin{pmatrix} 1 & 0 & 0 & 0 \\ 0 & 1 & 0 & 0 \\ 0 & 0 & 1 & 0 \\ 0 & 0 & 0 & 1 \end{pmatrix} = 5 \cdot E$$

Die vierte Potenz von A ergibt also ein Vielfaches, das Fünffache, der Einheitsmatrix.

Dies bedeutet, dass sich die Ausgangsverteilung der Population sowie jeder zwischenzeitlich vorliegende Zustand jeweils nach vier Monaten verfünffachen, d. h. $A^{k+4} = 5 \cdot A^k$, k = 0, 1, 2, …

Bezogen auf einen beliebigen Ausgangsvektor $\vec{v}_0$ bedeutet dies:
$\vec{v}_4 = 5 \cdot \vec{v}_0$, $\vec{v}_8 = 5^2 \cdot \vec{v}_0$, $\vec{v}_{12} = 5^3 \cdot \vec{v}_0$, also allgemein: $\vec{v}_{4k} = 5^k \cdot \vec{v}_0$

Dies ist die Gleichung eines exponentiellen Wachstums. Die Größe der Population wächst demnach langfristig exponentiell an.

e) Durch den Einsatz des Insektizides ergibt sich eine geschwächte Anfangspopulation

mit dem Startvektor $\vec{v}_0^* = \begin{pmatrix} 120 \\ 0 \\ 28 \\ 0 \end{pmatrix}$.

Zur Untersuchung der weiteren Entwicklung dieser Population werden der Startvektor sowie die Folgevektoren wieder mit der Übergangsmatrix multipliziert.

Man erhält $\vec{v}_1^* = A \cdot \vec{v}_0^* = \begin{pmatrix} 0 & 0 & 0 & 500 \\ 0{,}25 & 0 & 0 & 0 \\ 0 & 0{,}1 & 0 & 0 \\ 0 & 0 & 0{,}4 & 0 \end{pmatrix} \cdot \begin{pmatrix} 120 \\ 0 \\ 28 \\ 0 \end{pmatrix} = \begin{pmatrix} 0 \\ 30 \\ 0 \\ 11{,}2 \end{pmatrix}$ sowie

$\vec{v}_2^* = A \cdot \vec{v}_1^* = \begin{pmatrix} 5600 \\ 0 \\ 3 \\ 0 \end{pmatrix}$; $\vec{v}_3^* = A \cdot \vec{v}_2^* = \begin{pmatrix} 0 \\ 1400 \\ 0 \\ 1{,}2 \end{pmatrix}$; $\vec{v}_4^* = A \cdot \vec{v}_3^* = \begin{pmatrix} 600 \\ 0 \\ 140 \\ 0 \end{pmatrix}$; $\vec{v}_5^* = A \cdot \vec{v}_4^* = \begin{pmatrix} 0 \\ 150 \\ 0 \\ 56 \end{pmatrix}$

Dadurch, dass nur Larven und Weibchen einmalig vernichtet werden, ändert sich an dem Befall der Pflanzen nur wenig; nach 1 Monat ist die Pflanze von 30 Larven und 11,2 Weibchen befallen, nach 3 Monaten von 1400 Larven und 1,2 Weibchen, nach 5 Monaten von 150 Larven und 56 Weibchen usw.

Langfristig wächst auch diese Population exponentiell an, da sich die Anzahl der Weibchen und Larven der Anfangspopulation nach vier Monaten verfünffacht. Die Anwendung des Pestizids wirkt nur kurzzeitig, der Einsatz ist daher nicht sinnvoll.

f) Für die Anzahl der Eier, welche ein Käferweibchen ablegt, wird im Folgenden die Variable a eingeführt. Die veränderte Übergangsmatrix lautet dann

$A^* = \begin{pmatrix} 0 & 0 & 0 & a \\ 0{,}25 & 0 & 0 & 0 \\ 0 & 0{,}1 & 0 & 0 \\ 0 & 0 & 0{,}4 & 0 \end{pmatrix}$ und damit $(A^*)^2 = \begin{pmatrix} 0 & 0 & 0{,}4a & 0 \\ 0 & 0 & 0 & 0{,}25a \\ 0{,}025 & 0 & 0 & 0 \\ 0 & 0{,}04 & 0 & 0 \end{pmatrix}$ sowie

$(A^*)^4 = \begin{pmatrix} 0{,}01a & 0 & 0 & 0 \\ 0 & 0{,}01a & 0 & 0 \\ 0 & 0 & 0{,}01a & 0 \\ 0 & 0 & 0 & 0{,}01a \end{pmatrix} = 0{,}01a \cdot \begin{pmatrix} 1 & 0 & 0 & 0 \\ 0 & 1 & 0 & 0 \\ 0 & 0 & 1 & 0 \\ 0 & 0 & 0 & 1 \end{pmatrix} = 0{,}01a \cdot E$

Die Population stirbt langfristig aus, wenn die Bedingung $0{,}01a < 1 \Leftrightarrow a < 100$ erfüllt ist. Wenn durch das Pestizid die Anzahl der Eier eines Weibchens auf einen Wert kleiner 100 reduziert werden kann, so wird die Käferpopulation langfristig vernichtet.

Aufgabe 16 *Gartencenter*

Auf dem Parkplatz eines Gartencenters kann man an drei Stellen einen Einkaufswagen abholen bzw. wieder abstellen: am Eingang A sowie an den beiden Zufahrten B und C. Die Mehrzahl der Kunden holt sich ihren Einkaufswagen am Eingang des Gartencenters ab, bringt ihn jedoch nach dem Einkauf an die Stelle zurück, die möglichst nah an der Parktasche liegt, an der man geparkt hat.

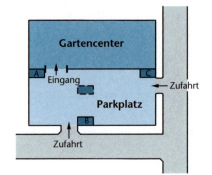

Das „Wandern" der Einkaufswagen im Laufe eines Halbtags lässt sich mithilfe der Übergangsmatrix M beschreiben: $M = \begin{pmatrix} 0{,}3 & 0{,}1 & 0{,}1 \\ 0{,}4 & 0{,}7 & 0{,}3 \\ 0{,}3 & 0{,}2 & 0{,}6 \end{pmatrix}$.

Dabei geht man vereinfachend von der Annahme aus, dass das Gartencenter zu jeder Tageszeit von gleich vielen Kunden besucht wird.

a) Erläutern Sie, wieso man das Verhalten der Kunden an der Übergangsmatrix M ablesen kann.
Stellen Sie die durch M beschriebenen Veränderungen mithilfe eines Übergangsdiagramms dar. ⓙ1

b) Zu Beginn eines Halbtags stehen 100 Einkaufswagen in A und je 50 in B und C. Bestimmen Sie die Anzahlen, die sich (im Mittel) am Ende des Halbtags in A, B, C befinden. Ermitteln Sie die Anzahl der Einkaufswagen, die verschoben werden müssen, damit man den Zustand zu Beginn des Halbtags wieder erreicht. ⓙ2

c) Wegen der Erkrankung des zuständigen Mitarbeiters wird an einem Mittag vergessen, die im Laufe des Vormittags anders verteilten Einkaufswagen wieder in den Anfangszustand zu bringen. Bestimmen Sie die Anzahl der Einkaufswagen, die nach zwei Halbtagen verschoben werden müssen, damit der Zustand (100|50|50) erreicht wird. ⓙ2

d) Überprüfen Sie, ob der Zustand (100|50|50) als Endzustand möglich ist, d. h. klären Sie die Frage, ob es möglich ist, dass am Ende eines Halbtags 100 Einkaufswagen in A und je 50 in B und C stehen, ohne dass dieser Zustand durch Mitarbeiter des Gartencenters durch Verschieben von Einkaufswagen hergestellt wurde. ⓙ4

e) Bestimmen Sie eine „stabile" Anfangsverteilung der Einkaufswagen, d. h. eine Aufteilung der insgesamt 200 Einkaufswagen auf die drei Stellplätze, bei der es nicht notwendig wäre, dass Mitarbeiter des Gartencenters Wagen umstellen müssen. Begründen Sie, warum eine so berechnete Verteilung für die reale Situation nicht günstig ist. ⓙ3

Bei einer Umgestaltung der Parkfläche wird die Sammelstelle C stärker zur Mitte des Parkplatzes hin verlegt (in der Planskizze gestrichelt). Hierdurch ergibt sich eine veränderte Situation, die sich durch die Übergangsmatrix N beschreiben lässt:
$N = \begin{pmatrix} 0{,}4 & 0{,}1 & 0{,}1 \\ 0{,}1 & 0{,}6 & 0{,}1 \\ 0{,}5 & 0{,}3 & 0{,}8 \end{pmatrix}$
Außerdem wird zu Beginn des Tages der Zustand (50|50|100) hergestellt.

Aufgabe 16

f) Begründen Sie, warum die Situation jetzt nach einem Halbtag bzw. einem ganzen Tag günstiger ist als vorher.

g) **(LK)** Die Geschäftsleitung ist der Ansicht, dass es jetzt nach der Umgestaltung der Parkfläche nicht mehr erforderlich ist, nach jedem Halbtag Einkaufswagen abzuzählen und wieder auf den Anfangszustand (50|50|100) zu bringen. Nehmen Sie begründet hierzu Stellung.

Lösung:

a) Der Matrix ist zu entnehmen, dass die Kunden, die ihren Wagen an den Stellen B und C abgeholt haben, diesen auch überwiegend (zu 70% bzw. 60%) dort auch wieder abgeben, wohingegen die Kunden, die ihren Wagen in A abholen, diesen überwiegend (zu 40% + 30% = 70%) nicht wieder in A abgeben.

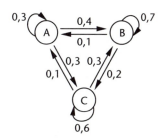

b) Die Anfangsverteilung der Einkaufswagen ist durch den Startvektor $\vec{v_0} = \begin{pmatrix} 100 \\ 50 \\ 50 \end{pmatrix}$ gegeben.

Die Anzahl der Einkaufswagen am Ende des Halbtags ergibt sich aus dem Matrixprodukt

$$\begin{pmatrix} 0,3 & 0,1 & 0,1 \\ 0,4 & 0,7 & 0,3 \\ 0,3 & 0,2 & 0,6 \end{pmatrix} \cdot \begin{pmatrix} 100 \\ 50 \\ 50 \end{pmatrix} = \begin{pmatrix} 40 \\ 90 \\ 70 \end{pmatrix}.$$

Am Ende des Halbtags sind also 40 Einkaufswagen in A, 90 in B und die restlichen 70 in C. Von B aus müssen 40 Einkaufswagen nach A verschoben werden und von C aus 20, damit der Zustand (100|50|50) wieder erreicht ist, insgesamt also 60 Einkaufswagen.

c) Um den Zustand des Systems nach zwei Halbtagen zu bestimmen, muss entweder der Ergebnisvektor aus Teilaufgabe c) noch einmal mit der Matrix M multipliziert werden, also

$$\begin{pmatrix} 0,3 & 0,1 & 0,1 \\ 0,4 & 0,7 & 0,3 \\ 0,3 & 0,2 & 0,6 \end{pmatrix} \cdot \begin{pmatrix} 40 \\ 90 \\ 70 \end{pmatrix} = \begin{pmatrix} 28 \\ 100 \\ 72 \end{pmatrix},$$

oder man rechnet zunächst die Matrixpotenz M^2 aus und multipliziert diese mit dem Startvektor:

$$\begin{pmatrix} 0,3 & 0,1 & 0,1 \\ 0,4 & 0,7 & 0,3 \\ 0,3 & 0,2 & 0,6 \end{pmatrix}^2 \cdot \begin{pmatrix} 100 \\ 50 \\ 50 \end{pmatrix} = \begin{pmatrix} 28 \\ 100 \\ 72 \end{pmatrix}.$$

Von B aus müssen nach einem Tag 50 Einkaufswagen nach A verschoben werden und von C aus 22, damit der Zustand (100|50|50) wieder erreicht ist, insgesamt also 72 Einkaufswagen.

d) Zu untersuchen ist das lineare Gleichungssystem

$$\begin{pmatrix} 0,3 & 0,1 & 0,1 \\ 0,4 & 0,7 & 0,3 \\ 0,3 & 0,2 & 0,6 \end{pmatrix} \cdot \begin{pmatrix} a \\ b \\ c \end{pmatrix} = \begin{pmatrix} 100 \\ 50 \\ 50 \end{pmatrix},$$ bei dem der Vektor $\begin{pmatrix} a \\ b \\ c \end{pmatrix}$ beschreibt,

wie die Verteilung der Einkaufswagen zu Beginn eines Halbtages ist.

$$\left|\begin{array}{ccc|c} 0,3 & 0,1 & 0,1 & 100 \\ 0,4 & 0,7 & 0,3 & 50 \\ 0,3 & 0,2 & 0,6 & 50 \end{array}\right| \Leftrightarrow \left|\begin{array}{ccc|c} 3 & 1 & 1 & 1000 \\ 4 & 7 & 3 & 500 \\ 3 & 2 & 6 & 500 \end{array}\right| \Leftrightarrow \left|\begin{array}{ccc|c} 1 & \frac{1}{3} & \frac{1}{3} & \frac{1000}{3} \\ 0 & \frac{17}{3} & \frac{5}{3} & -\frac{2500}{3} \\ 0 & 1 & 5 & -500 \end{array}\right| \Leftrightarrow \left|\begin{array}{ccc|c} 1 & \frac{1}{3} & \frac{1}{3} & \frac{1000}{3} \\ 0 & 1 & \frac{5}{17} & -\frac{2500}{17} \\ 0 & 0 & \frac{80}{17} & -\frac{6000}{17} \end{array}\right|$$

Aus dem umgeformten Gleichungssystem in Dreiecksform kann man von unten nach oben die Lösung ablesen bzw. berechnen: $c = -75$; $b = -125$ und $a = 400$.

Da es keine negative Anzahl von Einkaufswagen gibt, ist es nicht möglich, dass am Ende eines Halbtages 100 Einkaufswagen in A stehen, 50 in B und 50 in C.

Alternativ kann man auch die zu M inverse Matrix M^{-1} bestimmen (z. B. mit einem Rechner) und diese dann mit dem Startvektor $\vec{v_0}$ multiplizieren:

$$\begin{pmatrix} a \\ b \\ c \end{pmatrix} = \begin{pmatrix} 0,3 & 0,1 & 0,1 \\ 0,4 & 0,7 & 0,3 \\ 0,3 & 0,2 & 0,6 \end{pmatrix}^{-1} \cdot \begin{pmatrix} 0,3 & 0,1 & 0,1 \\ 0,4 & 0,7 & 0,3 \\ 0,3 & 0,2 & 0,6 \end{pmatrix} \cdot \begin{pmatrix} a \\ b \\ c \end{pmatrix} = \begin{pmatrix} 0,3 & 0,1 & 0,1 \\ 0,4 & 0,7 & 0,3 \\ 0,3 & 0,2 & 0,6 \end{pmatrix}^{-1} \cdot \begin{pmatrix} 100 \\ 50 \\ 50 \end{pmatrix}$$

Es gilt: $\begin{pmatrix} 0,3 & 0,1 & 0,1 \\ 0,4 & 0,7 & 0,3 \\ 0,3 & 0,2 & 0,6 \end{pmatrix}^{-1} = \frac{1}{8} \cdot \begin{pmatrix} 36 & -4 & -4 \\ -15 & 15 & -5 \\ -13 & -3 & 17 \end{pmatrix}$,

dann folgt wie oben: $\begin{pmatrix} 0,3 & 0,1 & 0,1 \\ 0,4 & 0,7 & 0,3 \\ 0,3 & 0,2 & 0,6 \end{pmatrix}^{-1} \cdot \begin{pmatrix} 100 \\ 50 \\ 50 \end{pmatrix} = \begin{pmatrix} 400 \\ -125 \\ -75 \end{pmatrix}$.

e) Gesucht ist ein Zustandsvektor $\begin{pmatrix} a \\ b \\ c \end{pmatrix}$, für den gilt: $\begin{pmatrix} 0,3 & 0,1 & 0,1 \\ 0,4 & 0,7 & 0,3 \\ 0,3 & 0,2 & 0,6 \end{pmatrix} \cdot \begin{pmatrix} a \\ b \\ c \end{pmatrix} = \begin{pmatrix} a \\ b \\ c \end{pmatrix}$.

Zu lösen ist also das lineare Gleichungssystem $\begin{pmatrix} -0,7 & 0,1 & 0,1 \\ 0,4 & -0,3 & 0,3 \\ 0,3 & 0,2 & -0,4 \end{pmatrix} \cdot \begin{pmatrix} a \\ b \\ c \end{pmatrix} = \begin{pmatrix} 0 \\ 0 \\ 0 \end{pmatrix}$.

Dieses hat unendlich viele Lösungen, die man mithilfe einer Parameterdarstellung beschreiben kann: $a = \frac{6}{17} \cdot c$, $b = \frac{25}{17} \cdot c$.

Da aber insgesamt 200 Einkaufswagen zur Verfügung stehen, also $a + b + c = 200$ gilt, folgt: $a = 25$; $b \approx 104$ und $c \approx 71$.

Diese Lösung erhält man direkt, wenn man die Gleichung $a + b + c = 200$ von vornherein berücksichtigt:

$$\begin{pmatrix} -0,7 & 0,1 & 0,1 \\ 0,4 & -0,3 & 0,3 \\ 0,3 & 0,2 & -0,4 \\ 1 & 1 & 1 \end{pmatrix} \cdot \begin{pmatrix} a \\ b \\ c \end{pmatrix} = \begin{pmatrix} 0 \\ 0 \\ 0 \\ 200 \end{pmatrix}$$ hat die o. a. Lösung.

Die Lösung ist für den realen Betrieb nicht günstig, da, wenn nur 25 Einkaufswagen am Eingang zum Gartencenter stehen, diese sehr schnell in Gebrauch sind und ankommende Kunden sich möglicherweise darüber ärgern, wenn sie noch einmal zurück zu einem der Stellplätze B oder C gehen müssen, vor allem, wenn dies regelmäßig vorkommt.

f) Berechnung des Zustands nach einem Halbtag bzw. nach einem Tag ohne Veränderung in der Mittagszeit:

$$\begin{pmatrix} 0,4 & 0,1 & 0,1 \\ 0,1 & 0,6 & 0,1 \\ 0,5 & 0,3 & 0,8 \end{pmatrix} \cdot \begin{pmatrix} 50 \\ 50 \\ 100 \end{pmatrix} = \begin{pmatrix} 35 \\ 45 \\ 120 \end{pmatrix} \qquad \begin{pmatrix} 0,4 & 0,1 & 0,1 \\ 0,1 & 0,6 & 0,1 \\ 0,5 & 0,3 & 0,8 \end{pmatrix}^2 \cdot \begin{pmatrix} 50 \\ 50 \\ 100 \end{pmatrix} = \begin{pmatrix} 30,5 \\ 42,5 \\ 127 \end{pmatrix}$$

Um den Anfangszustand wieder herzustellen, müssen nach einem Halbtag insgesamt nur noch 20 Einkaufswagen verschoben werden, nach einem Tag nur 27 Wagen.

g) Nach dem Hauptsatz über MARKOFF-Ketten ergibt sich Folgendes: Wenn über viele Tage hinweg keine Einkaufswagen zur Wiederherstellung des Anfangszustands verschoben werden, dann konvergiert die Folge der Zustandsvektoren gegen den Fixvektor der Matrix N. Für diesen gilt:

$$\begin{pmatrix} 0,4 & 0,1 & 0,1 \\ 0,1 & 0,6 & 0,1 \\ 0,5 & 0,3 & 0,8 \end{pmatrix} \cdot \begin{pmatrix} a \\ b \\ c \end{pmatrix} = \begin{pmatrix} a \\ b \\ c \end{pmatrix} \text{ und } a + b + c = 200$$

$$\Leftrightarrow \begin{pmatrix} -0,6 & 0,1 & 0,1 \\ 0,1 & -0,4 & 0,1 \\ 0,5 & 0,3 & -0,2 \\ 1 & 1 & 1 \end{pmatrix} \cdot \begin{pmatrix} a \\ b \\ c \end{pmatrix} = \begin{pmatrix} 0 \\ 0 \\ 0 \\ 200 \end{pmatrix} \Leftrightarrow \begin{pmatrix} a \\ b \\ c \end{pmatrix} \approx \begin{pmatrix} 29 \\ 40 \\ 131 \end{pmatrix}$$

Wenn also der Zustand (29|40|131) hergestellt wird, dann verändert sich die Verteilung der Einkaufswagen auf lange Sicht nicht mehr. Wegen der Nähe des Stellplatzes C zum Eingang des Gartencenters werden sich auch nur wenige Kunden ärgern, wenn sie unmittelbar am Eingang zum Gartencenter keinen Einkaufswagen mehr vorfinden.

Aufgabe 17 *Impfung gegen Influenza*

Das Robert-Koch-Institut hat in einer Stichprobe 1261 Menschen über 12 Jahre telefonisch befragt. Demnach waren in West-Deutschland 15 % und in Ost-Deutschland (einschl. Berlin) 32 % der Bevölkerung gegen Grippe geimpft.
In den „westlichen" Bundesländern leben 79,3 % der 73 327 000 Bundesbürger über 12 Jahre.

a) Berechnen Sie den Anteil der geimpften Personen in der Gesamtbevölkerung. Bestimmen Sie die Wahrscheinlichkeit, dass eine zufällig angetroffene geimpfte Person in den „östlichen" Bundesländern wohnt.

b) Berechnen Sie die Wahrscheinlichkeit, dass von 12 zufällig ausgesuchten Personen aus den östlichen Bundesländern

   (1) keine Person geimpft ist;
   (2) mindestens 10 Personen nicht geimpft sind;
   (3) mehr als 8 und höchstens 10 Personen geimpft sind.

c) Das Leonhard-Euler-Gymnasium liegt im West-Deutschland und hat zur Zeit 1030 Schülerinnen und Schüler über 12 Jahre.

   Bestimmen Sie einen Schätzwert für die Anzahl der geimpften Schüler dieses Gymnasiums.
   Ermitteln Sie ein zum Erwartungswert symmetrisches Intervall, in dem die Anzahl der geimpften Schüler mit einer Wahrscheinlichkeit von etwa 95 % liegt.

d) Personen über 12 Jahre aus den westlichen Bundesländern werden für ein Interview zufällig ausgewählt. Bestimmen Sie, wie viele Personen man mindestens auswählen muss, um mit einer Wahrscheinlichkeit von mindestens 98 % mindestens eine geimpfte Person zu erfassen.

e) Von dem verwendeten Impfserum wird behauptet, dass höchstens 10 % der Geimpften trotz einer Impfung an Grippe erkranken. 300 zufällig ausgewählte Personen werden mit diesem Serum geimpft. Es erkranken 38 Personen.

   Untersuchen Sie die Behauptung in der Art eines Hypothesentests mit dem Signifikanzniveau von 5 % und geben Sie eine begründete Entscheidung an.
   Beschreiben Sie die Bedeutung der Fehler 1. Art und 2. Art im Zusammenhang dieses Tests.
   Berechnen Sie die Wahrscheinlichkeit für einen Fehler 1. Art im Fall $p = 0{,}1$ und die Wahrscheinlichkeit für einen Fehler 2. Art im Fall $p = 0{,}15$.

f) Die oben angegebene Information über den Anteil der geimpften Personen in Westdeutschland beruht auf einer Befragung von 1000 Personen über 12 Jahre in den westlichen Bundesländern. Von ihnen waren 150 geimpft.

   (1) Begründen Sie, warum dies eine repräsentative Stichprobe ist.
       Untersuchen Sie, ob das Umfrageergebnis auch mit einem Anteil von $p = 0{,}14$ verträglich ist.
   (2) Bestimmen Sie ein Konfidenzintervall (Vertrauensintervall) zur Vertrauenszahl $\gamma = 0{,}95$ für den Anteil geimpfter Personen über 12 Jahre in Westdeutschland.

Lösung:

a) G: Person ist geimpft   A: Person wohnt in den „westlichen" Bundesländern;
   $\overline{G}$: Person ist nicht geimpft $\overline{A}$: Person wohnt in den „östlichen" Bundesländern

Mit diesen Bezeichnungen und einem Baumdiagramm kann eine Vierfeldertafel erstellt werden:

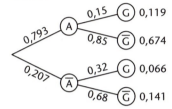

	G	$\overline{G}$	
A	0,119	0,674	0,793
$\overline{A}$	0,066	0,141	0,207
	0,185	0,815	1

Daraus ist abzulesen: $P(G) = 0{,}793 \cdot 0{,}15 + 0{,}207 \cdot 0{,}32 \approx 0{,}185$
Der Anteil der geimpften Personen in der Gesamtbevölkerung beträgt also etwa 18,5 %.
Mit der Vier-Felder-Tafel erhält man das umgekehrte Baumdiagramm:

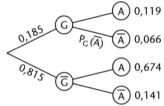

Daraus ist abzulesen: $P_G(\overline{A}) = \frac{P(G \cap \overline{A})}{P(G)} = \frac{0{,}066}{0{,}185} \approx 0{,}357$
Die Person wohnt demnach mit einer Wahrscheinlichkeit von etwa 35,7 % in den „östlichen" Bundesländern.

b) X: Anzahl der geimpften Personen
   Die Zufallsgröße X ist binomialverteilt mit n = 12 und p = 0,32.

   (1) $P(X=0) = \binom{12}{0} \cdot 0{,}32^0 \cdot 0{,}68^{12} \approx 0{,}68^{12} \approx 0{,}0098 \approx 1\%$

   (2) $P(X \leq 2) = P(X=0) + P(X=1) + P(X=2)$
   $= 0{,}68^{12} + \binom{12}{1} \cdot 0{,}32 \cdot 0{,}68^{11} + \binom{12}{2} \cdot 0{,}32^2 \cdot 0{,}68^{10} \approx 0{,}2078 \approx 20{,}8\%$

   (3) $P(9 \leq X \leq 10) = P(X=9) + P(X=10)$
   $= \binom{12}{9} \cdot 0{,}32^9 \cdot 0{,}68^3 + \binom{12}{10} \cdot 0{,}32^{10} \cdot 0{,}68^2 \approx 0{,}0028 \approx 0{,}3\%$

c) Die Zufallsgröße X beschreibt die Anzahl der geimpften Schüler.
   Sie ist binomialverteilt mit n = 1030 und p = 0,15.
   Als Schätzwert wird der Erwartungswert berechnet zu: $\mu = n \cdot p = 1030 \cdot 0{,}15 = 154{,}5$
   Mit der Standardabweichung $\sigma = \sqrt{n \cdot p \cdot (1-p)} \approx 11{,}46$ ist der Radius der gesuchten Umgebung nach den Sigma-Regeln etwa: $1{,}96 \cdot \sigma \approx 22{,}5$
   Damit ist das gesuchte Intervall: $[154{,}5 - 22{,}5;\ 154{,}5 + 22{,}5] = [132;\ 177]$

d) Gesucht ist die unbekannte Personenzahl n, die man mindestens auswählen muss.
P(mind. eine Person ist geimpft) ≥ 0,98
$\Leftrightarrow$ 1 − P(keine Person ist geimpft) ≥ 0,98
$\Leftrightarrow$ 1 − $0{,}85^n$ ≥ 0,98
$\Leftrightarrow$ n ≥ $\frac{\ln(0{,}02)}{\ln(0{,}85)}$ ≈ 24,07

Also muss man mindestens 25 Personen auswählen.

e) **Hypothesentest:**
$H_0: p \le 0{,}1$ (Nullhypothese) $H_1: p > 0{,}1$ (Gegenhypothese)
$\alpha = 0{,}05$ (Signifikanzniveau)   n = 300 (Stichprobenumfang)

X: Anzahl der erkrankten Personen
Bei wahrer Nullhypothese ist die Zufallsgröße X binomialverteilt mit n = 300 und p = 0,1. Da eine große Anzahl erkrankter Personen gegen die Annahme der Nullhypothese spricht, handelt es sich um einen rechtsseitigen Test.

Alternative 1: Bestimmung des Ablehnungsbereichs mit den Sigma-Regeln:
Für n = 300 und p = 0,1 ist $\mu = n \cdot p = 30$ und $\sigma = \sqrt{n \cdot p \cdot (1-p)} \approx 5{,}196$.
Da $\mu + 1{,}64 \cdot \sigma \approx 30 + 8{,}5 = 38{,}5$ folgt P(X ≤ 39) > 0,95 („Rundung zur sicheren Seite").
Damit ist der Annahmebereich für die Nullhypothese zu A = {0, …, 39} bestimmt.
Die Nullhypothese wird demzufolge abgelehnt, wenn das Stichprobenergebnis im Ablehnungsbereich K = {40, …, 300} liegt.
Da 38 ∈ A wird die Nullhypothese also nicht abgelehnt und damit die Vermutung bestätigt.

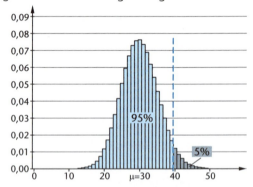

Alternative 2: Bestimmung des Ablehnungsbereichs mit der GAUSS'schen Φ-Funktion:
Da $n \cdot p \cdot (1-p) = 27 > 9$ kann die Φ-Funktion zur Näherung verwendet werden.
P(X ≥ g) ≤ α führt mit $\Phi\left(\frac{g - 0{,}5 - 30}{\sqrt{27}}\right) > 0{,}95$ zu g = 40 mit $\Phi\left(\frac{40 - 0{,}5 - 30}{\sqrt{27}}\right) \approx 0{,}966$
Ablehnungsbereich: K = {40, …, 300}   Annahmebereich: A = {0, …, 39}
Alle weiteren Schlussfolgerungen sind nun wie bei Alternative 1 möglich.

Der Fehler 1. Art (eine wahre Nullhypothese wird irrtümlich verworfen) bedeutet hier, dass man aufgrund einer zufällig ungewöhnlich hohen Zahl erkrankter Personen in der Stichprobe irrtümlicherweise schließt, dass mehr als 10 % der Patienten trotz Impfung an der Grippe erkranken, obwohl dies in Wahrheit nicht stimmt.

Der Fehler 2. Art (eine falsche Nullhypothese wird irrtümlich angenommen) bedeutet hier, dass aufgrund einer mit der Nullhypothese verträglichen Anzahl erkrankter Personen in der Stichprobe irrtümlicherweise schließt, dass höchstens 10 % der Patienten trotz Impfung an der Grippe erkranken, obwohl dies in Wahrheit nicht stimmt.

Wahrscheinlichkeit für den Fehler 1. Art für p = 0,1:
$\alpha = P(40 \leq X \leq 300) = 1 - P(X \leq 39) = 3{,}8\%$; nach Näherungsmethode:
$\alpha = 1 - \Phi\left(\dfrac{39{,}5 - 30}{\sqrt{27}}\right) \approx 3{,}4\%$

Wahrscheinlichkeit für den Fehler 2. Art für p = 0,15:
$\beta = P(X \leq 39) = 18{,}8\%$; nach der Näherungsmethode:
$\beta = \Phi\left(\dfrac{39{,}5 - 300 \cdot 0{,}15}{\sqrt{300 \cdot 0{,}15 \cdot 0{,}85}}\right) = \Phi(-0{,}889) \approx 18{,}7\%$

f) (1) Da die Umfrage repräsentativ sein sollte, wurden entsprechend dem Anteil an der Gesamtbevölkerung 79,3 % der befragten Personen aus den alten Bundesländern gewählt.
Also $0{,}793 \cdot 1261 = 999{,}973 \approx 1000$.

Für n = 1000 und p = 0,14 ist $\mu = n \cdot p = 140$ und $\sigma = \sqrt{n \cdot p \cdot (1 - p)} = 10{,}97$.
Da $\mu - 1{,}96 \cdot \sigma \approx 140 - 21{,}5 = 118{,}5$ und $\mu + 1{,}96 \cdot \sigma \approx 140 + 21{,}5 = 161{,}5$ liegt das Umfrageergebnis von 150 geimpften Personen in der 95 %-Umgebung um den Erwartungswert. Es ist daher auch mit einem Anteil von 14 % verträglich.

(2) **Bestimmung des Konfidenzintervalls:**
Der Ansatz $|X - \mu| \leq c \cdot \sigma$ mit c = 1,96 und X = 150 führt durch Quadrieren zu der quadratischen Ungleichung: $(150 - 1000 \cdot p)^2 \leq 1{,}96^2 \cdot 1000 \cdot p \cdot (1 - p)$
Als Lösungen der entsprechenden Gleichung werden $p_1 \approx 0{,}1292$ und $p_2 \approx 0{,}1735$ berechnet.
Also lautet das gesuchte Konfidenzintervall nach Runden zur sicheren Seite:
[0,130; 0,173]

Aufgabe 18 *Gefährdete Schnarcher*

> ### Wer schnarcht, lebt gefährlich
> Über Menschen, die schnarchen, werden oft Witze gemacht. Dabei ist Schnarchen alles andere als eine scherzhafte Angelegenheit. Schnarchen deutet auf eine Verengung der Atemwege hin, die den Betroffenen das Atemholen im Schlaf erschwert. Die typischen Schnarchgeräusche entstehen bei der Anstrengung, durch die verengten Atemwege Luft zu holen. Viele Erwachsene schnarchen im Schlaf. In den meisten Fällen ist keine Behandlung erforderlich, da Schnarchen an sich keine Gefahr für die Gesundheit darstellt. Lautes und unregelmäßiges Schnarchen allerdings könnte ein Hinweis auf das Vorliegen der obstruktiven Schlafapnoe (OSA) sein, eine potentiell lebensbedrohliche Erkrankung, die bei ca. 5 % der erwachsenen Bevölkerung auftritt. Das laute und unregelmäßige Schnarchen tritt jedoch nicht bei allen sondern „nur" bei 80 % der OSA-Kranken auf; andererseits stellt man auch bei 40 % der nicht an OSA erkrankten Personen fest, dass sie im Schlaf laut und unregelmäßig schnarchen.

a) Stellen Sie die Informationen aus dem o.a. Zeitungstext hinsichtlich der Merkmale „OSA-Erkrankung" und „lautes und unregelmäßiges Schnarchen" mithilfe eines Baumdiagramms dar.

b) In der medizinischen Fachliteratur werden häufig die Begriffe „Sensitivität" und „Spezifität" verwendet. Unter der Sensitivität eines Testverfahrens versteht man dabei die Wahrscheinlichkeit, dass bei vorliegender Infektion eine Reaktion erfolgt (oder wie man in der Medizin sagt: ein positives Testergebnis vorliegt), unter der Spezifität eines Testverfahren die Wahrscheinlichkeit, dass bei nicht vorliegender Infektion keine Reaktion erfolgt (negatives Testergebnis).
Wie lassen sich die Informationen des o. a. Textes unter Verwendung der Begriffe „Sensitivität" und „Spezifität" beschreiben?

c) Geben Sie an, wie groß der Anteil der Erwachsenen ist, die dazu neigen, im Schlaf laut und unregelmäßig zu schnarchen? Wie groß ist der Anteil der OSA-Kranken unter diesen? Gibt es unter den Personen, die im Schlaf nicht laut und unregelmäßig schnarchen auch OSA-Kranke?
Fassen Sie die Antworten auf diese drei Fragen in einem kurzen Zeitungsartikel zusammen und nehmen Sie dann zur Überschrift des o.a. Zeitungsartikels Stellung.

d) Zwanzig Erwachsene werden zufällig ausgewählt. Mit welcher Wahrscheinlichkeit sind in der Stichprobe kein, ein, mehr als ein OSA-Erkrankter?

e) Die Information, dass 5 % der erwachsenen Bevölkerung an OSA erkrankt ist, stammt aus früheren Erhebungen. Wenn man den Anteil erneut mit einer Genauigkeit von einem Prozentpunkt bestimmen will, wie groß sollte dann der Stichprobenumfang gewählt werden? (Sicherheitswahrscheinlichkeit 95 %)

f) Außer allgemeinen Maßnahmen wie Gewichtsreduktion und Verzicht auf Alkohol vor dem Schlafengehen wird als Therapie eine Behandlung mit einer speziellen Kieferschiene vorgeschlagen: Eine Plastikschiene mit Metall wird vom Kieferorthopäden angepasst und in der Nacht auf den Unterkiefer gesetzt, der damit vorverlagert wird; die Atemwege werden hierdurch besser offen gehalten. Diese Methode ist bei etwa 50 % der Patienten erfolgreich. Die Weiterentwicklung einer solchen Kieferschiene hat nach Meinung seiner Erfinder eine noch höhere

Erfolgsquote; dies soll in einem Doppelblindtest* bei jeweils 140 OSA-Patienten erprobt werden.
(1) Bei welchen Versuchsergebnissen würde man die Behauptung der Erfinder als bestätigt ansehen? Formulieren Sie eine geeignete Hypothese und die zugehörige Entscheidungsregel (Irrtumswahrscheinlichkeit 5 %).
(2) Beschreiben Sie die Auswirkungen von Fehlern 1. und 2. Art.
(3) Mit welcher Wahrscheinlichkeit würde die neue Schiene höchstens für genauso gut gehalten wie der bisherige Typ, obwohl die neue Schiene bei 55 % der Patienten erfolgreich wäre?

Lösung:

a) O: OSA-erkrankte Person, $\overline{O}$: nicht an OSA erkrankte Person
S: „Schnarcher" (laut und unregelmäßig), $\overline{S}$: kein „Schnarcher"
Mit diesen Bezeichnungen ergeben sich aus dem Zeitungstext folgende Informationen, die sich auch in eine Vierfeldertafel (rechts) eintragen lassen (die Pfad-Wahrscheinlichkeiten ergeben die inneren Felder der Tafel):

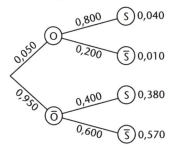

	O	$\overline{O}$	gesamt
S	0,040	0,380	0,420
$\overline{S}$	0,010	0,570	0,580
gesamt	0,050	0,950	1

b) Das Merkmal des lauten und unregelmäßigen Schnarchens hat eine Sensitivität von 80 % (80 % der tatsächlich Erkrankten schnarchen „laut und unregelmäßig") und eine Spezifität von 60 % (60 % der nicht Erkrankten schnarchen nicht „laut und regelmäßig")

c) Aus der Vierfeldertafel oder unmittelbar aus dem Baumdiagramm oben lesen wir ab:

Anteil der Erwachsenen, die dazu neigen, im Schlaf laut und unregelmäßig zu schnarchen $= P(S) = P(O) \cdot P_O(S) + P(\overline{O}) \cdot P_{\overline{O}}(S) = 0{,}050 \cdot 0{,}800 + 0{,}950 \cdot 0{,}400$
$= 0{,}040 + 0{,}380 = 0{,}420$

Anteil der OSA-Kranken unter den „Schnarchern" $= P_S(O) = \dfrac{P(O \cap S)}{P(S)} = \dfrac{0{,}040}{0{,}420} \approx 0{,}095$

Anteil der OSA-Kranken unter den „Nicht-Schnarchern"
$= P_{\overline{S}}(O) = \dfrac{P(O \cap \overline{S})}{P(\overline{S})} = \dfrac{0{,}010}{0{,}580} \approx 0{,}017$

Diese Wahrscheinlichkeiten (Anteile) können auch aus dem umgekehrten Baumdiagramm abgelesen werden.

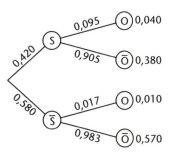

---
* Doppelblindtest: Weder die Patienten noch die behandelnden Ärzte wissen, welcher Typ Kieferschiene welchem Patienten gegeben wird.

Etwa 42 % der Erwachsenen neigen dazu, im Schlaf laut und unregelmäßig zu schnarchen; von diesen muss etwa jeder Zehnte (9,5 %) davon ausgehen, dass er/sie an OSA erkrankt ist. Aber auch unter den Personen, die nicht laut und unregelmäßig schnarchen, gibt es Personen, die an OSA erkrankt sind; der Anteil beträgt allerdings nur etwa 1,7 %. Diese Informationen relativieren also die Überschrift des Presseartikels. Die Aussage „Wer schnarcht, lebt gefährlich" klingt allgemeingültig, trifft aber nur auf 10 % der Betroffenen zu.

d) Binomialansatz möglich, da Stichprobe klein im Vergleich zur Gesamtheit.
X: Anzahl der OSA-Kranken; $p = 0{,}05$; $n = 20$
$P(X = 0) = \text{binompdf}(20, 0.05, 0) = 0{,}358$; $P(X = 1) = \text{binompdf}(20, 0.05, 1) = 0{,}377$;
$P(X > 1) = 1 - \text{binomcdf}(20, 0.05, 1) = 0{,}264$

e) Mit einer Wahrscheinlichkeit von etwa 95 % unterscheidet sich das Ergebnis einer Stichprobe (relative Häufigkeit einer Merkmalsausprägung) von der dem Zufallsversuch zugrunde liegenden Wahrscheinlichkeit um höchstens $1{,}96 \frac{\sigma}{n}$. Wenn diese Abweichung höchstens 1 Prozentpunkt betragen soll, muss die Ungleichung
$1{,}96 \cdot \sqrt{\frac{p(1-p)}{n}} \leq 0{,}01$ erfüllt werden.

Für $p \approx 0{,}05$ ergibt sich:
$1{,}96 \cdot \sqrt{\frac{0{,}05 \cdot 0{,}95}{n}} \leq 0{,}01 \Leftrightarrow 1{,}96^2 \cdot \frac{0{,}05 \cdot 0{,}95}{n} \leq 0{,}01^2 \Leftrightarrow 1{,}96^2 \cdot \frac{0{,}05 \cdot 0{,}95}{0{,}01^2} \leq n \Leftrightarrow n \geq 1824{,}8$

Ein Stichprobenumfang von mindestens 1825 sollte gewählt werden.

f) (1) Einseitiger Hypothesentest: Wenn $p > 0{,}5$ statistisch „nachgewiesen" werden soll, müssen in der Stichprobe signifikante Abweichungen dazu führen, dass die Hypothese $p \leq 0{,}5$ verworfen werden kann.
Ansatz: Die neue Kiefernschiene hat eine Erfolgsquote von höchstens 50 %. Von dieser kritischen Einschätzung sind wir nur bereit abzugehen, wenn in der Stichprobe vom Umfang $n = 140$ eine signifikant große Anzahl von geheilten OSA-Patienten gefunden wird.
Für $p = 0{,}5$ und $n = 140$ ergibt sich $\mu + 1{,}64\sigma = 79{,}7$ [für $p < 0{,}5$ gilt sogar $\mu + 1{,}64\sigma < 79{,}7$]
Entscheidungsregel: Verwirf $p \leq 0{,}5$, falls $X > 79$.
Annahmebereich der Hypothese: $X \leq 79$
Die neuartige Methode würde als bestätigt angesehen, wenn in der Stichprobe 80 oder mehr Patienten geheilt würden.

(2) Fehler 1. Art: Das Stichprobenergebnis liegt im Verwerfungsbereich der Hypothese $p \leq 0{,}5$ (also $X > 80$), obwohl die tatsächliche Erfolgswahrscheinlichkeit kleiner ist als 50 %, d. h. Die neue Methode ist nicht besser, zufällig tritt aber ein signifikant großes Ergebnis in der Stichprobe auf, was dazu führt, dass die neue Kiefernschiene eingeführt wird.
Fehler 2. Art: Das Stichprobenergebnis liegt im Annahmebereich der Hypothese $p \leq 0{,}5$ (also $X \leq 79$), d. h. Die neue Methode ist besser; dies wird aber nicht erkannt, weil das Stichprobenergebnis zufällig im Annahmebereich der Hypothese liegt. Ein medizinischer Fortschritt findet deshalb nicht statt.

(3) Gesucht ist die Wahrscheinlichkeit, dass das Stichprobenergebnis im Annahmebereich $X \leq 79$ liegt, obwohl $p = 0{,}55$:
$P_{p=0{,}55}(X \leq 79) = \text{binomcdf}(140, 0.55, 79) \approx 0{,}664$
Die Wahrscheinlichkeit für diesen Fehler 2. Art beträgt etwa 66 %.

Aufgabe 19 Haushaltsgrößen in Deutschland

Die nebenstehende Grafik veranschaulicht die Entwicklung der Haushaltsgrößen in Deutschland.

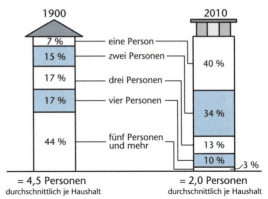

a) Unter den beiden Bildern der Grafik sind jeweils die durchschnittlichen Haushaltsgrößen angegeben. Erläutern Sie, *wie* man diese Durchschnittswerte berechnet. Führen Sie selbst diese Rechnung aus und begründen Sie, warum bei der Mittelwertbildung für 1900 Ihr Ergebnis vom angegebenen Durchschnittswert abweicht. **L1**

b) Laut Veröffentlichung des Statistischen Bundesamts befinden sich 64 % aller Haushalte in Deutschland in Gemeinden mit weniger als 100 000 Einwohnern; in diesen kleinen und mittelgroßen Gemeinden beträgt der Anteil der 1-Personen-Haushalte nur 35 %. **K3**

   (1) Stellen Sie diese Information auf dem Hintergrund der oben stehenden Grafik in einer Vierfeldertafel mit relativen Häufigkeiten zusammen.
   (2) Entwickeln Sie hieraus die beiden zugehörigen Baumdiagramme und geben Sie die in den Baumdiagrammen enthaltenen Informationen in Worten wieder.

Angenommen, aus der Gesamtheit aller Haushalte in Deutschland wäre im Jahr 2010 zufällig ein Haushalt ausgewählt worden.

   (3) Bestimmen Sie die Wahrscheinlichkeit, dass es sich um einen Mehrpersonen-Haushalt handelt, wenn bekannt ist, dass der Haushalt in einer Großstadt (mindestens 100 000 Einwohner) liegt.
   (4) Bestimmen Sie die Wahrscheinlichkeit, dass es sich um einen Haushalt in einer Großstadt handelt, wenn bekannt ist, dass darin nur eine Person lebt.

Für die folgenden Rechnungen sei angenommen, dass die Angaben für das Jahr 2010 auch heute noch gültig sind. Für eine Stichprobe werden n Haushalte zufällig ausgewählt.

c) Bestimmen Sie die Wahrscheinlichkeit, dass bei einer Auswahl von n = 3 Haushalten **K2**

   (1) in allen drei ausgewählten Haushalten höchstens zwei Personen leben,
   (2) unter den drei Haushalten mindestens ein 3-Personen-Haushalt ist,
   (3) je ein Haushalt mit einer Person, mit zwei Personen und drei Personen erfasst wird.

d) Bestimmen Sie die Wahrscheinlichkeit, dass bei einer Auswahl von n = 100 Haushalten **L2**

   (1) genau 40
   (2) mehr als 35
   (3) mindestens 38, höchstens 45

   1-Personen-Haushalte erfasst sind.

e) Bei einer Stichprobe mit n = 50 Haushalten sind zufällig lauter Haushalte mit weniger als fünf Personen erfasst. Bestimmen Sie die Wahrscheinlichkeit für ein solches Ereignis.

f) Bestimmen Sie, welchen Mindestumfang eine Stichprobe haben muss, damit mit einer Wahrscheinlichkeit von mindestens 90 % unter den ausgewählten Haushalten mindestens ein Haushalt mit mindestens fünf Personen ist?

g) Für eine Verbraucher-Befragung wird eine Stichprobe vom Umfang n = 600 genommen. Ermitteln Sie ein symmetrisches Intervall, in dem mit einer Wahrscheinlichkeit von ca. 95 % die Anzahl der 2-Personen-Haushalte liegen wird.

h) Aufgrund von detaillierteren Untersuchungen weiß man, dass die Verteilung der Haushaltsgrößen regional sehr unterschiedlich ist. Der Bürgermeister einer Kleinstadt vermutet, dass in seiner Gemeinde der Anteil der 1-Personen-Haushalte (der bundesweit bei den kleinen und mittleren Gemeinden 35 % beträgt, vgl. Teilaufgabe b)) signifikant größer ist als in den übrigen Gemeinden mit einer Einwohnerzahl unter 100 000. Wenn der Bürgermeister Recht hat mit seiner Vermutung, dann hat dies Auswirkungen auf die zukünftige Wohnungsbaupolitik der Gemeinde.
Da man sich hinsichtlich der tatsächlichen Situation in den Haushalten nicht allein auf die Informationen verlassen kann, die den Einwohnermeldeämtern zur Verfügung stehen, möchte er dies mithilfe eines *statistischen Beweises* belegen. Aufgrund der Haushaltssituation ist nur eine Stichprobe in n = 250 Haushalten möglich.

(1) Erläutern Sie die prinzipielle Vorgehensweise für ein solches Testverfahren.
(2) Bestimmen Sie eine Entscheidungsregel auf dem 90 %-Niveau.
(3) Beschreiben Sie die Auswirkungen eines Fehlers 1. bzw. 2. Art in dieser Sachsituation.
(4) Berechnen Sie die Wahrscheinlichkeit für einen Fehler 2. Art, wenn der tatsächliche Anteil an 1-Personen-Haushalten in der Gemeinde 45 % beträgt.

Lösung:

a) Die Berechnung des Mittelwerts einer Häufigkeitsverteilung erfolgt analog zur Berechnung des Erwartungswerts einer Wahrscheinlichkeitsverteilung. Am einfachsten ist es, wenn man eine Tabelle anlegt und so das gewichtete Mittel der Merkmalswerte *Anzahl der Personen* berechnet:

1990			2010		
Anzahl der Personen	Anteil	Produkt	Anzahl der Personen	Anteil	Produkt
1	0,07	0,07	1	0,40	0,40
2	0,15	0,30	2	0,34	0,68
3	0,17	0,51	3	0,13	0,39
4	0,17	0,68	4	0,10	0,40
≥ 5	0,44	≥ 2,20	≥ 5	0,03	≥ 0,15
Summe		≥ 3,76	Summe		2,02

Da die Angabe für den Anteil der Haushalte mit mindestens 5 Personen für das Jahr 1900 wenig differenziert ist („≥ 5" bedeutet 5, 6, 7, ...), muss die Rechnung mit dem kleinsten der Werte durchgeführt werden; daher wird man nicht den Mittelwert selbst, sondern eine Abschätzung des Mittelwerts nach unten erhalten. Teilt man die Anteile für *mindestens 5 Personen* weiter auf, dann kommt man zu einem weniger stark abweichenden Mittelwert, siehe z. B. nebenstehende Tabelle.

Anzahl der Personen	Anteil	Produkt
1	0,07	0,07
2	0,15	0,30
3	0,17	0,51
4	0,17	0,68
5	0,16	0,80
6	0,12	0,72
7	0,08	0,56
≥ 8	0,08	≥ 0,64
Summe		≥ 4,28

Alternativ kann man so rechnen:
$1 \cdot 0{,}07 + 2 \cdot 0{,}15 + 3 \cdot 0{,}17 + 4 \cdot 0{,}17 + x \cdot 0{,}44 = 4{,}5 \Leftrightarrow 0{,}44 x = 2{,}94 \Leftrightarrow x = 6{,}7$;
dann könnte man so argumentieren: Die 44 % beziehen sich auf ein Intervall, das die Werte 5, 6, 7, 8, ... enthält. Die relativen Häufigkeiten, mit denen diese Werte auftreten, müssen so verteilt sein, dass sich der Mittelwert 6,7 ergibt.

b) (1) Aus der Grafik entnimmt man die Angabe 40 % und komplementär 60 % als Zeilensummen, aus dem Text von Teilaufgabe b) die Spaltensumme 64 % und komplementär 36 %. Die restlichen Daten (blau) ergeben sich durch Ergänzungen innerhalb der Tabelle:

		Gemeindetyp		
		Großstädte (G)	andere Gemeinden (K)	gesamt
Haushaltstyp	1-Personenhaushalte (E)	0,176	35 % von 64 % = 0,224	0,40
	Mehr-Personenhaushalte (M)	0,184	0,416	0,60
	gesamt	0,36	0,64	1

(2) Durch Quotientenbildung innerhalb der Zeilen bzw. Spalten ergeben sich die beiden zugehörigen Baumdiagramme:

40 % der Haushalte in Deutschland sind 1-Personen-Haushalte, davon liegen ca. 44 % in Großstädten; dagegen liegen nur ca. 31 % aller Mehr-Personen-Haushalte in diesen Gemeinden mit mindestens 100 000 Einwohnern.

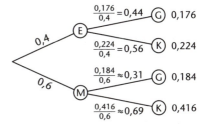

Haushaltstyp   Gemeindetyp

Ca. 36 % der Haushalte in Deutschland liegen in Großstädten, davon sind ca. 49 % 1-Personen-Haushalte; dagegen beträgt in den Gemeinden unter 100 000 Einwohnern der Anteil der 1-Personen-Haushalte nur ca. 35 %.

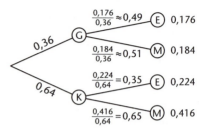

Gemeindetyp   Haushaltstyp

(3) Die Wahrscheinlichkeit, dass es sich um einen Mehrpersonen-Haushalt handelt, wenn bekannt ist, dass der Haushalt in einer Großstadt (mindestens 100 000 Einwohner) liegt, beträgt ca. 51 %: $P_G(M) \approx 0{,}51$ (vgl. 2. Baumdiagramm).

(4) Die Wahrscheinlichkeit, dass es sich um einen Haushalt in einer Großstadt handelt, wenn bekannt ist, dass darin nur eine Person lebt, beträgt ca. 44 %: $P_E(G) = 0{,}44$ (vgl. 1. Baumdiagramm).

c) (1) Die Wahrscheinlichkeit, dass in *einem* zufällig ausgewählten Haushalt höchstens zwei Personen leben, beträgt laut Grafik ca. 74 %. Daher ist die Wahrscheinlichkeit, dass in allen drei zufällig ausgewählten Haushalten eine oder zwei Personen leben, nach Pfadmultiplikationsregel gleich $0{,}74^3 \approx 0{,}405 = 40{,}5\,\%$.

(2) Das Ereignis *Unter den drei Haushalten ist mindestens ein 3-Personen-Haushalt* ist das Gegenereignis zu *Unter den drei Haushalten ist kein 3-Personen-Haushalt*. Die Wahrscheinlichkeit, dass in einem zufällig ausgewählten Haushalt drei Personen leben, beträgt laut Grafik 13 %. Die gesuchte Wahrscheinlichkeit berechnet sich also nach Komplementärregel und Pfadmultiplikationsregel zu
$1 - 0{,}87^3 \approx 1 - 0{,}659 = 0{,}341 = 34{,}1\,\%$.

(3) Nach Pfadmultiplikationsregel ergibt sich für ein Ergebnis EZD (*Haushalt mit einer Person, mit zwei Personen und drei Personen,* in dieser Reihenfolge) die Wahrscheinlichkeit $0{,}4 \cdot 0{,}34 \cdot 0{,}13$. Da aber keine Reihenfolge vorgegeben ist, handelt es sich um ein Ereignis mit sechs gleichwahrscheinlichen Ergebnissen (EZD, EDZ, ZED, ZDE, DEZ, DZE), also $6 \cdot 0{,}4 \cdot 0{,}34 \cdot 0{,}13 \approx 0{,}106 = 10{,}6\,\%$.

d) Da man sich auf die Betrachtung nur eines Ergebnisses beschränkt, liegt hier eine binomialverteilte Zufallsgröße X: *Anzahl der 1-Personen-Haushalte in einem 100-stufigen* BERNOULLI-*Versuch mit Erfolgswahrscheinlichkeit p = 0,4* vor:
(1) $P(X = 40) = 0{,}0812$ (2) $P(X > 35) = 1 - P(X \leq 35) = 1 - 0{,}179 = 0{,}821$
(3) $P(38 \leq X \leq 45) = P(X \leq 45) - P(X \leq 37) = 0{,}869 - 0{,}307 = 0{,}562$

e) Hier wird die Zufallsgröße X: *Anzahl der Haushalte mit weniger als fünf Personen in einem 50-stufigen* BERNOULLI-*Versuch mit p = 0,97* betrachtet: $P(X = 50) = 0{,}97^{50} = 0{,}218$.

f) Hier wird die Zufallsgröße X: *Anzahl der Haushalte mit mindestens fünf Personen in einem n-stufigen* BERNOULLI-*Versuch mit p = 0,03* betrachtet: Das Ereignis *Mindestens ein Haushalt mit mindestens fünf Personen* hat die Wahrscheinlichkeit
$P(X \geq 1) = 1 - P(X = 0) = 1 - 0{,}97^n$.
Für diese Wahrscheinlichkeit so gelten: $P(X \geq 1) \geq 0{,}90$, also
$1 - 0{,}97^n \geq 0{,}9 \Leftrightarrow 0{,}97^n \leq 0{,}1 \Leftrightarrow n \cdot \log(0{,}97) \leq \log(0{,}1) \Leftrightarrow n \geq 75{,}6 \Leftrightarrow n \geq 76$.
Es ist also eine Stichprobe mit mindestens einem Stichprobenumfang von n = 76 notwendig, damit man in dieser mindestens einen Haushalt findet, in dem fünf oder mehr Personen leben.

g) X: *Anzahl der 2-Personen-Haushalte in einer Stichprobe vom Umfang* n = 600
   p = 0,34; μ = 0,34 · 600 = 204; σ = $\sqrt{600 \cdot 0{,}34 \cdot 0{,}66}$ = $\sqrt{134{,}64}$ ≈ 11,60,
   95 %-Umgebung von μ: μ − 1,96 σ ≈ 181,3; μ + 1,96 σ ≈ 226,7.
   Also gilt: P(181 ≤ X ≤ 227) ≈ 0,95 (nach der sicheren Seite gerundet).
   Exakte Rechnung: P(181 ≤ X ≤ 227) = 0,957; P(182 ≤ X ≤ 226) = 0,948.

h) (1) Bei einem statistischen Beweis wählt man das logische Gegenteil dessen, was man „beweisen" möchte, als zu testende Hypothese aus. Wenn man dann in der Stichprobe eine signifikante Abweichung findet, sieht man sich veranlasst, daran zu zweifeln, ob die getestete Erfolgswahrscheinlichkeit tatsächlich der Stichprobe zugrunde liegt, sodass man zukünftig das Gegenteil der getesteten Hypothese als richtig ansehen darf.

   (2) Hier vermutet der Bürgermeister, dass der Anteil der 1-Personen-Haushalte in seiner Gemeinde größer ist als 35 %. Um dies statistisch zu beweisen, muss er die Hypothese H_0: p ≤ 0,35 testen. Für n = 250 und p = 0,35 ist μ = 250 · 0,35 = 87,5 und σ = $\sqrt{250 \cdot 0{,}35 \cdot 0{,}65}$ = $\sqrt{56{,}875}$ ≈ 7,54.
   Falls p = 0,35 ist, treten Stichprobenergebnisse oberhalb von μ + 1,28 σ nur mit einer Wahrscheinlichkeit von ca. 90 % auf; hier ist μ + 1,28 σ ≈ 97,2.
   Für p = 0,35 gilt also:
   P(X > 97) ≈ 0,10 [exakte Berechnung liefert: P(X > 97) = 0,093].
   Für p < 0,35 liegt der Wert von μ + 1,28 σ unterhalb von 97,2 und es gilt erst recht P(X > 97) < 0,10.
   Entscheidungsregel: Verwirf die Hypothese p ≤ 0,35, falls in der Stichprobe von n = 250 zufällig ausgewählten Haushalten mehr als 97 1-Personen-Haushalte sind.
   Annahmebereich der Hypothese: A = {0, 1, ..., 97};
   Verwerfungsbereich der Hypothese: V = {98, 99, ..., 250}.

   (3) Bei einem Fehler 1. Art würde die Hypothese p ≤ 0,35 verworfen, obwohl sie zutrifft, d. h., der Bürgermeister fühlt sich in seiner Vermutung bestätigt, dass seine Gemeinde einen deutlich höheren Anteil an 1-Personen-Haushalten hat als es dem Bundesdurchschnitt entspricht, dies ist aber nicht zutreffend.
   Bei einem Fehler 2. Art würde die Hypothese p ≤ 0,35 nicht verworfen, obwohl sie falsch ist, d. h., der Bürgermeister hätte mit seiner Vermutung recht, aber dies wird durch die Stichprobe nicht bestätigt.

   (4) Zu berechnen ist die Wahrscheinlichkeit für einen Fehler 2. Art, wenn das wahre p, das der Stichprobe zugrunde liegt, 45 % beträgt:
   $P_{p=0{,}45}$(A) = $P_{p=0{,}45}$(X ≤ 97) = 0,028 = 2,8 %.
   Die Wahrscheinlichkeit für einen Fehler 2. Art ist also nur gering, falls der tatsächliche Anteil der 1-Personen-Haushalte in der Gemeinde gleich 45 % ist.

Aufgabe 20 *Würfeln mit dem Ikosaeder*

Ein Ikosaeder ist ein regelmäßiger Körper mit 20 kongruenten, gleichseitigen Dreiecken als Außenflächen.

In der Form eines solchen Ikosaeders wurde ein Würfel hergestellt.
Dabei wurden auf 8 der Außenflächen *ein Auge* aufgemalt, auf 6 Flächen *zwei Augen*, auf 4 Flächen *drei Augen* und auf 2 Flächen *vier Augen*.

Im Folgenden werden Würfelexperimente mit diesem Würfel betrachtet.

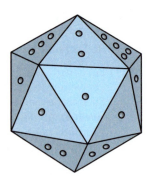

a) Berechnen Sie die Wahrscheinlichkeit, dass bei 100 Würfen
   (1) mindestens 15- und höchstens 24-mal die „Augenzahl drei" fällt;
   (2) mehr als 45-mal die „Augenzahl eins" fällt;
   (3) mindestens 90-mal eine „Augenzahl kleiner als drei" fällt.

b) Bestimmen Sie, wie oft man den Würfel mindestens werfen muss, damit mit einer Wahrscheinlichkeit von mindestens 95% mindestens einmal die „Augenzahl vier" fällt.

c) Ein Freund bietet Ihnen folgendes Spiel an: Sie zahlen vor jedem Wurf mit dem Würfel 0,50 € an den Freund. Fällt die „Augenzahl eins", so geht ihr Einsatz verloren. Fällt die „Augenzahl zwei", so erhalten Sie Ihren Einsatz zurück. Fällt die „Augenzahl drei", so erhalten Sie 1 €. Fällt die „Augenzahl vier", so erhalten Sie 2 €.

   (1) Untersuchen Sie, ob das Spiel fair ist.
   (2) Die Auszahlung für den Fall, dass die „Augenzahl vier" fällt, soll nun so verändert werden, dass das Spiel fair ist. Die restlichen Auszahlungen bleiben unverändert. Berechnen Sie die neue Auszahlung.

d) Jemand hat die Vermutung, dass in eines der Felder mit zwei Augen ein weiteres Auge eingezeichnet wurde, möchte aber sein Misstrauen nicht zeigen und den Ikosaeder-Würfel vor aller Augen kontrollieren. Bei 400 Würfen sind 96-mal drei Augen gefallen. Ist der Ikosaeder-Würfel tatsächlich manipuliert worden (so wie oben beschrieben)?

   (1) Untersuchen Sie die Behauptung in der Art eines Hypothesentests mit dem Signifikanzniveau von 10% und geben Sie eine begründete Entscheidung an.
   (2) Ermitteln Sie aufgrund des beschriebenen Experimentes ein Vertrauensintervall zur Vertrauenszahl γ = 0,9 für die Wahrscheinlichkeit, mit der bei dem vorliegenden Ikosaeder drei Augen fallen.

e) Ein weiterer Würfel in der Form eines Ikosaders ist mit den Zahlen 1 bis 20 beschriftet.

   (1) Berechnen Sie die Wahrscheinlichkeit, dass bei drei Würfen mit diesem Würfel lauter verschiedene Zahlen fallen.
   (2) Berechnen Sie die Wahrscheinlichkeit, dass beim 4-maligen Würfeln mindestens zweimal dieselbe Zahl fällt.
   (3) Untersuchen Sie, ab welcher Anzahl an Würfen es sich lohnt darauf zu wetten, dass mindestens zweimal dieselbe Zahl fällt.

Lösung:

a) (1) X: Anzahl der Würfe mit „Augenzahl drei"
Die Zufallsgröße X ist binomialverteilt mit n = 100 und $p = \frac{4}{20} = 0{,}2$.
$P(15 \leq X \leq 24) = P(X \leq 24) - P(X \leq 14) = 0{,}788 = 78{,}8\%$

(2) X: Anzahl der Würfe mit „Augenzahl eins"
Die Zufallsgröße X ist binomialverteilt mit n = 100 und $p = \frac{8}{20} = 0{,}4$.
$P(X > 45) = 1 - P(X \leq 45) \approx 0{,}131 = 13{,}1\%$

(3) X: Anzahl der Würfe mit „Augenzahl eins oder zwei"
Die Zufallsgröße X ist binomialverteilt mit n = 100 und $p = \frac{14}{20} = 0{,}7$.
$P(X \geq 90) = 1 - P(X \leq 89) \approx 0{,}583 = 58{,}3\%$

b) Gesucht ist die Anzahl der Würfe n.
P(mind. einmal „Augenzahl vier") $\geq 0{,}95$
$\Leftrightarrow 1 - P(\text{keinmal „Augenzahl vier"}) \geq 0{,}95$
$\Leftrightarrow 1 - 0{,}9^n \geq 0{,}95$
$\Leftrightarrow 0{,}9^n \geq 0{,}05$
$\Leftrightarrow n \geq \frac{\ln(0{,}05)}{\ln(0{,}9)} \approx 28{,}4$

Also muss man den Würfel mindestens 29-mal werfen.

c) (1) Das Spiel ist fair, falls der Erwartungswert der Zufallsgröße „Gewinn" 0 € beträgt. Dann wird auf lange Sicht der an den Freund gezahlte Einsatz gleich dem ausgezahlten Betrag sein. Zu beachten ist dabei, dass der Gewinn stets um 0,50 € unter dem ausgezahlten Betrag liegt:

Augenzahl	1	2	3	4
Gewinn	−0,50 €	0 €	0,50 €	1,50 €
Wahrscheinlichkeit	0,4	0,3	0,2	0,1

Mit den aus der Tabelle entnommenen Werten beträgt der Erwartungswert μ der Zufallsgröße „Gewinn":
μ = −0,50 € · 0,4 + 0 € · 0,3 + 0,50 € · 0,2 + 1,50 € · 0,1 = 0,05 €
Das Spiel ist also nicht fair. Sie erhalten auf lange Sicht einen Gewinn von 0,05 € pro Spiel.

(2) Bezeichnet man die neue Auszahlung für den Fall „Augenzahl vier" mit x, so beträgt der Gewinn in diesem Fall x − 0,50 €.

Augenzahl	1	2	3	4
Gewinn	−0,50 €	0 €	0,50 €	x − 0,50 €
Wahrscheinlichkeit	0,4	0,3	0,2	0,1

Da nun der Erwartungswert gleich Null sein muss, ergibt sich die folgende Gleichung:
−0,50 € · 0,4 + 0 € · 0,3 + 0,50 € · 0,2 + (x − 0,50 €) · 0,1 = 0
Durch Auflösen der Gleichung nach x erhält man: x = 1,50 €
Also muss die Auszahlung für den Fall „Augenzahl vier" auf 1,50 € gesenkt werden (d. h. der Gewinn ist dann 1,00 €), damit das Spiel fair ist.
Hinweis: Statt der Zufallsgröße „Gewinn" kann auch die Zufallsgröße „Auszahlung" betrachtet werden. Der Erwartungswert der Auszahlung muss bei einer fairen Spielregel gleich dem Einsatz sein. Im Falle von (2) wird die Rechnung etwas leichter.

d) (1) **Ansatz zum Hypothesentest:** Man geht von der Information aus, dass auf vier der 20 Dreiecke der Oberfläche drei Punkte eingezeichnet sind, d. h. p = 0,2. Diesen Ansatz wird man als falsch ansehen, wenn ein signifikantes Stichprobenergebnis vorliegt.

X: Anzahl der Würfe mit „Augenzahl drei"; $\alpha = 0{,}1$; n = 400

Alternative 1: Bestimmung des Ablehnungsbereichs mit den Sigma-Regeln:
Für n = 400 und p = 0,2 ist $\mu = n \cdot p = 80$ und $\sigma = \sqrt{n \cdot p \cdot (1-p)} = 8$.
Da $\mu - 1{,}64 \cdot \sigma \approx 80 - 13{,}12 = 66{,}88$ und $\mu + 1{,}64 \cdot \sigma \approx 80 + 13{,}12 = 93{,}12$ folgt:
Mit einer Wahrscheinlichkeit von ca. 90 % wird die Anzahl der Würfe mit Augenzahl „drei" im Intervall A = {67, ..., 93} liegen. Die Hypothese wird demzufolge abgelehnt, wenn das Stichprobenergebnis im Verwerfungsbereich liegt, d. h. wenn die Anzahl kleiner ist als 67 oder größer ist als 93. Das Stichprobenergebnis von X = 96 liegt im Verwerfungsbereich und die Hypothese wird abgelehnt. Man wird daher den Verdacht als bestätigt ansehen.

Alternative 2: Da der Mitspieler einen konkreten Verdacht hat, könnte man die Problemstellung auch als einseitigen Hypothesentest auffassen. Die zu testende Hypothese wäre dann $H_0 : p \leq 0{,}2$ gegen $H_1 : p > 0{,}2$
Signifikant nach oben abweichende Stichprobenergebnisse (d. h. oberhalb von $\mu + 1{,}28\sigma$) führen zum Verwerfen der Hypothese H_0.
Für p = 0,2 ist $\mu + 1{,}28\sigma = 90{,}24$. Die Entscheidungsregel würde lauten:
Verwirf die Hypothese H_0, falls mehr als 90-mal Augenzahl drei fällt.

(2) **Bestimmung des Konfidenzintervalls:**
Der Ansatz $|X - \mu| \leq c \cdot \sigma$ mit c = 1,64 und X = 96 führt durch Quadrieren zu der quadratischen Ungleichung: $(96 - 400 \cdot p)^2 \leq 1{,}64^2 \cdot 400 \cdot p \cdot (1-p)$
Als Lösungen der entsprechenden Gleichung werden $p_1 \approx 0{,}2068$ und $p_2 \approx 0{,}2767$ berechnet. Also lautet das gesuchte Konfidenzintervall nach Runden zur sicheren Seite: [0,207; 0,276].

e) Die Wahrscheinlichkeiten der verschiedenen Ereignisse können mit den Standardmethoden der Kombinatorik und mithilfe der Pfadregeln berechnet werden:

(1) P (bei 3 Würfen nur verschiedene Augenzahlen) = $\frac{20 \cdot 19 \cdot 18}{20^3} = 0{,}855$
Die Wahrscheinlichkeit beträgt 85,5 %.

(2) Man geht analog zum sogenannten „Geburtstagsproblem" vor:
P (bei 4 Würfen mindestens zweimal dieselbe Zahl)
= 1 − P (bei 4 Würfen nur verschiedene Augenzahlen) = $1 - \frac{20 \cdot 19 \cdot 18 \cdot 17}{20^4} \approx 0{,}273$

Die Wahrscheinlichkeit beträgt etwa 27,3 %.

(3) Es lohnt sich auf mindestens eine Wiederholung zu setzen, wenn die Wahrscheinlichkeit dafür mindestens 50 % beträgt. Also untersucht man eine größere Anzahl von Würfen:
P (bei 5 Würfen mindestens zweimal dieselbe Zahl) = $1 - \frac{20 \cdot 19 \cdot 18 \cdot 17 \cdot 16}{20^5} \approx 0{,}419$
P (bei 6 Würfen mindestens zweimal dieselbe Zahl) = $1 - \frac{20 \cdot 19 \cdot 18 \cdot 17 \cdot 16 \cdot 15}{20^6} \approx 0{,}564$

Bereits bei sechs Würfen liegt die Wahrscheinlichkeit deutlich über 50 %. Daher lohnt es sich in diesem Fall, auf mindestens eine Wiederholung zu wetten.

Aufgabe 21 *Billigflieger*

Der nachfolgende Zeitungsartikel (Auszug) geht auf das Problem der Auslastung von Flugzeugen ein:

> ### Lufthansa wird Billig-Flieger
> *Innerdeutsche Flüge ab 88 Euro – Autofahrer und Bahnkunden im Visier*
>
> **Frankfurt/Main:** Mit Beginn des Winterflugplanes kostet das günstigste reguläre Ticket für innerdeutsche Hin- und Rückflüge bei der Lufthansa nur noch 88 Euro inklusive aller Gebühren und Mehrwertsteuer. Diese Preise gelten nur bei Buchung über das Internet. Die Billig-Tickets sind weder an eine feste Vorausbuchungsfrist noch an einen Mindestaufenthalt gebunden.
> Nach und nach soll das neue Tarifgefüge auch auf ganz Europa ausgedehnt werden.
> Mit den neuen Preisen will die Lufthansa die Auslastung ihrer Maschinen im innerdeutschen Verkehr erhöhen. Vor allem an Wochentagen zwischen 10 und 16 Uhr und an Samstagen sind viele Plätze in den Flugzeugen leer …

a) Erfahrungsgemäß wurden an Samstagen nur 80 % der zur Verfügung stehenden Plätze für Linienflüge Hamburg–München auch tatsächlich belegt.
Berechnen Sie die Wahrscheinlichkeit, dass von 50 zufällig ausgewählten Plätzen
   (1) genau 42 Plätze
   (2) höchstens 42 Plätze
   (3) mindestens 39 Plätze
belegt werden?

b) Durch die neuen Billigtarife wird auch in Stoßzeiten ein größeres Fluggastaufkommen erwartet. Daher ist die Fluggesellschaft dazu übergegangen, die Flüge überbuchen zu lassen.
   (1) Wie groß ist die Wahrscheinlichkeit, dass bei 50 verkauften Flugtickets für eine Maschine mit 48 Plätzen nicht alle erscheinenden Fluggäste befördert werden können?
   (2) Eine ähnliche Situation ergibt sich aber auch bei Flügen nach Fernost. Hier werden die Fluggäste mit einem Großraumflugzeug befördert, das 330 Plätze besitzt. Erfahrungsgemäß treten 85 % der Fluggäste ihren gebuchten Flug an.
   Wie viele Buchungen dürfen angenommen werden, damit das Platzangebot mit einer Wahrscheinlichkeit von 99 % reicht?

c) Die Fluggesellschaft weiß aus Erfahrung, dass jeder zweite Fluggast beim Betreten eines Flugzeugs mit 330 Plätzen ein Exemplar der angebotenen Zeitung Z nimmt.
Wie viele Zeitungen müssen mindestens an Bord eines vollbesetzten Flugzeugs vorgehalten werden, damit es mit einer Wahrscheinlichkeit von mehr als 95 % keinen Ärger mit den Lesewünschen der Fluggäste gibt?

d) „Wer flexibel ist, fliegt am günstigsten!" teilt der Pressesprecher der Lufthansa mit. Die Fluggesellschaft überprüft daher bei 140 Passagieren, ob diese entgegen ihrem ursprünglichen Wunsch einen Billigflug in verkehrsarmen Zeiten gebucht haben. Bei 85 traf dies zu.
Geben Sie zur Vertrauenszahl $\gamma = 0{,}90$ ein Vertrauensintervall an für die Wahrscheinlichkeit, dass Lufthansa-Kunden flexibel sind.

e) Von den Fluggästen ab dem Flughafen Köln/Bonn wählen in der Regel 15% als Airline die Lufthansa. Durch ihre Maßnahme „Lufthansa wird Billig-Flieger" erhoffte sich die Fluglinie eine Zunahme der Passagiere. Von 650 befragten Fluggästen im Flughafen Köln/Bonn gaben bei einer jüngsten Befragung 114 an, mit Lufthansa zu fliegen.
War die Werbemaßnahme erfolgreich? Fassen Sie die Problemsituation als Hypothesentest auf und beurteilen Sie das Ergebnis der Befragung (Irrtumswahrscheinlichkeit 5%).

f) Am Abflugschalter eines Flughafens stehen 6 Mitarbeiter für das Einchecken zur Verfügung. Für den Buchungsvorgang benötigen sie durchschnittlich 3 Minuten. In der Zeit von 7 Uhr bis 8 Uhr kommen im Mittel 100 Fahrgäste; diese werden jeweils zum nächsten frei werdenden Schalter gerufen – sofern sie warten müssen. Geben Sie ein einfaches stochastisches Modell an, mit dessen Hilfe sich der Vorgang beschreiben lässt. Kommt es oft vor, dass Kunden warten müssen?

Lösung:

a) Die Zufallsgröße X: Anzahl der belegten Plätze ist binomialverteilt mit n = 50, p = 0,8

(1) $P(X = 42) = B_{50;0,8}(42) = \binom{50}{42} \cdot 0{,}8^{42} \cdot 0{,}2^8 \approx 0{,}1169$

(2) $P(X \leq 42) = 0{,}8096$

(3) $P(X \geq 39) = 1 - P(X \leq 38) = 0{,}7107$

b) (1) Die Zufallsgröße X: Anzahl der Fluggäste, die zum gebuchten Flug erscheinen, ist binomialverteilt mit n = 50 und p = 0,8.
Zu bestimmen ist die Wahrscheinlichkeit, dass bei 50 Buchungen mehr als 48 Fluggäste den Flug antreten wollen
$P(X > 48) = 1 - P(X \leq 48) = 0{,}0002$
Man kann also davon ausgehen, dass alle erscheinenden Fluggäste befördert werden können.

(2) Die Zufallsgröße X: Anzahl der Fluggäste, die zum gebuchten Flug erscheinen, ist binomialverteilt mit p = 0,85; n ist gesucht. Es ist $\mu = n \cdot 0{,}85$ und $\sigma = \sqrt{n \cdot 0{,}85 \cdot 0{,}15}$ Ergebnisse oberhalb von $\mu + 2{,}33\sigma$ treten mit einer Wahrscheinlichkeit von (ungefähr) 1% auf. Deshalb muss gelten: $\mu + 2{,}33\sigma \leq 330$.

Gesucht ist der Stichprobenumfang n so, dass
$n \cdot 0{,}85 + 2{,}33 \cdot \sqrt{n \cdot 0{,}85 \cdot 0{,}15} \leq 330$
$\Leftrightarrow n \cdot 0{,}85 + 0{,}832\sqrt{n} - 330 \leq 0$
$\Leftrightarrow n + 0{,}9788\sqrt{n} - 388{,}2 \leq 0$
Hieraus erhält man $n \leq 369{,}4$.
Es dürfen höchstens 369 Buchungen angenommen werden.

c) Die Zufallsgröße X_1: Anzahl der Leser von Z ist binomialverteilt mit n = 330, p = 0,5, $\mu = 165$, $\sigma = 9{,}08$
Da $n \cdot p \cdot q = 41{,}25 > 9$, ist die LAPLACE-Bedingung erfüllt.
Ergebnisse oberhalb von $\mu + 1{,}64\sigma$ treten mit einer Wahrscheinlichkeit von (ungefähr) 5% auf.
Hier ist $\mu + 1{,}64\sigma = 179{,}9$
Es sollten also mindestens 180 Zeitungen an Bord sein.

d) Zur Vertrauenszahl γ = 0,9 soll ein Vertrauensintervall ermittelt werden.

Gegeben ist der Stichprobenumfang n = 140 und die relative Häufigkeit $h = \frac{85}{140}$.

Mit einer Wahrscheinlichkeit von 95 % unterscheidet sich die relative Häufigkeit in der Stichprobe vom tatsächlich zugrunde liegenden Anteil p um höchstens 1,64 σ/n.

Aus dem Ansatz $\left(\frac{85}{140} - p\right)^2 \leq 1{,}64^2 \cdot \frac{p(1-p)}{140}$ ergibt sich:

$\quad 140 \cdot (0{,}3686 - 1{,}2143\,p + p^2) \leq 2{,}6896\,p - 2{,}6896\,p^2$
$\Leftrightarrow 142{,}6896\,p^2 - 172{,}6896\,p + 51{,}6071 \leq 0$
$\Leftrightarrow p^2 - 1{,}2102\,p + 0{,}3616 \leq 0$

und hieraus erhält man: $0{,}5380 \leq p \leq 0{,}6722$
Also ist [0,5380; 0,6722] ein Vertrauensintervall zur Vertrauenszahl γ = 0,9.

e) Wir betrachten die Zufallsgröße X: Anzahl der Fluggäste, die Lufthansa als Airline wählen.
Wenn man die Vermutung p > 0,15 (die Werbemaßnahme war erfolgreich) überprüfen will, muss man die Hypothese p ≤ 0,15 (die Situation ist nicht besser geworden) testen.

Wenn diese Hypothese aufgrund eines signifikant großen Stichprobenergebnisses verworfen wird, kann man den Werbefeldzug als erfolgreich bezeichnen.

Für n = 650 und p = 0,15 ist μ = 97,5 und σ = 9,10, also μ + 1,64 σ = 112,4 (Stichprobenergebnisse oberhalb von 112 treten zufällig mit einer Wahrscheinlichkeit von höchstens 5 % auf).
Da unter den 650 Befragten mehr als 112 bei der Lufthansa gebucht hatten, kann man die Werbemaßnahme als erfolgreich bezeichnen.

f) X: Anzahl der Mitarbeiter, die zu einem beliebig ausgewählten Zeitpunkt am Schalter benötigt werden. Die Erfolgswahrscheinlichkeit beträgt $p = \frac{3}{60} = 0{,}05$,

da für die Abfertigung pro Fluggast ungefähr 3 Minuten benötigt werden.
Unter der Annahme, dass die 100 Passagiere unabhängig voneinander und zufällig über den Zeitraum einer Stunde verteilt am Abfertigungsschalter eintreffen, kann ein Binomialmodell zur näherungsweisen Beschreibung der Situation gewählt werden. Die Wahrscheinlichkeit, dass zu einem beliebig gewählten Zeitpunkt k Personen eintreffen, ist demnach:

$P(X = k) = \binom{100}{k} \cdot 0{,}05^k \cdot 0{,}95^{100-k}$

Die Wahrscheinlichkeit, dass zu einem beliebig gewählten Zeitpunkt mehr als 6 Personen eintreffen, ist:
$P(X > 6) = 1 - P(X \leq 6) = 0{,}234$
Mit einer Wahrscheinlichkeit von ca. 23 % kommt es vor, dass Kunden warten müssen.

Aufgabe 22 Raucher

a) Aus der Grafik kann man entnehmen, wie groß der Anteil der Raucher in der Gesamtbevölkerung und in Teilgruppen der Bevölkerung ist. Betrachten Sie im Folgenden nur die Altersgruppe der Personen, die 15 bis unter 40 Jahre alt sind. Von diesen sind 49 % weiblich, 51 % männlich. Stellen Sie die so vorliegenden Informationen über Frauen und Männer der Altersgruppe und deren Zugehörigkeit zu den Rauchern bzw. Nichtrauchern in einem geeigneten Baumdiagramm und einer Vierfeldertafel zusammen. **K2**

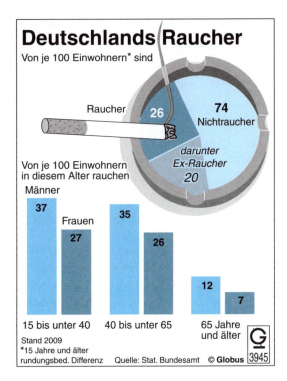

b) Welche Informationen ergeben sich aus dem umgekehrten Baumdiagramm? Schreiben Sie einen kurzen Zeitungstext. **K3**

c) Aus der Grafik kann man entnehmen, dass ungefähr 26 % der über 14-Jährigen in Deutschland rauchen.
   (1) Wie viele Personen, die rauchen, würde man demnach in einer Zufallsstichprobe von 200 Personen über 14 Jahren erwarten können? Geben Sie auch eine Intervallschätzung an. **L5**
   (2) Mit welcher Wahrscheinlichkeit wird man in einer Stichprobe vom Umfang 50 mehr als 15 Personen vorfinden, die rauchen? **K3**

d) In einer umfangreichen Stichprobe wurden u. a. 320 Personen erfasst, die als Familienstand „geschieden" angaben. Von diesen gaben 137 an, dass sie rauchen. Ist der Anteil der Raucher unter den Geschiedenen signifikant höher als in der Gesamtbevölkerung?

e) Nach den Daten einer Befragung von 2010 rauchen 24 % der Frauen. Für das nächste Jahr ist eine neue Stichprobe geplant, durch die u. a. auch der Anteil der Raucher neu bestimmt werden soll. Angenommen, in dieser Stichprobe werden auch 500 Frauen befragt.
Bei welchen Stichprobenergebnissen wird man davon ausgehen können, dass der Anteil der Frauen weiter abgenommen hat? Erläutern Sie, wieso diese Frage etwas mit einem einseitigen Hypothesentest zu tun hat, und bestimmen Sie eine Entscheidungsregel auf dem 5 %-Niveau. Welche Auswirkungen hätten Fehler 1. und 2. Art?

f) Unter den 20 % ehemaligen Rauchern soll eine Befragung stattfinden, in der geklärt werden soll, nach welchen Methoden sie von ihrer Gewohnheit abgekommen sind. Wie viele Personen über 14 Jahren müssen für eine Zufallsstichprobe mindestens ausgewählt werden, damit man mit einer Wahrscheinlichkeit von mindestens 90 % mindestens 300 ehemalige Raucher befragen kann?

Aufgabe 22

Lösung:

a) Aus dem Aufgabentext entnehmen wir zunächst die Informationen über das Merkmal Geschlecht (1. Stufe), dann über das Rauchverhalten (2. Stufe). Die Pfad-Wahrscheinlichkeiten ergeben die inneren Felder der Vierfeldertafel.

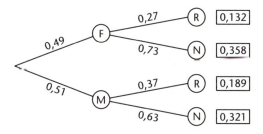

	Raucher	Nichtraucher	gesamt
Frauen	13,23 %	35,77 %	49,0 %
Männer	18,87 %	32,13 %	51,0 %
gesamt	32,1 %	67,9 %	100,0 %

b) Aus den Spaltensummen und durch Quotientenbildung in den Spalten erhält man das umgekehrte Baumdiagramm:

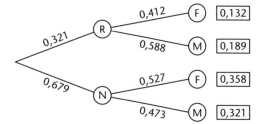

Zeitungstext: 32,1 % der Personen zwischen 15 und 40 Jahren sind Raucher; dies sind überwiegend Männer (58,8 %). Unter den Nichtrauchern dieser Altersgruppe haben die Frauen mit 52,7 % die Mehrheit.

c) Wir modellieren den Vorgang mithilfe einer Binomialverteilung, da der Umfang der Stichprobe klein ist im Vergleich zur Gesamtheit aller Einwohner Deutschlands über 14 Jahren.

(1) $n = 200$; $p = 0{,}26$; X: Anzahl der Raucher in der Stichprobe
$\mu = 200 \cdot 0{,}26 = 52$; $\sigma = \sqrt{200 \cdot 0{,}26 \cdot 0{,}74} \approx 6{,}20$
Punktschätzung: Wir erwarten ca. 52 Raucher in der Stichprobe.
Intervallschätzung: Mit einer Wahrscheinlichkeit von ca. 90 % wird die Anzahl der Raucher in der Stichprobe im Intervall zwischen $\mu - 1{,}64\sigma \approx 41{,}8$ und $\mu + 1{,}64\sigma \approx 62{,}2$ liegen, d. h. in 90 % solcher Stichproben vom Umfang $n = 200$ wird ein Ergebnis aus dem Intervall $\{42, 43, \ldots, 62\}$ auftreten.
[Kontrollrechnung: $P(42 \leq X \leq 62) \approx 0{,}910$]

(2) $n = 50$; $p = 0{,}26$; X: Anzahl der Raucher in der Stichprobe
$P(X > 15) = 1 - P(X \leq 15) \approx 20{,}8 \%$

d) Wir modellieren den Vorgang mithilfe einer Binomialverteilung, da der Umfang der Stichprobe klein ist im Vergleich zur Gesamtheit aller Einwohner Deutschlands. Wenn der Familienstand „geschieden" keinen Einfluss auf das Raucher/Nichtraucher-Verhalten hat, dann müsste die Anzahl der Raucher unter den als „geschieden" bezeichneten Personen verträglich sein mit $p = 0{,}26$.
$n = 320$; $p = 0{,}26$; $\mu = 320 \cdot 0{,}26 = 83{,}2$; $\sigma = \sqrt{320 \cdot 0{,}26 \cdot 0{,}74} \approx 7{,}85$
Eine signifikante Abweichung nach oben ist beispielsweise durch $\mu + 1{,}64\sigma$ gegeben, denn $P(X > \mu + 1{,}64\sigma) \approx 0{,}05$. Es gilt $\mu + 1{,}64\sigma \approx 96{,}1$. Wenn der Familienstand keinen Einfluss auf das Verhalten hat, dann treten Werte oberhalb von 99 zufällig nur mit einer Wahrscheinlichkeit von ca. 5 % auf. Das Stichprobenergebnis $X = 137$ liegt deutlich oberhalb von 96,1 – weicht also signifikant ab.

e) Mögliche Standpunkte:
H_0: $p \geq 0{,}24$ – der Anteil der Frauen, die rauchen, hat nicht abgenommen.
H_1: $p < 0{,}24$ – der Anteil der Frauen, die rauchen, hat weiter abgenommen.
Von diesen Standpunkten wird man nur abgehen, wenn in der Stichprobe extrem kleine bzw. extrem große Ergebnisse auftreten, d. h. das Stichprobenergebnis signifikant nach unten bzw. nach oben abweicht.

Da man statistisch nachweisen will, dass der Anteil *abgenommen* hat, wird man die entgegengesetzte Hypothese testen, damit man sie – sofern signifikant abweichende Werte auftreten – verwerfen kann (indirekte Methode des Hypothesentests).
Wir modellieren den Vorgang mithilfe einer Binomialverteilung, da der Umfang der Stichprobe klein ist im Vergleich zur Gesamtheit aller Einwohner Deutschlands.
$n = 500$; $p \geq 0{,}24$; für $p = 0{,}24$ ist $\mu = 500 \cdot 0{,}24 = 120$ und $\sigma \approx 9{,}55$.
Wegen $P(X < \mu - 1{,}64\,\sigma) \approx 0{,}05$ ist $\mu - 1{,}64\,\sigma \approx 104{,}3$ der kritische Wert.
Entscheidungsregel: Verwirf die Hypothese $p \geq 0{,}24$, falls in der Stichprobe weniger als 105 Frauen auftreten, die rauchen.

Ein Fehler 1. Art tritt auf, wenn die Hypothese richtig ist, das Ergebnis aber zufällig im Verwerfungsbereich liegt. Hier bedeutet dies: Aufgrund des Stichprobenergebnisses vermutet man, dass der Anteil der Frauen, die rauchen, abgenommen hat; dies ist aber nicht der Fall. Möglicherweise unterlässt man deshalb eine Kampagne, auf die Folgen des Rauchens hinzuweisen.
Ein Fehler 2. Art tritt auf, wenn die Hypothese falsch ist, das Ergebnis aber zufällig im Annahmebereich liegt, die Hypothese also irrtümlich nicht verworfen wird. Hier bedeutet dies: Der Anteil der Frauen, die rauchen, hat tatsächlich abgenommen, aber dies wird aufgrund des Stichprobenergebnisses nicht erkannt. Möglicherweise werden Gelder für eine Anti-Rauchen-Kampagne ausgegeben, die nicht notwendig wäre.

f) Mit einer Wahrscheinlichkeit von ca. 80 % gilt: $|X - \mu| \leq 1{,}28\,\sigma$; daher gilt wegen der Symmetrie von Binomialverteilungen mit großem n mit einer Wahrscheinlichkeit von ca. 90 %: $X \geq \mu - 1{,}28\,\sigma$.
Gesucht ist das kleinste n, für das gilt: $\mu - 1{,}28\,\sigma \geq 300$, wobei $p = 0{,}2$, also
$0{,}2\,n - 1{,}28\sqrt{0{,}2 \cdot 0{,}8 \cdot n} \geq 300$.
Setzt man $z = \sqrt{n}$, dann liegt hier eine quadratische Ungleichung vor:
$0{,}2\,z^2 - 1{,}28 \cdot 0{,}4 \cdot z \geq 300$.
Umgeformt führt dies zu:
$z^2 - 2{,}56\,z \geq 1500$ oder $(z - 1{,}28)^2 \geq 1501{,}6384$ oder $\sqrt{n} = z \geq 1{,}28 + 38{,}75 = 40{,}03$, also $n \geq 1603$
(Probe: Für $n = 1603$ und $p = 0{,}2$ ergibt sich: $\mu = 320{,}6$ und
$1{,}28\sqrt{1603 \cdot 0{,}2 \cdot 0{,}8} \approx 20{,}05$)

Den Mindestumfang der Auswahl kann man auch durch systematisches Suchen finden. Dazu betrachtet man den Funktionsterm $f(n) = 0{,}2 \cdot n - 1{,}28 \cdot \sqrt{0{,}2 \cdot 0{,}8 \cdot n}$ und sucht den kleinsten Wert von n, bei dem der Funktionswert 300 überschritten wird.

Zur Kontrolle kann man auch mithilfe eines Rechners untersuchen, für welche n die Funktion f mit $f(n) = P(X \geq 300) = 1 - P(X \leq 299) = 1 - \text{binomcdf}(n,\ 0.2,\ 299) \geq 0{,}90$. Man stellt dann fest, dass die Bedingung bereits für $n = 1600$ erfüllt ist. (Die Lösung $n \geq 1603$ ist nicht falsch; es ist eher erstaunlich, dass man mithilfe der Faustregeln über σ-Umgebungen eine solch gute Abschätzung vornehmen kann.)

Original-Prüfungsaufgaben

Aufgabe 1 *Analysis*

Das Logo der Firma Westwerk ist eine Fläche, deren Rand sich in einem geeigneten Koordinatensystem durch Teile der Graphen der Funktionen g und h mit den Funktionsgleichungen
$g(x) = x^4 - 3{,}75 x^2 - 1$,
$h(x) = x^4 - 3x^2 - 4$, $x \in \mathbb{R}$,
beschreiben lässt (siehe nebenstehende Abbildung). Das Logo wird bei dieser Beschreibung durch die Graphen von g und h eingeschlossen.
1 Längeneinheit entspricht 1 cm.

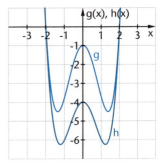

a) (1) Zeigen Sie, dass das Logo eine achsensymmetrische Figur ist.
   (2) Geben Sie die maximale Breite des Logos an.
   (3) Die Punkte P und Q liegen zwei Millimeter direkt „unter" den tiefsten Punkten der oberen Begrenzungslinie des Logos. Zur Befestigung verbindet eine Querstrebe die Punkte P und Q.
   Bestimmen Sie rechnerisch die Länge der Querstrebe.
   (4) Die Graphen von g und h besitzen jeweils genau zwei Wendepunkte. Weisen Sie rechnerisch nach, dass die Wendepunkte der Graphen der Begrenzungskurven des Logos an verschiedenen Stellen liegen.
   (5) [LK] In das Logo soll ein zur Symmetrieachse des Logos symmetrisches Rechteck mit der Breite 1,5 cm für Beschriftungen eingefügt werden. Berechnen Sie die maximale Höhe der Beschriftung.

b) Zum Firmenjubiläum soll das Logo für verdiente Mitarbeiter in Silber produziert werden. Die Dicke soll 1 mm betragen.
   (1) Weisen Sie nach, dass das Volumen von einem Logo 0,8 cm³ beträgt.
   (2) Berechnen Sie die Silbermasse, die für 150 Logos benötigt wird.
   [1 cm³ Silber hat eine Masse von 10,5 g.]

c) Die Punkte $P(-x|g(-x))$, $Q(-x|-4)$, $R(x|-4)$ und $S(x|g(x))$ sind für alle $0 < x < a$ ($a \approx 1{,}08$) die Eckpunkte eines Rechtecks, das ganz im Inneren des Logos liegt.
   In das Rechteck soll der Name der Firma eingefügt werden.
   (1) Zeichnen Sie das Rechteck für $x = 0{,}5$ in die Abbildung.
   (2) Weisen Sie nach, dass der Flächeninhalt des beschriebenen Rechtecks allgemein durch die Funktionsgleichung $A(x) = 2x^5 - 7{,}5x^3 + 6x$ beschrieben werden kann.
   (3) Unter den Rechtecken gibt es genau ein relativ größtes, das zugleich auch das absolut größte Rechteck ist.
   Begründen Sie, dass die Breite des flächengrößten Rechtecks zwischen 1 cm und 1,2 cm liegt.
   (4) Für die Beschriftung soll das Rechteck eine Breite von 1,5 cm haben. Berechnen Sie die maximale Höhe des Rechtecks.

d) [LK] Die Firmenleitung schlägt vor, das Logo leicht abzuändern. Das „Doppel-W" soll aber erhalten bleiben. Die Marketingabteilung experimentiert daraufhin mit Elementen der Funktionenschar f_a mit der Gleichung $f_a(x) = x^4 + (a^2 - 4)x^2 - 4a^2$ ($a \geq 0$) als Begrenzungsfunktionen. Es gilt $g(x) = f_{0{,}5}(x)$ und $h(x) = f_1(x)$.

(1) Untersuchen Sie den Graphen von f_a in Abhängigkeit von a auf Wendestellen.
[Zur Kontrolle: Für die möglichen Wendestellen gilt $x = \sqrt{\frac{4-a^2}{6}} \lor x = -\sqrt{\frac{4-a^2}{6}}$.]

(2) Erklären Sie, für welche Werte von a die „W-Form" des Graphen von f_a erhalten bleibt.

(3) Nach einem Vorschlag sollen als Begrenzungskurven die Graphen zweier Funktionen f_a und $f_{a+0,5}$ gewählt werden. Außerdem soll die „größte Höhe" des Logos (Abstand der y-Koordinaten an der Stelle 0) 4 cm betragen. Ermitteln Sie die Gleichungen der Begrenzungskurven des Logos.

Lösung

a) (1) Da in beiden Funktionstermen nur Potenzen von x mit geraden Exponenten auftreten, gilt für alle $x \in \mathbb{R}$: $g(-x) = g(x)$ und $h(-x) = h(x)$, d.h. die Graphen von g und von h sind achsensymmetrisch zur y-Achse.

(2) Beide Graphen haben Nullstellen bei $x = -2$ und bei $x = +2$, durch die das Logo der Firma bestimmt wird. Daher ist die maximale Breite des Logos gleich 4 cm.

(3) Gesucht werden die Tiefpunkte des Graphen der Funktion g.
Eine notwendige Bedingung für das Vorliegen eines Tiefpunktes an der Stelle x_1 ist, dass $g'(x_1) = 0$:
$g'(x) = 4x^3 - 7,5x$
$g'(x) = 0 \Leftrightarrow x \cdot (4x^2 - 7,5) = 0 \Leftrightarrow x = 0 \lor x^2 = \frac{15}{8}$
$\Leftrightarrow x = 0 \lor x = \sqrt{\frac{15}{8}} \approx 1,37 \lor x = -\sqrt{\frac{15}{8}} \approx -1,37$

Die Untersuchung einer hinreichenden Bedingung kann mithilfe der 2. Ableitung von g erfolgen: $g''(x) = 12x^2 - 7,5$
Es gilt: $g''(0) = -7,5 < 0$, also liegt dort ein lokales Maximum vor;
$g''\left(\sqrt{\frac{15}{8}}\right) = g''\left(-\sqrt{\frac{15}{8}}\right) = 15 > 0$, also liegen dort lokale Minima vor.
Der Abstand der beiden Tiefpunkte beträgt $2 \cdot \sqrt{\frac{15}{8}} \approx 2,74$ cm.

(4) Notwendige Bedingung für das Vorliegen einer Wendestelle an der Stelle x_2:
$g''(x_2) = 0$ bzw. $h''(x_2) = 0$
Es gilt: $g''(x) = 12x^2 - 7,5$ bzw. $h''(x) = 12x^2 - 6$
$g''(x) = 0 \Leftrightarrow x^2 = \frac{5}{8} \Leftrightarrow x = -\sqrt{\frac{5}{8}} \lor x = +\sqrt{\frac{5}{8}}$
$h''(x) = 0 \Leftrightarrow x^2 = \frac{1}{2} \Leftrightarrow x = -\frac{1}{\sqrt{2}} \lor x = \frac{1}{\sqrt{2}}$
In beiden Fällen ist das hinreichende Kriterium $g'''(x_2) \neq 0$ bzw. $h'''(x_2) \neq 0$ erfüllt.
Die Wendepunkte der beiden Graphen liegen also an verschiedenen Stellen.

(5) Ein Rechteck, das symmetrisch zur y-Achse liegt und in die Fläche zwischen die beiden Graphen passt, wird nach unten durch den Hochpunkt $(0|-4)$ des Graphen von h begrenzt.
Durch die vorgegebene Breite von 1,5 cm sind die beiden oberen Eckpunkte des Rechtecks durch $g(-0,75)$ und $g(+0,75)$ bestimmt. Es gilt:
$g(-0,75) = g(0,75) \approx -2,79$
Die maximal mögliche Höhe des Rechtecks beträgt daher ca. 1,21 cm.

b) (1) Für den Rauminhalt eines Logos gilt: V = G · Höhe.
Berechnung von G:

$$G = \int_{-2}^{2} [g(x) - h(x)]\,dx \quad \text{(der Graph von g liegt oberhalb des Graphen von h)}$$

$$= 2 \cdot \int_{0}^{2} (-0{,}75x^2 + 3)\,dx$$

$$= 2 \cdot [-0{,}25x^3 + 3x]_0^2$$

$$= 8.$$

Es gilt G = 8 cm² und V = 8 cm² · 0,1 cm = 0,8 cm³.

(2) Die Silbermasse der 150 Logos beträgt 150 · 0,8 · 10,5 g = 1260 g.

c) (1)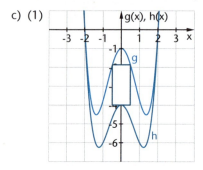

(2) „Breite" des Rechtecks: $x - (-x) = 2x$
„Höhe" des Rechtecks: $g(x) - (-4) = x^4 - 3{,}75x^2 + 3$
Für den Flächeninhalt des Rechtecks folgt:
$A(x) = 2x \cdot (x^4 - 3{,}75x^2 + 3) = 2x^5 - 7{,}5x^3 + 6x$.

(3) Notwendige Bedingung für das Vorliegen eines lokalen Maximums an der Stelle x_1
ist: $A'(x_1) = 0$. Es gilt: $A'(x) = 10x^4 - 22{,}5x^2 + 6 = 10 \cdot (x^4 - 2{,}25x^2 + 0{,}6)$.
Die biquadratische Gleichung $x^4 - 2{,}25x^2 + 0{,}6 = 0$ wird durch Substitution $z = x^2$
umgeformt zu
$z^2 - 2{,}25z + 0{,}6 = 0 \Leftrightarrow (z - 9/8)^2 = 0{,}665625 \Leftrightarrow z \approx 0{,}309 \vee z \approx 1{,}941$; also
$A'(x) = 0 \Leftrightarrow x \approx 0{,}56 \vee x \approx -0{,}56 \vee x \approx 1{,}39 \vee x \approx -1{,}39$
Im Sachzusammenhang kommen nur positive x-Werte in Betracht. Mithilfe eines
hinreichenden Kriteriums ergibt sich, dass A ein lokales Maximum hat bei $x \approx 0{,}56$:
Links von $x \approx 0{,}56$ gilt: $A'(x) > 0$ und rechts von $x \approx 0{,}56$ gilt: $A'(x) < 0$.

Dass dieses ein absolutes Maximum ist, ergibt sich aus dem Sachzusammenhang:
Für x = 0 ergibt sich ein Rechteck mit Flächeninhalt
A(0) = 0 (Breite des Rechtecks = 0) ebenso wie
für $x \approx 1{,}08$ (Höhe des Rechtecks = 0; hier gilt
$g(x) = -4$). Wenn zwischen diesen beiden Nullstellen ein lokales Maximum liegt, dann muss es
ein absolutes Maximum sein, da der Graph bis
zum Hochpunkt streng monoton steigt und danach
fällt. Dies könnte man auch am Graphen der
Funktion A(x) ablesen, vgl. Abb. rechts.

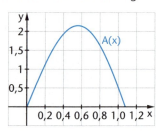

Alternativ könnte man die konkreten Hinweise aus der Aufgabenstellung nutzen. Es gilt:
Das Rechteck der Breite 1 cm ergibt sich aus A(0,5), das mit der Breite 1,2 cm würde sich aus A(0,6) ergeben.
Da A'(0,5) = 1 > 0 und A'(0,6) ≈ −0,8 < 0, muss eine Nullstelle von A'(x) im Intervall zwischen 0,5 und 0,6 liegen mit einem Vorzeichenwechsel von + nach −. Daher muss die Funktion A ein maximales Rechteck haben, dessen Breite zwischen $2 \cdot 0{,}5$ cm = 1 cm und $2 \cdot 0{,}6$ cm = 1,2 cm liegt.

(4) Da das Rechteck in dem Logo und zwar achsensymmetrisch zur Symmetrieachse des Logos (y-Achse) liegen soll, gilt für die maximale Höhe b des Rechtecks
$b = g(0{,}75) - h(0) \Rightarrow b = 0{,}75^4 - 3{,}75 \cdot 0{,}75^2 - 1 + 4 \approx 1{,}21$.
Die maximale Höhe des Rechtecks beträgt ungefähr 1,21 cm.

d) (1) Ableitungen von f_a:
$f_a'(x) = 4x^3 + 2(a^2 - 4)x$
$f_a''(x) = 12x^2 + 2(a^2 - 4)$
$f_a'''(x) = 24x$
Wendestellen von f_a: Ein notwendiges Kriterium für eine Wendestelle einer zweimal differenzierbaren Funktion f_a lautet $f_a''(x) = 0$.

$f_a''(x) = 0 \Leftrightarrow 12x^2 + 2(a^2 - 4) = 0 \Leftrightarrow x = \sqrt{\frac{4-a^2}{6}} \vee x = -\sqrt{\frac{4-a^2}{6}}$

Fallunterscheidungen:

1. Fall: $0 \leq a < 2$
Für $0 \leq a < 2$ ist $4 - a^2 > 0$. Die auftretenden Wurzelausdrücke sind daher definiert. Es liegen mögliche Wendestellen vor.
Ein hinreichendes Kriterium für eine Wendestelle einer dreifach differenzierbaren Funktion f_a lautet $f_a''(x) = 0 \wedge f_a'''(x) \neq 0$.

Da $f_a'''\left(\sqrt{\frac{4-a^2}{6}}\right) = 24 \cdot \sqrt{\frac{4-a^2}{6}} \neq 0$ und $f_a'''\left(-\sqrt{\frac{4-a^2}{6}}\right) = -24 \cdot \sqrt{\frac{4-a^2}{6}} \neq 0$ gilt, besitzt der Graph von f_a bei $x = \sqrt{\frac{4-a^2}{6}}$ bzw. $x = -\sqrt{\frac{4-a^2}{6}}$ Wendestellen.

2. Fall: $a > 2$
Für $a > 2$ gilt $f_a''(x) = 12x^2 + 2(a^2 - 4) > 0$ für alle $x \in \mathbb{R}$. Das notwendige Kriterium ist an keiner Stelle erfüllt; daher besitzen die Graphen von f_a für $a > 2$ keine Wendestellen.

3. Fall: $a = 2$
Für $a = 2$ gilt: $f_2(x) = x^4 - 16$. Der Graph dieser um 16 Einheiten nach unten verschobenen Normalparabel 4. Grades hat an der Stelle $x = 0$ ein lokales und absolutes Minimum, aber an keiner Stelle eine Wendestelle.

(2) Für eine „W-Form" muss der Graph von f_a drei Extrempunkte (zwei Minima und ein Maximum) und damit (mindestens) zwei Wendepunkte besitzen.
Mit (1) folgt, dass nur für $0 \leq a < 2$ die „W-Form" des Graphen erhalten bleibt.

(3) Es muss gelten
$|f_a(0) - f_{a+0{,}5}(0)| = 4 \Leftrightarrow |-4a^2 + 4(a + 0{,}5)^2| = 4 \Leftrightarrow |4a + 1| = 4$
$\Leftrightarrow 4a + 1 = 4 \vee 4a + 1 = -4 \Leftrightarrow a = 0{,}75 \vee a = -1{,}25$.
Die negative Lösung entfällt, da nach Voraussetzung $a \geq 0$ gelten soll.
Das Logo wird daher durch die Graphen von $f_{0{,}75}(x) = x^4 - 3{,}4375x^2 - 2{,}25$ und $f_{1{,}25}(x) = x^4 - 2{,}4375x^2 - 6{,}25$ begrenzt.

Aufgabe 2 *Analysis*

Ein Medikament wird über eine (intravenöse) Dauerinfusion dem Körper kontinuierlich und gleichmäßig zugeführt. Die Konzentration des Wirkstoffes im Blut steigt dabei kontinuierlich an und strebt bei „langfristiger Infusion" auf eine „Endkonzentration" zu.

a) (1) [GK] Zeigen Sie rechnerisch, dass die Funktion f_a mit der Funktionsgleichung

$$f_a(t) = a \cdot (1 - e^{-0{,}25 \cdot t}) \text{ für } t \geq 0 \ (a > 0)$$

die Wirkstoffkonzentration des Medikaments im Blut angemessen beschreibt, d.h., dass die Funktion die beiden oben im Text genannten Kriterien erfüllt (t in Stunden; $f_a(t)$ in mg/l).

[LK] In der Leistungskurs-Fassung dieser Aufgabe wurde zunächst allgemein die Funktionenschar $f_{a,b}$ betrachtet mit

$$f_{a,b}(t) = a \cdot (1 - e^{-b \cdot t}) \text{ für } t \geq 0 \ (a, b > 0),$$

also nicht nur b = 0,25 wie im Grundkurs.
An der Argumentationsführung in der Lösung zu Teilaufgabe a) (1) ändert sich nichts.

(2) [GK] Die Graphen von f_5, f_{10} und f_{15} sind in der nebenstehenden Abbildung dargestellt.
Beschreiben Sie die Bedeutung des Parameters a im Sachzusammenhang. Nutzen Sie dazu den Funktionsterm von f_a und die drei Beispielgraphen.

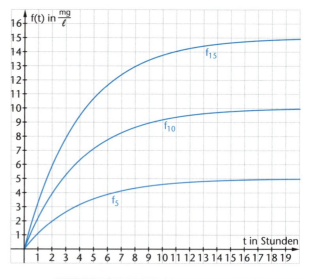

[LK] Die Graphen von f (a = 15, b = 0,25), g (a = 15, b = 0,5) und h (a = 15, b = 0,75) sind in der nebenstehenden Abbildung dargestellt.
Beschreiben Sie die Bedeutung von a und b im Sachzusammenhang. Nutzen Sie dazu den Funktionsterm von $f_{a,b}$ und die drei Beispielgraphen.

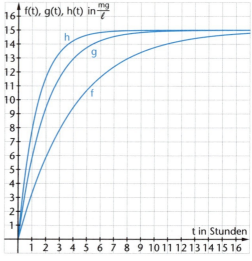

(3) [GK] Die Infusion wird am 15. April um 9 Uhr (t = 0) begonnen. Um 11 Uhr wird eine Wirkstoffkonzentration des Medikaments von 5,902 mg/l im Blut gemessen.
Berechnen Sie den Parameterwert von a in der Funktionsgleichung von f_a, die den zeitlichen Verlauf der Wirkstoffkonzentration des Medikaments modelliert.
[LK]: Für die weiteren Teilaufgaben von a), b) und c) wird auch im Leistungskurs nur b = 0,25 betrachtet.

(4) [GK + LK] Im Folgenden soll die Wirkstoffkonzentration durch die Funktion f mit der Funktionsgleichung $f(t) = 15 \cdot (1 - e^{-0{,}25 \cdot t})$ modelliert werden.
Berechnen Sie $f(3)$ und interpretieren Sie den Wert im Sachzusammenhang.

b) Wenn die Infusion nach t_E Stunden abgebrochen wird, nimmt die Wirkstoffkonzentration des Medikaments im Blut ab. Modellhaft wird angenommen, dass unmittelbar nach Abbruch der Infusion die Abnahme der Wirkstoffkonzentration beginnt.
Die Wirkstoffkonzentration kann jetzt durch die Funktion g mit der Funktionsgleichung
$g(t) = f(t_E) \cdot e^{-0{,}25(t - t_E)}$ $(t \geq t_E)$
beschrieben werden. Um 1 Uhr des nächsten Tages wird die Infusion abgebrochen.

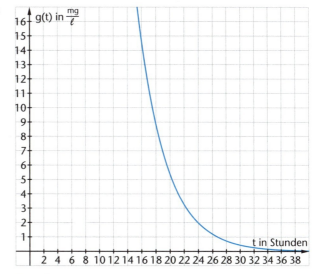

(1) [GK + LK] Zeigen Sie, dass $g(t) = 804 \cdot e^{-0{,}25 \cdot t}$ die Wirkstoffkonzentration für t ≥ 16 näherungsweise beschreibt.
Der Graph von g ist nebenstehend dargestellt.

(2) [GK + LK] Berechnen Sie die Funktionsgleichung der Änderung der Wirkstoffkonzentration für t > 16.

(3) [GK] Bestimmen Sie, um wie viel Prozent der Betrag der Änderung der Wirkstoffkonzentration des Medikaments am 16. April von 4 Uhr bis 5 Uhr abnimmt.
[LK] Zeigen Sie, dass dies allgemein (also nicht für eine bestimmte Uhrzeit) gilt.

c) (1) [GK + LK] Medizinische Untersuchungen haben ergeben, dass das Medikament nur wirksam ist, wenn die Wirkstoffkonzentration im Blut mindestens 8 mg/l beträgt.
Bestimmen Sie die Zeitspanne, in der das Medikament wirksam ist.

(2) [GK] Wenn die Funktion h die Wirkstoffkonzentration eines Medikaments beschreibt, wird durch $m = \frac{1}{t_2 - t_1} \int_{t_1}^{t_2} h(t)\,dt$ die mittlere Wirkstoffkonzentration im Zeitintervall $[t_1; t_2]$ bestimmt.
Ermitteln Sie die mittlere Wirkstoffkonzentration im Zeitraum 15. April (9 Uhr) bis 16. April (9 Uhr).

[LK] Bestimmen Sie $m = \frac{1}{24}\left[\int_0^{16} f(t)\,dt + \int_{16}^{24} k(t)\,dt\right]$.

Interpretieren Sie den Wert m im Sachzusammenhang (d. h., hier ist ein Integral gegeben und es wird nach seiner Bedeutung gefragt).

(3) [GK] Um Wechselwirkungen zwischen verschiedenen Medikamenten zu vermeiden, wird ein neues Medikament erst eingesetzt werden, wenn die Wirkstoffkonzentration des alten Medikaments unter 1 mg/l im Blut beträgt.
Am 16. April um 10 Uhr wird mit der intravenösen Dauerinfusion eines neuen Medikaments begonnen.
Prüfen Sie, ob die Aufnahme der Infusion mit dem neuen Medikament zu diesem Zeitpunkt im Sachzusammenhang sinnvoll ist.

d) [LK] Bei einem anderen Medikament werden bei einer intravenösen Dauerinfusion 1 Stunde nach Beginn der Infusion 3,6 mg/l und nach 2 Stunden 7,2 mg/l im Blut gemessen.
Untersuchen Sie, ob der in Aufgabenteil a) vorgestellte Ansatz für die Beschreibung der Wirkstoffkonzentration des Medikaments im Blut auch in diesem Fall sinnvoll ist.

Lösung

a) (1) Der Sachkontext erfordert die Nachweise, dass der Graph von f_a streng monoton steigend ist und für große Werte von t sich einem „festen Wert" nähert.
Die erste Eigenschaft kann mithilfe der 1. Ableitung überprüft werden:

[GK] $f'_a(t) = 0{,}25\,a \cdot e^{-0{,}25 \cdot t}$

[LK] $f'_{a,b}(t) = a \cdot b \cdot e^{-bt}$

Da $e^{-b \cdot t} > 0$ für $t \in \mathbb{R}$ und $a \cdot b > 0$ ($a, b > 0$) ist, folgt, dass $f'_{a,b}(t) > 0$ für $t \geq 0$ gilt

$\Rightarrow$ der Graph von $f_{a,b}$ ist streng monoton steigend.

Für große Werte von $b > 0$ gilt: e^{-bt} strebt gegen $0 \Rightarrow f_{a,b}(t)$ strebt gegen a.
Dies gilt natürlich auch für $b = 0{,}25$.
Langfristig stellt sich ein Medikamentenspiegel von ungefähr a mg/l im Blut ein.

(2) [GK] Eine Vergrößerung von a bedeutet ein schnelleres Ansteigen der Konzentration des Medikaments. Bei langfristiger Einnahme strebt die Konzentration auf a mg/l im Blut zu (siehe auch (1)).
[LK] Eine Vergrößerung von b bedeutet eine größere Steilheit des Graphen an gleichen Stellen und eine schnellere Annäherung an die theoretische Endkonzentration.
Beispielsweise bedeutet eine Verdopplung des Wertes von a eine Verdopplung der Wirkstoffkonzentration zu gleichen Zeitpunkten. Außerdem stellt sich langfristig ein Medikamentenspiegel von ungefähr a mg/l im Blut ein (siehe a) (1)).

(3) 11 Uhr entspricht dem Wert t = 11 − 9 = 2. Aus der Information $f_a(2) = 5{,}902$ kann der Wert von a erschlossen werden:

$$a(1 - e^{-0{,}25 \cdot 2}) = 5{,}902 \Leftrightarrow a = \frac{5{,}902}{1 - e^{-0{,}5}} = 14{,}999\ldots \approx 15$$

(4) $f(3) = 15 \cdot (1 - e^{-0{,}75}) \approx 7{,}91$.
Um 12 Uhr beträgt die Wirkstoffkonzentration im Blut ungefähr 7,91 mg/l.

b) (1) Der Zeitpunkt 1 Uhr des nächsten Tages bedeutet: t = (24 − 9) + 1 = 16.
$f(16) = 15 \cdot (1 - e^{-0{,}25 \cdot 16}) = 15 \cdot (1 - e^{-4})$
Es gilt: $e^{-0{,}25 \cdot (t - 16)} = e^{-0{,}25 \cdot t + (-0{,}25) \cdot (-16)} = e^{-0{,}25 \cdot t} \cdot e^4$
gemäß Potenzgesetz ($a^{x+y} = a^x \cdot a^y$).

Daher folgt für t ≥ 16:
$g(t) = f(16) \cdot e^{-0{,}25 \cdot (t - 16)} = 15 \cdot (1 - e^{-4}) \cdot e^{-0{,}25 \cdot t} \cdot e^4 \approx 804 \cdot e^{-0{,}25 \cdot t}$.

(2) Die Änderung der Wirkstoffkonzentration wird durch die Ableitungsfunktion g' beschrieben. Nach Kettenregel gilt:
$g'(t) = 804 \cdot e^{-0{,}25 \cdot t} \cdot (-0{,}25) = -201 \cdot e^{-0{,}25 \cdot t}$.

(3) 4 Uhr entspricht t = (24 − 9) + 4 = 19 und 5 Uhr dem Zeitpunkt t = 20.
[GK] Speziell ist zu untersuchen:

$$\left|\frac{g'(20)}{g'(19)}\right| = \frac{201 \cdot e^{-0{,}25 \cdot 20}}{201 \cdot e^{-0{,}25 \cdot 19}} = e^{-0{,}25} \approx 0{,}779$$

Ein Anteil von 0,779 = 77,9 % bedeutet, dass die Konzentrationsabnahme in diesem Zeitintervall 100 % − 77,9 % = 22,1 % beträgt.

[LK] Allgemein ergibt sich für ein beliebiges Zeitintervall [t; t + 1]:

$$\left|\frac{k'(t + 1)}{k'(t)}\right| = \frac{201 \cdot e^{-0{,}25 \cdot (t + 1)}}{201 \cdot e^{-0{,}25 \cdot t}} = e^{-0{,}25} \approx 0{,}779$$

⇒ Die Wirkstoffkonzentration nimmt in jeder Stunde um ca. 22 % ab.

c) (1) Berechnung des Zeitpunktes, zu dem die Wirkstoffkonzentration von 8 mg/l (erstmals) erreicht wird:

$f(t_1) = 8$, d. h. $15 \cdot (1 - e^{-0{,}25 \cdot t_1}) = 8 \Leftrightarrow e^{-0{,}25 \cdot t_1} = \frac{7}{15} \Leftrightarrow t_1 = -4 \cdot \ln\frac{7}{15} = 3{,}048\ldots$

Berechnung des Zeitpunktes, zu dem die Wirkstoffkonzentration wieder auf 8 mg/l abgesunken ist:

$g(t_2) = 8$, d. h. $804 \cdot e^{-0{,}25 \cdot t_2} = 8 \Leftrightarrow e^{-0{,}25 \cdot t_2} = \frac{2}{201} \Leftrightarrow t_2 = -4 \cdot \ln\frac{2}{201} = 18{,}440\ldots$

Der gesuchte Zeitraum ergibt sich aus:
$t_D = t_2 - t_1 = 15{,}392\ldots$ h = 15 h 23,52… min ≈ 15 h 24 min.

(2) Für die Rechnung muss beachtet werden, dass die Infusion zum Zeitpunkt t = 16 abgebrochen wird, d. h., die Wirkstoffkonzentration wird im Intervall [0; 16] durch die Funktion f modelliert und im Intervall [16; 24] durch die Funktion g. Die in der GK-Aufgabenstellung angegebene Integrandfunktion h ist also eine abschnittsweise definierte Funktion:
h(t) = f(t) für 0 ≤ t ≤ 16 und h(t) = g(t) für t ≥ 16.

Für die mittlere Wirkstoffkonzentration innerhalb des vorgegebenen Zeitraums gilt:

$$m = \frac{1}{24}\left(\int_0^{16} f(t)\,dt + \int_{16}^{24} g(t)\,dt\right)$$

$$= \frac{1}{24}\left(\int_0^{16} 15 \cdot (1 - e^{-0,25 \cdot t})\,dt + \int_{16}^{24} 804 \cdot e^{-0,25 \cdot t}\,dt\right)$$

$$= \frac{1}{24}\left([15 \cdot (t + 4 \cdot e^{-0,25 \cdot t})]_0^{16}\,dt + [-3216 \cdot e^{-0,25 \cdot t}]_{16}^{24}\right)$$

$$= \frac{1}{24}([15 \cdot (16 + 4 \cdot e^{-4}) - 15 \cdot 4] + [-3216 \cdot (e^{-6} - e^{-4})])$$

$$\approx 9{,}668 \text{ mg/l}$$

(3) Die Uhrzeit entspricht einem Wert von t = (24 − 9) + 10 = 25.
Es gilt: $g(25) = 804 \cdot e^{-6{,}25} \approx 1{,}552$ mg/l.

Das neue Medikament kann am 16. April um 10 Uhr noch nicht eingesetzt werden, da die Wirkstoffkonzentration des alten Medikaments zu diesem Zeitpunkt über 1 mg l im Blut liegt.

d) Der Ansatz $f_{a,b}(t) = a \cdot (1 - e^{-b \cdot t})$ führt auf die Bedingungen

(1) $f_{a,b}(t) = a \cdot (1 - e^{-b \cdot t}) = 3{,}6$ und
(2) $f_{a,b}(2) = a \cdot (1 - e^{-2 \cdot b}) = 7{,}2$.

Dieses Gleichungssystem kann gelöst werden, indem man zunächst beide Seiten nach a auflöst und dann die Terme für a gleichsetzt:

$$\left|\begin{array}{l} a \cdot (1 - e^{-b}) = 3{,}6 \\ a \cdot (1 - e^{-2b}) = 7{,}2 \end{array}\right| \Leftrightarrow \left|\begin{array}{l} a = \frac{3{,}6}{1 - e^{-b}} \\ a = \frac{7{,}2}{1 - e^{-2 \cdot b}} \end{array}\right|$$

$$\Rightarrow 2 \cdot (1 - e^{-b}) = 1 - e^{-2 \cdot b} \Leftrightarrow e^{-2 \cdot b} - 2e^{-b} + 1 = 0 \Leftrightarrow (e^{-b} - 1)^2 = 0 \Leftrightarrow e^{-b} = 1 \Leftrightarrow b = 0$$

Da aber (auch sinnvollerweise) b > 0 gelten soll, ist der vorgeschlagene Ansatz in diesem (speziellen) Fall nicht möglich.

Alternativ könnte beispielsweise auch allgemein argumentiert werden:
$f_{a,b}(t) = a \cdot (1 - e^{-b \cdot t}) \wedge f_{a,b}(2t) = a \cdot (1 - e^{-2 \cdot b \cdot t})$ (t, b, f_{ab} > 0)

$$\Rightarrow \frac{f_{a,b}(2t)}{f_{a,b}(t)} = \frac{1 - e^{-2b \cdot t}}{1 - e^{-b \cdot t}} = 1 + e^{-b \cdot t} < 2 \quad (t > 0)$$

Dies steht im Widerspruch zu den angegebenen Werten $f_{a,b}(2) = 2 \cdot f_{a,b}(1)$.

Aufgabe 3 *Analytische Geometrie*

In einem kartesischen Koordinatensystem sind die Punkte A(9|−4|−2), B(−3|8|−2), C(−3|−4|10), P(3|2|4) und Q(−2|−3|−1) gegeben.

a) (1) Zeigen Sie rechnerisch, dass das Dreieck ABC gleichseitig ist.
(2) Berechnen Sie je eine Gleichung der Ebene E_{ABC}, die A, B und C enthält, in Parameter- und Koordinatenform.

b) Der Punkt S(1|0|2) ist der Schwerpunkt des Dreiecks ABC.
Zeigen Sie, dass die Gerade g, die durch P und Q verläuft, die Ebene E_{ABC} in S senkrecht schneidet.

c) Das Dreieck ABC soll Seitenfläche eines **regelmäßigen** Tetraeders ABCD sein (alle vier Flächen eines regelmäßigen Tetraeders sind gleichseitige Dreiecke).
(1) Bestimmen Sie die beiden Punkte der Geraden g aus Teilaufgabe b), die als vierter Eckpunkt D des Tetraeders ABCD in Frage kommen.
Das regelmäßige Tetraeder ABCD mit D(9|8|10) als viertem Eckpunkt ist einem Würfel einbeschrieben, wie in der Abbildung dargestellt.
(2) Berechnen Sie den Abstand des Punktes D von der Ebene E_{ABC} und das Volumen des Tetraeders ABCD.

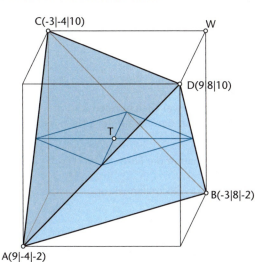

(3) [LK] Ermitteln Sie die Größe des Winkels, den die Dreiecke ABC und ABD einschließen.

d) (1) Geben Sie die Koordinaten der Mittelpunkte M_{AB}, M_{BC}, M_{CD} und M_{DA} der Strecken $\overline{AB}$, $\overline{BC}$, $\overline{CD}$ und $\overline{DA}$ an.
(2) Zeigen Sie, dass das Viereck $M_{AD}M_{DB}M_{BC}M_{CA}$ ein Quadrat ist.
(3) Der Punkt T(3|2|4) ist der Mittelpunkt des Quadrates $M_{AD}M_{DB}M_{BC}M_{CA}$.
Ermitteln Sie den Abstand dieses Punktes T von der Kante $\overline{CD}$ des Tetraeders.
(4) [LK] Ermitteln Sie die Koordinaten des Eckpunktes W des in der Abbildung dargestellten Würfels.

Lösung

a) (1) Es gilt:
$$\vec{AB} = \begin{pmatrix} -3-9 \\ 8-(-4) \\ -2-(-2) \end{pmatrix} = \begin{pmatrix} -12 \\ 12 \\ 0 \end{pmatrix}, \vec{BC} = \begin{pmatrix} -3-(-3) \\ -4-8 \\ 10-(-2) \end{pmatrix} = \begin{pmatrix} 0 \\ -12 \\ 12 \end{pmatrix}, \vec{AC} = \begin{pmatrix} -3-9 \\ -4-(-4) \\ 10-(-2) \end{pmatrix} = \begin{pmatrix} -12 \\ 0 \\ 12 \end{pmatrix}.$$

Alle drei Vektoren haben die Länge $\sqrt{12^2 + 12^2 + 0^2} = \sqrt{288} = 12 \cdot \sqrt{2}$, d.h., das Dreieck ABC ist gleichseitig.

(2) Die Punkte der Ebene können beispielsweise beschrieben werden mithilfe des Aufhängepunkts A und Vielfachen der beiden Richtungsvektoren $\vec{AB}$ und $\vec{AC}$. Um spätere Rechnungen zu vereinfachen, multiplizieren wir diese beiden Vektoren zunächst mit $\frac{1}{12}$ und erhalten: $E_{ABC}: \vec{x} = \begin{pmatrix} 9 \\ -4 \\ -2 \end{pmatrix} + r \cdot \begin{pmatrix} -1 \\ 1 \\ 0 \end{pmatrix} + s \cdot \begin{pmatrix} -1 \\ 0 \\ 1 \end{pmatrix}$

Offensichtlich* ist der Vektor $\vec{n} = \begin{pmatrix} 1 \\ 1 \\ 1 \end{pmatrix}$ orthogonal zu den beiden Richtungsvektoren.

Die zugehörige Koordinatengleichung der Ebene ergibt sich daher aus

$\vec{n} * \vec{x} = \vec{n} * \vec{a}$, also $\begin{pmatrix} 1 \\ 1 \\ 1 \end{pmatrix} * \begin{pmatrix} x_1 \\ x_2 \\ x_3 \end{pmatrix} = \begin{pmatrix} 1 \\ 1 \\ 1 \end{pmatrix} * \begin{pmatrix} 9 \\ -4 \\ -2 \end{pmatrix} = 3$, d.h. $E_{ABC}: x_1 + x_2 + x_3 = 3$.

*) Man kann den Normalenvektor auch mithilfe eines Gleichungssystems rechnerisch bestimmen. Es muss gelten:

$\begin{pmatrix} -1 \\ 1 \\ 0 \end{pmatrix} * \begin{pmatrix} n_1 \\ n_2 \\ n_3 \end{pmatrix} = -n_1 + n_2 = 0 \wedge \begin{pmatrix} -1 \\ 0 \\ 1 \end{pmatrix} * \begin{pmatrix} n_1 \\ n_2 \\ n_3 \end{pmatrix} = -n_1 + n_3 = 0 \Leftrightarrow n_1 = n_2 \wedge n_1 = n_3$.

Dies ist ein lineares Gleichungssystem mit zwei Gleichungen und drei Variablen, das unendlich viele Lösungen besitzt. Setzt man den Parameter t für n_1 ein, dann ergibt sich aus den beiden Gleichungen:

Alle Lösungen dieses Gleichungssystem haben die Form $\begin{pmatrix} n_1 \\ n_2 \\ n_3 \end{pmatrix} = \begin{pmatrix} t \\ t \\ t \end{pmatrix} = t \cdot \begin{pmatrix} 1 \\ 1 \\ 1 \end{pmatrix}$.

Setzt man t = 1, dann erhält man den o.a. Normalenvektor.

b) Es gilt: $\vec{PQ} = \begin{pmatrix} -2-3 \\ -3-2 \\ -1-4 \end{pmatrix} = \begin{pmatrix} -5 \\ -5 \\ -5 \end{pmatrix} = (-5) \cdot \begin{pmatrix} 1 \\ 1 \\ 1 \end{pmatrix}$.

Dieser Vektor ist also orthogonal zur Ebene E_{ABC}, also auch zum Dreieck ABC.
Eine Parameterdarstellung der Geraden g durch P und Q ist:

$g: \vec{x} = \begin{pmatrix} 3 \\ 2 \\ 4 \end{pmatrix} + r \cdot \begin{pmatrix} 1 \\ 1 \\ 1 \end{pmatrix} = \begin{pmatrix} 3+r \\ 2+r \\ 4+r \end{pmatrix}$.

Gemeinsame Punkte mit der Ebene müssen auch die Koordinatengleichung der Ebene erfüllen: $(3+r) + (2+r) + (4+r) = 3 \Leftrightarrow 9 + 3r = 3 \Leftrightarrow 3r = -6 \Leftrightarrow r = -2$.

Schnittpunkt ist also der Punkt $\begin{pmatrix} 3 \\ 2 \\ 4 \end{pmatrix} + (-2) \cdot \begin{pmatrix} 1 \\ 1 \\ 1 \end{pmatrix} = \begin{pmatrix} 1 \\ 0 \\ 2 \end{pmatrix}$.

Übrigens: Der Schwerpunkt S ist bestimmt durch

$\vec{s} = \frac{1}{3} \cdot (\vec{a} + \vec{b} + \vec{c}) = \frac{1}{3} \cdot \begin{pmatrix} 9 + (-3) + (-3) \\ -4 + 8 + (-4) \\ -2 + (-2) + 10 \end{pmatrix} = \begin{pmatrix} 1 \\ 0 \\ 2 \end{pmatrix}$.

c) (1) Gesucht sind also die beiden in Frage kommenden Punkte, die auf der Geraden g liegen, also die die Koordinaten $(3 + r | 2 + r | 4 + r)$ haben, und außerdem zu den drei Eckpunkten A, B, C die gleiche Entfernung haben wie die drei Punkte untereinander, also $12 \cdot \sqrt{2}$.
Für die Länge der Strecke $\overline{AD}$ beispielsweise gilt:
$|\overrightarrow{AD}|^2 = (3 + r - 9)^2 + (2 + r - (-4))^2 + (4 + r - (-2))^2$
$= (r - 6)^2 + (6 + r)^2 + (6 + r)^2 = 3r^2 + 12r + 108 = 288$, also
$3r^2 + 12r = 180 \Leftrightarrow r^2 + 4r = 60 \Leftrightarrow (r + 2)^2 = 8^2 \Leftrightarrow r = 6 \vee r = -10$.
Einsetzen in die Parameterdarstellung der Geraden ergibt:
$D_1(9|8|10)$ und $D_2(-7|-8|-6)$.

(2) Um den Abstand des Punktes $D(9|8|10)$ von der Ebene E_{ABC} zu bestimmen, betrachtet man das Lot ℓ von D auf die Ebene:
$\ell: \vec{x} = \begin{pmatrix} 9 \\ 8 \\ 10 \end{pmatrix} + r \cdot \begin{pmatrix} 1 \\ 1 \\ 1 \end{pmatrix} = \begin{pmatrix} 9 + r \\ 8 + r \\ 10 + r \end{pmatrix}$.

Der Schnittpunkt des Lots mit der Ebene ist (nach Konstruktion des Punktes D) der Schwerpunkt S; folglich ist die Höhe des Tetraeders gleich der Länge der Strecke $\overline{SD}$:
$|\overline{SD}|^2 = (9 - 1)^2 + (8 - 0)^2 + (10 - 2)^2 = 3 \cdot 64$, also $|\overline{SD}| = 8 \cdot \sqrt{3} \approx 13{,}86$ LE.
Man könnte die Länge der Höhe auch mithilfe der Hesse'schen Normalenform der Ebene bestimmen (vgl. H3):

$\frac{1}{|\vec{n}|} \cdot (\overrightarrow{OD} * \vec{n} - d) = \frac{1}{\sqrt{3}} \cdot \left(\begin{pmatrix} 9 \\ 8 \\ 10 \end{pmatrix} * \begin{pmatrix} 1 \\ 1 \\ 1 \end{pmatrix} - 3 \right) = \frac{1}{\sqrt{3}} \cdot (27 - 3) = \frac{24 \cdot \sqrt{3}}{3} = 8 \cdot \sqrt{3}$.

Für den Flächeninhalt eines gleichseitigen Dreiecks gilt:
$A_{\triangle ABC} = \frac{|AB|^2}{4} \cdot \sqrt{3} = \frac{288}{4} \cdot \sqrt{3} = 72 \cdot \sqrt{3}$ FE.

Das Volumen ist demnach:
$V = \frac{1}{3} \cdot A_{\triangle ABC} \cdot h = \frac{1}{3} \cdot 72 \cdot \sqrt{3} \cdot 8 \cdot \sqrt{3} = 576$ VE.

(3) Der Winkel zwischen zwei Ebenen wird bestimmt durch den Winkel zwischen den Normalenvektoren dieser Ebenen.
Die Ebene, die die Punkte A, B, D enthält, wird aufgespannt durch die Vektoren
$\overrightarrow{AB} = \begin{pmatrix} -12 \\ 12 \\ 0 \end{pmatrix} = 12 \cdot \begin{pmatrix} -1 \\ 1 \\ 0 \end{pmatrix}$ und durch $\overrightarrow{AD} = \begin{pmatrix} 0 \\ 12 \\ 12 \end{pmatrix} = 12 \cdot \begin{pmatrix} 0 \\ 1 \\ 1 \end{pmatrix}$. Der Vektor $\vec{n}_{ABD} = \begin{pmatrix} 1 \\ 1 \\ -1 \end{pmatrix}$ ist offensichtlich ein Normalenvektor für diese Ebene.

Somit ergibt sich mit $\vec{n}_{ABC} = \begin{pmatrix} 1 \\ 1 \\ 1 \end{pmatrix}$ der Winkel:

$\cos(\alpha) = \cos(\vec{n}_{ABC}, \vec{n}_{ABD}) = \frac{|\vec{n}_{ABC} * \vec{n}_{ABD}|}{|\vec{n}_{ABC}| \cdot |\vec{n}_{ABD}|} = \frac{1}{\sqrt{3} \cdot \sqrt{3}} = \frac{1}{3}$,

also $\alpha \approx 70{,}53°$.

d) (1) Die Koordinaten der Punkte M_{AD}, M_{DB}, M_{BC} und M_{CA} sind jeweils das arithmetische Mittel der Koordinaten der entsprechenden Eckpunkte des Tetraeders.
$M_{AD}(9|2|4)$, $M_{DB}(3|8|4)$, $M_{BC}(-3|2|4)$ und $M_{CA}(3|-4|4)$.

(2) Alle Streckenmittelpunkte haben 4 als 3. Koordinate, d.h., sie liegen in einer Ebene mit E: $x_3 = 4$.

Es gilt $\overrightarrow{M_{AD}M_{DB}} = \begin{pmatrix} -6 \\ 6 \\ 0 \end{pmatrix}$, $\overrightarrow{M_{DB}M_{BC}} = \begin{pmatrix} -6 \\ -6 \\ 0 \end{pmatrix}$, $\overrightarrow{M_{BC}M_{CA}} = \begin{pmatrix} 6 \\ -6 \\ 0 \end{pmatrix}$, $\overrightarrow{M_{CA}M_{AD}} = \begin{pmatrix} 6 \\ 6 \\ 0 \end{pmatrix}$.

Für die Streckenlängen gilt:

$|\overrightarrow{M_{AD}M_{DB}}| = |\overrightarrow{M_{DB}M_{BC}}| = |\overrightarrow{M_{BC}M_{CA}}| = |\overrightarrow{M_{CA}M_{AD}}| = 6\sqrt{2}$ [LE].

Es bleibt noch zu zeigen, dass je zwei benachbarte Streckenvektoren zueinander orthogonal sind. Da aber alle Strecken gleich lang sind, ist das Viereck eine Raute, bei der sich benachbarte Winkel zu 180° ergänzen. Daher genügt es, den Nachweis der Orthogonalität für nur *einen* Winkel zu erbringen:

$\overrightarrow{M_{AD}M_{DB}} * \overrightarrow{M_{DB}M_{BC}} = \begin{pmatrix} -6 \\ 6 \\ 0 \end{pmatrix} * \begin{pmatrix} -6 \\ -6 \\ 0 \end{pmatrix} = 0$.

(3) Der Punkt $T(3|2|4)$ ist als Mittelpunkt des Quadrates $M_{AD}M_{DB}M_{BC}M_{CA}$ zugleich der Mittelpunkt des Würfels und liegt daher [lotrecht] unter dem Mittelpunkt $M_{CD}(3|2|10)$ der Würfelseitendiagonalen $\overline{CD}$.
Deswegen ist der Abstand des Punktes T von der Tetraederkante $\overline{CD}$ gleich dem Abstand des Punktes T von deren Mittelpunkt M_{CD}: $|\overrightarrow{TM_{CD}}| = \left\| \begin{pmatrix} 3 \\ 2 \\ 10 \end{pmatrix} - \begin{pmatrix} 3 \\ 2 \\ 4 \end{pmatrix} \right\| = 6$ [LE]

(4) $\overrightarrow{OW} = \overrightarrow{OM_{CD}} + \overrightarrow{M_{CD}W} = \overrightarrow{OM_{CD}} + \frac{1}{2}\overrightarrow{AB} = \begin{pmatrix} 3 \\ 2 \\ 10 \end{pmatrix} + \frac{1}{2}\begin{pmatrix} -12 \\ 12 \\ 0 \end{pmatrix} = \begin{pmatrix} -3 \\ 8 \\ 10 \end{pmatrix}$.

Der gesuchte Punkt ist $W(-3|8|10)$.

Aufgabe 4 Matrizen

Drei Kaffeeröstereien konkurrieren mit ihren Kaffeesorten A, B und C um die Gunst der Käufer, wobei folgendes monatliche Wechselverhalten der Käufer zu beobachten ist:

20 % der Käufer der Sorte A wechseln zu Sorte C,
10 % der Käufer der Sorte B wechseln zu Sorte A,
10 % der Käufer der Sorte B wechseln zu Sorte C,
10 % der Käufer der Sorte C wechseln zu Sorte A,
20 % der Käufer der Sorte C wechseln zu Sorte B.
Gehen Sie davon aus, dass die übrigen Käufer bei der gewählten Kaffeesorte bleiben und sich das Wechselverhalten über längere Zeit nicht ändert.

a) Skizzieren Sie das monatliche Wechselverhalten der Käufer in einem Übergangsdiagramm und beschreiben Sie, inwiefern die Übergangsmatrix
$$P = \begin{pmatrix} 0{,}8 & 0{,}1 & 0{,}1 \\ 0 & 0{,}8 & 0{,}2 \\ 0{,}2 & 0{,}1 & 0{,}7 \end{pmatrix}$$ das dargestellte Wechselverhalten der Käufer abbildet.

b) Berechnen Sie die Verteilung nach einem Monat, wenn vorher 150 000 Sorte A, 300 000 Sorte B und 450 000 Sorte C gekauft haben.

c) Berechnen Sie P^2 und interpretieren Sie den Koeffizienten in der dritten Zeile und ersten Spalte sowie den Koeffizienten in der dritten Zeile und dritten Spalte von P^2 im Sachzusammenhang.

d) Die Matrix P aus Teil a) hat die besondere Eigenschaft, dass alle Koeffizienten größer oder gleich Null sind und alle Spalten die Summe 1 haben. Eine solche Matrix wird stochastisch genannt.

Interpretieren Sie diese Eigenschaft im Sachzusammenhang und beurteilen Sie die Angemessenheit der dahinter liegenden Modellannahme für das Wechselverhalten der Käufer zwischen den drei Kaffeesorten.

e) [LK] Abweichend von der bisherigen Situation wird angenommen, dass die Kaffeesorte A nur eine bestimmte, stets gleich bleibende Käuferschicht anspricht, so dass ein Wechsel der Käufer ausschließlich zwischen den Sorten B und C stattfindet.
(1) Begründen Sie, dass dieses Wechselverhalten der Käufer durch eine Matrix
des Typs $R = \begin{pmatrix} 1 & 0 & 0 \\ 0 & v & 1-w \\ 0 & 1-v & w \end{pmatrix}$ mit $0 < v < 1$ und $0 < w < 1$ beschrieben werden kann.

(2) Bei einer Zählung wird beobachtet, dass von den Käufern, die eine der Sorten B oder C kaufen, 40 % die Sorte B, 60 % die Sorte C kaufen, während im darauf folgenden Monat jeweils 50 % die Sorte B und 50 % die Sorte C kaufen.

Leiten Sie hieraus eine Beziehung zwischen den Übergangsquoten v und w der Matrix R aus (1) her.
Untersuchen Sie, ob die Beziehung zwischen v und w zu einer Einschränkung des Definitionsbereichs von w bzw. v führt.

Eine weitere Kaffeerösterei bietet eine vierte Kaffeesorte D an. Das Wechselverhalten der Käufer wird durch die Matrix $Q = \begin{pmatrix} 0{,}8 & 0{,}1 & 0 & 0{,}2 \\ 0 & 0{,}9 & 0 & 0{,}4 \\ 0{,}2 & 0 & 0{,}7 & 0 \\ 0 & 0 & 0{,}3 & 0{,}4 \end{pmatrix}$

beschrieben, wobei eine Verteilung der Käufer auf die Sorten A, B, C und D durch den Vektor $\vec{v} = \begin{pmatrix} v_A \\ v_B \\ v_C \\ v_D \end{pmatrix}$ gegeben ist.

f) (1) Skizzieren Sie das monatliche Wechselverhalten der Käufer in einem Übergangsdiagramm.
(2) Bestimmen Sie für die Übergangsmatrix Q die prozentuale Verteilung der Käufer, die sich im Folgemonat nicht ändert.
Interpretieren Sie diese Verteilung im Hinblick auf das langfristige Käuferverhalten.

g) Durch mangelnde Betreuung der Stammkunden verliert die Rösterei, die Sorte C anbietet, Käufer an die übrigen Röstereien, so dass sich die entsprechenden Übergangsquoten ändern. Alle anderen Übergangsquoten bleiben gleich.
Die Verteilung ändert sich in einem Monat von (400 000 | 200 000 | 400 000 | 100 000) zu (400 000 | 300 000 | 200 000 | 200 000).
(1) Begründen Sie, dass dieses Verhalten durch eine Matrix des Typs

$Q' = \begin{pmatrix} 0{,}8 & 0{,}1 & x & 0{,}2 \\ 0 & 0{,}9 & y & 0{,}4 \\ 0{,}2 & 0 & 1-(x+y+z) & 0 \\ 0 & 0 & z & 0{,}4 \end{pmatrix}$ beschrieben werden kann.

(2) Ermitteln Sie die neuen Übergangsquoten.

Lösung
a) Übergangsdiagramm:

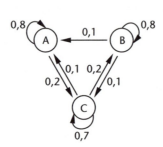

Begründung: In der Diagonalen stehen die Prozentsätze der Käufer, die bei der Kaffeesorte bleiben, d. h. 80 % bei A, 80 % bei B und 70 % bei C, in der 1. Zeile die Anteile der zu A wechselnden Käufer (10 % von B und 10 % von C), in der 2. Zeile die Anteile der zu B wechselnden Käufer (0 % von A und 20 % von C) und in der 3. Zeile die Anteile der zu C wechselnden Käufer (20 % von A und 10 % von B).

b) Aus der Ausgangsverteilung $\vec{v}_0 = \begin{pmatrix} 150\,000 \\ 300\,000 \\ 450\,000 \end{pmatrix}$ ergibt sich nach einem Monat die Verteilung

$$\vec{v}_1 = P \cdot \vec{v}_0 = \begin{pmatrix} 0{,}8 & 0{,}1 & 0{,}1 \\ 0 & 0{,}8 & 0{,}2 \\ 0{,}2 & 0{,}1 & 0{,}7 \end{pmatrix} \cdot \begin{pmatrix} 150\,000 \\ 300\,000 \\ 450\,000 \end{pmatrix} = \begin{pmatrix} 195\,000 \\ 330\,000 \\ 375\,000 \end{pmatrix}.$$

c) $P^2 = \begin{pmatrix} 0{,}66 & 0{,}17 & 0{,}17 \\ 0{,}04 & 0{,}66 & 0{,}3 \\ 0{,}3 & 0{,}17 & 0{,}53 \end{pmatrix}$

Der Koeffizient 0,3 in der dritten Zeile und ersten Spalte besagt im Sachzusammenhang, dass innerhalb von zwei Monaten 30 % der Käufer von A zu C wechseln.
Der Koeffizient 0,53 in der dritten Zeile und dritten Spalte besagt im Sachzusammenhang, dass nach zwei Monaten 53 % der Käufer bei C geblieben sind.

d) Spaltensumme 1: Alle Käufer bleiben bei der Kaffeesorte bzw. wechseln zu einer der beiden anderen Sorten. Keiner verlässt das „System" und niemand kommt hinzu. Es handelt sich um einen Austauschprozess.
Modellkritik: Die Annahme eines geschlossenen Systems ist nicht realistisch, da ausscheidende Kaffeekäufer (Tod, Änderung der bevorzugten Getränkeart etc.) ebenso wenig berücksichtigt werden wie neu hinzukommende.

e) (1) Der Koeffizient 1 der Matrix R bedingt, dass alle Käufer von A bei der Sorte A bleiben. Die Koeffizienten 0 in der ersten Spalte besagen, dass keine Käufer von A zu B bzw. C wechseln. Die Koeffizienten 0 in der ersten Zeile besagen, dass keine Käufer von B bzw. C zu A wechseln.
Da der gesamte Wechsel ausschließlich zwischen den Sorten B und C stattfinden soll, muss die Spaltensumme für die zweite und dritte Spalte jeweils 1 sein.
Dies ist mit $0 + v + (1-v) = 1$ und $0 + (1-w) + w = 1$ gegeben.

(2) Da nur ein Wechsel zwischen B und C betrachtet wird, genügt es, die zugehörige 2x2-Matrix $\begin{pmatrix} v & 1-w \\ 1-v & w \end{pmatrix}$ zu untersuchen. Aus dem Aufgabentext entnehmen wir, dass zunächst 40 % die Sorte B und 60 % die Sorte C kaufen, also $\vec{v}_0 = \begin{pmatrix} 0{,}4 \\ 0{,}6 \end{pmatrix}$, und im folgenden Monat jeweils 50 % die Sorte B bzw. C, also $\vec{v}_1 = \begin{pmatrix} 0{,}5 \\ 0{,}5 \end{pmatrix}$.

Daher muss für die Koeffizienten der Matrix gelten: $\begin{pmatrix} v & 1-w \\ 1-v & w \end{pmatrix} \cdot \begin{pmatrix} 0{,}4 \\ 0{,}6 \end{pmatrix} = \begin{pmatrix} 0{,}5 \\ 0{,}5 \end{pmatrix}$.

Diese Matrizengleichung ist ein lineares Gleichungssystem mit den Variablen v und w:

$$\begin{vmatrix} 0{,}4v + 0{,}6 \cdot (1-w) = 0{,}5 \\ 0{,}4 \cdot (1-v) + 0{,}6w = 0{,}5 \end{vmatrix} \Leftrightarrow \begin{vmatrix} 0{,}4v - 0{,}6w = -0{,}1 \\ -0{,}4v + 0{,}6w = 0{,}1 \end{vmatrix}$$

Beide Zeilen des Gleichungssystems enthalten die gleiche Information.

Auflösen der Gleichung nach w ergibt: $w = \frac{2}{3}v + \frac{1}{6}$.

Da der Anteil v auf jeden Fall zwischen 0 und 1 liegt, folgt, dass w daher zwischen $w = \frac{2}{3} \cdot 0 + \frac{1}{6} = \frac{1}{6}$ und $w = \frac{2}{3} \cdot 1 + \frac{1}{6} = \frac{5}{6}$ liegen muss, also gilt: $\frac{1}{6} < w < \frac{5}{6}$.

f)

−0,2	0,1	0	0,2	0	$\mid \cdot (-5)$	$\mid \cdot 1$	
0	−0,1	0	0,4	0			
0,2	0	−0,3	0	0		↵	
0	0	0,3	−0,6	0			
1	−0,5	0	−1	0		↑	
0	−0,5	0	0,4	0	$\mid \cdot (-10)$	$\mid \cdot (-5)$	$\mid \cdot 1$
0	0,1	−0,3	0,2	0			↵
0	0	0,3	−0,6	0			
1	0	0	−3	0			
0	1	0	−4	0			
0	0	−0,3	0,6	0	$\mid : (-0,3)$	$\mid \cdot 1$	
0	0	0,3	−0,6	0		↵	
1	0	0	−3	0			
0	1	0	−4	0			
0	0	1	−2	0			
0	0	0	0	0			

Da eine Nullzeile auftritt, hat das Gleichungssystem unendlich viele Lösungs-4-Tupel $(x_1; x_2; x_3; x_4)$, wobei gilt: $x_1 = 3x_4$; $x_2 = 4x_4$; $x_3 = 2x_4$.

Setzt man $x_4 = t$, dann ergibt sich für den Lösungsvektor: $\vec{x} = \begin{pmatrix} 3t \\ 4t \\ 2t \\ t \end{pmatrix}$.

Da die Lösungen Anteile sind, muss für deren Summe gelten: $3t + 4t + 2t + t = 1$, also $t = 0,1$. Der Vektor $\vec{x} = \begin{pmatrix} 0,3 \\ 0,4 \\ 0,2 \\ 0,1 \end{pmatrix}$ ist daher der Fixvektor der Übergangsmatrix Q.

Nach dem Hauptsatz über MARKOFF-Ketten* folgt dann, dass die Folge der Potenzen von Q, also $Q, Q^2, Q^3, Q^4, \ldots$ gegen eine Grenzmatrix Q^∞ konvergiert mit

$Q^\infty = \begin{pmatrix} 0,3 & 0,3 & 0,3 & 0,3 \\ 0,4 & 0,4 & 0,4 & 0,4 \\ 0,2 & 0,2 & 0,2 & 0,2 \\ 0,1 & 0,1 & 0,1 & 0,1 \end{pmatrix}$, bei der alle Spaltenvektoren gleich dem Fixvektor sind.

Langfristig bedeutet dies, dass 30% aller Kunden die Sorte A kaufen, 40% die Sorte B, 20% die Sorte C und 10% die Sorte D.

*) Voraussetzung für den Hauptsatz ist der Nachweis, dass es mindestens eine Matrixpotenz von Q gibt, in der keine Nullen als Koeffizienten auftreten. Dies ist bereits bei Q^3 der Fall:

$Q^3 = \begin{pmatrix} 0,524 & 0,217 & 0,126 & 0,308 \\ 0,024 & 0,729 & 0,240 & 0,532 \\ 0,338 & 0,048 & 0,355 & 0,084 \\ 0,114 & 0,006 & 0,279 & 0,076 \end{pmatrix}$.

Dies überprüfen zu lassen, wurde von den Autoren der Aufgabe vergessen.

g) (1) Neue Matrix: $Q' = \begin{pmatrix} 0{,}8 & 0{,}1 & x & 0{,}2 \\ 0 & 0{,}9 & y & 0{,}4 \\ 0{,}2 & 0 & 1-(x+y+z) & 0 \\ 0 & 0 & z & 0{,}4 \end{pmatrix}$.

Da nur Käufer der Sorte C ihr Wechselverhalten ändern, unterscheidet sich die neue Matrix Q' nur in der dritten Spalte von der Matrix Q. Die neuen Wechselquoten von C zu A, B und D werden mit x, y und z bezeichnet, die Quote der bei C bleibenden Käufer ist dann 1 − (x + y + z).

(2) Zu lösen ist ein Gleichungssystem für die Ausgangsverteilung

$\vec{v}_0 = \begin{pmatrix} 40 \\ 20 \\ 40 \\ 10 \end{pmatrix}$ und die Verteilung nach einem Monat $\vec{v}_1 = \begin{pmatrix} 40 \\ 30 \\ 20 \\ 20 \end{pmatrix}$

mit $Q \cdot \vec{v}_0 = \vec{v}_1$, also $\begin{pmatrix} 0{,}8 & 0{,}1 & x & 0{,}2 \\ 0 & 0{,}9 & y & 0{,}4 \\ 0{,}2 & 0 & 1-(x+y+z) & 0 \\ 0 & 0 & z & 0{,}4 \end{pmatrix} \cdot \begin{pmatrix} 40 \\ 20 \\ 40 \\ 10 \end{pmatrix} = \begin{pmatrix} 40 \\ 30 \\ 20 \\ 20 \end{pmatrix}$.

Lösung dieses Gleichungssystems mit den Variablen x, y, z:

$\begin{vmatrix} 40 \cdot 0{,}8 + 20 \cdot 0{,}1 + 40x + 10 \cdot 0{,}2 = 40 \\ 20 \cdot 0{,}9 + 40y + 10 \cdot 0{,}4 = 30 \\ 40 \cdot 0{,}2 + 40 \cdot (1-(x+y+z)) = 20 \\ 40z + 10 \cdot 0{,}4 = 20 \end{vmatrix} \Leftrightarrow \begin{vmatrix} 32 + 2 + 40x + 2 = 40 \\ 18 + 40y + 4 = 30 \\ 8 + 40 - 40 \cdot (x+y+z) = 20 \\ 40z + 4 = 20 \end{vmatrix}$

$\Leftrightarrow \begin{vmatrix} 40x = 4 \\ 40y = 8 \\ 40 \cdot (x+y+z) = 28 \\ 40z = 16 \end{vmatrix} \Leftrightarrow \begin{vmatrix} x = 0{,}1 \\ y = 0{,}2 \\ x+y+z = 0{,}7 \\ z = 0{,}4 \end{vmatrix}$

Damit ergibt sich als neue Übergangsmatrix $Q' = \begin{pmatrix} 0{,}8 & 0{,}1 & 0{,}1 & 0{,}2 \\ 0 & 0{,}9 & 0{,}2 & 0{,}4 \\ 0{,}2 & 0 & 0{,}3 & 0 \\ 0 & 0 & 0{,}4 & 0{,}4 \end{pmatrix}$.

Aufgabe 5 *Stochastik*

Seit dem 18. März 2009 ist das Aus für die herkömmliche Glühlampe beschlossene Sache. Die EU-Kommission hat in einem bis zum Jahr 2016 angelegten 6-Stufen-Plan den Ersatz von Glühlampen durch Energiesparlampen verordnet.
Ein Großhändler bezieht Energiesparlampen mit einer Energieaufnahme von 11 W von drei unterschiedlichen Herstellern A, B und C, die baugleiche Lampen herstellen. Diese Lampen verpackt er unabhängig vom Hersteller in einer einheitlichen Verpackung und verkauft sie dann weiter.
Nach umfangreichen Prüfzyklen stellt sich heraus, dass 4 % der Energiesparlampen von Hersteller A, 7 % der Lampen von B und 10 % der Lampen von C schon nach 300 Brennstunden deutlich weniger hell leuchten. Zur Vereinfachung werden diese Lampen „Mondlampen" genannt.
Der Großhändler beliefert regelmäßig einen Supermarkt mit Energiesparlampen: 50 % der Lampen stammen von Hersteller A, 30 % von B und 20 % von C.
Im Folgenden sollen die oben genannten relativen Häufigkeiten als Wahrscheinlichkeiten des Auftretens von Mondlampen in den entsprechenden Lieferungen betrachtet werden.

a) Ein Kunde kauft eine zufällig ausgewählte Lampe aus dem Supermarkt.
   (1) [GK] Stellen Sie den Zufallsversuch „Kunde wählt zufällig eine Lampe" mithilfe eines vollständigen Baumdiagramms grafisch dar.
   (2) Berechnen Sie die Wahrscheinlichkeiten dafür, dass die gekaufte Lampe
       (2.1) nicht von Hersteller C stammt,
       (2.2) eine Mondlampe ist,
       (2.3) keine Mondlampe ist und nicht von Hersteller C stammt.
   (3) Der Kunde stellt nach 300 Betriebsstunden fest, dass seine im Supermarkt gekaufte Lampe eine Mondlampe ist.
       [GK] Berechnen Sie die Wahrscheinlichkeit dafür, dass die Mondlampe von Hersteller A stammt.
       Entscheiden Sie, von welchem der drei Hersteller A, B oder C sie am wahrscheinlichsten geliefert wurde.
       [Formulierung im LK] Bestimmen Sie, von welchem der drei Hersteller A, B oder C die Lampe mit der größten Wahrscheinlichkeit stammt, und ermitteln Sie diese Wahrscheinlichkeit.

b) (1) Ein Kunde kauft 50 Lampen.
       Berechnen Sie die Wahrscheinlichkeit dafür, dass genau bzw. höchstens zwei Mondlampen darunter sind, wenn bekannt ist, dass die Lampen aus einer Lieferung des Herstellers A stammen.
   (2) Berechnen Sie die Wahrscheinlichkeit dafür, dass mehr als die erwartete Anzahl von Mondlampen darunter sind, wenn bekannt ist, dass die Lampen aus einer Lieferung des Herstellers B stammen.
   (3) Bestimmen Sie die maximale Anzahl von Lampen, die ein Kunde im Supermarkt kaufen kann, damit mit einer Wahrscheinlichkeit von mindestens 50 % keine Mondlampe darunter ist, wenn alle Lampen aus einer Lieferung von Hersteller C stammen.
   (4) Alle 50 Lampen wurden von Hersteller C geliefert.
       Bestimmen Sie ein um die erwartete Anzahl symmetrisches, möglichst kleines Intervall, in dem die Anzahl der in der Lieferung enthaltenen Mondlampen mit einer Wahrscheinlichkeit von mindestens 95 % liegt.

c) Ein Mitarbeiter bei Hersteller B führt auf eigene Initiative eine Änderung in der Produktion durch; er stellt dazu eine Maschine neu ein. Er behauptet, dass so der Anteil der Mondlampen auf unter 7 % gesenkt würde.
Um dies nachzuweisen, werden 200 Lampen zufällig aus der Produktion entnommen und es wird untersucht, wie viele Mondlampen darunter sind. Hersteller B bestimmt zur Hypothese H_0: $p \geq 7\%$ folgende Entscheidungsregel:

H_0 wird genau dann abgelehnt, wenn die Anzahl der Mondlampen in der Stichprobe höchstens 7 beträgt.

(1) Begründen Sie die Wahl der Hypothese im Sachzusammenhang.   M2 M4
Ermitteln Sie die Wahrscheinlichkeit für einen Fehler 1. Art und zeigen Sie, dass die Entscheidungsregel für einen Hypothesentest mit dem Signifikanzniveau $\alpha = 5\%$ optimal geeignet ist.

(2) Der Hersteller will seinem Mitarbeiter eine Belohnung zahlen, wenn der Hypothesentest aus (1) eine Senkung des Anteils der Mondlampen anzeigt.   L2 M2
Bestimmen Sie die Wahrscheinlichkeit dafür, dass der Mitarbeiter irrtümlich keine Belohnung erhält, obwohl der Anteil der Mondlampen tatsächlich auf 6,5 % gesenkt wurde. Beurteilen Sie hiermit das Ergebnis des Tests aus der Sicht des Mitarbeiters.
Überprüfen Sie auch die Situation, wenn es dem Mitarbeiter gelungen ist, den Anteil der Mondlampen auf 6 % zu senken.

(3) [LK] Im Folgenden soll die Grenzsituation „Anzahl der Mondlampen ist gleich 8" näher untersucht werden. Für diesen Fall soll nun die Entscheidungsregel des Herstellers wie folgt modifiziert werden: L2 M8

Ist die Anzahl der Mondlampen in der Stichprobe von 200 Lampen kleiner als 8, so wird H_0 abgelehnt; ist die Anzahl größer als 8, so wird H_0 beibehalten.

Ist die Anzahl genau 8, so wird die Entscheidung über eine Ablehnung oder Beibehaltung von H_0 so getroffen:
In einer Urne befinden sich 5 Kugeln, von denen eine bestimmte Anzahl mit „nein" und die übrigen mit „ja" beschriftet sind, die aber ansonsten gleich sind. Nun wird verdeckt und zufällig eine Kugel aus der Urne gezogen und in Abhängigkeit davon so entschieden:
H_0 wird beibehalten, wenn eine mit „ja" beschriftete Kugel gezogen wird. Ansonsten wird H_0 abgelehnt.
Diese Art von Hypothesentest nennt man einen „randomisierten (zufallsbehafteten) Test" nach Neyman-Pearson. Ein randomisierter Test ist von eher theoretischem Interesse und dient dazu, eine Entscheidungsregel zu konstruieren, die das Signifikanzniveau (hier: 5 %) exakt ausschöpft.
Grafisch kann die neue Entscheidungsregel wie untenstehend dargestellt werden (X: Anzahl der Mondlampen).

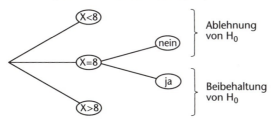

Bestimmen Sie die Anzahl der mit „ja" zu beschriftenden Kugeln, so dass die Wahrscheinlichkeit des Auftretens eines Fehlers 1. Art (H_0 wird irrtümlich abgelehnt) möglichst nahe bei 5% liegt.

(4) [LK] Begründen Sie, dass bei diesem Test die Wahrscheinlichkeit für einen Fehler 2. Art niedriger ist als beim Hypothesentest aus c) (1), wenn man annimmt, dass das „wahre" p < 7% ist.

Lösung:

a) (1) Bezeichne mit A das Ereignis: „Lampe ist von Hersteller A", B, C analog, M: „Lampe ist eine Mondlampe", $\overline{M}$ bezeichne das Gegenereignis.

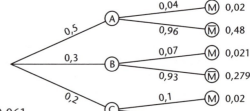

(2) (2.1) $P(\overline{C}) = 1 - P(C) = 0{,}8$
(2.2) $P(M) = 0{,}02 + 0{,}021 + 0{,}02 = 0{,}061$
(2.3) $P(\overline{M} \cap \overline{C}) = 0{,}48 + 0{,}279 = 0{,}759$

(3) Die gesuchten Wahrscheinlichkeiten können durch Quotientenbildung (gemäß dem Satz von Bayes) bestimmt werden:

$$P_M(A) = \frac{P(M \cap A)}{P(M)} = \frac{0{,}02}{0{,}061} = \frac{20}{61} \approx 0{,}3279 = 32{,}79\,\%$$

Gesucht: das Maximum von $P_M(H) = \frac{P(M \cap H)}{P(M)}$ für $H \in \{A, B, C\}$.

Das Maximum ist für H = B erreicht, da $P(M \cap H)$ für diese Setzung maximal wird.

$$P_M(H) = \frac{P(M \cap B)}{P(M)} = \frac{0{,}021}{0{,}061} = \frac{21}{61} \approx 34{,}43\,\%$$

Alternativ bietet es sich auch an, die zugehörige 6-Felder-Tafel zu betrachten, die sich unmittelbar aus dem o. a. Baumdiagramm ergibt, und dann die Quotienten innerhalb der Zeilen zu untersuchen:

	A	B	C	gesamt
M	0,02	0,021	0,02	0,061
$\overline{M}$	0,48	0,279	0,18	0,939
gesamt	0,50	0,30	0,20	1

Im umgekehrten Baumdiagramm wären dann die zu vergleichenden bedingten Wahrscheinlichkeiten enthalten:

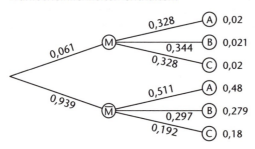

b) (1) Im Folgenden wird die Zufallsgröße X: *Anzahl der Mondlampen in der Stichprobe vom Umfang n* betrachtet. Die Zufallsgröße X wird als binomialverteilt angenommen mit Erfolgswahrscheinlichkeit p.

n = 50, p = 0,04 (hierfür war keine Tabelle mit Wahrscheinlichkeiten gegeben, d. h. die Wahrscheinlichkeit musste mithilfe der BERNOULLI-Formel berechnet werden):

$$P(X = 2) = \binom{50}{2} \cdot 0{,}04^2 \cdot 0{,}96^{48} \approx 0{,}276 = 27{,}6\,\%$$

$$P(X \leq 2) = \binom{50}{0} \cdot 0{,}04^0 \cdot 0{,}96^{50} + \binom{50}{1} \cdot 0{,}04^1 \cdot 0{,}96^{49} + \binom{50}{2} \cdot 0{,}04^2 \cdot 0{,}96^{48}$$

$$\approx 0{,}677 = 67{,}7\,\%$$

(2) Für n = 50 und p = 0,07 ist μ = 50 · 0,07 = 3,5 (erwartete Anzahl).
P(X > 3,5) = P(X ≥ 4) = 1 − P(X ≤ 3)

Es gilt

$$P(X \leq 3) = \binom{50}{0} \cdot 0{,}07^0 \cdot 0{,}93^{50} + \binom{50}{1} \cdot 0{,}07^1 \cdot 0{,}93^{49} + \binom{50}{2} \cdot 0{,}07^2 \cdot 0{,}93^{48}$$

$$+ \binom{50}{3} \cdot 0{,}07^3 \cdot 0{,}93^{47} \approx 0{,}533 = 53{,}3\,\%$$

also P(X > 3,5) ≈ 0,467 = 46,7 %.

(3) Dies ist eine Variation der sonst üblichen Aufgabenstellung:
Wie viele Lampen müssen *mindestens* gekauft werden, damit mit einer Wahrscheinlichkeit von mindestens 50 % *mindestens* eine Mondlampe darunter ist (vergleiche L4)?
Die Wahrscheinlichkeit, dass unter n vom Hersteller C gelieferten Lampen *keine* Mondlampe ist, beträgt: $P(X = 0) = 0{,}9^n$.
Gesucht ist das größte n, für das noch gilt: P(X = 0) ≥ 0,5:

$$P(X = 0) \geq 0{,}5 \iff (1 - 0{,}1)^n \geq 0{,}5 \iff 0{,}9^n \geq 0{,}5 \iff n \leq \frac{\ln(0{,}5)}{\ln(0{,}9)} \approx 6{,}58.$$

Man darf also maximal 6 Lampen kaufen.
Grafische Veranschaulichung: Mit zunehmender Anzahl von gekauften Lampen nimmt die Wahrscheinlichkeit ab, dass darunter keine Mondlampe ist. Für n ≥ 7 ist sie kleiner als 50 %.

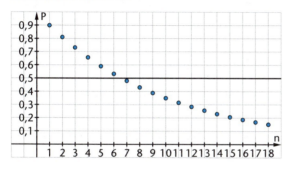

(4) p = 0,1
Die erwartete Anzahl der Mondlampen in der Lieferung beträgt 50 · 0,1 = 5.
Mithilfe der Tabelle ermittelt man als Intervall I = [1; 9] mit einer Wahrscheinlichkeit
von $P(1 \leq X \leq 9) = P(X \leq 9) - P(X = 0) \approx 0{,}9755 - 0{,}0052 = 0{,}9703 = 97{,}03\,\%$.
_{Tabelle}

Eine Bestimmung des Intervalls mithilfe der Sigma-Regeln bietet sich hier nicht an,
da $\sigma = \sqrt{50 \cdot 0{,}1 \cdot 0{,}9} = \sqrt{4{,}5} \approx 2{,}1 < 3$, die LAPLACE-Bedingung ist also nicht erfüllt.
Dennoch liefert die Faustregel hier einen brauchbaren Radius; es ist

$1{,}96 \cdot \sigma \approx 4{,}2$; also $P(\mu - 1{,}96\sigma \leq X \leq \mu + 1{,}96\sigma) = P(1 \leq X \leq 9) \approx 0{,}95$.

Man kann die Sigma-Regeln als Orientierung benutzen, um dann die exakte
Wahrscheinlichkeit der Aufgabe mithilfe der Tabelle zu finden.

c) (1) Zur Strategie des *statistischen Beweises* gehört die *indirekte* Vorgehensweise:
Man stellt das Gegenteil dessen als Hypothese auf, was man statistisch beweisen
möchte.
Um also durch einen Test *statistisch zu beweisen*, dass p < 0,07 ist, muss die
Hypothese H_0: p ≥ 0,07 getestet werden. Diese Hypothese wird verworfen,
wenn in der Stichprobe signifikant wenige Mondlampen gefunden werden
(linksseitiger Hypothesentest).

Die Zufallsgröße X: *Anzahl der Mondlampen in einer Stichprobe vom Umfang
n = 200* wird als binomialverteilt angenommen mit p ≥ 0,07.

Die vorgegebene Entscheidungsregel enthält die Information:
Verwerfungsbereich von H_0: X ≤ 7 (Annahmebereich von H_0: X ≥ 8).

Für p = 0,07 gilt:

$$P_{p=0{,}07}(X \leq 7) = \sum_{i=0}^{7} \binom{200}{i} \cdot 0{,}07^i \cdot 0{,}93^{200-i} \approx 0{,}0274 = 2{,}74\,\%$$

(die Wahrscheinlichkeit konnte der zur Verfügung gestellten Tabelle mit n = 200
entnommen werden).

Für p > 0,07 ist diese Wahrscheinlichkeit kleiner als 2,74 %, denn der Erwartungswert μ, also das Maximum der Verteilung, liegt für p > 0,07 weiter rechts.
Wegen 2,74 % ≤ 5 % ist also die Bedingung erfüllt, dass die Wahrscheinlichkeit
für einen Fehler 1. Art höchstens 5 % beträgt.

Zur Kontrolle muss aber noch überprüft werden, ob durch Vergrößerung des
Verwerfungsbereichs die Vorgabe α ≤ 0,05 vielleicht auch noch eingehalten wird.
Es gilt:

$$P_{p=0{,}07}(X \leq 8) = \sum_{i=0}^{8} \binom{200}{i} \cdot 0{,}07^i \cdot 0{,}93^{200-i} \approx 0{,}0556 = 5{,}56\,\% > 5\,\%$$

Also ist die Entscheidungsregel für das gegebene Signifikanzniveau optimal
geeignet.

Wenn man Verwerfungs- und Annahmebereich hätte bestimmen müssen,
hätte man so vorgehen können:

1. Schritt: Für n = 200 und p = 0,07 ist μ = 200 · 0,07 = 14 und
$\sigma = \sqrt{200 \cdot 0{,}07 \cdot 0{,}93} \approx 3{,}61$, also $\mu - 1{,}64\sigma \approx 14 - 5{,}92 = 8{,}08$.

Gemäß Sigma-Regel gilt also:
$P(X < \mu - 1{,}64\,\sigma) = P(X < 8) \approx 0{,}05$.
Für $p > 0{,}07$ ist $\mu - 1{,}64\,\sigma > 8{,}08$, also $P(X < \mu - 1{,}64\,\sigma) < 0{,}05$.

2. Schritt: Überprüfung der tatsächlichen Intervall-Wahrscheinlichkeit durch Berechnung, z. B. mit TR oder Tabelle.

(2) Hier ist die Wahrscheinlichkeit für einen Fehler 2. Art zu berechnen, d. h. die Wahrscheinlichkeit, dass das Ergebnis zufällig im Annahmebereich A der Hypothese liegt, obwohl $p = 0{,}065$. Mithilfe der (in der Abiturklausur zur Verfügung gestellten) Tabelle ergibt sich:

$$P(X \geq 8) = 1 - P(X \leq 7) = 1 - \sum_{i=0}^{7} \binom{200}{i} \cdot 0{,}065^i \cdot 0{,}935^{200-i}$$
$$\approx 1 - 0{,}0485 = 95{,}15\,\%$$

Da die Absenkung auf 6,5 % noch zu dicht bei 7 % liegt und der Stichprobenumfang noch zu klein ist, wird mit einer hohen Wahrscheinlichkeit irrtümlicherweise keine Belohnung ausgezahlt. Der Test ist also aus Sicht des Mitarbeiters als ungünstig einzustufen.

Für $p = 0{,}06$ ist die Situation kaum anders, denn

$$P_{p=0{,}06}(X \geq 8) = 1 - \sum_{i=0}^{7} \binom{200}{i} \cdot 0{,}06^i \cdot 0{,}94^{200-i} \approx 1 - 0{,}0829 = 0{,}9171 = 91{,}71\,\%$$

(3) Die Anzahl der mit „ja" beschrifteten Kugeln sei mit k bezeichnet; 5 – k Kugeln sind also mit „nein" beschriftet. Die Wahrscheinlichkeit, dass aus der Entscheidungsurne eine Kugel mit der Beschriftung „ja" gezogen wird, ist demnach gleich $k/5 = k \cdot 0{,}2$.

Die zugrunde liegende Erfolgswahrscheinlichkeit p wird mit $p = 0{,}07$ angesetzt. Ein Fehler 1. Art tritt genau dann auf, wenn entweder $X < 8$ ist oder $X = 8$ ist und der dann durchgeführte Zufallsversuch das Ergebnis „nein" hat.
Im Zufallsversuch gilt: $P(\text{„ja"}) = k \cdot 0{,}2$. Also berechnet man die Wahrscheinlichkeit für einen Fehler 1. Art wie folgt:

Zunächst gilt:
$P(X = 8 \text{ und „nein"}) = P(X = 8) \cdot (1 - k \cdot 0{,}2) = \binom{200}{8} \cdot 0{,}07^8 \cdot 0{,}93^{192} \cdot (1 - k \cdot 0{,}2)$
$\approx 0{,}0282 \cdot (1 - k \cdot 0{,}2)$.

Die Wahrscheinlichkeit kann auch der Tabelle mit kumulierten Wahrscheinlichkeiten für $n = 200$ und $p = 0{,}07$ entnommen werden:

$P(X = 8) = P(X \leq 8) - P(X \leq 7) = 0{,}0556 - 0{,}0274 = 0{,}0282$.

Die Wahrscheinlichkeit für einen Fehler 1. Art ist demnach:

$P_{p=0{,}07}(\text{Fehler 1. Art}) = P_{p=0{,}07}(X < 8) + (1 - k \cdot 0{,}2) \cdot P_{p=0{,}07}(X = 8)$
$= P_{p=0{,}07}(X \leq 7) + (1 - k \cdot 0{,}2) \cdot P_{p=0{,}07}(X = 8)$
$= 0{,}0274 + 0{,}0282 \cdot (1 - k \cdot 0{,}2)$.

Die Gleichung $0{,}0274 + 0{,}0282 \cdot (1 - k \cdot 0{,}2) = 0{,}05$ ist erfüllt für $k \approx 0{,}993 \approx 1$.
Die Anzahl der mit „ja" beschrifteten Kugeln sollte 1 sein.

(4) Ein Fehler 2. Art tritt im ursprünglichen Hypothesentest nur dann auf, wenn die Hypothese H_0 falsch ist, das Ergebnis der Stichprobe aber im Annahmebereich dieser Hypothese liegt, d. h., dass gilt: $X \geq 8$.

Im neuen Test gibt es jedoch für den Fall $X = 8$ eine besondere Regelung: Nur wenn bei der Urnenziehung eine Kugel mit der Aufschrift „nein" gezogen wird, wird die Hypothese verworfen.

Ein Fehler 2. Art tritt im neuen Test daher mit folgender Wahrscheinlichkeit auf:
$P_{\text{wahres p}}(X > 8) + P_{\text{wahres p}}(X = 8) \cdot k \cdot 0{,}2$.

Dies ist auf jeden Fall größer als
$P_{\text{wahres p}}(X \geq 8) = P_{\text{wahres p}}(X > 8) + P_{\text{wahres p}}(X = 8)$,
da der zweite Summand mit einem Faktor multipliziert wird, der kleiner ist als 1.